国家社会科学基金项目（一般项目）"二战后英国经济政策调整的历史考察（1945—2010）"（项目批准号 12BSS020）的结项成果

国家社会科学基金项目（一般项目）"二战后英国经济政策史研究（1945—2016）"（项目批准号 20BSS052）的阶段性成果

山东师范大学马克思主义学院全国重点马克思主义学院建设经费的资助

A Historical Survey of
British Economic Policy Adjustment
(1945-2010)

英国经济政策调整的历史考察

(1945-2010)

毛锐 赵北平 张凯成 著

中国社会科学出版社

图书在版编目（CIP）数据

英国经济政策调整的历史考察：1945—2010／毛锐，赵北平，张凯成著．—北京：中国社会科学出版社，2024.3
ISBN 978-7-5227-3154-4

Ⅰ.①英⋯ Ⅱ.①毛⋯ ②赵⋯ ③张⋯ Ⅲ.①经济政策—经济史—研究—英国—1945-2010 Ⅳ.①F156.195

中国国家版本馆CIP数据核字（2024）第041629号

出 版 人	赵剑英
责任编辑	赵 丽
责任校对	刘 念
责任印制	王 超

出　　版	中国社会科学出版社
社　　址	北京鼓楼西大街甲158号
邮　　编	100720
网　　址	http://www.csspw.cn
发 行 部	010-84083685
门 市 部	010-84029450
经　　销	新华书店及其他书店

印　　刷	北京明恒达印务有限公司
装　　订	廊坊市广阳区广增装订厂
版　　次	2024年3月第1版
印　　次	2024年3月第1次印刷

开　　本	710×1000　1/16
印　　张	23.5
插　　页	2
字　　数	348千字
定　　价	119.00元

凡购买中国社会科学出版社图书，如有质量问题请与本社营销中心联系调换
电话：010-84083683
版权所有　侵权必究

序　言

　　中国的发展进程正处在新的历史方位。一方面，肇始于2007年的世界性金融危机不断扩散和深化，随着英国宣布"脱欧"和美国特朗普上台以及欧美难民危机不断加深，世界上掀起一股"逆全球化"浪潮，这一浪潮使世界格局和中国的外部环境正经历着广泛而深刻的变化；另一方面，在世界经济危机不断深化的大背景下，中国经济增长速度放缓，通货膨胀压力加大，呈现出所谓的"新常态"，这标志着促成过去近40年经济高速发展的内在条件正发生着巨大变化，加快推进经济结构战略性转型已是刻不容缓。因此，"十三五"时期成为深化改革开放和加快转变经济发展方式的攻坚时期，中国先后提出"供给侧改革"和"一带一路"倡议。在这样一个历史关口，如何最大限度地降低危机的负面影响？如何化解过去高增长时期所积累的矛盾和问题？如何促进经济结构战略性转型？这些都意味着中国经济政策需要做出重大调整。

　　他山之石，可以攻玉。作为世界上第一个进入"现代化"的国家，从第二次世界大战后1945年艾德礼工党上台到2010年布朗首相辞职，英国经济政策先后经历了从自由放任到凯恩斯主义需求管理，到新保守主义经济学的"供应方"改革，再到新工党的第三条道路经济学的三次重大调整，从而使英国经济由自由资本主义转入自由垄断资本主义并最终步入国家垄断资本主义阶段，实现了由工业社会向信息社会的过渡，成功地解决了滞胀危机并适应全球经济一体化的发展趋势，从而保证了英国经济在发达资本主义国家中始终处于第一集团的位置。这些经济政策调整不仅是克服战后历次经济危机的必然结果，也是产业升级的必然要求，更是英国各执政党不断增加执政能力的表现。可以说，英国是西方国家中成功实现经济转型的典型。

本书从20世纪英国历史发展的大背景出发，运用历史方法重点考察第二次世界大战后英国主流经济思想、宏观和微观经济政策的重大调整，阐明其作用和效果，以期对中国目前及未来经济政策调整提供借鉴。

一　国内外研究现状

（一）国外学术界

国外学术界对第二次世界大战后英国经济政策的研究十分充沛，成果众多。纵观对第二次世界大战后英国经济政策调整的研究，英国学者主要集中于经济史、政治史方面，大体从两个方面展开。一是短期考察，大量文献着力探讨某特定时期的经济政策，如评价凯恩斯革命、撒切尔政府的经济改革和新工党第三条道路经济政策等。[①] 二是中长期考察，即对战后经济政策和经济运行从整体上展开分析，主要集中于以下四个方面：第一，研究战后经济政策的历史变迁。对战后经济政策划分阶段，分析各阶段的政策目标、政策制定的关键人物和部门、政策实施过程中的限制因素、执行结果以及政策成功与失败的原因等。[②] 第二，探讨政

[①] Jim Fyrth, *Labor's High Noon: The Government and the Economy* 1945–51, London: Lawrence & Wishart, 1993; K. O. Morgan, *Labor in Power* 1945–1951, Oxford University Press, 1984; A. Ringe, N. Rollings and R. Middleton, *Economic Policy under the Conservatives*, 1951–64, London: Institute of Historical Research and National Archives, 2004; G. Brown, *Where There is Greed: Margaret Thatcher and the Betrayal of Britain's Future*, Mainstream, 1989; Dennis Lawrence, *The Third Way: The Promise of Industrial Democracy*, Routledge Press, 1998; John Ryan Shackleton, *The Labor Market under New Labor: The First Two Terms*, Institute of Economic Affairs 2005, Blackwell Publishing, Oxford, 2005; K. Coutts, A. Glyn and B. Rowthorn, *Structural Change under New Labor Manor Road Building*, Oxford, 2007; George Cameron Peden, "New Revisionists and the Keynesian Era in British Economic Policy: A Comment," *Economic History Review*, Vol. 54, No. 2, 2001.

[②] A. K. Cairncross, *The Economic History of Britain since* 1700, Volume III, 2nd ed. Cambridge University Press, 1994; Nicholas Woodward, *The Management of the British Economy*, 1945–2001, Manchester University Press, 2004; Jim Tomlinson, *Britain Macroeconomic Policy since* 1940, Dover: NH: Croom Helm, 1985; A. K. Cairncross, *The British Economy since* 1945, Blackwell, 1995; David Card, Richard Blundell, Richard B. Freeman, *Seeking a Premier Economy: The Economic Effects of British Economic Reforms* 1980–2000, Chicago, University of Chicago Press, 2000; Francis Boyd, *Britain Policies in Transition*, 1945–63, New York: Praeger, 1964; Leonard Ashley Monk, *Britain*, 1945–1970, Bell, 1976.

治、政党与经济政策形成的关系,以及探讨第二次世界大战后党内分歧、两党共识或分歧对政策制定的正负面影响;[①] 分析战后政策工具选择的国内外背景等。[②] 第三,整体评价战后经济政策,包括评价国家与市场之间的关系;[③] 探讨英国经济"衰落"的原因等。[④] 第四,探讨主要宏观政策工具的演变。如有学者认为,战后货币政策目标从有利于政府低息借款(1945—1951)转向维持固定汇率(1950—1960)、使用浮动汇率反通胀(1970年代至1980年代初期)和保持汇率平稳及控制价格平稳(20世纪80年代后期以后)。[⑤]

尽管关于第二次世界大战后英国经济政策调整的研究文献数量众多,为后人研究提供了充实的基础和资料储备,但仍存在一些问题和不足,具体表现为:

第一,到目前为止,西方学术界仍没有一部对英国整个战后历史(1945—2010)经济政策三次重大调整进行系统分析的著作。

在亚力克·凯恩克罗斯爵士所著的《1945年后的英国经济政策和表

[①] N. Rollings, "The Postwar Consensus and the Managed Economy," In Jones, Kandiah, ed., *The Myth of Consensus: New Views on British History*, 1945 – 64, Bustellism, 1996; Jim Tomlinson, *Democratic Socialism and Economic Policy: The Attlee Years* (1945 – 51), Cambridge University Press, 1996; Joel Wolfe, "State Power and Ideology in Britain: Mrs. Thatcher's Privatization Program," *Political Studies*, Vol. 39, Issue 2, 1991.

[②] Nick Tiratsoo and Jim Tomlinson, *Industrial Efficiency and State Intervention: Labor 1939 – 51*, Routledge, 1993; R. Middleton, *The British Economy since 1945*, Macmillan Press LTD, 2000.

[③] M. Kitson, *Failure Followed by Success or Success Followed by Failure? A Re-examination of British Economic Growth since 1949*, Cambridge University Press, 2004 and Cambridge University Press, 2008.

[④] J. Tomlinson, "Review: History as Political Rhetoric," *Political Studies Review*, Vol. 6, 2008; Bernard Elbaum and William Lazonick, *The Decline of the British Economy*, Oxford, 1986; David Coates and John Hillard, eds., *The Economic Decline of Modern Britain—The Debate between Left and Right*, Harvester Press, 1986.

[⑤] T. Clark and A. Dilnot, *British Fiscal Policy since 1939*, The Cambridge Economic History of Modern Britain, Volume III. 2004; E. Balls, *Reforming Britain's Economic and Financial Policy*, London: Palgrave, 2002; David Smith, *The Rise and Fall of Monetarism*, Harmondsworth: Penguin Book, 1987; E. Balls and J. Grice, *Microeconomic Reform in Britain: Delivering Opportunities for All*, Palgrave, 2004.

现（1945—1995）》①，按照时间顺序分别从关于经济政策变化的思想和表现、恢复时期（1945—1950）、50年代、60年代、70年代、80年代、90年代早期以及半个世纪的回顾（1945—1995）八个部分，梳理了战后英国经济政策的发展和表现，其中并没有涉及引发英国经济政策变化的经济理论和执政党意识形态的变化。本书出版于1995年，对1997年上台的新工党政府的经济政策自然无法涉及。

罗杰·米德尔顿所著的《1945年以来的英国经济》②，则是从"1945年以来的经济表现""1945年以来的经济政策""1945年以来的政策效能"三个方面展开专题分析。在"1945年以来的经济政策"部分，作者对第二次世界大战后英国经济政策的发展划分了阶段，分别是1945—1951年恢复和重建时期、1951—1958年的巩固战后共识时期、1958—1966年的凯恩斯主义时期、1966—1972年的回到正统时代、1972—1979年的社团主义和凯恩斯主义、1979—1983年的货币主义的试验阶段、1983—1992年的货币主义时期、1992年以后寻找政策可信性的时期。虽然这本书是2000年出版的，但是在经济政策划分中并没有涉及1997年上台的新工党政府。

克拉夫茨和伍德沃德所著的《1945年以来的英国经济》③一书则是按照14个专题分别展开论述：1945年以来的英国经济：介绍和总结；1945—1951年的恢复期；预算和财政政策；1945年以来的货币政策；贸易和收支平衡；通货膨胀；失业；供应方管理；经济增长；区域问题和政策；工业组织和竞争政策；国有化政策；工会和工业关系；第二次世界大战以来的社会福利。在这些专题中，既有宏观经济政策的分析也包括微观经济政策的分析。

上述三本关于第二次世界大战后英国经济政策史研究的专著可以说

---

① A. Cairncross, *The British Economy since 1945, Economic Policy and Performance*, 1945 - 1995, Blackwell, 1995.
② R. Middleton, *The British Economy since 1945*, Macmillan Press LTD, 2000.
③ N. F. R. Crafts and N. W. C. Woodward, *The Britain Economy since 1945*, Oxford University Press, 1991.

序　言

是从长时段分析战后英国经济政策发展的必读书，也分别代表了西方学术界对战后英国经济政策史写作的三种不同的分析范式。回顾第二次世界大战后英国经济的发展状况，西方学术界通常关注三个领域的变化：经济的结构和机制、经济政策以及经济表现。亚力克·凯恩克罗斯、克拉夫茨和伍德沃德更加关注经济结构和机制以及经济政策的变化；罗杰·米德尔顿则更加关注经济政策和经济表现；这三本书的共同点则是都没有涉及新工党的经济政策，对英国经济政策变化背后的经济理论的发展演变和执政党主流意识形态的变化都没有设置专章加以论述。

当然，有学者已经开始注意到战后英国经济政策的三次重要调整，比如迈克尔·奥利弗和休·潘伯顿使用彼得·豪尔的"社会学习"理论，借鉴其提出的经济范式改变的三个变化顺序，首先考察了20世纪30年代和40年代英国经济政策制定的理论基石，即凯恩斯主义革命；随后考察了发生在20世纪60年代的凯恩斯主义范式的修正；接着讨论了70年代晚期的"货币主义革命"；最后分析了80年代和90年代英国经济政策框架的明显改变。[①]

第二，对于第二次世界大战后英国经济政策三次调整过程中的一些关键问题还存在争论。

在战后英国经济政策三次调整中，除了对1979—1991年撒切尔夫人的货币主义改革改变了战后凯恩斯主义需求管理的观点基本达成共识之外，对其他两次转变，学术界仍存在争议。如对于英国是否存在凯恩斯主义时代，西方学术界就存在分歧。从1944年到20世纪70年代中期英国通常被称为"凯恩斯主义时代"，这最初是由凯恩斯主义者首先使用的，随后被一些比较政治经济学家和英国经济专家所接受并广泛使用。[②]然而，在20世纪90年代以后，许多研究文献提出了不同观点。佩顿和

[①] Michael J. Oliver and Hugh Pemberton, "Learning and Change in 20th—Century British Economic Policy," *Governance: An International Journal of Policy, Administration, and Institutions*, Vol. 17, No. 3, July 2004.

[②] M. Stewart, *Keynes and After*, Harmondsworth, 1967; A. Cairncross and N. Watts, *The Economic Section, 1939–1961: A Study in Economic Advising*, London: Routledge, 1989.

罗林斯提出，1947年后，官方接受严厉的反通货膨胀的宏观经济政策措施并不意味着接受反周期的赤字预算，其宏观经济政策与20世纪30年代财政部观点具有很强的联系性，英国政府一直都担心，总的公共开支会在50年代出现螺旋式上升并最终失控。① 吉姆·汤姆林森尽管也承认凯恩斯主义在20世纪四五十年代在英国政治精英思想中占主导地位，但他对赤字财政持厌恶态度，并质疑凯恩斯主义革命是否发生过。② 但是豪森在研究货币政策过程中发现，由于凯恩斯本人的存在，20世纪40年代凯恩斯主义的影响已经很强大，但到了50年代之后，其影响迅速衰退，此时，前凯恩斯主义的目标即价格稳定和外部力量因素变得更加重要。③ 罗杰·米德尔顿提出，战后政府"全神贯注地维持英镑的国际角色"，并且坚持不懈地"在商业周期的顶点时创造失业，以减轻通货膨胀压力，加强国际收支平衡"，这显然不是凯恩斯主义。④

对于新工党提出的第三条道路经济学是否替代了撒切尔主义，英国学者也是有分歧的。埃德·鲍尔斯在《英国经济和财政政策改革》一书中指出，从1997年5月新工党上台，包括财政政策和货币政策的英国宏观经济政策框架经历了彻底改革，公共开支的管理体制和金融监管体制也随之发生变化。⑤ 詹姆斯·鲍尔爵士持不同观点。他认为，1997年5月的大选终结了连续执政18年的保守党时代。然而，新工党政府所推行

---

① G. C. Peden, "Old Dogs and New Tricks: The British Treasury and Keynesian Economics in the 1940s and 1950s," in M. O. Furner and B. Supple, eds., *The State and Economic Knowledge*, Cambridge, 1990, pp. 208–38; idem, *The Treasury and Public Policy*, 1906–1959, Oxford, 2000, pp. 493–509; N. Rollings, "British Budgetary Policy, 1945–54: A 'Keynesian Revolution'?" *Economic History Review*, XLI, 1988, pp. 283–98.

② Jim Tomlinson, *British Macroeconomic Policy since 1940*, NSW, 1985; idem, "Why Was There Never a 'Keynesian Revolution' in Economic Policy?," *Economic Social*, Vol. 10, Issue 1, 1981, pp. 72–87; idem, *Employment Policy: The Crucial Years*, 1939–1955, Oxford, 1987.

③ S. Howson, "Socialist Monetary Policy: Monetary Thought in the Labour Party in the 1940s," *History of Political Economy*, Vol. 20, Issue 4 1988; idem, *British Monetary Policy*, 1945–51, Oxford, 1993.

④ R. Middleton, *Government Versus the Market*, Cheltenham, 1996, pp. 531–2.

⑤ Ed. Balls, *Reforming Britain's Economic and Financial Policy*, London: Palgrave, 2002, p. 98.

的一系列经济政策与之前保守党经济政策之间的差异并没有想象得那样大,甚至可以说是保守党政策的延续,只是其中多了些人性关怀和公正理念。① 斯图尔特·伍德《新工党的经济政策:布莱尔政府是怎样体现社会—民主性质的》一文从宏观经济、收入分配、企业竞争力、工会权力、就业、教育与培训等各个方面分析了布莱尔政府的经济政策改革,认为其经济政策在很大程度上继承和发扬了撒切尔主义原则,社会公正等民主社会主义要素成为点缀。② 大卫·卡德则认为,在承袭了撒切尔主义经济政策改革成功因素的同时,新工党政府的经济政策也进行了重要的改革和调整。③

第三,一些英国的媒介和学者的研究带有明显的意识形态色彩,这主要体现在对人物和具体事件的评价上。

支持工党和保守党的学者从各自的立场、理论出发,各执一词,使很多研究的客观性打了不少折扣。比较著名的支持工党的学者有吉姆·汤姆林森、诺埃尔·汤普森④、马丁·弗朗西斯⑤、吉姆·费斯⑥、亨利·佩林⑦等。倾向于保守党的学者有伦敦经济学院的阿兰·沃尔特斯(后来成为撒切尔夫人执政时期任职最长也最得力的私人经济顾问)、哈里·约翰逊和大卫·李德尔教授、利物浦大学的帕特里克·明福特、曼彻斯特大学的迈克尔·帕金以及新闻界《泰晤士报》的编辑彼得·杰伊、威廉·里斯—摩格和《金融时报》的经济评论家塞缪尔·布里顿。

---

① Sir James Ball, *The British Economy: The Way Forward*, London, 2002, p. 77.

② Andrew Glyn and Steward Wood, "New Labor's Economic Policy: How Social-Democratic is the Blair Government," *The Political Quarterly*, Vol. 72, Issue 1, 2001, p. 56.

③ David Card, *Seeking a Premier Economy: The Economic Effects of British Economic Reforms, 1980 - 2000*, Chicago: University of Chicago Press, 2000, p. 220.

④ Noel Thompson, *Political Economy and the Labor Party: The Economics of Democratic Socialism*, 1884 - 2005, Routledge, 2006.

⑤ Martin Francis, *Ideas and Policies under Labor, 1945 - 1951: Building a New Britain*, Manchester University Press, 1997.

⑥ Jim Fyrth, *Labor's High Noon: The Government and the Economy 1945 - 51*, London: Lawrence & Wishart, 1993.

⑦ [英] 亨利·佩林:《英国工党简史》,江南造船厂业余学校英语翻译小组译,上海人民出版社1977年版。

在大众媒体和杂志方面,《卫报》是支持工党的,在某种程度上相当于工党的机关报。而《经济学家》《泰晤士报》《每日电讯报》和《观察家报》一般支持保守党。

反映这种意识形态对立最典型的事例是英国媒介和学术界在撒切尔夫人去世后①对其经济和社会政策的评价,观点对立之严重,势同水火。② 支持保守党和"铁娘子"的媒体和学者称赞她彻底抛弃凯恩斯主义需求管理,把解决通货膨胀、为经济创造稳定的宏观经济环境作为其经济政策的核心目标,运用货币主义所提倡的控制货币供应量的办法来应对通货膨胀,并在一定程度上解决了滞胀危机;称赞她竭力推行私有化,全方位缩减政府职能,推动企业在更加市场化的环境中提高生产效率,使自由资本主义在英国再度盛行;撒切尔夫人甚至被视为维护自由市场原则的"圣女贞德",重新树立起自由经济和小政府的权威性;称赞她实施的英国当代税收体制改革,大大降低了直接税,减轻了企业的税费负担;为金融业松绑,放宽金融管制,伦敦由此作为金融中心而崛起,等等。总之,认为撒切尔夫人重新塑造了她所代表的政党和整个国家。

反对保守党和撒切尔夫人的媒体和学者则抨击她压制工会,摧毁英国的社会福利制度,加深了社会贫富差距。左派的《卫报》称,撒切尔夫人的遗产是社会的分裂、个人的自私以及对贪婪的狂热,这些力量合在一起对人类精神的禁锢,远比它们释放的自由更大。③ 有媒体甚至认为,2008年金融危机爆发的部分原因也应归咎于撒切尔夫人时期的金融自由化改革。可见,媒体和学界的观点对立在一定程度上加剧了英国社会的分裂。

(二) 国内学术界

国内学术界对战后英国经济政策的考察更多地倾向于短时段研究,主要集中在战后英国经济政策调整的三个重要节点上,即艾德礼政府时

---

① 2013年4月8日清晨,玛格丽特·撒切尔夫人因中风去世,享年87岁。
② 以下对撒切尔夫人政策和思想遗产的争论详见新华网关于"英国前首相撒切尔夫人逝世"专题,http://www.xinhuanet.com/world/Thatcher/index.htm。
③ 《撒切政治遗产分裂英国 国内反应呈现两极化》,《环球时报》2013年4月10日。

期、撒切尔政府时期和布莱尔政府时期。如倪学德对艾德礼工党政府"民主社会主义"改革的研究;① 王小曼、缪开金、刘成等学者对战后初期艾德礼政府推行大规模国有化的成因及影响的分析;② 赵建民、史林凡探讨希思政府的"U形政策转弯"和20世纪70年代新自由主义经济政策的起源;③ 陈乐民、王皖强、毛锐等论述撒切尔主义、私有化政策及新右派思潮;④ 阮宗泽、王振华、刘绯、刘玉安等对新工党第三条道路的研究;⑤ 陈晓律、胡昌宇、尹建龙等对新工党布莱尔政府的经济和社会政策的研究。⑥ 而相关的中长期研究则十分欠缺。除了一些介绍性的经济读物⑦之外，真正对战后英国经济政策调整进行学术分析的著作屈指可数。主要有罗志如、厉以宁合著的《二十世纪的英国经济——

---

① 倪学德：《和平的社会革命：战后初期英国工党艾德礼政府的"民主社会主义"改革研究》，中国社会科学出版社2005年版。

② 王小曼：《英国工党的国有化政策》，《西欧研究》（参考资料）1983年第1期；缪开金：《战后英国国有化中的政府行为》，《历史教学问题》1999年第3期；刘成：《论英国艾德礼政府国有化实践的动力和制约》，《世界历史》2002年第2期；刘成：《理想与现实——英国工党与公有制》，江苏人民出版社2003年版。

③ 赵建民：《英国希思政府经济政策U形转弯研究》，硕士学位论文，山东师范大学，2008年；史林凡：《"希思大转弯"的思想根源》，《历史教学》（高校版）2008年第7期。

④ 陈乐民：《撒切尔夫人》，浙江人民出版社1997年版；王皖强：《国家与市场——撒切尔主义研究》，湖南教育出版社1999年版；毛锐：《撒切尔政府私有化政策研究》，中国社会科学出版社2005年版；毛锐：《撒切尔政府经济与社会政策研究》，山东人民出版社2014年版；毛锐：《撒切尔政府私有化政策的目标评析》，《世界历史》2004年第6期。

⑤ 阮宗泽：《第三条道路与新英国》，东方出版社2001年版；王振华等主编：《重塑英国：布莱尔主义与第三条道路》，中国社会科学出版社2000年版；史志钦：《布莱尔第三条道路理论探析》，《北京行政学院学报》2000年第3期；陈泽华、张智勇：《第三条道路：当代资本主义发展的新模式》，《教学与研究》1999年第11期；刘玉安、武彬：《第三条道路：社会民主主义还是社会自由主义?》，《当代世界社会主义问题》2010年第3期；赵金子：《英国工党的民主社会主义理论与实践探索研究》，博士学位论文，吉林大学，2014年。

⑥ 胡昌宇：《英国新工党政府——经济与社会政策研究》，中国科学技术大学出版社2008年版；尹建龙、周真真：《试析英国工党政府的社会政策改革和"社会投资国家"建设》，《理论界》2008年第7期；胡昌宇、陈晓律：《试析布莱尔工党政府的成功之道》，《南京大学学报》（哲学·人文科学·社会科学版）2006年第2期；姜跃：《英国工党何以能赢得三连胜》，《中共石家庄市委党校学报》2005年第7期；张锐：《布莱尔的丰厚"经济遗产"》，《观察与思考》2007年第13期。

⑦ 复旦大学世界经济研究所英国经济研究室编：《英国经济》，人民出版社1986年版；陈炳才、许江萍：《英国：从凯恩斯主义到货币主义》，武汉出版社1994年版。

"英国病"研究》[1]、钱乘旦等著的《日落斜阳：20世纪英国》[2]、王章辉所著的《英国经济史》[3]、颜鹏飞、张彬主编的《凯恩斯主义经济政策述评》[4]、陈晓律、于文杰、陈日华合著的《英国发展的历史轨迹》[5]、唐锐杰的《英国工党主流意识形态影响下的经济政策》[6] 等。总体来说，中国对中长期英国经济史或是英国经济政策史的研究深度有待加强，研究的广度也有待拓展。

在众多研究中，罗志如、厉以宁在20世纪80年代初撰写的《二十世纪的英国经济——"英国病"研究》一书是必须提到的。罗志如、厉以宁作为中国老一辈著名的经济学家在这本书的下编"回春无术——'英国病'对策的剖析"中，运用历史与现实相结合的分析方法，对第二次世界大战后英国经济政策的第一次调整——由自由放任经济学到凯恩斯主义——做了经典分析，包括三部分：第一，分析了英国经济政策在"英国病"的各个阶段主要是根据什么样的理论来制定的，具体来说，在第二次世界大战后的前二三十年里英国经济政策的指导思想是凯恩斯理论和英国"社会主义"的改良主义学说的"合流"[7]，两者之所以会"合流"，是因为"在第二次世界大战后的英国政府所标榜的混合经济和福利国家目标，是凯恩斯主义者和英国的'社会主义者'共同倡导的"[8]。第二，分析了作为英国经济政策指导思想的资产阶级经济学说在政策目标和政策手段两大方面都发生了哪些变化，即凯恩斯主义经济学的产生标志着宏观经济学的出现，英国经济政策的最根本目标变为充分就业，政策手段则是以财政政策为主，货币政策为辅的需求管理。第三，具体分析了医治"英国病"的种种对策，这包括宏观经济政策和微观经

---

[1] 罗志如、厉以宁：《二十世纪的英国经济——"英国病"研究》，人民出版社1982年版。
[2] 钱乘旦等：《日落斜阳：20世纪英国》，华东师范大学出版社1999年版。
[3] 王章辉：《英国经济史》，中国社会科学出版社2013年版。
[4] 颜鹏飞、张彬主编：《凯恩斯主义经济政策述评》，武汉大学出版社1997年版。
[5] 陈晓律、于文杰、陈日华：《英国发展的历史轨迹》，南京大学出版社2009年版。
[6] 唐锐杰：《英国工党主流意识形态影响下的经济政策》，硕士学位论文，南京大学，2011年。
[7] 罗志如、厉以宁：《二十世纪的英国经济——"英国病"研究》，第252页。
[8] 罗志如、厉以宁：《二十世纪的英国经济——"英国病"研究》，第278页。

济政策。在宏观经济政策方面，不仅包括需求管理的产生和发展，还包括凯恩斯主义在实施过程中的新变化，如计划化和收入政策。在微观经济政策方面则主要分析了英国"社会主义"的试验——国有化政策、工会政策以及调整对外经济关系的各种尝试，包括英国与西欧共同市场的关系、英国与美国的关系、英国与英联邦的关系以及英国与英联邦国家以外的发展中国家的关系等。尽管这本书的某些观点带有时代的痕迹，目前已经显得有点不合时宜，但是从某种程度上讲，这种涵盖经济政策指导思想、宏观经济政策和微观经济政策的分析框架已经成为国内学术界分析英国经济政策调整的标准范式。也正因为如此，这本书在出版31年后的2013年由商务印书馆再版。[①]

可惜的是，到目前为止，还没有一本分析英国经济史或是经济政策史的专著能够达到罗志如、厉以宁的《二十世纪的英国经济——"英国病"研究》的水平。有学者赞同罗志如、厉以宁的观点，认为工党的民主社会主义是对资本主义改造的产物，凯恩斯主义则是资本主义要求自我调整的产物，这两种理论有着惊人的相通之处。[②] 但是对民主社会主义与凯恩斯主义是如何"合流"的却语焉不详。[③] 这一问题在分析新工党的经济政策时更是明显，许多学者强调工党内部的自我变革以及托尼·布莱尔、安东尼·吉登斯提出的"第三条道路"[④]，而没有提到20世纪八九十年代兴起的后凯恩斯主义理论对新工党的影响。还有的学者在分析英国经济政策的指导思想时只注重经济理论的演变而忽视执政党的主流意识形态变化。[⑤] 有的学者在分析中则只注重宏观经济政策的发

[①] 罗志如、厉以宁：《二十世纪的英国经济——"英国病"研究》，商务印书馆2013年版。
[②] 罗志如、厉以宁：《二十世纪的英国经济——"英国病"研究》，人民出版社1982年版，第269页。
[③] 倪学德：《和平的社会革命：战后初期英国工党艾德礼政府的"民主社会主义"改革研究》，中国社会科学出版社2005年版。
[④] 胡昌宇：《英国新工党政府经济与社会政策研究》，中国科学技术大学出版社2008年版；阮宗泽：《第三条道路与新英国》，东方出版社2001年版；王振华等主编：《重塑英国：布莱尔主义与第三条道路》，中国社会科学出版社2000年版。
[⑤] 钱乘旦等：《日落斜阳：20世纪英国》，华东师范大学出版社1999年版。

展变化而忽视微观经济政策的调整。①

同样,国内学术界也没有一本涵盖英国第二次世界大战后(1945—2010)主要时期的经济政策史专著。中国英国史研究会前会长王章辉先生所著的《英国经济史》,"所涉及历史时期大致是从资本主义生产关系产生开始,直到20世纪90年代撒切尔夫人执政时期""全书在对重点问题做深入论述的同时,注意对英国近现代经济史做一个总体上的勾勒,力图给读者一个比较全面的印象"。可以说,这本著作在某种程度上弥补了中国至今尚无一部中国人自己编写的比较完整的第二次世界大战后英国经济史的空白。令人遗憾的是,本书虽出版于2013年,但是书中并没有涉及新工党经济政策的内容。②

总体而言,国外学术界对第二次世界大战后英国经济政策的研究著述多样,资料丰富,兼顾短期和长期研究,集中于经济学、政治学和历史学,这为本书的进一步研究奠定了很好的基础。其研究的不足则主要表现在其所带有的不同党派意识形态色彩上,这使其研究难以在政府决策层面给予客观分析和评价。国内学术界的研究更多地侧重于经济政策的短期考察,相对缺少对第二次世界大战后英国经济政策发展变化做系统的、长时段的历史考察。因此,本书从经济理论、宏观经济政策和微观经济政策三个维度对第二次世界大战后英国经济政策的调整(1945—2010)进行深入的历史梳理,展现长期发展脉络并对其进行全方位总结和定位,无疑具有重要的学术价值。同时,英国经济政策在第二次世界大战后的调整过程中所展现出的经验教训肯定会对中国在"新常态"下实施"供给侧改革"去产能、治理可能出现的"滞胀危机",以实现中国经济结构的顺利转型提供必要的借鉴,因此,本书的现实意义也是比较突出的。

二 学术思路和创新

本书力求从20世纪英国历史发展的大背景出发,对1945—2010年

---

① 陈炳才、许江萍:《英国:从凯恩斯主义到货币主义》,武汉出版社1994年版;颜鹏飞、张彬主编:《凯恩斯主义经济政策述评》,武汉大学出版社1997年版。
② 王章辉:《英国经济史》,中国社会科学出版社2013年版,序言。

英国经济政策的三次调整——从自由放任到需求管理,到新右派,再到第三条道路——进行历史的梳理分析。作者尝试从主流经济思想、宏观经济政策和微观经济政策三个维度的变化来探究第二次世界大战后英国经济政策调整的国内外经济政治背景、理论根源、实施阶段、具体措施以及政策成效,并从全球化、国家与市场的关系以及执政能力三个层面予以定位。这三个维度的分析各自独立,但只有将其结合在一起才能够揭示英国经济政策调整的全貌。

本书尝试在以下方面有所创新。

(1)从研究方法上看,本书运用历史方法,从主流经济理论、宏观经济政策和微观经济政策三个维度,通过厘清第二次世界大战后英国艾德礼工党政府、撒切尔夫人保守党政府以及布莱尔和布朗的新工党政府的经济政策三次重大调整,以点带面,分析和勾勒出第二次世界大战后(1945—2010)英国经济政策发展的总体走势,并从全球化、国家与市场的关系以及执政能力三个层面予以定位,得出对中国未来经济政策取向的启示。同时,适当使用比较分析法,比较不同政党的经济政策理论和主张;从不同维度评价经济政策调整的效果;以 OECD 国家为对象,比较英国综合经济表现;通过对比分析,对第二次世界大战后英国经济政策调整给出尽可能客观的评价。

(2)从研究内容上看,本书选择一些国内学术界较少涉及的方面展开分析,比如在理论层面,对凯恩斯主义与民主社会主义理论是如何融合的、新自由主义与新保守主义存在哪些契合点以及第三条道路经济学吸取了新凯恩斯主义经济学的哪些原则给出阐述;在宏观经济政策层面,对凯恩斯主义需求管理是何时形成的、战后共识政治的形成时间、新工党宏观经济政策的评价等问题提出自己的见解;在微观经济政策层面,限于篇幅限制,主要选择了一些贯穿战后英国经济政策调整始终的突出问题包括英国从公有制到私有化的产权制度变化、非工业化问题的出现以及不同的应对政策以及战后英国区域政策的改革等加以系统分析,这些问题都是学术界研究相对欠缺、有待深入分析的。而诸如像工业政策、收入政策、工会改革等阶段性的突出问题都没有设置专章予以分析,而是散见于宏观经济政策各阶段的历史梳理之中。

（3）在一手史料的搜集和使用方面，本书主要采用了第二次世界大战后英国各个时期所能见到的议案、议会辩论记录以及议会制定的一系列法律、法令以及首相、内阁成员和部分议员的演讲和信件，Hugh Dalton、Stafford Cripps、R. Hall、A. K. Carincross、Lawson、Walters、Gordon Brown 等英国政府内阁阁员和经济顾问的日记与回忆录以及政府网站资料等第一手资料，可见，本书史料比较充足丰富，足以支撑研究之需。

三 不足和尚需深入研究的问题

（一）存在的不足

（1）因本书主要集中于经济理论、宏观经济政策和微观经济政策的研究上，在研究内容的选择上，在理论方面重点分析的是主流经济理论的演变，一些次要或激进的经济理论，如现代制度主义经济学、准制度主义经济学以及新制度主义经济学则没有涉及。在宏观经济政策方面主要围绕财政政策和货币政策展开分析，对收入分配政策和对外经济政策涉及较少，尤其是英国对欧共体（欧盟）的政策，因为篇幅所限，本书没有设专章分析。微观经济政策主要选择了英国颇具特色的产权制度、非工业化以及区域政策展开分析，同样限于篇幅，英国工会改革政策及与福利制度改革相关的一些政策如就业政策、教育制度改革等都没有涉及。

（2）在分析方法上，因着重使用历史方法分析第二次世界大战后英国经济政策的发展变化，所以，相对来说，纯经济分析有所弱化，这表现在具体分析中没有大规模使用各种图表和数据来探讨经济政策的效果方面。

（二）尚需深入研究的问题

（1）本书覆盖范围截止到 2010 年，在对新工党的经济政策做出辩证评价后，应该对后续政府经济政策的影响做出更为详细的分析和对策性的建议。

（2）本书只是在结语中从全球化、国家与市场的关系以及执政党的执政能力三个层面对第二次世界大战后英国经济政策的调整和变化进行了定位。根据逻辑脉络，本书还应该进一步分析全球化、国家与市场以及执政党执政能力三者之间的内在关系。因目前国际形势变幻不定，历史发展还未告一段落，要想对这一问题做出全面和理性的分析还不具备条件，也超出本人的能力所及，故只能留待以后继续思考，进一步完善。

最后对本书的出版有两点说明：一是本书第四章第二节由赵北平博士撰写，第六章由张凯成博士撰写。二是本书为国家社会科学基金项目（一般项目）"二战后英国经济政策调整的历史考察（1945—2010）"（项目批准号：12BSS020）的结题成果。本书也是国家社会科学基金项目（一般项目）"二战后英国经济政策史研究（1945—2016）"（项目批准号：20BSS052）的阶段性成果。

毛　锐

目　　录

第一章　从马歇尔经济学到凯恩斯主义 …………………… (1)
　　第一节　马歇尔经济学的内容、特点和政策取向 ………… (1)
　　第二节　对马歇尔经济学的挑战 …………………………… (6)
　　第三节　促使凯恩斯主义和工党民主社会主义合流的因素 …… (15)
　　第四节　战后凯恩斯主义经济学的发展 …………………… (26)

第二章　从凯恩斯主义到新右派 ……………………………… (37)
　　第一节　凯恩斯主义的内在矛盾和弊端 …………………… (37)
　　第二节　新右派思潮 ………………………………………… (40)
　　第三节　新自由主义与新保守主义的契合点 ……………… (57)

第三章　从新右派到第三条道路经济学 ……………………… (62)
　　第一节　新凯恩斯主义经济学 ……………………………… (62)
　　第二节　工党的反思与革新 ………………………………… (69)
　　第三节　新工党与第三条道路 ……………………………… (73)
　　第四节　第三条道路经济学 ………………………………… (79)

第四章　凯恩斯主义需求管理政策的形成、发展和衰落 …… (82)
　　第一节　凯恩斯主义需求管理政策的初步形成
　　　　　　（1945—1951） ……………………………………… (82)
　　第二节　罗伯特计划与凯恩斯共识的形成（1951—1957） …… (108)

第三节　需求管理的升级：经济计划政策（1957—1970）……（122）
　　第四节　需求管理的衰落（1970—1979）………………………（131）

第五章　从需求管理到供应方政策
　　　　——撒切尔政府宏观经济政策演变……………………（143）
　　第一节　严厉的货币主义与经济衰退（1979—1981）…………（143）
　　第二节　实用主义与经济复苏（1982—1985）…………………（154）
　　第三节　汇率和货币政策的矛盾（1986—1988）………………（163）
　　第四节　衰退和劳森的辞职（1988—1990）……………………（171）

第六章　由供应方改革到第三条道路改革
　　　　——新工党的宏观经济政策分析…………………………（179）
　　第一节　"供应方改革"带来的经济问题…………………………（179）
　　第二节　新工党政府的货币政策改革……………………………（184）
　　第三节　新工党的财政政策………………………………………（211）
　　第四节　英国新工党政府宏观经济政策评价……………………（230）

第七章　从国有化到私有化……………………………………………（242）
　　第一节　第二次世界大战后国有化政策（1945—1979）………（242）
　　第二节　私有化政策（1979—2010）……………………………（250）

第八章　战后英国非工业化问题分析…………………………………（264）
　　第一节　英国学术界对非工业化问题的研究……………………（264）
　　第二节　撒切尔政府时期非工业化加剧的表现和原因…………（278）
　　第三节　新工党提升制造业水平的举措…………………………（284）

第九章　战后英国区域政策改革分析…………………………………（295）
　　第一节　1945—1979年英国区域政策的演变及存在的问题……（295）
　　第二节　撒切尔政府对传统区域政策的改革……………………（301）

第三节　新工党的社区新政 …………………………………（311）

结　语 ……………………………………………………………（323）

参考文献 ………………………………………………………（327）

第一章

从马歇尔经济学到凯恩斯主义

第一节 马歇尔经济学的内容、特点和政策取向

19世纪40年代之后，英国工业革命基本完成，英国成为世界上最强大的国家，在工商业、金融贸易、海上运输等方面处于垄断地位。[①] 与世界霸主地位相适应，英国经济奉行自由放任政策。英国政府认为，没有必要干预经济和企业活动，政府的职能仅限于为企业发展提供有利的国内外环境。自由贸易原则被当作"自然规律"来接受，在整个英帝国范围内实施"敞开大门"的政策。[②] 自由放任政策实施的指导思想是剑桥学派的马歇尔经济学。

阿尔弗雷德·马歇尔是19世纪末20世纪初西方经济学家中最有影响的人物，是英国"剑桥学派"的创始人，是西方传统经济学的集大成者。[③] 马歇尔虽身处英国资本主义的黄金时期"维多利亚盛世"，但是英国经济和社会结构的变化使英国古典政治经济学的基础不断瓦解，传统古典理论受到挑战。约翰·斯图亚特·穆勒已经不满意于李嘉图的劳动价值论，试图以生产费用论代之。马尔萨斯的人口学说主张实际工资将

[①] 王章辉：《英国经济史》，中国社会科学出版社2013年版，第274—276页。
[②] 罗志如、厉以宁：《二十世纪英国经济政策主导思想的演变》，《北京大学学报》（哲学社会科学版）1980年第4期。
[③] 尹伯成主编：《西方经济学说史——从市场经济视角的考察》，复旦大学出版社2012年版，第118—119页。

随着人口的增加而下降，但是，英国的经济发展史表明，实际情况与此恰恰相反。德国历史学派和边际学派则反对古典经济理论的一些基本原则。萨伊定律重新受到重视并否认经济危机爆发的可能性。英国工人的贫困生活和糟糕的工作状况使古典经济理论以及由此推导而来的自由放任主张越加不相适应。①

正是在这一背景下，试图重新解释资本主义发展新现象的马歇尔经济学应运而生，其标志是1890年马歇尔代表作《经济学原理》的出版。② 因为该书所提出的局部均衡理论，是马歇尔在继承了从亚当·斯密、大卫·李嘉图到约翰·斯图亚特·穆勒为代表的英国古典经济学的基础上，吸收以边际效用理论为代表的经济学界最新成果，把原有的供求论、生产费用论、资本生产力论、节欲论等加以改造，并以局部静态均衡方法为基础，形成的一个新的理论体系，马歇尔亦被称为新古典经济学的创始人。③

在中国改革开放之初，一些学者把马歇尔经济学说成是折中主义的大杂烩，是把历史上各种不同的庸俗经济学理论加以调和与折中。④ 无疑，这种观点带有一定的时代特征和意识形态色彩。如今，学术界对马歇尔经济学说已经有了一个相对公正客观的认识，对其学说的研究也日趋深入。

马歇尔经济思想的创新主要包括以下几个方面：在价值论方面，马歇尔放弃李嘉图的劳动价值论，提出了供求均衡的价值理论，即用商品

---

① ［美］哈里·兰德雷斯、大卫·C.柯南德尔：《经济思想史》，周文译，人民邮电出版社2011年版，第286—287页。
② 马歇尔其他著作还有《工业经济学》（1879，与其夫人合著）、《工业与贸易》（1919）、《货币、信用与商业》（1923）。马歇尔在参与多个皇家委员会和政府委员会，特别是劳工委员会期间，写过许多关于货币、信用、商业波动等方面的官方报告，在他去世后，这些报告分别于1926年和1996年结集出版，即两卷本的《马歇尔官方文件集》。
③ 姚开建等主编：《经济学说史学习与教学手册》，中国人民大学出版社2011年版，第250页。
④ 详见刘涤源、彭明朗《试论阿·马歇尔庸俗政治经济学说的主要特点》，《湘潭大学学报》（哲学社会科学版）1981年第2期；《阿·马歇尔的政治经济学研究对象述评》，《求索》1983年第2期。

的均衡价格衡量商品的价值,[①] 这是马歇尔经济思想的基础和核心。在他看来,商品的价值既不是由边际效用决定,也不是由生产费用决定,而是由这两者共同决定的。[②] 在需求理论方面,马歇尔不赞成边际学派所主张的价值是由效用和稀缺性决定的观点,主张消费者的需求或需求价格以及供给相结合才能决定均衡价格,即价值,从而为此后西方微观经济学教材树立了一个新框架。[③] 在供给理论方面,马歇尔继承并大大发扬了自亚当·斯密以来强调供给的英国古典经济学的传统。在传统的"资本""劳动"和"土地"三要素之外,马歇尔提出第四种生产要素——"组织"。工业组织之所以被视为一个生产要素,马歇尔的解释是因为工业组织的变化会影响产量,这种影响可用"内部影响"和"外部影响"两个概念加以说明。内部影响是指由于企业内部的各种因素,比如劳动者的生产积极性和操作技能的高低,是否使用先进设备、管理水平的高低,这些都会导致生产费用的增加或减少;外部影响是指由于企业外部的各种因素,比如市场容量的变化,通信运输的便利程度以及企业距离原材料产地和销售市场的远近等因素所导致的生产费用的减少。[④] 这两个概念能够解释为什么在收益递减时也是有可能存在竞争的,这丰富了福利经济学、产业经济学以及价格理论等领域的讨论。综合起来看,马歇尔的理论体系缜密严谨,博大精深,其特点有如下几点:

第一,生物进化论也适用于人类社会。在横向上马歇尔认为,各种经济现象、经济范畴以及一些看似相互对立的经济学说,其实都是相互渗透、相互关联的,它们之间的区别是相对的,是具有一定连续性的,这就是所谓"连续原理",在经济上表现为供给价格、需求价格和产量是彼此制约的;[⑤] 在纵向上马歇尔信奉"自然不能飞越"原则,认为

---

① 张乐和:《马歇尔及其供求均衡论述评》,《武汉交通管理干部学院学报》1994年第Z1期。
② 陈良璧:《马歇尔的经济思想》,《内蒙古社会科学》1981年第2期。
③ 尹伯成主编:《西方经济学说史——从市场经济视角的考察》,复旦大学出版社2012年版,第123页。
④ 尹伯成主编:《西方经济学说史——从市场经济视角的考察》,第126页。
⑤ [英] 马歇尔:《经济学原理》(上卷),朱志泰译,商务印书馆1964年版,第15页。

"经济进化是渐进的"①,社会和生物界一样,只有渐变,没有飞越。也正是基于这种思想,马歇尔才能把历史上各种经济学说加以协调,将其重新塑造成一个崭新的经济理论体系。

第二,马歇尔主张用心理动机来解释人类的经济行为。他认为:"经济学是一门研究在日常生活中活动和思考的人们的学问。但它主要是研究在人的日常生活事物方面最有力、最坚决地影响人类行为的那些动机。"② 马歇尔认为,人类的动机分成两类:一类是追求满足,另一类是避免牺牲。人类的经济活动同样是由这两类动机所支配的。这种"满足"和"牺牲"在数量和程度上是可以用货币加以间接衡量的。马歇尔认为,经济学之所以比其他社会科学较为先进和科学,就是因为人们在这方面的动机所起的作用是有规律的,并且能够加以衡量、预测和证实。③

第三,重视数学分析。马歇尔认为,许多现象的变化与总量的关系没有与增加量关系那样大。产品的生产、交换和分配,同产品的"边际增量之间存在一定的连续的函数关系"。约瑟夫·熊彼特这样评价马歇尔的数学方法:"不仅他的特殊的数学才能对于他的经济理论领域中的成就是有利的,而且由于数学分析方法的实际应用才产生了这一成就;他把斯密—李嘉图—穆勒的资料转变为现代研究机器。"④

第四,运用力学中的均衡概念分析经济现象,即采取孤立市场的局部均衡分析方法。马歇尔认为,经济各要素确实不断变化着,但只是逐渐变化,不会产生性质上的变化。在这种静止状态中充满着运动,但生产、分配和消费的一般条件却保持不变。与瓦尔拉斯注重市场上所有商品价格之间的相互关系不同,马歇尔是先假定资源、技术、人口和其他商品价格等因素不变,然后孤立地讨论市场中某种商品的价格如何在供

---

① Alfred Marshall, *Principles of Economics*, Macmillan, 1948, p. 1.
② [英] 马歇尔:《经济学原理》(上卷),朱志泰译,商务印书馆1981年版,第11页。
③ 姚开建等主编:《经济学说史学习与教学手册》,中国人民大学出版社2011年版,第252页。
④ [美] 熊彼特:《从马克思到凯恩斯十大经济学家》,宁嘉风译,商务印书馆1965年版,第99页。

给和需求两种相反力量的作用下实现均衡，而不涉及这个商品的局部市场领域以外的因素和影响。随着分析的展开，更多的因素发生了变化。这种分析方法的缺点在于缺少一定的现实性，优点则是把复杂问题变得简单以便于分析，便于取得一个最接近现实的结果，这对处理政策问题显得格外实用。

由于局部均衡理论建立在市场完全竞争的前提之下，马歇尔经济学的政策取向是："需求和供给两方面自由地起作用；买方或卖方均无密切结合。每一方都属于单独行动，存在着很大程度的自由竞争。"[1] 可见，在政策取向上，马歇尔也继承了古典政治经济学所坚持的自由放任原则：在自由市场中稀缺资源将得到有效配置，经济冲突能得到和谐解决。无论自由市场多么不充分，与政府干预经济相比，它们都是更加可取的。

对于当时已经兴起的垄断企业，马歇尔不赞同垄断产量总小于竞争产量、垄断价格总高于竞争价格的观点。他认为，垄断和竞争是同时存在的，它们之间没有明显界限。比如，垄断企业往往比小企业更能节约成本，大厂比小厂能拿出更多的资金升级机器，改进生产方法；如果垄断价格过高，这会吸引其他投资者进入这一行业，从而引发竞争，进而降低垄断价格。因此，马歇尔认为，政府不应过于限制垄断。[2] 马歇尔同样也反对用国家干预来解决失业和贫困问题。他认为，非市场化的干预对于广大工人阶级而言有百害而无一利，势必导致个人的经济利益受损。竞争和大量的私人参与是实现社会目标的主要推动力，收入再分配以及对资本征税实际上不利于经济发展。真正解决贫困和失业问题的关键是自立和个人的积极努力，而不是依靠政府的帮助。

可见，在英国由自由资本主义向垄断资本主义过渡的大背景下，马歇尔经济学对政府所奉行的自由竞争、自由贸易、反对国家干预政策的合理性做了很好的阐释。

---

[1] Alfred Marshall, *Principles of Economics*, London, 1920, p. 364.
[2] 姚开建等主编：《经济学说史学习与教学手册》，中国人民大学出版社2011年版，第259页。

第二节　对马歇尔经济学的挑战

英国虽然取得第一次世界大战的胜利,但大英帝国的瓦解也初露端倪,大战前积累的各种矛盾在战后纷纷暴露出来。曾经的日不落帝国不幸由债权国变成债务国,在后起的美国和日本等国的不断侵蚀下,英国的海外市场日益缩减,国际贸易和航运业被大大削弱。在国内,英国永远失去了在世界工业中的垄断地位。从1918年到1939年,英国经济进入"不稳定时代",有突发的繁荣,也有突现的衰退。在两次世界大战之间,英国政府仍然按照马歇尔经济学理论来解释失业和危机产生的原因并找寻应对之法:其关键在于供求力量的自动调节受到了诸如工资太高或利息率不合理等因素的干扰,一旦缩减工资或调整利息率,失业就会减少,危机状态就会消除。① 因此,英国政府的应对之策是试图恢复金本位制度。② 1925年4月,英国恢复了金本位制,③ 国家停止铸造金币,黄金只在国内流通,英镑和美元的比价为1英镑兑4.86美元。④ 其目的在于提高英镑汇率,以巩固伦敦作为世界金融中心的地位。但英镑升值导致英国通货紧缩,出口下降,经济步入慢性衰退状态,并直接导致了1926年5月的工人大罢工。30年代初,随着大危机在英国的蔓延,财政部坚持通过说服工会同意削减工资,加强中央银行的货币政策,影响利息率水平、管理信贷数量和货币流通量等措施来对抗危机,而对通

---

① 罗志如、厉以宁:《二十世纪的英国经济——"英国病"研究》,人民出版社1982年版,第218页。

② 在第一次世界大战期间,因军费开支和对外援助的增加,英国政府不得不大量增发货币和国库券,导致英镑贬值和通货膨胀,因此在第一次世界大战期间,英国政府实际上放弃了金本位制,停止纸币兑换黄金。到1919年,正式放弃金本位,英镑汇率由1英镑兑换4.76美元下降到3.5美元。英镑的贬值虽成为引发战后经济繁荣的重要因素之一,但也带来相当严重的副作用,即工资比1914年上升67%—118%,物价在一年内增长10%。于是财政部希望恢复金本位,以稳定英镑。从1920年起,财政部开始控制货币发行量,增加税收。

③ 此时实行的已经不是有效金本位或金币本位(自由铸币,无限法偿),而是采用金块本位制,规定向英格兰银行兑取黄金,起步至少兑换400盎司黄金。英镑与黄金比价为每盎司3英镑17先令10.5便士。

④ 详见王章辉《英国经济史》,中国社会科学出版社2013年版,第396—397页。

过公共工程建设,刺激需求,减少失业的政策主张一直持抵制态度。随着失业的增加,失业补助金剧增,政府预算出现巨额赤字,当时的工党政府为了维持英镑币值,不得不大幅削减预算,包括削减本就不高的海军水兵的军饷,直接引发了"因弗戈登"号水兵的兵变。① 这进一步重创了对英镑的信心,1931 年 7 月工党政府倒台,9 月新组成的国民政府宣布放弃金本位制,英镑兑美元的汇率降到 3.8 美元。

总之,20 世纪 30 年代经济危机爆发后,马歇尔经济学已经难以解释和提供解决这次危机的有效方法,人们迫切需要一种替代马歇尔经济学说的新经济理论,凯恩斯主义应运而生。同时,随着世界性大危机的不断深化和扩展,法西斯主义和共产主义思潮在世界范围内兴起,并都影响到英国国内,在英国则表现为民主社会主义经济学的兴起和英国工党的崛起。到 20 世纪 30 年代末,对马歇尔主义经济学说的反思与英国出路的选择交织在一起,成为两次世界大战之间英国经济思想发展的一条主线。

一 凯恩斯主义革命

在两次世界大战之间,马歇尔主义经济学说随着形势的变化也有发展,主要表现在货币理论、垄断理论和福利理论三个方面。② 第一次世界大战前,英国在国际金融中处于霸主地位,剑桥的货币理论当时只是口头传述,内容主要围绕维护传统的金本位制和保持通货稳定。第一次世界大战后的新形势促使英国剑桥学派的经济学家们开始关注货币问题。马歇尔的学生约翰·梅纳德·凯恩斯在 1923 年和 1930 年分别撰写了

---

① [美]克莱顿·罗伯茨、戴维·罗伯茨、道格拉斯·R. 比松:《英国史(1688 年—现在)》(下册),潘兴明等译,商务印书馆 2013 年版,第 424 页。

② 到了 30 年代,英国的琼·罗宾逊《不完全竞争学》和美国的张伯伦从"完全竞争"的条件出发,考察了生产者行为,形成"厂商理论"。马歇尔的嫡传学生庇古写了两本书:一本是以失业问题为中心的《失业理论》,后来成为凯恩斯在建立就业一般理论时既指责又承袭的借鉴对象;另一本是以福利问题为核心议题的《福利经济学》,奠定了现代资产阶级福利经济学的理论基础,构成了旧福利经济学的主要内容,进而发展为当代新福利经济和福利国家论等种种理论[详见刘涤源《试论马歇尔经济学说对当代西方庸俗经济学说发展的巨大影响》,《武汉大学学报》(社会科学版)1985 年第 3 期]。

《货币改革论》和《货币论》。这些发展都建立在马歇尔供求均衡理论基础之上。[①] 直到1936年,凯恩斯出版《就业、利息与货币通论》(简称《通论》)一书,才真正突破贯穿于斯密、李嘉图、穆勒以及马歇尔学说中的自由放任传统,转而致力于研究对经济理论和政策都具有重要影响的总量经济。

《通论》的革命性表现在以下方面。[②]

第一,在理论上,凯恩斯否定了认为"供给本身会创造自己的需求"的萨伊定律。萨伊定律认为,生产是为了交换,一种产品生产出来就为另一些产品提供了需求,因此一切产品都能卖掉。这意味着除了有个别商品供求失调外,产品销路总的来说不会产生问题,而且通过自由竞争,这种失调会消失,可以实现充分就业,普遍的生产过剩危机不会发生。根据20世纪30年代经济大危机出现大量失业的现实,凯恩斯提出的有效需求不足理论否定了萨伊定律,进而否定这种完善性。他认为,资本主义自由竞争的市场机制,不能保证供求均衡,会出现经济危机,因而经常导致有效需求不足,会使就业低于充分就业均衡水平。在凯恩斯看来,是有效需求决定产出和就业,从而决定了供给,而不是供给本身会创造需求,这一创新性思想被后人称为"凯恩斯定律",即需求创造供给。

第二,在方法论上,凯恩斯回到重商主义研究的宏观经济问题上,开创了宏观经济的总量分析方法。在马歇尔经济学说看来,市场经济体系可以自行调节,整个经济运行不会发生严重失调。因此,只要关心个别厂商和个别消费者的行为,以及单个商品市场和生产要素市场的交换过程及其相对价格的决定即可。凯恩斯则认为,市场机制本身的缺陷会导致"市场失灵",此时只有通过国家干预,"充分就业"才能实现。

第三,在政策主张上,凯恩斯反对传统经济学的"自由放任",强

---

① 详见罗志如、厉以宁《二十世纪英国经济政策主导思想的演变》,《北京大学学报》(哲学社会科学版)1980年第4期。
② 详见尹伯成主编《西方经济学说史——从市场经济视角的考察》,复旦大学出版社2012年版,第216页。

调国家干预。凯恩斯提出的"有效需求原理"认为,资本主义之所以会出现大量失业,是因为消费需求和投资需求不足所造成的有效需求不足。要想提高就业、减少失业,只有通过扩大政府开支或者通过减税和货币扩张来诱导私人支出的增加,并通过"乘数"效用,引发数倍于投资量的国民收入和就业量的增长。

正是基于《通论》以上的革命性,一些经济学家把《通论》与斯密的《国富论》、马克思的《资本论》并列为经济学说史上三本同样伟大的著作。①

二 费边社会主义经济学和工党民主社会主义的公有制思想

在19世纪末20世纪初,对自由资本主义以及古典经济学的批判已经出现。德国的新历史学派和美国的制度学派等非正统派、非主流经济学家主张在维护现存资本主义制度的基础上,实行阶级改良,对私人垄断资本加以控制。面对20世纪二三十年代的经济困境和危机,在世界范围内兴起了法西斯主义和共产主义思潮,但作为世界上第一个实现现代化的国家,第一个建立资本主义民主政治的国家,英国的政治和经济思想有自身的特征。在英国存在着类似于德国和美国的历史—制度学派的非正统派资产阶级思想家,即费边社会主义者。②

1884年1月,在伦敦成立的费边社,效仿古罗马统帅费边·马克西姆斯的缓进待机策略,主张采取温和渐进的改良办法实现民主社会主义,反对暴力革命。其成员认为,马克思主义的剩余价值论和革命学说不适合英国国情,在吸收以休谟、李嘉图、边沁和穆勒等为代表的古典经济学观点的基础上,融合进化论观点和空想社会主义等思想,他们创造出一种新思想,即费边主义。费边主义批判资本主义,认为必须向"社会主义过渡",社会主义是工业资本主义不可避免的合乎逻辑的产物。但是

---

① [美]布赖恩·斯诺登、霍华德·文、彼得·温纳齐克:《现代宏观经济学指南——各思想流派比较研究引论》,苏剑等译,商务印书馆1998年版,第75页。
② 详见罗志如、厉以宁《二十世纪英国经济政策主导思想的演变》,《北京大学学报》(哲学社会科学版)1980年第4期。

变革不必使用阶级斗争和暴力革命的方式，这体现了费边社会主义的核心政治哲学，即渐进主义。这种渐进主义来源于斯宾塞的社会有机体理论，任何时候都无须破坏社会组织的连续性而加以突然改变，一种新的社会制度代替旧的制度，就像细胞的新陈代谢一样是渐进的改革。

在经济学理论方面，早期费边主义者宣扬市政社会主义，即通过民主选举使社会主义者掌握地方议会和市政机关，运用立法由市政机构或国家逐步消灭土地私有制。① 第一次世界大战后，他们提出了部分经济部门的"国有化"构想，即"从个人和阶级所有权的羁绊下解放出土地和资本，把它们交给社会所有，以谋公众的福利。只有通过这个方式，本国的各种自然的和既得的利益才可能公平地为全国人民所分享"②。

费边社成员虽然不多，鼎盛时期也不过1200人，但是他们的能量巨大。他们一边宣扬自己的思想，一边还直接加入一些社团和政党，如1900年，费边社就参与了工党的创建，③ 其思想成为工党民主社会主义思想的重要组成部分。费边社的"渗透"战术非常成功，其最主要的成就是在1918年使工党最终把反对私有制，实现生产资料的公有制作为"工党的目标"并在工党党章第四条中固定下来。

在工党建立之初，劳工主义仍是党内主流意识形态。劳工主义承认并保护私有财产，甚至认为劳动就是工人的私有财产，其最终的斗争目标也仅限于提高工资和改善工作条件。④ 但是第一次世界大战后，工会认识到社会主义的许多主张实际上包容了劳工主义的要求。在此背景下，1918年2月，工党特别大会通过了由工党领袖亚瑟·亨德森和西德尼·韦伯共同起草的工党党章，在党章第四条中明确提出："在生产资料公有制和对每一工业或行业所能做到的最佳民众管理和监督的基础上，确保

---

① 徐觉哉：《社会主义流派史》（修订本），上海人民出版社2007年版，第201页。
② ［德］马克思·比尔：《英国社会主义史》（下卷），何新舜译，商务印书馆1959年版，第252页。
③ 张志洲：《英国工党社会主义意识形态变迁研究》，社会科学文献出版社2011年版，第85页。
④ 详见刘成《理想与现实——英国工党与公有制》，江苏人民出版社2003年版，第15—22页。

体力劳动者或脑力劳动者获得其辛勤劳动的成果和可行的最公平的分配。"① 这就是著名的公有制条款。这一条款不仅表达了工党希望生产资料的公有,还体现了其要求实行生产的民主管理以及劳动成果公平分配的思想,实际上是对社会主义愿望的多方面表达。②

在 20 世纪二三十年代,工党和费边社会主义思想家不断发展完善和强化着公有制思想。工党则在组织上为建立社会主义进行准备,试图通过获得下院的多数以上台执政,从而具体实施党章第四条。

这一时期,被称为"英国社会主义哲学的提供者"③的著名的费边主义经济学家、理论家和社会活动家理查德·亨利·托尼先后出版《贪婪的社会》(1921)和《平等》(1931)两本主要著作,进一步阐明费边社会主义的经济主张。托尼认为,平等问题是社会主义关心的中心问题,只有公平合理的分配才能实现平等,否则,就会引起各种社会动乱。要解决这些问题,必须建立一种民主的经济来消除现代社会中的不平等,具体措施之一就是推行工业国有化。在托尼看来,"国有化"可以有效组织工业生产和分配,使之摆脱生产无序状态,尤其是赞同对煤矿实施国有化。在托尼看来,对煤矿实施国有化可以"避免对各种资源的浪费",减轻消费者负担;有利于改善煤矿工人的生活条件,在"工业政策和组织中,为他们赢得一个有效的发言权";还可以大大提高煤矿工业的生产效率。关于如何国有化,托尼提出要注意两方面问题:一是在"一个全国体系内,分散管理权",因为不同行业或者是不同区域的同一行业的企业各有不同特点,因此在国有化后要因地制宜地将管理权下放到地方;二是要由"社会的代表和工人的代表分担工业行为"④。

---

① Henry Pelling & Alastair J. Reid, *A Short History of the Labour Party*, London: Macmillan, 1996, p. 49.

② 详见张志洲《英国工党社会主义意识形态变迁研究》,社会科学文献出版社 2011 年版,第 117—118 页。

③ Geoffrey Foote, *The Labour Party's Political Thought: A History*, St. Martin's Press, 1986, p. 72.

④ 详见 R. H. Tawney, *The Radical Tradition: Twelve Essays on Politics, Education and Literature*, ed., Rita Hinden, London: George Allen & Unwin Ltd., 1964, pp. 123 - 129.

1918年托尼正式加入工党，并积极参与工党的一系列政治活动，在两次世界大战之间工党政策的制定过程中发挥了至关重要的作用。[①] 1922年，作为工党教育政策的发言人，托尼出版了《人人接受教育——工党的一项政策》，在书中，托尼提出英国的教育要由以前的精英教育向全民教育过渡。1924年，工党第一次上台组阁就明确宣布《人人接受教育——工党的一项政策》是工党教育政策的基础。20世纪20年代中后期，受工党领袖拉姆齐·麦克唐纳的邀请，托尼负责起草了名为《工党与国家》的重要文件，该文件强调了国家干预和推行"国有化"的重要性。

在托尼的帮助下，工党设计的一系列竞选承诺吸引了很多选民，工党成为英国下议院第一大党，尤其是他所提出的工党应该向全民党转换的思想，是"工党自我认识的一个转折点"。尽管这在当时可能不被绝大多数工党党员所接受，但历史地看，却预示了工党未来的发展方向。1930年初，世界性大危机开始影响英国，出口下跌近34%，失业人数超过300万人。急剧增加的失业保险金使政府承担着巨大的财政压力。然而，减少政府开支必然削减失业工人的失业保险金，而这又是与工党的理念相违背的。在此背景下，英国国王拒绝接受麦克唐纳的辞职请求，授命他组建超党派的三党联合的"国民政府"，工党内阁倒台。

与此同时，另一位与托尼并驾齐驱的费边主义理论家和政治活动家哈罗德·拉斯基也对英国工党的社会改良思想做出重大贡献，被称为20世纪30—50年代社会民主主义思想的集大成者。

第一次世界大战期间，出于赢得战争的需要，英国政府明显地加大了国家干预社会经济的力度，一些传统公民的民主权利被政府强制收回或被限制。在20年代工人大罢工和经济危机期间，政府对社会控制能力持续膨胀。学术界也开始充斥着"国家至上""绝对主权"等理论，作为对这些理论的批判，拉斯基提出了多元社会主义理论。拉斯基承认

[①] 禹露、李堃：《R. H. 托尼对英国工党政治的影响》，《绵阳师范学院学报》2013年第9期。

"国家的真实个性显然是强制",国家是"特殊的历史环境的产物"。国家应当与社会分离。工会等公民组织不应当依赖国家,而应是独立地实行社会自治。① 1925 年,拉斯基出版了他最著名的著作《政治典范》。在拉斯基看来,多元社会主义既是实现个人自由的关键,也是实现平等的关键。"事实上,一个社会中的自由与平等有分权作用。"②

30 年代经济大危机所产生的种种恶果让拉斯基认识到资本主义经济的内在矛盾,而德、意、日法西斯的出现和崛起又让拉斯基认识到资本主义政治制度的危机,这决定了社会主义取代资本主义成为历史的必然。对于如何实现社会变革,拉斯基遵循了费边社会主义社会改良的传统,反对暴力革命,倡导运用民主手段,以资本家最终默许的方式取得社会主义的胜利,即实现一场"同意的革命"。

由于拉斯基认为产生经济危机的根本原因在于资本主义的私有制,在于根植于私有制之上的市场经济,因此,他提出要以经济计划化代替自由放任的市场经济,他赞扬英国政府出于战争需要而干预经济的做法,认为这一做法给经济和社会所带来的种种变化具有深远意义。"事实证明,国家计划不但能消灭失业,而且哪怕在战争条件下也能使人民的健康维持在比和平时期资本主义民主国家的自由经济所维持的更高水平上。"至于如何实现计划化,拉斯基认为:"这意味着经济权的几个重要基础应该掌握在社会手里;一旦它们保证为多数人而不是为少数人的利益服务,就可以用社会民主的历史性方法来掌握这些重要基础,并在这样确定的体制内发展经济了。"拉斯基认为,社会应该掌握四个基础,即资本和贷款、土地、进出口贸易以及运输、燃料和电力。这四个重要基础或者说是重要生产资料由国家掌握而不是私人掌握,国家就可以确保这些重要生产资料为公众服务而不是为私人利益服务。这样一来,它们就成为经济计划的工具。在拉斯基的设想中,未来的社会制度应该是计划化经济与民主政治制度的结合。这一设想

---

① 详见阎照祥《英国政治制度史》,人民出版社 2012 年版,第 418—419 页。
② Harold Laski, *A Grammar of Politics*, London:Allen and Unwin, 1925, p.432.

实际上是将社会主义公有制和资本主义的民主政治结合在一起。吸取了这两种制度优点的计划化民主才是值得追求的理想社会。① 这一思想成为战后工党实行计划化的理论源泉。

1931年，麦克唐纳背信弃义，使工党在这一年的大选中惨败，仅获得46个议会席位，国民政府继续成为保守党的傀儡。此时，拉斯基开始认识到，原先他所强调的把各种社会团体的地位抬高到与国家平等的地位是完全错误的，因为德国纳粹党就是这样被赋予合法性而崛起的。拉斯基开始抛弃自己的多元主义国家理论。随着大危机在1930年波及英国，拉斯基开始相信民主和资本主义无法继续共存，他开始反对当时的英国政府，希望建立一个拥有强大力量足以压倒财产关系的新政权。② 拉斯基认为，社会主义使"国家在生产分配过程中可以干预，以确保在生产规模不断扩大时能够取得利益"③。1934年，拉斯基和凯恩斯围绕美国是否应该"在复兴上投入"展开论战。凯恩斯认为，如果没有人花钱购买，政府应该用金钱去刺激消费以降低失业率。而拉斯基认为，政府开支可能会引起就业上升，但是这会引起严重的通货膨胀，沉重的税赋和开支浪费。这种经济解释仍属于马歇尔主义经济学说的分析，但是对扩大政府刺激所产生的经济后果的分析则体现了拉斯基的社会主义立场，他认为，政府刺激经济的后果最终会通过缩减社会福利支出的方式转嫁到工人阶级身上。因此，拉斯基认为，经济的出路在于通过计划社会对生产资料实行公有制。可见，当时的工党左翼并不赞成凯恩斯主义经济理论。到1939年，拉斯基宣称自己既不是凯恩斯主义者，也不是"马克思主义共产主义者"，而是"马克思主义社会主义者"，这说明，在他最仰慕马克思主义的时候，也没有接受社会主义实行单一所有制的观点。④

---

① 详见薛刚《拉斯基的社会改良思想述评》，《南京师大学报》（社会科学版）1989年第2期。
② [美]肯尼斯·R.胡佛：《凯恩斯、拉斯基、哈耶克——改变世界的三个经济学家》，启蒙编译所译，上海社会科学出版社2013年版，第145页。
③ Harold Laski, *Studies in Law and Politics*, Yale University Press, 1932, p.68.
④ [美]肯尼斯·R.胡佛：《凯恩斯、拉斯基、哈耶克——改变世界的三个经济学家》，启蒙编译所译，第145—153页。

总之，随着公有制目标的确立和完善，工党具有了明确的社会改革目标，显示了工党与保守党完全不同的治国理念，从而有力地掌握了社会改革的话语权，[①] 使英国工党在 20 世纪二三十年代开始崛起。经过 1924 年和 1929 年的两次执政，工党不但证明自己是现存体制的一支力量，而且代替自由党成为两党轮流执政的两大政党之一，这从根本上改变了第二次世界大战后英国政治经济走向。[②]

第三节 促使凯恩斯主义和工党民主社会主义合流的因素

最初，工党并不支持凯恩斯主义的需求管理。当凯恩斯在 30 年代呼吁英镑贬值以刺激经济繁荣时，当时的工党政府殖民大臣西德尼·韦伯竟然还说："没有人告诉我们可以那样做。"[③] 虽然两者的政策倾向不同，两者在当时也互不认同，但是凯恩斯主义和费边社会主义以及工党的民主社会主义思想都强调国家干预，这使两者存在契合点，存在合流的可能性。同时，在两次世界大战之间，英国社会思潮的变化使国家干预思想被社会主流思想所接受；而第二次世界大战的大规模爆发最终促成了两者的合流。其标志是 1944 年联合政府颁布的充分就业白皮书。在此后 30 年内，凯恩斯主义取代马歇尔经济学成为英国经济政策的主要指导思想。

一 新自由主义的出现

在英国，自由主义与工业资产阶级的阶级利益紧密相连。19 世纪早期，在亚当·斯密、大卫·李嘉图等古典经济学家的影响下，自由主义者们反对政府对于经济的干预和对农业的保护，倡导自由市场与自由贸易，

[①] 刘成：《理想与现实——英国工党与公有制》，江苏人民出版社 2003 年版，第 17 页。
[②] 崔士鑫：《历史的风向标——英国政党竞选宣言研究（1900—2005）》，北京大学出版社 2013 年版，第 80 页。
[③] [美] 克莱顿·罗伯茨、戴维·罗伯茨、道格拉斯·R. 比松：《英国史（1688 年—现在）》（下册），潘兴明等译，商务印书馆 2013 年版，第 425 页。

进而导致政治权力由旧的土地贵族向新兴工业资产阶级缓慢转移。然而，到19世纪末20世纪初，为了获取与保持自己的权力，资产阶级必须寻求更为广泛的社会支持，尤其是来自各职业阶层和熟练劳动阶级的支持。长期作为英国主流思潮之一的古典自由主义思想，由于添加了集体主义精神而演变为新自由主义，其"新"就在于它抛弃了古典自由主义强调的自由放任，转而日益强调国家层面的政府干预、扩大政府职能。

思想变革的序幕最先是由托马斯·希尔·格林拉开的。1881年，格林在"关于自由立法和契约自由"的演讲中对自由概念做了重新定义。古典自由主义倡导的自由含义是不受强迫、限制和阻碍，而格林的自由是指："一种积极的权力或能力，从而可以做或享受某种值得做或享受的事，而这些事也是我们和其他人共同做或享受的事。"[1] 格林称古典自由主义的自由为"消极的自由"，他所理解的自由则是"积极的自由"。"消极的自由"把国家干预视为对自由设置的障碍，认为人是理性的，让人们自己管理自己的事情即可。"积极的自由"则认为，自由放任所导致的社会上的一切不令人满意的事物和现象，只有通过国家的积极干预才有可能解决，国家的作用是维护自由，而不是妨碍自由。[2] "真正自由的理想是人类社会的所有成员充分实现自我的能力的最大化"[3]，当然，格林认为，个人承担的政治义务是有条件的，国家不是目的，只能是实现个人道德发展和公共福利的手段。个人有权根据此条件满足与否来决定自己或服从或反抗国家的统治，从而避免了国家沦为"极权主义"国家的可能。

如果说，格林在新旧自由主义的演变过程中是一位承前启后的人物的话，那么利奥纳德·霍布豪斯和约翰·霍布森则推动了新自由主义的发展。霍布豪斯主要研究了社会变革对社会进步的影响。霍布豪斯在其名著《自由主义》中认为，自由是无条件地发展个人的个性与能力，而

---

[1] 李强：《自由主义》，中国社会科学出版社1998年版，第107页。
[2] 刘明贤：《格林的新自由主义理论评析》，《广东社会科学》2001年第5期。
[3] [英]安东尼·阿巴拉斯特：《西方自由主义的兴衰》，曹海军等译，吉林人民出版社2004年版，第382页。

民主只是自由最可倚赖的卫士而已。① 他批判社会进化论自由主义者过分宣扬仇恨、竞争和拼搏，降低了人与人之间对仁爱的眷顾；断定所谓物竞天择、优胜劣汰的恶性竞争无助于文明进步。一个组织良好、道德水准高尚的社会，应该使每个人都和自己的同胞一道享受美好生活。社会进步的丰硕成果只有这样的社会才能摘取。② 霍布森的分析则更激进。他在《工业法则》一书中提出，自由企业不能自动地最大限度地利用资源，不平等的分配原则不适当地增加了富人的储蓄，又减少了穷人的有效需求，这对于工业生产而言是一种灾难。后来这种思想被凯恩斯所吸取，提出了有效需求理论。③

格林、霍布豪斯和霍布森所推崇的国家干预的新自由主义思想在20世纪逐渐成为英国社会的一股重要社会思潮，产生了巨大影响，呼应者众多，并培养了赫伯特·阿斯奎斯、劳合·乔治和丘吉尔等新一代自由党人，他们更加关注社会平等，主张国家必须通过创造就业、提供医疗卫生服务、建造住宅、设立养老金、规定最低工资等方式，更公正地分配经济和社会成果。这些主张得到国内社会主义者、工联主义和一些中产阶级人士的赞同，并促成了自由党的复兴。1906年1月，自由党在大选中取得英国有史以来最大的胜利，并推行了一系列社会经济改革。④

---

① C. B. Cox and A. E. Dyson, eds., *The Twentieth Mind*, Oxford: Oxford University, 1972, p. 116.
② 详见阎照祥《英国政治制度史》，人民出版社2012年版，第368—371页。
③ 钱乘旦等：《日落斜阳：20世纪英国》，华东师范大学出版社1999年版，第444页。
④ 这包括：《1906年工会争议法案》免除了工会在法院民事诉讼中的所有赔偿责任，并承认工会设置纠察线为合法行为；1908年通过《工资委员会法案》，规定雇主和雇员各派同等人数组成委员会，以确定50万名在血汗工厂中从事生产人员的最低工资；《失业工人法案》，规定地方政府组织扶贫委员会，解决失业工人的生存问题；《劳工安置法案》，规定设立180个职业介绍所，帮助失业工人找到新工作。在阿斯奎斯的推动下，通过《1908年养老金法案》，这一法案取消在济贫院工场工作的前提条件，国家不再把贫民分为应当救济和不应当救济两种，规定所有年龄超过70岁的贫民都能够领取养老金。为了筹集经费以支付这些财政开支，劳合·乔治提出了"人民预算案"，开始对有产阶级征收累进所得税，并开征三种土地税。这一法案提出了一个革命性原则，即运用政府征税的权力，促使国民收入分配更加公平。1911年在劳合·乔治推动下通过《1911年国民保险法案》，决定对失业者、患病者和女性患病者给予每周7—10先令不等的救济［详见［美］克莱顿·罗伯茨、戴维·罗伯茨、道格拉斯·R. 比松《英国史（1688年—现在）》（下册），潘兴明等译，商务印书馆2013年版，第369—375页］。

二 保守党左翼力量的兴起

保守主义一直反对自由、平等、博爱等自由主义概念;忧虑理性主义对传统宗教和世俗权威所造成的威胁;担忧工业化及其后果对传统观念的冲击。传统保守主义并不接受自由主义对于人类理性、良知和进步的观点,他们认为,人性先天地存在着一种"恶的劣根性",需要有国家和政府这样的权威来维持法律与秩序,惩戒暴力与反社会的行为。如果说自由主义是新兴资产阶级的意识形态的话,那么,托利主义和保守主义则反映着江河日下但仍握有权力的土地贵族的利益。其政治上的代表是保守党。在19世纪及20世纪的大部分时间里,保守党都不赞成自由市场与自由贸易。保守主义最终在与自由主义的对抗中生存下来,而且成为20世纪英国主流的意识形态。究其原因,在于英国保守党和保守主义者并不完全排斥变革,他们反对的是激进变革。灵活性、渐进主义和实用主义一直是英国保守主义的主要特征。[①]

在第一次世界大战期间,国家全面干预政策的实施已经使得保守党内集体主义倾向大大增强。在两次世界大战之间,英国政治中的最重要特点就是保守党的支配地位。在长达18年的时间里,保守党一直是议会第一大党,处于执政地位,其中只有两年在议会里不拥有多数席位。与此相对应的则是工党的崛起,自由党的衰落。从1924年开始,工党已经取代自由党成为保守党的第一对手,此后这一局面再也没有发生改变。[②]作为保守党主流意识形态的保守主义的对手也由自由主义变成社会主义。同时,进入20世纪以来,随着英国选举权日渐广泛地被赋予中产阶级、熟练工人直至全体成年公民,为了生存下去,保守党必须寻求更为广泛的社会支持。1924年,保守党领袖斯坦利·鲍德温提出了"新保守主义"。这一思想主要是继承了迪斯累利保守主义的思想,弱化阶级差别,

---

[①] [英]比尔·考克瑟、林顿·罗宾斯、罗伯特·里奇:《当代英国政治》,孔新峰等译,北京大学出版社2009年版,第91—95页。

[②] [美]克赖顿·罗伯茨、戴维·罗伯茨、道格拉斯·R.比松:《英国史(1688年—现在)》(下册),潘兴明等译,商务印书馆2013年版,第439、434页。

营造所谓"一个国家"。他认为,一个人在拥有财富的同时也就拥有了责任,包括扶助贫困者的责任在内。这种"家长责任论"要求人们具有自愿的慈善意识,或者是接受国家实施的社会改革。[1] 1924—1929年,卫生大臣内维尔·张伯伦就依据新保守主义进行了一些社会改革。在经济政策方面,保守党内部在是否实行国家干预问题上有分歧。以鲍德温等为代表的保守党主流派从自由党那里夺过个人主义和自由放任的价值观,反对国家干预,比如第一次世界大战一结束,保守党政府立即取消了战时实行的价格、运输、投资以及食品分配等方面的控制。[2] 到20年代末,随着1929年大危机蔓延到英国,以哈罗德·麦克米伦、R. A. 巴特勒等为首的一批保守党左翼开始信奉国家干预原则。1927年,哈罗德·麦克米伦在《工业与国家》一书中正式宣布放弃自由放任思想,希望在纯粹的私人企业制度与集体主义之间设计某种连贯的体系,即在战略上实行广泛的国家控制,在战术上则置于私有制之下。[3] 1938年,哈罗德·麦克米伦出版代表作《中间道路:自由民主社会的经济与社会进步问题研究》。他提出,"中间道路"就是要寻求一条在"自由资本主义与彻底的国家社会主义之间的折中方案"。其措施是:重新分配财富,以通货膨胀为手段克服经济萧条,对公共事业进行国家控制,英格兰银行以及煤炭工业国有化,立法保障工人的最低工资,工会参与国家经济计划等。[4] 他提出:

  现在英国已在朝向计划经济的道路上行走多年,这与英国传统的妥协和调整原则相吻合。如果我们不能够从自由资本主义向计划资本主义继续和平地发展,或许是一种资本主义和社会主义理论的结合,我们就无望保护法定的、民主的和文化上自由。此自由是一

---

[1] [英]比尔·考克瑟、林顿·罗宾斯、罗伯特·里奇:《当代英国政治》,孔新峰等译,北京大学出版社2009年版,第92页。
[2] 王皖强:《现代英国保守主义的嬗变》,《史学集刊》2001年第1期。
[3] 王皖强:《现代英国保守主义的嬗变》,《史学集刊》2001年第1期。
[4] H. Macmillan, *The Middle Way: A Study of the Problem of Economic and Social Progress in a Free and Democratic Society*, London, 1938, pp. 37, 102.

种珍贵的遗产，它也许会在经济低效时受到限制。唯有通过采取此中间路线，我们才能避免实施政治管制和专制的方案。①

为什么保守党会向左转？一切都是为了与工党争夺工人阶级选民。著名保守党人昆廷·霍格承认："保守党在20世纪与社会主义斗争中，如同它在19世纪与自由主义作战时一样，为了应对新的威胁，已经改变了前沿阵地。""现代保守主义继承了托利主义赞同国家干预和权威的传统。"② 保守党左翼上层罗伯特·安东尼·艾登更是直截了当地宣称，此时的保守党"不是赤裸裸的、野蛮的资本主义的党。尽管我们相信商业的个人责任和个人动力的原则，我们却不是自由放任学派的政治产儿"③。1947年，巴特勒在下议院说："我们并不惧怕使用'国家的力量'，历史上从来没有一个优秀的托利党人会惧怕使用'国家的力量'。"④

三 第二次世界大战最终促成了凯恩斯主义和工党民主社会主义的合流

第二次世界大战期间，随着政府干预的范围和深度不断扩大，政府掌握了空前的权力，政府的办事效率大大提高。只要政府介入，虽然不能说可以解决全部问题，但的确能使问题不再恶化。在政府的干预下，困扰战前历届政府的失业问题消失了；工人的工资提高了；物价也稳定了；粮食虽然是定量供给，但是在战争期间英国没有出现大规模的饥荒，等等。这些都从根本上改变了人们对公民与国家关系的看法，燃起了人们对依靠国家调节解决社会经济问题的新希望。⑤

---

① 详见阎照祥《英国政治制度史》，人民出版社2012年版，第395页。
② Viscount Hailsham, *The Conservative Case*, Harmondsworth, Middlesex: Penguin Books, 1959, pp. 93–95.
③ S. Beer, *Modern British Politics: Parties and Pressure Group in the Collective Age*, London: Faber and Faber, 1983, p. 27.
④ W. H. Greenleaf, *The British Political Tradition*, Vol. I: *The Ideological Inheritance*, London: Methuen, 1983, p. 257.
⑤ 崔士鑫：《历史的风向标——英国政党竞选宣言研究（1900—2005）》，北京大学出版社2013年版，第116页。

1940年5月10日晚，尼维尔·张伯伦向国王递交辞呈，正式推荐温斯顿·丘吉尔任联合政府首相。1940年6月，凯恩斯重回财政部，进入英国经济政策决策层，① 主要负责为英国筹集战争经费及保护战后地位。而工党则全面接管了英国国内事务和公共舆论的领导权。② 在一个令人绝望的、生死未卜的战争年代，形势终于有利于新思想的引入。③

对于如何为战争筹集资金，凯恩斯的对策是推行一种强制储蓄计划，对资本积累征税来提供必要资金。对储蓄账户支付利息，但不到战争结束不得消除账户；战后解冻，将其作为对抗经济衰退的一种手段。④ 这些提议绝大多数被财政部采纳，1941年联合政府财政预算通过了强制储蓄计划。这标志着"预算政策的准则从政府账目平衡转向作为整体的平衡……这种转变是非常原始的……但是这种转变确是一个开端"⑤。主张整体预算平衡的宏观经济学取代了主张平衡预算的微观经济学。这是《通论》的初步胜利。

1942年，在凯恩斯的帮助下，名为"社会保障及有关服务"的《贝弗里奇报告》出台。该报告确定了福利制度的原则：充分就业、免费医疗保健、从"摇篮到坟墓"的社会保险。《贝弗里奇报告》的目的是要建立一种全面的社会保障制度，消除社会贫困。为了使这一计划得以实行，必须调整经济结构，实现充分就业，尽可能减少失业。该报告确定的一系列社会福利原则是基于国家利益，而不是某些群体的利益。社会

---

① 凯恩斯在唐宁街11号的办公室紧靠财政大臣的工作场所。他不仅成为财政部的"主导力量"，而且享有英格兰银行管理者的声望。因为工作出色，1942年6月11日，凯恩斯被授予贵族爵位，成为"提尔顿的凯恩斯男爵"（详见［美］肯尼斯·R. 胡佛《凯恩斯、拉斯基、哈耶克——改变世界的三个经济学家》，启蒙编译所译，上海社会科学院出版社2013年版，第186—188页）。

② Peter Clarke, *The Keynesian Revolution in the Making*, 1924–1936, New York: Oxford University Press, 1988, p. 321.

③ ［美］肯尼斯·R. 胡佛：《凯恩斯、拉斯基、哈耶克——改变世界的三个经济学家》，启蒙编译所译，第184—224页。

④ Donald. E. Moggridge, *Maynard Keynes: An Economist's Biography*, London: Routledge, 1992, p. 631.

⑤ Donald E. Moggridge, *Maynard Keynes: An Economist's Biography*, London: Routledge, 1992, p. 647.

福利要由国家、资方与个人共同负担，尤其是对国家作用的强调。可见，这一报告为英国战后重建和未来福利国家建设奠定了基础。凯恩斯称赞这一计划可以确保最低限度的安全，并且花费最小；即使英国产业变得比大萧条时期还稍稍缺乏效率，这一计划仍然能很容易地负担得起。① 同时，通过确立福利制度，凯恩斯提出的运用财政政策来调控经济的新经济学事实上已经实现了。但丘吉尔政府对《贝弗里奇报告》很冷淡，认为不能匆忙采取这一方案。

1944年，贝弗里奇在《自由社会的充分就业》报告中支持"一种稳定的高就业率，限定失业率应该少于人口的8.5%"②。贝弗里奇还提出警告，一旦延期实施其报告所设计的方案，"在战争结束之际，战争中普遍流行的失望情绪可能会爆发，进而演变成革命骚乱与崩溃"。贝弗里奇的担心终于受到联合政府的重视。同年，政府颁布《就业政策白皮书》，这标志着凯恩斯一直宣扬的充分就业原则被政府所接受。这意味着在不改变英国社会结构的前提下，凯恩斯主义经济学成为维护资本主义的最大希望，也成为改善社会弊端的最大希望。③

随着战局越来越有利于同盟国，1944年凯恩斯的主要精力转向国际经济方面。按照凯恩斯的设想，同盟国在布雷顿森林召开了44国经济会议，建立了国际货币基金组织和国际复兴开发银行，实行美元与黄金，美元与欧洲其他货币挂钩的双挂钩政策。这些机构和制度安排为战后经济复兴提供了所需要的稳定货币和国际管制的储备体系，从而奠定了战后全球经济复苏的信心和基础。同时，布雷顿森林体系也把干预主义宏观经济学应用到全球。因此有学者评论道：到1945年，"凯恩斯的革命

---

① Donald. E. Moggridge, *Maynard Keynes: An Economist's Biography*, London: Routledge, 1992, p. 308.
② Richard Cockett, *Thinking the Unthinkable, Think Tanks and the Economic Counter-Revolution*, 1931 – 1983, London, 1995, p. 65.
③ [美]肯尼斯·R. 胡佛：《凯恩斯、拉斯基、哈耶克——改变世界的三个经济学家》，启蒙编译所译，上海社会科学院出版社2013年版，第189页。

成功了"①。

第二次世界大战期间,工党内部左、右翼力量的斗争也有助于凯恩斯革命的成功。第二次世界大战全面爆发后,工党同意加入丘吉尔领导的联合政府,工党全面接管了国内事务。工党领袖克莱门特·艾德礼任副首相、埃内斯特·贝文担任劳工大臣、赫伯特·莫里森担任内政大臣、斯塔福德·克里普斯爵士担任飞机生产部大臣和下议院议长。但是以拉斯基为首的工党左翼,却要求得更多。因为在拉斯基看来,第二次世界大战是一场"革命战争""战争越具有'整体性',必要的协作就越高"②,英国的平民和军事的全面动员就越具有政治潜能。因此,拉斯基要求工党年会通过经济计划的决议案,要利用在战争时期把英国的政治和经济集中化,制订经济计划、企业国有化等措施,试图在战争结束之前就完成向社会主义经济的快速过渡。③ 当时,作为工党全国执行委员会领导人之一的拉斯基向工党领导层提出要求,联合政府的工党部长们应该制定"至少一定数量的那些为伯恩茅斯会议所认可的社会主义措施"。根据战争期间"政党休战"的原则,艾德礼认为,拉斯基的行动路线会在正需要团结的时候导致政府的分裂。由此艾德礼和拉斯基之间开始出现裂痕。④

艾德礼转而支持凯恩斯提出的筹措战争资金的办法,在工党温和派看来,这一办法是有利于工人的。⑤ 1941年,拉斯基发表了关于战后目标的声明,他提出希望成立一个建立在民主社会主义国家之上的"共同的世界联邦"。拉斯基还公开要求工党陈述战后目标,猛烈抨击工党的部长们太轻易地向保守党政策屈服,甚至密谋让埃内斯特·贝文取代艾德

---

① Alfred Borneman, "Fifty Years of Ideology: A Selective Survey of Academic Economics in the U.S. 1930 to 1980," *Journal of Economic Studies*, No. 1, 1981, p. 3.
② Michael Newman, *Harold Laski: A Political Biography*, Macmillan, 1993, p. 208.
③ Kingsley Martin, *Harold Laski: A Biographical Memoir*, London: Victor Gollancz, 1953, p. 162.
④ Stephen Brooke, *Labour's War: The Labour Party during the Second War*, Oxford: Clarendon Press, 1992, pp. 92–93.
⑤ Paul Addison, *The Road to 1945*, London: Pimlico, 1994, p. 182.

礼的位置。① 这些挑战工党领导人地位的做法遭到工党紧急状态委员会的谴责，拉斯基被迫认错。② 但拉斯基却不气馁。1941年2月，拉斯基避开工党领导人，直接给首相丘吉尔写信，劝说丘吉尔承诺在战后推行社会主义计划。拉斯基认为只有这样，才能寻求最大多数民众的支持。他还开列了对关键国家部门加强控制的清单。作为交换，拉斯基会劝说工党支持丘吉尔在战争结束后继续担任首相。③ 拉斯基这种机会主义的要求被丘吉尔以维持民主程序和保持战时团结为理由拒绝了。

拉斯基支持《贝弗里奇报告》。该报告虽然没有工党所追求的公有制和对生产方式的改造等相关内容，但拉斯基认为，在一个危急时刻，一个应对工人阶级安全的计划会对大众团结带来巨大的红利，《贝弗里奇报告》是真正社会主义的预备阶段。针对保守党的冷淡态度，拉斯基甚至发出威胁，如果保守党不能满足工党的这些要求，工党就应该考虑打破联盟，转为反对党。④ 此时，议会工党成员对拉斯基和左翼盟友给予了压倒性支持。工党在下议院挑战内阁，在投票中，只有两位工党议员支持推迟实施贝弗里奇方案。⑤ 为了安抚民心，1943年3月，丘吉尔也提出了一份比较具体的战后重建的"四年计划"，内容包括建立普遍的国民保险制度、通过国家干预以消除失业，加速住房建设、改革教育制度和发展保健服务等。⑥

作为1944年工党年会的主席，拉斯基压制了艾德礼和其他温和派的反对，通过了支持国有化的决议。为了争取盟友，他将埃内斯特·贝文选入工党全国执行委员会。⑦ 1944年春天，拉斯基再次给艾德礼写信，

---

① Michael Newman, *Harold Laski：A Political Biography*, Macmillan, 1993, p. 239.
② Michael Newman, *Harold Laski：A Political Biography*, Macmillan, 1993, p. 206.
③ Michael Newman, *Harold Laski：A Political Biography*, Macmillan, 1993, p. 215.
④ [美] 肯尼斯·R. 胡佛：《凯恩斯、拉斯基、哈耶克——改变世界的三个经济学家》，启蒙编译所译，上海社会科学院出版社2013年版，第206页。
⑤ Isaac Kramnick and Barry Sheerman, *Harold Laski：A Life on the Left*, London：The Penguin Group, 1993, p. 424.
⑥ 崔士鑫：《历史的风向标——英国政党竞选宣言研究（1900—2005）》，北京大学出版社2013年版，第121页。
⑦ Michael Newman, *Harold Laski：A Political Biography*, Macmillan, 1993, p. 251.

抱怨艾德礼和工党部长们所持的温和路线。艾德礼在回信中认为，"富足的信条、充分就业的信条以及社会安全的信条"，这些在20世纪30年代初引起争议的东西此时已经被广为接受，因此工党下一步的行动路线是"特定经济力量向公有制转化，以及对其他很多经济活动中的公共利益进行计划控制"，但有两个条件需要满足：公众舆论的准备和国际社会对社会主义批评的缓和。后一个条件实际上是指为了保持与美国的盟友关系，英国需要在迈向社会主义问题上有所收敛。[1] 1945年5月，拉斯基成为工党全国执行委员会主席。[2] 他认为，即将到来的大选是对英国要不要一个社会主义未来这个议题的全民公决。1945年7月，在工党竞选宣言中，工党向人们展示了公有制、福利国家和计划经济是战后新国家的三大支柱，并向人民展示，政府会像争取战争胜利一样实现社会公正。

尽管民意测验与新闻界都不看好工党，但是工党还是出人意料地以比保守党联盟高出200个议席的绝对优势击败保守党。工党获得47.8%的选票，保守党则减少到40%，只守住了12个议席。在新一届议会里工党议员有393名，其中67名是拉斯基的学生。[3] 拉斯基把工党大选胜利视为他的"同意的革命"计划的实现。"1945年是资本家特权终结的开始。我希望，并且，我相信，我们最终将会拥有我们自己的'新政'。我们的新政将会是奠基于社会主义原则之上的一个新机会，即使只依靠社会主义原则就足以从人们的生活中赶跑贫困的幽灵和恐惧。"[4]

综上所述，在第二次世界大战的特殊环境下，凯恩斯主义经济学所带来的凯恩斯革命为工党和保守党的妥协提供了可能性，尤其是以艾德礼为首的工党温和派利用凯恩斯主义抵制了以拉斯基为首的党内左派的

---

[1] 详见［美］肯尼斯·R. 胡佛《凯恩斯、拉斯基、哈耶克——改变世界的三个经济学家》，启蒙编译所译，上海社会科学院出版社2013年版，第211页。

[2] 全国执行委员会凌驾于各选区协会之上，而后者是工党组织的支柱。全国执行委员会加上行业工会代表大会（TUC）与议会工党（PLP），一起促成了决定工党路线的三驾马车。

[3] Catherine Kord, "Review of Harold Laski: A Left on the Left," *The Antioch Review*, Summer 1994, p. 531.

[4] ［美］肯尼斯·R. 胡佛：《凯恩斯、拉斯基、哈耶克——改变世界的三个经济学家》，启蒙编译所译，上海社会科学院出版社2013年版，第247页。

激进思想，维护了联合政府的团结；而当工党领袖与保守党都拒绝了他的主张后，拉斯基将他的观点提交给了大众，并组织起一个广受欢迎的运动，而这一运动在第二次世界大战刚一结束，就推翻了保守党政府，[①]促使工党第三次上台组阁，也是第一次单独组阁。但工党党内分歧并没有因此而弥合，左右翼的斗争将直接影响战后英国政治的走向。

第四节 战后凯恩斯主义经济学的发展

第二次世界大战后，凯恩斯主义经济学不仅成为英国亦成为整个西方资本主义发达国家经济恢复和发展的指导理论。西方国家政府为了避免再次出现像20世纪30年代那样的大危机，纷纷采取国家干预经济的政策。但是凯恩斯主义也不断面临挑战：（1）作为原本解决萧条和失业问题而出现的凯恩斯主义如何适应第二次世界大战后资本主义国家长期处于相对繁荣发展的经济环境？（2）在战后两大阵营对抗的大背景下，资本主义国家的发展速度始终无法赶上社会主义国家，如何保证资本主义的长期发展成为资本主义国家关心的当务之急，而这一重要问题在以偏重短期和静态分析的凯恩斯的《通论》中几乎没有涉及。（3）凯恩斯主义所注重的总量分析与马歇尔经济学所使用的个量分析使资本主义经济学体系出现矛盾和不协调之处。由此产生了市场有效还是政府有效、经济自由还是政府干预之争。在具体的经济实践中，凯恩斯的支持者们从不同角度力图解释、补充和发展凯恩斯主义，使之"动态化"和"长期化"，并为其宏观分析增加微观经济分析基础。在众多尝试中，以新古典综合派和新剑桥学派影响为大。自1954年开始，两派就发生激烈争论，在西方经济学界被称为"两个剑桥之争"。

一 新古典综合派

第二次世界大战后，随着国家垄断资本主义的进一步发展，在许多

[①] ［美］肯尼斯·R.胡佛：《凯恩斯、拉斯基、哈耶克——改变世界的三个经济学家》，启蒙编译所译，上海社会科学院出版社2013年版，第223页。

发达资本主义国家都出现了政府和私人企业共存,垄断与竞争并存的混合经济制度。混合经济要求以市场经济为基础,通过价格机制来调节社会的生产、交换、分配和消费;同时,政府必须根据情况,通过财政政策和货币政策来调节和干预经济生活,以烫平经济波动,实现充分就业、旺盛的经济增长和稳定的物价水平。[①] 混合经济的出现对经济理论的创新提出新要求。凯恩斯在《通论》结尾处曾强调:"如果我们的中央控制机构能够成功地把总产量推进到相当于现实中可能达到的充分就业水平,那么,从这一点开始,古典学派的理论仍然是正确的。"[②] 这意味着在一定条件下,凯恩斯主义理论有可能与新古典理论结合起来。[③]

把凯恩斯的宏观经济理论和马歇尔的新古典经济学综合起来,使凯恩斯主义适用于战后相对繁荣时期的经济状态,就成为新古典综合派的主要任务。新古典综合派的主要代表人物有美国的保罗·萨缪尔森[④]、阿尔文·汉森、詹姆斯·托宾、罗伯特·索洛。总的来说,新古典综合派在两个方面实现了对凯恩斯经济学的综合。

(一)希克斯和汉森提出的 IS-LM[⑤] 一般均衡模型概括和发展了凯恩斯的理论

IS-LM 是用来分析市场和货币市场相互作用如何决定利息率和收入的均衡水平的数学模型。IS 曲线上的每一个点都代表与某一给定的利息率相应的投资和储蓄相等的国民收入水平,它反映了在商品市场上,当

---

① 王明恕、马向海:《从混合经济到社会主义市场经济的理论研究概述》,《理论学习月刊》1995 年第 7 期。
② [英]约翰·梅纳德·凯恩斯:《就业、利息和货币通论》,高鸿业译,商务印书馆 1999 年版,第 392 页。
③ 详见姚开建等主编《经济学说史学习与教学手册》,中国人民大学出版社 2011 年版,第 358 页。
④ "新古典综合"一词是由萨缪尔森首先提出的,他在其《经济学》教科书第三版中,开始使用此名称表明其经济理论的特征。他所谓的新古典是指凯恩斯以前的西方正统经济学,主要是指马歇尔经济学。
⑤ 英国经济学家希克斯在 1937 年《计量经济学》杂志上发表的《凯恩斯先生和古典学派》一文中首先使用了 IS-LM 图形来解释凯恩斯经济学。1949 年美国经济学家汉森在其著作《货币理论和财政政策》中,把财政政策变量引进 IS-LM 中,所以这一模型又被称为"希克斯—汉森模型"。

总需求与总供给一致时，国民收入水平与利息率之间的反方向变化关系，即表示商品市场的均衡关系。LM 曲线表示在货币供给量给定的条件下，国民收入与利息率之间的同方向变化关系，即货币市场的均衡关系。两条曲线的交叉点表示产品市场和货币市场同时处于均衡时的利息率和收入水平，即整个经济处于均衡状态。① 希克斯通过 IS–LM 一般均衡模型将凯恩斯经济学体系中的四个基本概念结合成一体，并认为利息率和收入水平之间是同时相互确定的，经济中的商品领域和货币领域是通过利息率联系在一起的。这一模型解决了凯恩斯体系中关于货币传导机制的矛盾，即产品市场的均衡可以确定均衡收入水平，但是无法确定均衡利率水平的矛盾；货币市场均衡可以确定均衡利率水平，但是无法确定均衡水平的矛盾。② 这一模型为绝大多数经济学家提供了最初用来应对宏观经济分析的框架。③ 在政策层面，IS–LM 一般均衡模型主张既要重视财政政策，又要重视货币政策。通过刺激投资需求和增加货币供给，最终实现国民收入增长和充分就业。④ 后来，考虑到 IS–LM 一般均衡模型比较静态的分析框架所带来的缺点，萨缪尔森又提出了乘数—加速数的动态经济模型，通过将乘数原理与加速原理相结合⑤，论证了经济发展会呈现复苏、高涨、衰退和萧条的经济周期现象。如何烫平经济发展的波动和周期呢？新古典经济学派认为可以采取"相机抉择"的财政、货币政策。具体措施分为两部分：在萧条时期，政府通过增加政府开支、扩大货币供应量、减免税费、降低利息率以刺激总需求；当经济过热时，

---

① 详见许谨良《凯恩斯主义的 IS–LM 模型简介》，《外国经济参考资料》1981 年第 6 期。
② 易定红、郭树华：《西方货币理论主要流派的比较》，《中国人民大学学报》1999 年第 1 期。
③ [美] 哈里·兰德雷斯、大卫·C. 柯南德尔：《经济思想史》，周文译，人民邮电出版社 2011 年版，第 437 页。
④ 尹伯成主编：《西方经济学说史——从市场经济视角的考察》，复旦大学出版社 2012 年版，第 238—240 页。
⑤ 乘数原理强调的是自发性投资的增加会引起国民收入以乘数的形式增长。加速原理强调的是国民收入的波动对投资的影响，国民收入一定幅度的变动会引起投资以加速的形式变动。乘数—加速原理说明了经济周期是由投资和收入变动共同决定的，是乘数与加速数一起发挥作用的结果。

政府则通过减少政府开支、收缩货币供应量、增加税收、提高利息率来限制总需求，以保证"充分就业"和经济的"稳定增长"目标。

(二) 采纳菲利普斯曲线来解释失业率和通货膨胀的关系

标准的凯恩斯经济学认为，通货膨胀与失业不可能同时发生，鼓吹赤字财政政策和有意识的通货膨胀政策。这些政策虽然刺激了经济增长，促进了产出和失业率下降，但在西方经济中逐渐出现了持续的通货膨胀现象。1958年，英国经济学家菲利普斯教授提出，经济增长率与通货膨胀率成正相关关系。① 1960年，萨缪尔森和索罗将这一观点纳入自己的理论框架中，称之为"菲利普斯曲线"。他们认为，政府可以有意识地通过财政和货币政策以及收入政策来利用菲利普斯曲线，在失业率、工资变动率和通货膨胀率三者之间进行选择，在一定范围内选择社会经济可以接受的通货膨胀与失业率组合。② 正是基于这一理论，新古典综合派认为，治理"滞胀"危机唯一有效的政策就是通过协商或强制的办法来限制工资和物价提高幅度的收入政策。通过这一政策，产品价格和职工工资的螺旋式上升趋势就会被遏制，人们的通货膨胀预期也会逐渐消失，通货膨胀就会得到制止。同时，随着工资水平的稳定和企业生产的恢复，企业雇用工人的人数会上升，从而高失业率也会降下来。③ 这是因为在20世纪60年代中期，新古典综合派认为，通货膨胀是由"需求拉起"的或者是由"成本或工资推起"的。当时，新古典综合派认为，"需求拉起"和"工资推起"不存在区别。工资增加既提高了需求又增加了成本，二者都使物价上升。到60年代后半期，新古典综合派承认，通货膨胀是由"成本推起"的，承认了工资的提高对物价的作用。他们还用菲利普斯曲线表示通货膨胀和失业之间的替代关系来说明通货膨胀之所以会加剧，是因为降低失业率所造成的。要降低通货膨胀必须以提

---

① 1958年，菲利普斯教授在《经济学》杂志上发表了《1861—1957年英国的失业和货币工资变动率之间的关系》，论证了货币工资率与失业率之间存在着此消彼长、相互替代的逆向变化关系。

② 详见尹伯成主编《西方经济学说史——从市场经济视角的考察》，复旦大学出版社2012年版，第241—245页。

③ 颜鹏飞、张彬：《凯恩斯主义经济政策述评》，武汉大学出版社1997年版，第225页。

高失业率为代价。① 不幸的是,自 70 年代初开始,西方发达资本主义经济中出现了通货膨胀在新的经济停滞到来时持续上升的"怪现象",即"滞胀"危机。② 这种高通货膨胀率和高失业率的并发症,使得菲利普斯曲线仿佛失效了。

二 新剑桥学派

新古典综合派自产生和发展起就始终受到其他经济学派的挑战,其中以琼·罗宾逊、皮罗·斯拉法、尼古拉斯·卡尔多、路易吉·帕西内蒂为首的来自剑桥大学的经济学家们在增长理论、资本理论、分配理论等方面与新古典综合派争论得最为激烈。作为曾经和凯恩斯长时期密切合作共事的同事或师友都背离了以马歇尔为代表的新古典经济学,他们以凯恩斯主义为正宗,希望在凯恩斯理论基础上进行第二次革命。因此,他们被称为"新剑桥学派"。因为新古典综合派的主要代表人物萨缪尔森和索洛等任教的美国麻省理工学院所在地位于美国马萨诸塞州剑桥市,因此他们之间的争论也被称为"两个剑桥之争"。

"两个剑桥之争"主要围绕以下方面展开。

(一) 新剑桥学派希望恢复凯恩斯的历史分析法

新剑桥学派反对新古典综合派把经济学分成宏观和微观两部分,并把马歇尔的微观经济分析与凯恩斯经济学的宏观体系结合起来的做法,反对新古典综合派用微观的生产要素供给函数和市场均衡分析来填补凯恩斯主义经济学的"空白"③,新剑桥学派更不同意新古典综合派所认为的总需求和总供给的变动趋向于均衡的分析方法。总需求和总供给以及个别市场上的供给和需求是无法从一个均衡状态过渡到另一个均衡状态的。

罗宾逊认为,凯恩斯的经济理论之所以被称为一次革命,就是因为其在理论方面用历史观取代了均衡观,从理性选择原理转变为根据推测

---

① 钱荣堃:《论"后凯恩斯经济学"两大流派的分歧》,《世界经济》1980 年第 2 期。
② 颜鹏飞、张彬:《凯恩斯主义经济政策述评》,武汉大学出版社 1997 年版,第 222 页。
③ 胡代光:《新剑桥学派述评》,《经济研究》1983 年第 1 期。

或习惯做出决策。"在理论方面,《通论》的主要论点是打破均衡的束缚,能考虑现实生活的特性——昨天和明天的区别。就这个世界的现在来说,过去是不能召回的,未来是不能预知的。"① 这就是说,经济过程是一种通过"历史时间"的运动,它只能是单向的,在波动中从过去走向不确定的未来。对未来的事情要考虑因信息缺乏而产生的不确定性,人们不可能按照利益最大化的原则行事,理性选择行为是不存在的。生活中很大部分是按照惯例或主观推测来处理的。按照常规所做出的判断也往往会被现实所打破,这意味着经济波动是无法避免的。同时,新剑桥学派认为,凯恩斯经济学方法论也有向传统理论妥协的一面。凯恩斯认为,在"中央政策"进行干预以后,传统的均衡分析方法和边际理论还是适用的,这就容易给人留下一种印象,即凯恩斯特有的那套分析方法是为分析失业出现的"危机时期"的情况而使用的,一旦国家实行宏观政策解除了危机,那么关于经济中的生产、分配、交换、消费等问题的分析又可以使用传统办法了。② 而新古典综合派就是抓住了这一非本质的"妥协面",背弃了凯恩斯主义的方法论,萨缪尔森等人的所谓"综合",实际上是用新古典学派的均衡观代替了凯恩斯的历史观,也就否定了凯恩斯主义的革命性。

(二) 反对边际生产力分配论,强调收入分配理论

新剑桥学派认为,新古典综合派所使用的边际生产力分配论有循环论证的嫌疑。边际生产力是指每增加一个单位劳动或资本所增加的单位产品的价值,其货币表现就是产品的价格。但是资本存量却无法用其技术单位计算价值。因为资本估价必须以某一特定利率为先决条件,这就意味着除非做循环推理,否则利率不可能由资本的边际产量决定,边际生产力理论也不可能解释利率的决定。③ 新剑桥学派则遵从古典学派经济理论,尤其是李嘉图的古典剩余经济的社会分析传统,强调所有权和

---

① 段炜:《西方主流宏观经济学派的演变及其哲学基础比较》,《江汉论坛》2005 年第 9 期。

② 刘涤源、王诚:《"两个剑桥之争"述评》(中),《财经科学》1995 年第 1 期。

③ 王璐:《"剑桥资本争论"与新古典分配理论的质疑》,《当代财经》2004 年第 8 期。

经济制度在经济变量中的最终作用,认为财产所有权是分配的最根本决定因素,"一种收入分配理论不能单从技术条件引申出来,而不考虑它要在其中应用的经济社会关于财产与权力的分配情况"①"正是在于发现了通过对资本品所有权而建立起来的利润和储蓄之间的基本关系,而这个关系是单纯地根据制度上的原则得出的,即利润按照对资本品所有权的数量成比例地加以分配,而资本品所有权又来自于被积累的储蓄"②。基于此,新剑桥学派主张把经济增长理论和收入分配理论融为一体,认为投资量不仅决定着生产水平和就业水平,而且是工资和利润在国民收入分配方面的主要决定因素。因而在现代经济社会中,资本主义经济的增长将更加有利于利润收入集团,而不利于工资收入集团,工资在国民收入中所占比例将越来越低,或者说具有下降的趋势,从而恶化了工人的处境。所以,资本主义经济增长必然带来"富裕中的贫穷",收入分配的失调才是资本主义社会的病根。因此,要改变这种不合理的分配状况,就必须改变国民收入中利润和工资的相对份额,通过国家干预来减少贫富差距。③ 在政策层面,新剑桥学派反对新古典综合派给资本主义开出的扩大政府开支的药方,他们认为,简单地通过政府开支或投资来扩大有效需求,增加就业的方法忽视了政府如何支出这笔投资的问题,其结果会导致通货膨胀和工人收入的减少,造成社会贫富差距的加大。新剑桥学派主张从解决资本主义收入分配入手,通过国家更多地干预经济生活来解决资本主义当前的困境,例如,主张通过合理的税收,特别是通过累进所得税来改进收入分配格局。把经济增长的果实用于消除贫困,如建立学校和医院,提高失业者的文化技术水平,等等。④

---

① [英]琼·罗宾逊、约翰·伊特韦尔:《现代经济学导论》,陈彪如译,商务印书馆1997年版,第114页。

② L. Pasinetti, *Growth and Income Distribution*, Cambridge University Press, Cambridge, 1974, p.127.

③ 姚开建等主编:《经济学说史学习与教学手册》,中国人民大学出版社2011年版,第374—375页。

④ 丁谦:《新剑桥学派》,《未来与发展》1985年第5期。

三 对通货膨胀和滞胀的认识

新剑桥学派不同意新古典综合派对滞胀成因的分析,尼古拉斯·卡尔多指出,那种认为国家货币供应的增加,或因集体议价的工资而引起的成本推进导致滞胀的单动因论都是不合适的,新剑桥学派根据价格形成机制的差异把市场分为两种类型:一类是市场价格受供求关系制约的初级产品市场;一类是市场价格取决于厂商的定价政策的制造业市场。由于初级产品生产的自然条件严格约束着生产者的供给,需求以及价格的变化不会对供给发生多大的影响,因此,在这类市场中,需求相对供给的变化或供给相对需求的变化都会造成价格的剧烈波动。虽然价格调整是对需求变化的主要反应方式,[①] 但是这种价格调整受预期的不确定性以及供求条件的变化等因素的影响,市场并不会自行保持均衡。制造业市场一般是垄断市场,制造品价格取决于厂商对未来的预期和垄断程度。

在这类市场中,垄断厂商的价格水平与需求的变化只有微弱的关系,需求改变更多的是引起产量的变动。因此,如果有效需求扩大,由于成本的传递机制和劳资双方利益冲突,整个经济的价格调整要快于数量调整,以至于当经济还存在失业和闲置资源时,物价膨胀就已经形成。如果有效需求不足,数量调整可能要快于价格调整,最先到来的是失业和经济萧条。因此。卡尔多认为,滞胀是由于初级产品生产的增长和制造业生产活动的增长之间存在着比例失调的现象。

也有学者从货币的作用角度论证"滞胀"的起因。他们认为,货币是一种流动性最大并且风险最小的价值储蓄手段,它可以在"现在"和"不确定"的未来之间提供一个"确定"的环节,所以人们愿意把一部分收入或财富用货币的形式保存起来,一切契约也用货币来计量和规定。但同时,货币也加剧了资本主义经济的不稳定性。比如,货币的存在使收入和支出、储蓄和投资不一定相等,这就使得商品生产与销售不一定

[①] 李平:《新剑桥学派的非均衡理论》,《辽宁大学学报》(哲学社会科学版) 1987 年第 4 期。

相等，从而无法实现充分就业。再比如，由于存在货币和信贷制度，企业可以不受自有收入或财富的限制很容易地获得贷款来进行再投资。如此，企业家可以把生产资源较多地投向利润高的投资品的生产，而较少投向工人所需要的消费品的生产，这意味着工人得到的实际工资份额相对下降，这就产生了不稳定因素，即货币工资与实际工资之间发生了偏离。工人不得不要求提高货币工资，而工资提高会导致物价水平的上升，形成工资—物价螺旋式上升的通货膨胀，最后造成增长停止，信心崩溃，经济陷入萧条，产生大量失业。①

基于对滞胀的这种认识，新剑桥学派是反对实施新古典综合派所提倡的收入政策的。"一旦价格上涨的预期扎下根，它本身就变成了通货膨胀的原因，一次衰退也不足以将它制止住。由此可见，宏观财政政策和货币政策对于滞胀问题解决是无能为力的。将高度的就业同稳定的物价相结合的唯一办法是控制货币收入的增长。"② 罗宾逊夫人认为这种收入政策不可能取得良好的结果，因为当前各个集团的收入在收入总额中所占的相对份额是依存于它那个集团的谈判权力的。她断言：强制性的收入政策"如果成功，则每人都保持他在相对利益争夺停止时所处的地位，并使冻结开始时存在的劳资之间的收入分配永远保持下去"③。换句话说，实行收入政策就把劳资之间收入分配的不平等加以合法化、固定化了。罗宾逊夫人以英国为例，证实在收入政策发生作用之前，限制工资的办法就行不通了。④

总的来说，新古典综合派把凯恩斯主义经济学和新古典经济学加以调和折中，把混合经济体制下的资源配置和资源利用的有机分析纳入一

---

① 姚开建等主编：《经济学说史学习与教学手册》，中国人民大学出版社 2011 年版，第 374—375 页。

② 张世晴、王辉、甄学民：《新老凯恩斯主义宏观经济政策的比较》，《南开经济研究》1999 年第 2 期；[英] 琼·罗宾逊、约翰·伊特韦尔：《现代经济学导论》，陈彪如译，商务印书馆 1982 年版，第 274、390 页。

③ 商务印书馆编辑部编：《现代国外经济学论文选》（第一辑），商务印书馆 1979 年版，第 16 页。

④ 胡代光：《新剑桥学派述评》，《经济研究》1983 年第 1 期。

个完整的理论框架下，构筑了一个全新的、从微观到宏观的统一的经济理论体系，从而实现了经济学说史上第三个折中综合，① 改变了西方经济学中长期存在的微观与宏观理论割裂的局面，② 从而成为西方经济思想的正统。美国经济学家萨缪尔森编写的教科书《经济学》的第一版标志着其正统地位的形成。③

虽然新古典综合派是从战后美国经济的特点出发继承和发展凯恩斯主义的，其理论和政策主张对资本主义国家经济政策的影响，远远超过其他经济学流派，④ 成为现代西方经济学的正统学派。即使是在新剑桥学派的发源地英国，政府也基本上是奉行新古典综合派的一套理论和政策建议的。直到20世纪60—70年代随着资本主义滞胀危机的加剧，相机抉择政策和收入政策都在实践中被证明是行不通时，其正统地位才开始发生动摇并不断受到其他学派的挑战。

相比新古典综合派，新剑桥学派在方法论上把经济过程理解为一个历史时间过程，而不同于新古典综合派的没有时间概念的因果逻辑过程。⑤ 其分析方法都是长期的、动态的，比短期的、比较静态的凯恩斯以及新古典综合派的分析方法要先进；⑥ 新剑桥学派更加重视收入分配，希望使整个社会稳定与福利最大化，这种思想不再过于维护食利者阶层的利益，无疑是社会进步的表现。但由于新剑桥学派的理论和政策建议过于激进，因而无法被西方主流经济学所接受。但同时，我们要认识到，由新剑桥学派发起的这场著名的论战，其最重要的意义在于，它令一直被奉为现代主流宏观经济学之微观经济基础的新古典经济理论中诸如资本计量、技术再转

---

① 最近一个半世纪来西方经济学史上曾出现两次影响重大的所谓"折中综合"。第一次综合是以约翰·穆勒在1848年出版的《政治经济学原理》为代表的古典经济学；第二次综合是以阿尔弗雷德·马歇尔于1890年出版的《经济学原理》为代表的新古典经济学。详见尹伯成主编《西方经济学说史——从市场经济视角的考察》，复旦大学出版社2012年版，第257页。
② 张凤林：《新古典综合的分配与增长理论》，《社会科学辑刊》1991年第2期。
③ 高鸿业、吴易风：《现代西方经济学》（上册），经济科学出版社1988年版，第199页。
④ 梁小民：《新古典综合派与战后美国经济》，《学习与研究》1987年第2期。
⑤ 李鹏霞：《浅析从凯恩斯经济学到新凯恩斯主义的理论流派演化》，《东方企业文化》2011年第20期。
⑥ 程瑶：《浅谈"两个剑桥之争"》，《中国市场》2012年第5期。

换和资本倒流等一系列逻辑悖论被无情地解释出来;同时,这场论战也以一个全新的视角引入了新剑桥学派所要复兴的、曾被1870年以来的新古典"边际革命"湮灭的古典剩余经济分析传统,从而再次引起了西方学界对古典学派和马克思经济学的关注和反思。①

两个"剑桥之争"最终是以新古典综合派的"无条件投降"这一结果而告终②,新剑桥学派也没能替代新古典综合派而变为经济学的主流分析范式。一个最重要的原因是,虽然新剑桥学派指出了新古典综合派的缺陷,但是没能成功地发展出一套能够与之竞争的分析范式,不能灵活、方便地解释具体问题,以至于最终在理论研究中销声匿迹。③

最后应当指出的是,不管新古典综合派和新剑桥学派争论多么激烈,这两派的经济思想在本质上没有什么不同,都属于凯恩斯主义经济学内的一支。它们承认资本主义自由市场经济的市场失灵现象,主张国家调节经济,对凯恩斯就业理论和政策的基本内容也没有多大分歧,其理论的最终目的都是实现充分就业。它们同样对70年代肆虐发达国家经济的"滞胀危机"提不出有效的对策,新古典综合派所提出的相机抉择政策和收入政策相继失败。因此在70年代之后,在货币主义、供应学派和理想预期学派等新保守主义经济学的冲击下,这两个学派的经济思想逐渐被边缘化。英国经济学家希克斯在1974年出版了《凯恩斯经济学的危机》一书,认为用凯恩斯的理论已经无法分析当前的困境,提出需要对《通论》进行改造;萨缪尔森在1973年出版的《经济学》中承认他对于诊断和治疗"滞胀"危机无能为力;罗宾逊夫人则认为当前经济学发生了她经历过的第二次危机;托宾甚至梦想再出现一位凯恩斯。此时,西方发达国家的经济学处境似乎回到了凯恩斯撰写《通论》的那个时代,在20世纪80年代谁能扮演30年代凯恩斯的那种角色呢?

---

① 王璐:《"剑桥资本争论"与新古典分配理论的质疑》,《当代财经》2004年第8期。
② 详见 Mark Blaug, *The Cambridge Revolution: Success and Failure*, Great Britain: Eastbourne Printers Limited Eastbourne, 1975.
③ 郭金兴:《剑桥资本争论的终结:"悖论"以及一个方法论的解释》,《江淮论坛》2007年第5期。

第二章

从凯恩斯主义到新右派

第一节 凯恩斯主义的内在矛盾和弊端

第二次世界大战后,为了避免重蹈20世纪30年代大危机之覆辙,恢复经济,实现充分就业,英国的艾德礼工党政府把自身的民主社会主义与凯恩斯主义经济学相结合,完全抛弃了马歇尔经济学,以国家干预的需求管理代替自由放任,从而实现了第二次世界大战后英国经济指导思想的第一次调整。凯恩斯主义需求管理在英国要实现四大目标,即充分就业、价格稳定、经济增长和国际收支平衡,然而在政策实施过程中,这四大目标之间表现出很大的内在矛盾和弊端。①

一 需求管理与战后英国宏观经济政策的四大目标是有矛盾和冲突的②

第一,从短期来看,要想实现充分就业,物价就很难保持稳定。根据凯恩斯需求管理理论,只有扩大政府开支,增加货币供应,刺激投资和消费,并增加对外出口,实现经济增长,就业才会增加。而随着就业的增加,必然会使劳动力成本即工资水平呈上升趋势,从而推动商品价格也不断上升。可见,要维持充分就业,物价上升是不可避免的。如果

---

① 详见毛锐、赵北平、郑凤华等《论题:从凯恩斯主义到货币主义——撒切尔政府宏观经济政策的调整》,《历史教学问题》2014年第5期。

② 详见罗志如、厉以宁《二十世纪的英国经济——"英国病"研究》,人民出版社1982年版,第296—306页。

要保持稳定的物价，在英国就意味着要相应减少投资和消费，限制出口。如此一来，充分就业目标非但难以实现，还会威胁到英国自身的经济增长和国际收支平衡。

第二，经济增长与物价稳定之间很难兼顾。这是因为经济增长有赖于不断增加投资，要增加投资或寄希望于货币供应量持续增加，或使利率保持在较低水平上。但不管是货币供应量增加还是维持低利率都会引发信贷扩张，长此以往必然会出现通货膨胀。

第三，在短期内，经济增长甚至会导致失业增加。众所周知，采取先进科学技术是经济增长的最直接动力。先进的科学技术和新设备的大量采用在短期内往往会导致失业上升，这就难以实现充分就业。同样，如果长时间维持低利率，虽说会使投资增加，但也会导致资本外流，出现国际收支逆差，并最终影响国内的经济增长，充分就业也难以实现。如果政府强加干预，人为拖延甚至不使用先进科技和设备，以牺牲劳动生产率提高或者是牺牲技术进步来人为地维持较高的就业率，不但经济很难有增长，即使出现增长，也是不可持续的。

第四，第二次世界大战后到70年代，英国的劳动生产率与其他发达资本主义国家相比普遍较低而劳动力成本较高，在充分就业状态下，实际工资率会不断提升，从而使英国商品价格不断上升，导致英国商品在国际市场上竞争力降低，进而影响英国的国际收支平衡。要想从根本上维持国际收支平衡，英国必须依靠技术创新，提高生产效率，而这无疑会在短期内减少对一般劳动力的需求，进而影响充分就业的实现。

鉴于以上的分析，在需求管理之下，要想同时实现宏观经济政策的四大目标是不可能的。因此在需求管理的实际运行中，为了争取选民，历届英国政府往往更加重视充分就业，而不得不把经济增长、物价稳定和国际收支平衡三大目标放在次要位置。

二 需求管理导致英国经济体现出"走走停停"的特征

凯恩斯主义需求管理的宏观经济政策往往采取"相机抉择"的政策，即通过以财政政策为主，货币政策为辅的政策手段在短时期内增加或减少总需求。总需求增加，失业会减少；总需求减少，通货膨胀就会缓和。"相机抉择"的政策与周期性的英国大选相结合，使英国经济明显地表现出"走走停停"的特征。在每次选举之前，政府往往通过实行扩张性的财政政策和货币政策，提高就业率，改善民众生活水平。但政府在实施这种扩张性政策时往往会超过经济发展的实际需要，导致在大选之后出现通货膨胀和国际收支失衡，又不得不紧急刹车，削减公共开支以降低通货膨胀，其结果是导致失业率上升，国际收支平衡进一步恶化。而失业率上升会使要求新一轮经济扩张的呼声更为强烈，因此，到下一轮大选时，扩张性举措会变得愈加过分，从而重复出现"走"和"停"的过程。从1952年到1964年，英国就出现五次"走走停停"局面，而且间隔时间也呈现缩短趋势（1952、1955、1958、1961、1964）。[1] 由此可见，凯恩斯主义需求管理不仅在所实现目标上存在矛盾，而且把原来以实现经济长期稳定的宏观经济政策变成短期的补偿性财政政策以图消除经济波动，形成"走走停停"的恶性循环。[2]

三 凯恩斯主义无法解释"滞胀"现象

到20世纪60年代末70年代初，西方主要资本主义国家出现新型的结构性危机，即"滞胀危机"，表现为通货膨胀、经济停滞和失业率居高不下。而作为应对1929年大危机时期所出现的大规模失业而产生的凯恩斯主义对此难以解释也给不出有效的解决方案。究其原因在于，凯恩斯主义从宏观上和需求机制上揭示了资本主义经济中的问题；而在微观和供给机制上，凯恩斯还停留在马歇尔的局部均衡理论的阶段，[3] 认为无论是产品市场的价格还是劳动力市场的工资，都会在竞争中达到正常水平，由于价格机制的失灵而出现产品和劳动力的过度供给是不可能的，

---

[1] 罗志如、厉以宁：《二十世纪的英国经济——"英国病"研究》，人民出版社1982年版，第47页。
[2] 详见毛锐、赵北平、郑凤华等《论题：从凯恩斯主义到货币主义——撒切尔政府宏观经济政策的调整》，《历史教学问题》2014年第5期。
[3] 孙金霞、王仲尧：《中外供给侧改革的比较及借鉴》，《银行家》2016年第4期。

即高通货膨胀和高失业是不会并发的。① 新古典综合派曾采用收入政策，通过政府对工资水平和利率水平的控制，以改变企业产品价格和职工工资的螺旋式上升的趋势，逐渐消除人们对通货膨胀的预期，从而降低通货膨胀率，增加就业。然而，收入政策的顺利运转有赖于工会的支持甚至是暂时性地局部牺牲自身利益。这在英国工会几乎享有凌驾于国家之上权力的形势下，是不可能长期接受收入控制政策的。保守党的希思政府和工党的卡拉汉政府都是在工会的罢工浪潮中黯然下台的，这也宣告了收入政策的失败。

第二节　新右派思潮

1973年，由第四次中东战争引发的世界性经济危机影响到英国，英国经济进入滞胀时期。对此，凯恩斯主义无法做出合理解释也无法提出有效的解决办法。为了解决危机，60—70年代西方社会涌现出新法西斯主义、激进主义、新左派思潮等多种社会思潮，其中对英国及世界各国影响最大的要数新右派思潮。英国新右派由强调市场价值的新自由主义和强调社会秩序的新保守主义两部分组成。这两个组成部分性质截然不同，② 却又有相互联系的契合点，使它们能够联合起来共同对凯恩斯主义需求管理发起挑战。

一　英国的新自由主义

英国新右派中的新自由主义部分包括以货币主义、理性预期学派、供应学派和公共选择学派为代表的新自由主义经济学和以哈耶克为首的新自由主义思想。③

---

① 颜鹏飞、张彬主编：《凯恩斯主义经济政策述评》，武汉大学出版社1997年版，第224—225页。

② 关于"新右派"在英国起源的分析详见毛锐《撒切尔政府私有化政策研究》，中国社会科学出版社2005年版，第33—39页。

③ 毛锐：《英国新右派思潮述评》，《探索与争鸣》2008年第5期。

第二章 从凯恩斯主义到新右派

（一）新自由主义经济学

新自由主义经济学内容繁杂，流派众多，其对凯恩斯主义冲击和挑战较为直接的是货币主义、理性预期学派、供应学派、公共选择学派（在英国，这些经济学派又被称为新保守主义经济学）。

1. 货币主义

在凯恩斯主义时代，需求管理主张总产出和就业量主要取决于投资和消费，特别是投资支出及其乘数效应，而货币供应多少居于次要地位。在凯恩斯主义经济学家看来，货币的作用是通过利率变化对投资和总产出产生影响，所以货币政策对经济只能产生间接影响。[①] 因而需求管理所依靠的政策工具主要是财政政策。不论是经济学家还是经济政策的制定者都认为，货币政策是无效的。中央银行的工作就是应该尽量保持足够低的利率，以维持高投资和低失业；并认为通货膨胀主要决定于失业率和工资成本，而不在于货币政策，因此凯恩斯主义者甚至认为控制工会就可以控制通货膨胀，因而实行收入政策。[②]

对此，以美国芝加哥大学米尔顿·弗里德曼教授为代表的货币主义学派，以早期的货币数量学为基础提出现代货币数量论。这一理论提出货币数量是可以控制的独立影响实体经济的力量，由于"永久性收入"[③]是稳定的，货币需求在长期内也是趋于稳定的，所以货币供应的稳定增长是经济稳定的关键。[④] 弗里德曼认为，通货膨胀无论在哪里都是一种货币现象，"货币量的过度增加是通货膨胀的唯一重要原因"[⑤]。弗里德

[①] 汪海滨：《经济大萧条成因之争刍议——兼议凯恩斯主义与货币主义的争论》，《重庆科技学院学报》（社会科学版）2012年第2期。

[②] 周炎、陈昆亭：《货币主义、实际派还是凯恩斯主义？——近现代危机与周期文献综述与思考》，《山东大学学报》（哲学社会科学版）2010年第3期。

[③] "永久性收入"：是指以不变价格计算的过去、现在和未来预期的实际国民收入。弗里德曼认为，永久性收入相对于不变现期收入来说是稳定的，而且是影响货币需求的决定性因素（详见姚开建等主编《经济学说史学习与教学手册》，中国人民大学出版社2011年版，第445页）。

[④] 汪海滨：《经济大萧条成因之争刍议——兼议凯恩斯主义与货币主义的争论》，《重庆科技学院学报》（社会科学版）2012年第2期。

[⑤] ［美］米尔顿·弗里德曼等：《自由选择：个人声明》，张琦等译，商务印书馆1982年版，第266、281页。

曼认为，第二次世界大战后受凯恩斯主义的影响，西方经济学在货币理论和货币政策方面强调更多的是货币的资产功能，而非交换媒介功能；在政策方面，放弃"信用政策"，重视利率与信用的政策，而趋向于"货币政策"，即管理货币数量的政策。① 可以说，战后资本主义经济的大波动以及通货膨胀和滞胀的同时出现，都是由于政府干预，无节制地实行"相机抉择"的宏观经济政策造成的。②

弗里德曼认为，没有必要干预货币政策，干预往往会加剧周期性波动，干预货币政策，最多只会产生短期效应，这种短期效应往往只是迎合政治家或者是局部利益集团的需要，并不能给社会福利带来实质性的改善，③ 由此造成的政府信誉的丧失和通货膨胀的负面效果很可能更大。④ 弗里德曼提出的对策就是实行"简单的货币原则"。他认为，国民经济运行中最重要的因素是货币，总财富的持久性收入决定了货币的需求量，因此，只要政府控制好货币发行量的增长速度，市场力量就会自发促使国民经济围绕着自然率实现最优状态运行。因此，弗里德曼反对国家干预，提倡经济自由。自20世纪70年代以来，现代货币主义成为凯恩斯主义最强有力的挑战者。它的理论和政策主张受到一些西方国家政府的重视，并被采纳来对付通货膨胀问题。

为了论证扩张性财政政策的无效性，弗里德曼提出了"自然失业率"概念。他认为，从长期来看，适应性预期会使菲利普斯曲线⑤失效，通货膨胀不可能对增加就业产生持久影响；从短期来看，由于扩张性财

---

① 傅殷才主编：《新保守主义经济学》，中国经济出版社1995年版，第29页。
② 毛锐、赵北平、郑凤华等：《论题：从凯恩斯主义到货币主义——撒切尔政府宏观经济政策的调整》，《历史教学问题》2014年第5期。
③ R. E. Lucas, "On the Welfare Cost of Inflation," *Working Paper in Applied Economic Theory*, Vol. 7, 1994.
④ 周炎、陈昆亭：《货币主义、实际派还是凯恩斯主义？——近现代危机与周期文献综述与思考》，《山东大学学报》（哲学社会科学版）2010年第3期。
⑤ 菲利普斯曲线：表示通货膨胀率和失业率之间存在着稳定的反向变化的关系，即较高的通货膨胀率伴随着较低的失业率，较低的通货膨胀率伴随着较高的失业率。这一曲线被凯恩斯主义所接受，认为宏观经济政策就是在通货膨胀率和失业率之间进行权衡（详见尹伯成主编《西方经济学说史——从市场经济视角的考察》，复旦大学出版社2012年版，第280页）。

政政策会导致国民产出以及货币供应量同比例增长，这只是增加了名义GDP。由此，通过需求管理刺激总需求就能解决就业问题的凯恩斯主义经典论断被弗里德曼证明是无效的，从而说明政府对经济干预越多，经济发展就越不稳定，只有充分发挥市场机制，经济稳定运行才有保障。①

从上述分析可见，货币主义经济学把货币政策提到了和财政政策同等重要的地位，并主张用确定的政策规则代替凯恩斯主义的"微调"，实际上就是用市场作用代替国家干预。20世纪70—80年代，货币主义经济学逐渐被英美主要国家接受，成为治理通货膨胀的主要原则，米尔顿·弗里德曼因其卓有成效地倡导自由企业制度和货币主义，而在1976年获得诺贝尔经济学奖。他不仅影响了一个时代的经济学家和政治家，而且西方国家的舆论和整个知识分子阶层都明显感受到他所倡导的经济自由思想的影响，就这种影响力的广泛性和有效性来说，它可能是20世纪的经济学家中唯一能与凯恩斯相提并论的经济学家。货币主义学派在英国的主要代表人物是艾伦·沃尔特斯、大卫·莱德勒和迈克尔·帕金。②

然而，由于米尔顿·弗里德曼货币数量论是建立在剑桥方程式和凯恩斯主义需求管理基础之上，他所坚持的"简单的货币原则"还是需要国家起作用才能实现，并相信国家的干预在短期内是起作用的，因此，货币主义还不能彻底动摇凯恩斯主义的理论基础，其对凯恩斯主义的挑战并不彻底。真正做到这一点的是货币主义的追随者——以卢卡斯为代表的理性预期学派。③

2. 理性预期学派

以小罗伯特·卢卡斯为首的理性预期学派，在理论上是现代货币主义的发展，尤其是继承了弗里德曼提出的"自然率"假说。弗里德曼认为，自然率可以分为自然产出率和自然失业率。④ 由于短期内理性人的

---

① 汪海滨：《经济大萧条成因之争刍议——兼议凯恩斯主义与货币主义的争论》，《重庆科技学院学报》（社会科学版）2012年第2期。
② 尹伯成主编：《西方经济学说史——从市场经济视角的考察》，复旦大学出版社2012年版，第277页。
③ 王艳萍：《货币主义与现代宏观经济学》，《金融教学与研究》2004年第3期。
④ 自然失业率是指劳动力市场上的长期失业率。

预期可能会出现偏差，自然产出率在短期内就可能偏离自然率水平。弗里德曼认为，从短期来看，因为对人们的预期无法做出及时调整，政府通过人为通货再膨胀是可能增加就业的，但从长期来看，人们对国家政策会做出理性预期，经济的均衡最终将会恢复到自然失业率水平。可见，从长期来看，政府干预只会提高通货膨胀率，而不可能增加就业。

由此可见，"自然率"假说是建立在人们对未来会有理性预期的基础之上的，这就为理性预期学派的形成和发展奠定了关键的理论基础。[1] 卢卡斯也承认："对于我来说，米尔顿·弗里德曼是到目前为止最重要的导师。"[2]

在政策方面，理性预期学派所表现出的经济自由主义要比现代货币主义更为彻底。它认为，一切货币增长都是可预期的，且可预期货币的增长是中性的，即流通中的货币数量仅影响经济中的价格水平，而不会影响实际的产出水平。只有不可预期的货币增长才能对实际产出产生作用，可是在现实中，"不可预期"又是不可能的。因为广大的消费者和生产者都是信息灵通的预测大师，能对政府的一切经济政策做出理性预期。[3] 同时，理性预期学派也得出政府的一切干预都是无效的结论，即政府的"看得见的手"是失灵的。凯恩斯主义之所以错误，就是因为它没有考虑到西方经济学所认为的理性的人的预期也是理性的这一基本假定。因此，在理性预期条件下，只有欺骗性的宏观经济政策才可能有效，而人们又能够吸取经验教训，不会长期上当受骗，可见，从总体上说，国家干预的宏观经济政策从根本上讲是无效的。[4]

理性预期学派还继承了以马歇尔和庇古为代表的古典经济学的持续市场出清假说，即市场的需求等于供给，既不存在供不应求，也不存在供过于求。劳动力市场和产品市场的工资和价格都有充分的弹性，可以

---

[1] 王艳萍：《货币主义与现代宏观经济学》，《金融教学与研究》2004年第3期。
[2] [美]布赖恩·斯诺登、霍华登·文、彼得·温纳齐克：《现代宏观经济学指南——各思想流派比较研究引论》，苏剑等译，商务印书馆1998年版，第263页。
[3] 王国定、高永征：《当代西方新自由主义的兴起及启示》，《山西财经学院学报》1997年第4期。
[4] 傅殷才主编：《新保守主义经济学》，中国经济出版社1995年版，第117页。

根据供需的变化做出迅速调整,一旦产品市场出现超额供给,价格就会下降,需求就会扩大,从而产品市场的供求最终会达到平衡,劳动力市场出现供给过剩,在出现失业时,工资会下降。工资下降使厂商愿意雇用更多的工人,从而劳动力市场达到供求平衡。因此理性预期学派认为,价格可以自由地迅速调整以出清市场,而这与凯恩斯主义所坚持的市场不会出清,市场价格调整缓慢,经济可能会处于一种持续的非均衡状态的判断是针锋相对的。①

理性预期学派还反对凯恩斯主义把宏观经济模型作为预测未来走势的预报器的做法。在著名的卢卡斯批判中,他提出,个人的行为取决于所预期的政策。因此随着一项政策变得过时,模型的结构将发生改变。但是,如果模型的基本结构改变了,适当的政策也将改变,模型就不再适合了。因此,运用经济计量模型预测未来政策效果是不适宜的。②

因此,理性预期学派主张,政府在宣布政策长期不变从而取信于民的基础上,要充分发挥市场调节的作用。政府只能任经济自由发展,而没有必要进行干预。由此可见,理性预期学派沿袭了货币主义的道路,却又比货币主义具有更彻底的经济自由主义色彩,在更大程度上回归到凯恩斯主义出现之前的"古典学派"的经济思想,因此理性预期学派及其以后的发展被称为新古典宏观经济学,因其巨大的影响,而被称为"理性预期革命"③。

3. 供应学派

供应学派主要是从批判凯恩斯主义需求管理入手的。凯恩斯主义产生于 30 年代的大危机时代,认为一切生产要素的供给都处于生产过剩状态。此时,通过人为地扩大需求,即推行凯恩斯主义的需求管理,把潜在的生产能力最大限度地转变为现实的生产力,是会对供给产生有效刺

---

① 张苙:《政府干预观的形成述评——新古典宏观经济学与新凯恩斯主义经济学的比较》,《江西社会科学》2010 年第 11 期。

② [美] 哈里·兰德雷斯、大卫·C. 柯南德尔:《经济思想史》,周文译,人民邮电出版社 2011 年版,第 442 页。

③ 李淑梅:《新自由主义评析》,《浙江师范大学学报》2004 年第 1 期。

激作用的。可是到了70年代，西方经济问题主要表现为不完全过剩，而不是完全过剩，如劳动力、有形资本等生产要素是供给过剩的，而像石油等初级生产资料则是供应不足的。此时如果推行凯恩斯主义，需求管理政策会首先作用于供给不足的生产要素，致使通货膨胀进一步加剧。通货膨胀居高不下又会加剧供给不足的生产要素对供给过剩的生产要素的瓶颈效应，导致某些供给过剩的生产要素的过剩情况更加恶化。这就是凯恩斯主义最终产生滞胀危机的重要原因。①

基于这种认识，供应学派认为："在经济学中当需求在优先次序上取代供给时，必然造成经济的停滞和缺乏创造力、通货膨胀以及生产力的下降。"② 该派的代表人物阿瑟·拉弗坚信生产决定消费的"萨伊定律"，认为政府应该抛弃凯恩斯主义需求管理，放弃国家干预，重新提倡自由经济，关注供给的作用，以达到刺激经济增长的目的。

供应学派还特别批判凯恩斯主义为了实行需求管理而依靠增税和增加货币发行的做法。供给学派认为，税率的高低和国民收入的多少决定政府的财政收入。高税率特别是高边际税率会使人们进入更高的纳税等级，努力工作的结果是边际收益降低，从而妨碍人们的工作积极性；高边际税率还会惩罚那些单单依靠男性劳动者工资维持的家庭，从而把大量的妇女推向劳动力市场，从而降低了平均劳动生产率，降低收入水平；高边际税率还会使消费成本变低，从而鼓励人们多消费、少储蓄、少投资。更重要的是，还会消解企业家的革新、发明和创造精神，减少人力资本投资，导致资本外流。因此说，供应学派认为，高税率并不一定能实现高税收，而低边际税率却能调动人们的生产积极性，鼓励投资。随着国民收入的增加，政府同样可以获得更多的财政收入。这正是阿瑟·拉弗提出的"拉弗曲线"所要表达的思想精髓。具体的政策主张就是在减少国家干预的同时，实行大规模的减税，特别是降低边际税率，以增加投资，鼓励人们的积极性，从而刺激供应。

---

① 傅殷才主编：《新保守主义经济学》，中国经济出版社1995年版，第29页。
② 连建辉：《浅析当代西方新自由主义与政府行为》，《福建师范大学学报》（哲学社会科学版）1995年第1期。

4. 公共选择学派

产生于四五十年代美国的公共选择学派是"一种对政治的看法，它是在把经济学家的工具和方法扩大应用于集体或非市场的决策的过程中产生的"[①]。概括地说，就是把经济方法创造性地应用于政治领域。这一学派的代表人物是詹姆斯·布坎南，他因提出公共选择理论而获得了1987年的诺贝尔经济学奖。

公共选择学派认为，只有个人才有权做出选择的决策，因为它假定"人是一个自私的、理性的效用最大化者"。政治过程和经济过程一样，都是一种利益互换，其基础是交易行为。产生资本主义经济问题的根源不在于经济领域，而在于政治过程[②]：现代资本主义民主制度存在缺陷，这一存在缺陷的民主制度与凯恩斯主义相结合，出现了一系列的弊端。[③]

凯恩斯主义为了弥补有效需求的不足，往往采取扩张性的财政政策，财政平衡不再是终极目标，而变成实现充分就业。这样，功能财政原则就取代了古典经济学家所倡导的预算平衡理论。在凯恩斯看来，只要经济萧条年份产生的财政赤字可以由经济高涨年份的盈余来弥补，在整个经济周期内，财政预算实现平衡即可。但是第二次世界大战后几十年的经济实践表明，凯恩斯主义的推理和许诺并没有实现。究其原因，布坎南认为，凯恩斯忽略了经济政策赖以制定和实施的公共选择因素。市场失灵并不是政府进行干预的依据，因为政府干预同市场一样也存在缺陷。因为现实中政府并不是抽象的存在，而是由特殊的党派、代表某些阶层的官僚集团和管理者组成的。这些人半是自私半是代表公共利益的，[④]他们也和普通人一样，追求的是一己之私。[⑤] 他们在决策中会把特殊利

---

① [美] 詹姆斯·M. 布坎南：《自由、市场与国家——80年代的政治经济学》，平新乔等译，上海三联书店1989年版，第29页。

② 孙健夫：《公共选择理论及其对我国财政发展的借鉴意义》，《经济社会体制比较》1996年第5期。

③ 傅殷才主编：《新保守主义经济学》，中国经济出版社1995年版，第370页。

④ Desmond S. King, The New Right: Politics, Markets and Citizenship, London: Macmillan, 1987, p. 102.

⑤ [美] 詹姆斯·M. 布坎南：《自由、市场与国家——80年代的政治经济学》，平新乔等译，上海三联书店1989年版，第36页。

益而不是全民利益"最大化",这使政府的缺陷和市场的缺陷一样严重。可以想见,用"失灵的政府"去干预"失灵的市场"的后果会是什么样子的。

再有,布坎南还批判凯恩斯低估了民主政体中集体决策的复杂性。在实际决策过程中,经济学家通常都不是经济政策的制定者,而仅仅提供理论分析和政策建议,而这些分析和建议转化为政策的过程都在不同程度上要受到公共选择复杂程度的制约,所以任何一种经济政策,如果不考虑其政治条件,不论其设计得多么完美,都是危险的,会导致经济理论上不可预计的后果。① 这就是公共选择学派提出的著名的"政府失灵"理论。

然而,市场机制本身的确存在难以解决的问题,国家的干预应该集中在市场的根本性缺陷而导致的市场长久性失灵方面。在布坎南看来,市场的根本性缺陷是信息交流制约、无票乘车者约束和谋略性行为。② 政府的干预只能限制在这些市场长久性失灵的地方以及政府干预不会带来政府失灵的地方。具体的措施是用市场选择替代投票程序和政府独断,用市场的自由交易替代政府干预。③

(二) 新自由主义思想

新自由主义思想的代表人物主要是弗里德利希·V. 哈耶克。作为经济学家,哈耶克创建了奥地利学派,并对英国伦敦学派、联邦德国的弗赖堡学派和美国的芝加哥学派产生了重大影响。他是跨越多门学科的学者和思想家。除了经济学外,哈耶克还广泛涉足法学、政治哲学、心理学、伦理学和社会哲学等,并都卓有建树。他一生的学术研究围绕一个

---

① 萧高励:《布坎南的公共选择理论述评》,《世界经济研究》1987年第4期。
② 信息交流制约是指由于潜在的交易参加者不能得到别人自愿提供的贸易条件的信息,或者是不能把自己所愿意提供的贸易条件有效地转达给别的交换者而产生的。无票乘车者约束是指在一个人数众多的环境中,个人对于会使社会全体成员获利的行为,很少有动力甚至完全没有动力采取行动。谋略性行为是指人们在交易中为达到自己的目的而进行的谋略性的讨价还价(详见 [美] 詹姆斯·M. 布坎南《自由、市场与国家——80年代的政治经济学》,平新乔等译,上海三联书店1989年版,第140—146页)。
③ 王皖强:《新右派思潮及其在英国的传播和影响》,《求索》2001年第2期。

主题，即对自由主义的维护。他撰写了一系列重要的自由主义著作，如《自由秩序原理》《法律、立法与自由》《致命的自负》以及《通向奴役之路》等，系统而全面地阐发了以个人主义、自由市场和有限的国家为核心的自由主义原则，是当代新自由主义的集大成者，是20世纪与集体主义和社会主义做斗争的最坚决的自由主义斗士。[1] 哈耶克在思想体系上对西方文明的个性和意义的看法通过他对社会主义和集体主义的批判表现出来。在20世纪30年代，哈耶克目睹自由秩序最终宣告解体，集体主义和社会主义兴起，但是哈耶克相信集体主义的胜利并非不可避免，社会上会出现古典自由主义的回归。哈耶克通过写文章和从事其他各种学术活动，在建立独立的研究院和思想库方面发挥了重要作用，其中最有影响力的就是在英国建立了经济事务研究所。[2] 在周围许多曾经和他拥有共同价值观的伙伴们以实用主义和现实主义的名义背弃了他们为之奋斗的事业之后，哈耶克依然坚定不移地宣扬他的主张。哈耶克成为新右派运动中新自由主义和新保守主义两股潮流的主要思想家和导师。

哈耶克把1848—1948年称为"社会主义时代"。1948年之后，社会主义学说的影响逐渐减弱，集体主义的长期动荡也把自身的能量消耗殆尽。在哈耶克看来，集体主义虽然对作为西方文明基础的个人主义造成过威胁，但最终并未能将其破坏掉。1989年柏林墙的开放以及整个东欧、中欧的共产主义政权的垮台以及1991年苏联共产主义统治的结束，标志着自由主义的胜利。到1992年3月哈耶克逝世的时候，他自20世纪20年代以来一直在思想上和政治上为之奋斗的自由主义事业似乎已经大获成功。[3]

哈耶克的一生沉浮与经济自由主义的复兴并重新成为英美公共学说的这一现实紧密相连，他成为这一时期"新右派"运动中多种思潮的主要启蒙者之一。哈耶克的思想对英国新自由主义以及自由主义在理论上的建构产生了深刻影响。哈耶克的经济自由主义主要包括三方面内容：

---

[1] 王皖强：《撒切尔主义研究的几个问题》，《世界历史》1997年第1期。
[2] 梁建新：《多维视野中的新自由主义》，《探索》2005年第1期。
[3] 详见［英］安德鲁·甘布尔《自由的铁笼：哈耶克传》，王晓冬等译，江苏人民出版社2005年版，第15—17页。

1. 哈耶克坚信市场力量，认为市场是唯一可以自我调节的分配机制

市场通过收益、工资价格、地租、利息等要素的相互竞争和相互作用，鼓励效率，刺激创新，给消费者提供丰富多彩的商品。市场被认为可以充分利用包括人力的和物质的稀缺资源，以产生最大的利润。货币则使自愿交易变得更容易。通过提供廉价的、丰富的商品，自由放任的市场对所有人都是有好处的，不论是生产者还是消费者。市场被认为是提供物质需求最好的方法，是一个中立的信息交流网络，一种不需要集中控制的经济协调方法。① 正如哈耶克所描述的，凭借这一方法，数以千万计消费者的选择由生产者体现出来，而后引发一系列为了追求利润而针对需求的自发调节。② 自由竞争是市场经济有效运行的关键。哈耶克承认"完美"的竞争是不存在的，但他认为，即使是相当不完美的市场所产生的结果也要比任何所知的替代物要好。③ 哪怕是垄断，只要市场之门是敞开的，就不用对垄断给予关注。④

哈耶克对市场力量的信奉来源于他的消极的自由观。他认为自由是人类唯一重要的价值取向，自由是贯穿哈耶克所有重要著作中的一贯主题。他曾经引用英国著名自由主义思想家阿克顿的名言："自由不是用于实现某一更高的政治目的的手段，其本身就是最高的政治目标。"⑤ 但他对自由的界定不同于上自约翰·穆勒，下自约翰·霍布森、莱奥纳德·霍布豪斯，并被英国自由党所接受的，具体体现在凯恩斯和贝弗里奇思想中积极的自由观。这种积极的自由观强调，自由要与个人所具备的实现自我目标的能力相联系。所以贝弗里奇提出："一个饥饿的人是不自由的，因为只有当他吃饱饭后，他才能思考如何解决他急迫之需以外的事

---

① 毛锐：《英国新右派思潮述评》，《探索与争鸣》2008年第5期。
② Mark Hayes, *The New Right: An Introduction to Theory and Practice*, Pluto Press, 1994, p. 27.
③ F. A. Hayek, *Law, Legislation and Liberty*, London: Routledge and Keegan Paul, 1960, Vol. III, p. 65.
④ F. A. Hayek, *The Constitution of Liberty*, London: Routledge & Keegan Paul, 1960, pp. 264 - 265.
⑤ [奥] 哈耶克：《通向奴役的道路》，滕维藻等译，商务印书馆1962年版，第70页。

情。"因而，只有实现充分就业和社会保障才能最大限度地保障人的自由，而这就需要国家干预经济，发展社会福利，以促进个人自由。从这个意义上说，积极的自由是和集体行为联系在一起的。

哈耶克并不认同这种积极的自由观。在哈耶克看来，自由就是"缺乏强制"。所谓强制，哈耶克的界定是某一个（或一群）人对其他人的控制或影响。而自由状态是指"人的这样一种状态，其中一些人对另外一些人的强制被减少到社会所能够达到的最低限度……"① 不自由的状态则是人们"不再依照自己原有的计划行事，而是服务于他人的目标，在他人的强迫之下，一个人（为避免更大的不幸）只好选择较少的痛苦。除此之外，他既无法使用其自身的知识或智谋，也不能追求自己的目标和信仰"②。"强制之所以是邪恶的正是因为它排除了作为思维和价值判断主体的个人，从而把人沦为他人目标的实现的单纯工具。"③ 换句话说，按照哈耶克对自由的界定，只要没有受到外界强制，贫困、失业以及饥饿等问题可能会限制个人实现其目标，但是这并不妨碍他的自由。既然强制是一种人为的行为，那么市场作为一种非人格化的力量也不可能对人施加强制，人在市场中也就是自由的。

2. 哈耶克强调经济自由主义是个人主义在经济上的必然结论

个人主义不能理解为利己主义和自私的代名词，而是在限定范围内，承认个人的观点、爱好和目标是至高无上的，不能受他人的任何命令约束。原因很简单，因为任何人都不可能获得关于所有人的需要的完备知识，这也是哈耶克证明市场经济优于计划经济的基本论据。市场机制的优越性"确实就在于它在资源配置方面，运用着许多特定事实的知识，这些知识分散地存在于无数的人们中间，而任何一个人是掌握不了的"④。换句话说，自由和市场是紧密联系在一起的，自由是市场经济固

---

① F. A. Hayek, *The Constitution of Liberty*, London: Routledge & Keegan Paul, 1960, pp. 11-12.
② 赵永振：《公民权利与最低限度自由的实现》，《理论导刊》2010年第7期。
③ F. A. Hayek, *The Constitution of Liberty*, London: Routledge & Keegan Paul, 1960, p. 20.
④ ［奥］哈耶克：《知识的虚伪》，载商务印书馆编辑部编《现代国外经济学论文选》（第2辑），商务印书馆1981年版，第73页。

有的，而在非市场经济中则内在地没有自由可言。① 自由是一种市场选择的自由，市场选择的最大化将产生政治目的和经济自由的最大化。正如哈耶克所言，市场"这一程序为所有的人实现他们的愿望提供了巨大的机会……这一程序对不同的组织和个人的回报使人们免于蓄意的控制。他确保所有人都享有建立在道德基础上的合乎需要的个人自由"②。

由此，哈耶克归纳了经济自由主义的基本原则，即政府有限原则，尽可能少地借助于强制，尽量运用社会的自发力量。在经济领域内，在市场经济运行中，国家所扮演的角色要从属于市场体系的要求，是被动地起作用。它只是建立和维持一种有效竞争制度的积极参与者。如国家可以介入那些市场和自由交换不能提供充足商品和服务的领域；在一些特定的领域，国家甚至要起到决定性的作用，如在国家安全方面，国家要提供充足的防卫以保障社会安全，防止外敌入侵。可以看出，哈耶克并不是盲目地反对一切国家干预，也不反对国家承担有限的调节作用。③

3. 揭示了集体主义制度在经济上的低效率和政治上的不民主④

在哈耶克看来，"集体主义"指的是计划经济制度，强调的是分配手段。在这里，哈耶克没有使用"社会主义"这一概念，原因在于，他反对的不是社会主义者追求的诸如社会正义、平等之类的最终目标，而是反对他们实现这些目标的手段，即建立公有制，实行计划经济制度等。究其原因有五条⑤：

第一，集体主义不是技术进步、经济发展的必然结果。哈耶克认为，垄断不是由技术进步造成的，而是国家保护主义政策的结果，因此认为

---

① 邓永芳、刘国和、胡文娟：《现代性经济文化的五种面相》，《理论月刊》2012年第9期。
② F. A. Hayek, Law, Legislation and Liberty, Vol. II, London: Routledge & Keegan Paul, 1976, pp. 70 – 71.
③ 毛锐：《英国新右派思潮述评》，《探索与争鸣》2008年第5期。
④ 肖继军：《西方经济思想对我国主流意识形态的影响及其启示》，博士学位论文，中南大学，2014年，第35页。
⑤ 尹伯成主编：《西方经济学说史——从市场经济视角的考察》，复旦大学出版社2012年版，第300—302页。

技术进步引发垄断，取代竞争，进而导致计划管理的观点是错误的。在哈耶克看来，技术进步只能在竞争中产生，标准化则是以牺牲消费者选择自由为代价的，使社会丧失了让各种产品、技术相互竞争、优胜劣汰的可能性，因此，认为计划能够保护新技术和促进产品标准化的观点是十分可笑的。还有观点认为，技术进步和分工发展使得现代经济异常复杂，不需要有市场。对此哈耶克并不认同。他认为，正是这种复杂性才需要市场的分散决策，计划没有办法处理分散的私人信息。

第二，集体主义在经济上是低效率的。哈耶克认为，使用计划来进行资源配置的效率将低于市场经济，原因很简单，计划当局难以获得计划所需要的一切资料和数据，更不可能迅速做出相应的各种决策。更加重要的是，计划当局决策失误的时候，将带来资源配置的极大扭曲。虽然市场分散决策也有失误，但不是全社会性质的，损害要小得多。

第三，民主政治与集体主义是不相容的。哈耶克强调，制订全面计划对于民主政治来说是无能为力的，只能把制定具体计划的工作交给一个享有专断权力的专家班子，这些专家必定会把自己的偏好融入计划中，这就导致了专制。即使政府首脑是经全民投票选出来的，专家制订的计划要由议会商议通过，也仍然无法保障民主政治的实质，因为"防止权力成为专断的不是它的来源而是对它的限制"①。

第四，法治与集体主义是不相容的。哈耶克强调，真正的法治包含两层意思：一是所有政府行为都要受到约束；二是法律本身必须不偏不倚。而这样的法治只有在私有制和自由竞争制度下才能实现。集体主义之所以难以实现法治，是因为：第一，由于集体主义搞的是全面计划，这使得政府难以按照法律办事；第二，在竞争制度中，决定了不同的人会有不同的境遇。而集体主义则必须为不同人规定不同待遇，如此一来，法律变成特别适用而不是普遍适用的了，专制和人治应运而生。

第五，自由和集体主义是不相容的。哈耶克首先强调，自由主义者的自由是指摆脱他人专断，是个人进行选择的自由，而不是社会主义者

---

① ［奥］哈耶克：《通向奴役的道路》，滕维藻等译，商务印书馆1962年版，第69页。

所说的自由即免除贫困。在公有制下，国家控制全部生产资料，进而也就控制了个人的全部活动。计划经济意味着一切经济问题都不是由个人来解决，但是经济计划却几乎涉及从个人的原始需要到各种人事关系，从工作的性质到闲暇时间的安排的所有方面。总之，由计划安排一切个人活动，个人失去了选择的自由。

根据这些理论，早在1944年，哈耶克就预见到第二次世界大战后英国及整个西方国家出现的"中间道路"的最终结果：

> 大多数人仍然相信：一定有可能在"完全的"竞争和集中管理之间找到某一"中间道路"。诚然，初看起来，似乎没有比这种观念——认为我们的目标必须既不是像自由竞争那样极端分散，也不是完全集中于一个唯一的计划，而是这两种方法的结合——更使人觉得似乎有理或更容易打动明理的人们了。但在这方面仅凭常识来指导是要坏事的。……竞争和集中管理如果是不完全的，都将成为拙劣和无效率的工具，它们是用来解决同一问题的，只能选择其中一种原则，把两者混合起来就意味着哪一个也不能真正起作用，其结果反而比始终只凭借二者之一的情况还要更糟。或者换一种说法，计划与竞争只有在为竞争而计划，而不是运用计划反对竞争的时候，才能够结合起来。①

综上所述，新自由主义强调市场机制这只"看不见的手"的作用，鼓励自由竞争，反对国家过分干预经济，这和传统的古典自由主义基本立场是一脉相承的。其中，新自由主义经济学对凯恩斯主义提出严厉批判，并从各自角度提出了解决滞胀危机的对策，缺少系统而连贯的理论指导，而以哈耶克为首的新自由主义思想体系正好弥补了这一不足。②

---

① [奥]哈耶克：《通向奴役的道路》，滕维藻等译，商务印书馆1962年版，第43—44页。
② 毛锐：《英国新右派思潮述评》，《探索与争鸣》2008年第5期。

二 英国的新保守主义

在新右派中,新保守主义宣扬社会权威主义,它把以亚当·斯密、休谟和柏克为代表的传统保守主义所宣扬的传统、权威和秩序等观点重新诠释,并使之适应新时代的社会状况。在众多的新保守主义组织里,1977年建立的"索尔兹伯里小组"可以说是最著名、最活跃的。[①] 索尔兹伯里小组中重要的成员是罗杰·斯克拉顿和约翰·卡西。学术界一般认为,由个人对新保守主义进行最为系统阐述的还是罗杰·斯克拉顿,其代表作是《保守主义的含义》。

新保守主义政治追求的终极目标是强调社会的"自然的"和"特定的"秩序。如果说社会主义基本上是一种关于"平等"的意识形态,自由主义的精神是对"自由"进行的哲学及政治上的诠释,那么保守主义则更多的是一种维护"秩序"的意识形态。[②] 新保守主义也不例外,如斯克拉顿所说:"保守主义产生于这种认识,即某一人属于某些持续的和已经存在的社会秩序之中,而这一事实是如此重要以至于决定我们该做什么。"[③] 新保守主义认为,社会不是个人的简单集合或简单的各部分相加,而是一个有机体,一个综合协调的整体,它有其自身存在的方式,有其自己的意志和个性。

个人只不过是社会的组成部分,个人必须要有集体认知概念,需要明确自己在社会中的位置。因而,新保守主义维护的是个人与之难以割裂的构成社会各种环境的机构、传统、风俗,而不是维护赤裸裸的个人。个人的欢乐和健康依赖于所参与的适合的社会结构。这种典型的集体主义是不承认个人主义自由原则的。新保守主义认为,个人自由是有先决

---

① 索尔兹伯里小组是以著名保守党人第三索尔兹伯里侯爵的名字命名的。索尔兹伯里侯爵(1830—1903):英国著名保守党政治家,保守党领袖,曾先后于1885—1886年、1886—1892年、1895—1902年三次任首相。他曾以辞职为要挟,反对给予女性工人以选举权的提案,是极端托利主义的典型代表。索尔兹伯里小组以阐发新保守主义的社会权威主义为己任,拥有自己的杂志《索尔兹伯里评论》。

② 王皖强:《国家与市场——撒切尔主义研究》,湖南教育出版社1999年版,第161页。

③ Roger Scruton, *The Meaning of Conservatism*, London: Macmillan, 1984, p.21.

条件的，是一种人们普遍接受的社会安排的"结果"而不是"前提"①。个人只是一种既定秩序的组成部分，个人应当在这一秩序中寻求和发现他的最终目标，秩序本身比个人重要得多，个人必须把自己看成是参与其中的这一秩序的继承者而不是创造者，这样个人才能从中获得决定自我认同的观念以及价值标准。②

由于高度重视社会秩序，凡是可能威胁到社会稳定的任何表现，新保守主义都会予以批判。新保守主义抨击个人自由主义只强调欲望的短期满足会导致无法无天，动乱和无政府主义就是由个人自由主义泛滥所造成的。像恐怖主义、同性恋、色情作品以及各种犯罪都成为新保守主义斥责的对象。1984年英国煤矿工人罢工期间，斯克拉顿甚至写信给《泰晤士报》，要求以煽动罪起诉全国矿工工会主席亚瑟·斯卡吉尔。可见，"新保守主义是秩序的捍卫者"③。

为了捍卫秩序，新保守主义强调权威的必要性。所谓权威，斯克拉顿给出的界定是指既定的或合法的权力，权威意味着行使权力的权利，凝聚权威的国家是政治特性的真正体现。斯克拉顿指出，国家本身就如同一个"人"，有其自身的权利，国家拥有"家长式的专制权力"，如果失去这种"专制权力"，国家就会走向毁灭。④ 国家并非起源于人们之间的契约关系或者是默许的同意，国家的合法性超越于个人的自然权利之上。这和黑格尔在《法哲学原理》中提出的观点是一脉相承的。保守主义者的目标就是"维护秩序和建设良好政府"。国家自身被认为是"终极目标"，而不是实现其他目标的手段。国家是无条件政治效忠的目标。"国家拥有对其臣民的权力是责无旁贷的责任。国家与公民的关系不能也不可能是契约式的……国家拥有权威、责任以及家长式的专制。"⑤

可见，新保守主义是反对社会契约思想的，而社会契约思想是自由

---

① Roger Scruton, *The Meaning of Conservatism*, London: Macmillan, 1984, p. 16.
② 王皖强：《斯克拉顿的新保守主义政治哲学》，《学海》2001年第2期。
③ R. A. Levitas, ed., *The Ideology of the New Right*, Cambridge, 1986, p. 192.
④ Roger Scruton, *The Meaning of Conservatism*, London: Macmillan, 1984, p. 40.
⑤ Roger Scruton, *The Meaning of Conservatism*, London: Macmillan, 1984, p. 111.

主义的主要理论基础之一。作为社会意志，国家权威是由国家制定的法律体现出来的，法律可以覆盖到"社会"的任何领域。国家拥有严厉的和终极的特权，没有任何东西可以脱离国家的管辖范围。尽管新保守主义非常强调国家的作用，但并不意味着它否认自由主义者所提出的政府必须建立在人民的同意基础上的观念。政府在未能获得人民的同意或批准的前提下，将一些普遍性的社会目标强加于公民身上会导致亚里士多德所说的暴政，从而在政治上导致国家权威的削弱。

从总体上说，新保守主义明显地更加强调政治。因为资本主义自由经济已经证明是不受欢迎的，它威胁到新保守主义所一直维护的社会秩序的稳定。社会秩序的价值要高于市场价值。新保守主义主张对自由市场经济给予一定的约束，但并不从总体上反对资本主义。可是新保守主义又不想国家过分干预资本主义的发展。① 用斯克拉顿的话就是："保守主义理论的主要任务是在公共思想中建立市场自由和经济领导之间的不可分割性，以及把市场哲学整合到处于支配地位的秩序之中。"②

第三节　新自由主义与新保守主义的契合点

为何到了20世纪70年代，新自由主义和新保守主义如此针锋相对的两种理论会联合起来以新右派的面目出现呢？因为两者存在诸多契合点。

一　两者都重视财产权

其实，前面提到的哈耶克所主张的消极的自由观就是建立在私有财产基础上的，"只有在私有财产制度下，现代文明所赖以存在的整个行为秩序的发展才成为可能"③。"私有制是自由最重要的保障。"④ 哈耶克极

---

① 毛锐：《英国新右派思潮述评》，《探索与争鸣》2008年第5期。
② Gordon and Klug, *New Right New Racism*, London, pp. 4 – 5.
③ F. A. Hayek, *Law, Legislation and Liberty*, Vol. I, London：Routledge & Keegan Paul, 1973, p. 122.
④ [奥] 哈耶克：《通向奴役的道路》，滕维藻等译，商务印书馆1962年版，第100页。

力反对和攻击积极自由观的原因之一就是积极的自由观把自由与社会权力联系在一起会对私有财产的神圣性造成损害。新自由主义也认识到财产分散性的重要性，"财产应当充分地分散开，谁控制了财产的管理权，谁就有全权控制我们"①。在某种程度上，私有财产的存在可以限制国家权力的集中，最大限度地避免对个人自由的侵犯。②新自由主义进而认为，市场是建立在私人所有权和追求自利基础上的，在市场上获得个人好处的努力都有助于从整体上推动社会各方面的发展。③因此，私人产权是有效的自由市场不可分割的、内在的特征。④

新保守主义反对自由放任资本主义所造成的无目标、无道德，但并不等于反对建立在私人所有制基础上的资本主义生产方式。在保障私有产权方面，新保守主义与新自由主义是完全一致的，所不同的只是维护这一制度的终极目标。自由主义者将财产与市场机制联系在一起，私有财产是市场交换的前提和基础；而保守主义则把私人产权与秩序联系在一起，私有产权提供了社会秩序稳定的基础，为所有者提供了独立于国家的全部条件。⑤新保守主义者甚至将财产与正义相提并论。新保守主义所坚持的正义只是在法治下一种标明财产归属关系的法律关系，即所谓的"自然的正义"。这意味着人们追求数量不等的财富的自由以及享受这种财富所带来的安全，任何法律之外对这种自由与安全的侵犯都是非正义的。⑥

二 两者都反对社会主义

具体到英国，新右派反对的是工党所坚持的民主社会主义。⑦新自

---

① F. A. Hayek, *Law, Legislation and Liberty*, Vol. I, London: Routledge & Keegan Paul, 1973, p. 140.
② M. Friedman, *Capitalism and Freedom*, Chicago: Chicago University Press, 1962, p. 10.
③ 毛锐：《撒切尔政府私有化政策的目标评析》，《世界历史》2004年第6期。
④ Mark Hayes, *The New Right: An Introduction to Theory and Practice*, Pluto Press, 1994, p. 30.
⑤ 毛锐：《英国新右派思潮述评》，《探索与争鸣》2008年第5期。
⑥ 王皖强：《斯克拉顿的新保守主义政治哲学》，《学海》2001年第2期。
⑦ 在英国以及欧洲大陆，社会主义主要是指共产主义和民主社会主义。战后形成的冷战格局以及来自社会主义阵营的压力和威胁是产生新右派思潮的不可忽视的一个因素。共产主义的威胁主要表现在外交领域，与本书所论无直接关系，故忽略不谈。

由主义一直是反社会主义的，强调社会主义在实践上是矛盾的，在理论上是错误的。[①] 哈耶克指出，社会主义设立普遍单一的目标不仅限制了个人自由还使整个社会缺乏效率。[②] 哈耶克甚至把社会主义与纳粹主义和法西斯主义联系在一起："集体主义思想所演的惨剧乃是它起初把理智推到至高无上的地位，但是最后反而把它消灭了，因为它误解了理智成长所依据的那个过程。"[③] 新自由主义极力反对甚至仇恨物质上的平等，赞成政治平等或者是机会平等以及法律面前的平等。哈耶克指出，市场机制和计划经济之间都会造成不平等，只不过前者造成的不平等是由经济过程决定的；而后者是由政治决定的。非人为的市场所造成的不平等"比有计划地形成的不平等，无疑要容易忍受一些，其对个人尊严的影响也小得多"[④]。哈耶克批判平等主义，谴责其会扭曲市场的刺激机制和市场赖以正常运行的不平等。认为市场是致富的唯一途径，随着分配的不断平均，国民生产总值会处于持久性的下降状态。市场经济体制下一部分人会变得比较富裕，采取劫富济贫的办法却无法使穷人富起来，而且追求结果的平等必然导致难以接受的压制和强迫。[⑤] 平等只有在一种"组织"和"人为"的秩序中才有意义，而在这种"组织"和"人为"秩序中的主动性和自由被极权主义国家这头巨兽所践踏。[⑥]

由于推崇私有产权制度，新保守主义对马克思主义和费边社会主义都是极其厌恶的。可长期以来，新保守主义与新自由主义的相互攻击使前者的反社会主义性质被忽视了。新保守主义反对任何形式的平等主义。斯克拉顿曾这样比喻道："除非我们把婴儿从母亲身边夺走，把他们关在阶梯式的鸡笼里抚养……机会的不平等是不可能被消除的。即使是完全

---

① Mark Hayes, *The New Right: An Introduction to Theory and Practice*, Pluto Press, 1994, p. 48.
② 王皖强：《国家与市场——撒切尔主义研究》，湖南教育出版社1999年版，第131页。
③ [奥]哈耶克：《通向奴役的道路》，滕维藻等译，商务印书馆1962年版，第159页。
④ [奥]哈耶克：《通向奴役的道路》，滕维藻等译，第103页。
⑤ 毛锐：《英国新右派思潮述评》，《探索与争鸣》2008年第5期。
⑥ Mark Hayes, *The New Right: An Introduction to Theory and Practice*, Pluto Press, 1994, p. 38.

消除了机会不平等也是依靠剥夺孩子部分自然天性来实现的……"① 斯克拉顿抨击社会主义所设想建立的是以弱者利益为基础的畸形社会。在这个社会里，政府试图消除财产之间的差别，以实现平等为基本内容的"社会正义"，可结果是有产者财富被剥夺，成功者受到惩罚，这导致道德沦丧，全社会陷入无效率。②

三 两者都反对国有化、强大的工会以及福利制度

具体到英国，新保守主义和新自由主义都认为国有化、强大的工会势力以及福利制度对维系资本主义的基本原理产生了破坏性影响。尤其是从40年代以来建立并发展起来的公共部门里逐渐形成的所谓的"新阶级"，它们在公共部门不断发展的过程中获得了极大的权力和利益③，并威胁到国家的权威。新保守主义强调国家的权威和所有社会公共机构的权威都需要恢复。它们还抨击工会试图垄断，扭曲劳动力价值，控制人力资源，阻止新技术的运用，进而摧毁市场的正常运行秩序，造成大规模的失业和通货膨胀。它们也极力反对战后社会福利政策，认为过多的福利使社会上滋生出一种根深蒂固的依赖文化，"索求"成为一种名正言顺的"权利"，腐蚀个人的责任感和创造力并摧毁工作的道德规范。"弱者应该得到帮助，但却不能鼓动依赖，这种极度同情削弱了前进的动力"④。社会福利导致无效率、官僚主义以及过分的集中主义，因而英国的福利制度必须改革。⑤

总之，新保守主义者和新自由主义者都反对第二次世界大战后英国所形成的"共识政治"。在政府与市场关系方面，他们认为，第二次世界大战后随着国家干预的加强，英国政府实际上促进了集体主义和集体计

---

① Roger Scruton, *The Meaning of Conservatism*, London: Macmillan, 1984, p. 157.
② Mark Hayes, *The New Right: An Introduction to Theory and Practice*, Pluto Press, 1994, p. 21.
③ A. Gamble, *The Free Economy and the Strong State*, London, Macmillan, 1988, p. 62.
④ Mark Hayes, *The New Right: An Introduction to Theory and Practice*, Pluto Press, 1994, p. 38.
⑤ 毛锐：《英国新右派思潮述评》，《探索与争鸣》2008年第5期。

划的发展，弱化了个人自由和民主的作用，政府在许多领域实际上垄断了服务的供应，在经济领域造成了资源浪费，效率低下；在社会领域加强了民众对社会福利的依赖；在政治方面，导致工会权力膨胀，国家权威衰落。如何解决这些困境？新右派给出的对策是："自由的经济，强大的国家"①。"自由的经济"意味着抛弃凯恩斯主义，代之以货币主义，反对国家过分干预经济，强化市场机制，鼓励自由竞争，力图实现自由市场同自由的社会秩序联系在一起的目标。"强大的国家"则意味着，要实现上述目标，需要借助国家的权威。通过强大、高效的政府干预，解除社会民主主义缠绕在自由经济上的种种束缚，维护市场秩序；恢复社会秩序和国家权威。② 如此一来，貌似矛盾的新保守主义和新自由主义就奇妙地结合起来，成为反对战后英国共识政治，反对凯恩斯主义需求管理，解决滞胀危机的新药方。③

70年代下半期，新右派思想在英国广为流传，影响到经济界、金融界、大众媒体以及学术界等社会各个领域，同时，以撒切尔夫人为首的保守党右翼与新右派结合得也越来越紧密，各个领域信奉新右派的一大批精英聚集到保守党右翼周围。随着新右派的广泛传播，以基思·约瑟夫和撒切尔夫人为代表的保守党右翼日益接近新右派，并逐渐皈依了新自由主义和新保守主义。④ 在1979年5月的大选中，保守党击败工党。作为英国历史上第一位女首相，撒切尔夫人上台后，本着重新划定"国家的边界"的原则，开始在经济和社会领域实施一系列大刀阔斧的改革，减少国家干预，加强市场作用，全方位地重塑英国经济和社会结构，这些改革也被称为撒切尔革命。

---

① A. Gamble, *The Free Economy and the Strong State*, London, Macmillan, 1994, p. 38.
② A. Gamble, *The Free Economy and the Strong State*, London, Macmillan, 1994, p. 40.
③ 毛锐：《英国新右派思潮述评》，《探索与争鸣》2008年第5期。
④ 关于保守党右翼接受新右派的过程，详见毛锐《撒切尔政府私有化政策研究》，中国社会科学出版社2005年版，第54—62页。

第三章

从新右派到第三条道路经济学

第一节 新凯恩斯主义经济学

作为20世纪80年代新保守主义经济学实践典型代表的撒切尔革命,虽然成就斐然,但大规模失业和阶段性经济危机的出现也表明,以货币主义、供应学派和理性预期学派为代表的新保守主义经济学所坚持的市场连续出清假设与现实显然不相符合,非自愿性失业依然存在,经济周期波动亦没有消除。这使许多经济学家再次对完全依赖市场机制的做法表示怀疑,开始思考出现这些经济问题的原因及相应的解决之道。正如新凯恩斯主义经济学的代表人物格林沃德和斯蒂格利茨所说:

> 失业是普遍的市场失灵的最好见证,它起因于信息不完全和不完全竞争市场的弊端,既然这只看不见的手已经不大灵便,那么政府这只看得见的手可能就是不坏的选择……我们生活在一个不尽完善的世界,我们必须学会应付这种不完善。不限制政府的干预作用以修正包括失业在内的市场失灵的消极作用,可能是聪明的政策思想。[①]

可见,新自由主义经济学在世界上盛行十几年后开始遇到难以解决

---

① B. Greenwald and J. Stiglitz, "Keynesian, New Keynesian and New Classical Economics," *Oxford Economic Papers*, Vol. 39, 1987, pp. 119–133.

的困难，新凯恩斯主义应运而生①，并在21世纪之初，随着美国次级贷款危机的全球化蔓延，新凯恩斯主义快速崛起，成为与新古典宏观经济学并驾齐驱的主流经济学流派。② 其代表人物有哈佛大学的格里高利·曼昆、斯坦福大学的约瑟夫·斯蒂格利茨、麻省理工学院的奥利维尔·布兰查德以及普林斯顿大学的本·伯南克和加州大学伯克利分校的珍尼特·耶伦等。③

实际上，新凯恩斯主义的产生是对20世纪70年代新保守主义经济学对凯恩斯主义所做批判的反应。④ 新保守主义经济学对传统凯恩斯主义最主要的责难是后者没有微观经济学基础，违反了微观经济学关于理性经济人假定，具体来说，就是凯恩斯主义所坚持的商品价格和工资为什么会具有刚性或粘性？其宏观经济理论模型与经济主体的最大化行为为什么不一致？

对此，凯恩斯主义的解释是，需求不足和名义工资刚性导致了持续的失业存在，但凯恩斯并没有解释名义工资刚性的成因。正如新凯恩斯主义者所质疑的："凯恩斯主义的一个微妙之处是当他在考虑失业时，几乎不讨论劳动市场。"⑤ 对此，新凯恩斯主义开始做出深刻反省。新凯恩斯主义认为，虽然萨缪尔森尝试把"古典"微观理论与凯恩斯主义宏观理论相结合，但他只是把宏观经济和微观经济机械地组合起来，并没有

---

① 1984年，迈克尔·帕金（Michael Parkin）在其出版的《宏观经济学》一书中最先提出了新凯恩斯主义这一术语。劳伦斯·鲍尔、格里高利·曼昆和戴维·罗默在1988年发表的《新凯恩斯主义经济学和产出量——通货膨胀交替关系》的学术论文中最先运用了新凯恩斯主义经济学这个术语。

② 新凯恩斯主义在英语中是 New Keynesian Economics。新凯恩斯主义学派在英语中是 New Keynesians、New Keynesian Economists 或 New Keynesian School。需要指出的是，这里的新凯恩斯学派在英文文字和含义上都不同于曾译作新凯恩斯主义学派的 Neo-Keynesian Economists，在西方经济学文献中后者指托宾、莫迪利安尼、索罗等经济学家，或指罗宾逊夫人、卡尔多、帕西内、斯拉夫等经济学家（详见王健《新凯恩斯主义经济学》，经济日报出版社2005年版，第9页）。

③ 张荭：《政府干预观的形成述评——新古典宏观经济学与新凯恩斯主义经济学的比较》，《江西社会科学》2010年第11期。

④ 张建刚：《凯恩斯主义的理论缺陷及其新的发展》，《经济问题》2010年第3期。

⑤ Bruce Greenwald and Joseph Stiglitz, "New and Old Keynesian," *Journal of Economics Perspective*, Volume 7, Number, 1 – Winter 1993, pp. 23 – 44.

构成有机联系。同时，新凯恩斯主义认识到"凯恩斯主义经济学有其未来，因为它对于理解和解释过去和现在的大量观察结果和经历是必不可少的，而这正是其他宏观经济理论所办不到的"①。因此，在继承了凯恩斯主义研究方法的基础上，融合吸收新保守主义各学派的一些概念和研究方法，新凯恩斯主义最终复兴了凯恩斯主义。

新凯恩斯主义继承了凯恩斯主义的三个基本信条②：劳动市场上经常存在着超额劳动供给；经济中存在着显著的周期性波动；经济政策在绝大多数年份是重要的。③ 新凯恩斯主义者指责新古典宏观经济学不是关于人们实际生活世界的理论，其研究方法实质上难以真正应用于现实世界。新古典宏观经济学忽视经验检验，过于追求理论结构和分析方法的完美。它所坚持的市场出清的微观分析方法与资本主义现实完全脱离。其所得出的政策干预无效性的观点同样缺乏说服力。尽管凯恩斯宏观经济学在理论上是凌乱的，也不具有数学上的美妙结构，但它更切合于真实世界，切合于真实世界的制度和现实行为，是一种更能解决真实世界问题的实际政策模式。

新古典经济学的新老版本都认为市场会连续出清，在这样一个世界中经济永远不会受到有效需求不足的约束。非市场出清是新凯恩斯主义最重要的假设，即价格难以迅速做出调整以出清市场，因此，需求和供给的冲击将引发经济产量和就业的大幅度变动。正如罗伯特·戈登所说："凯恩斯主义经济学出现的原因就在于衰退和萧条期间工人和厂商的不幸。个人和厂商们的行为不像是在自愿选择削减产量和工作时间。"④ 这一假设使新凯恩斯主义和传统凯恩斯主义具有相同的基础。

但是两者的非市场出清理论存在重大差别：传统凯恩斯主义非市场出清模型假定名义工资刚性难以向下调整，而新凯恩斯主义非市场

---

① J. Tobin, *Policies for Prosperity: Essays in a Keynesian Mode*, Brighton: Wheatsheaf, 1987, p. 34.

② Bruce Greenwald and Joseph Stiglitz, "New and Old Keynesian," *Journal of Economics Perspective*, Volume 7, Number, 1 – Winter 1993, p. 23 – 44.

③ 张建刚：《凯恩斯主义的理论缺陷及其新的发展》，《经济问题》2010年第3期。

④ R. Gordon, *Macroeconomics*, 6th edition, New York: Harper Collins, 1993.

出清是假定工资和价格粘性①,即工资和价格不是不能调整,只是调整十分缓慢,需要一定的时间。② 新凯恩斯主义为传统凯恩斯主义模型增加了两个假设:一是经济当事人最大化原则,即厂商追逐利润最大化和家庭追求效用最大化,这一假设源于传统的微观经济学;二是理性预期,这一假设来自新古典宏观经济学。这两个假设的引入最终使新凯恩斯主义突破了传统凯恩斯主义的理论框架。③ 他们从个体经济当事人具有理性预期并追求自身利益最大化出发,并结合经济中存在的工资和价格的实际刚性、不完全竞争、不完全市场、异质劳动以及信息不对称等来解释工资和价格的粘性,为凯恩斯宏观经济学提供了微观基础。

在新凯恩斯主义经济学中,斯坦利·费希尔和约翰·泰勒提出的长期交错合同理论说明了工资粘性。这一理论认为,工人和厂商在不同时期交替地签订长期劳动合同(2—3年)。因为缔结长期合同对厂商和工人都有好处,可以尽量减少工人和厂商进行工资谈判所付出的代价,减少因为谈判破裂而导致工会罢工的概率,合同期越长,交易成本越少。由于长期的交错合同的存在,哪怕经济主体所做出的预期是理性的,能充分估计到政府的货币政策变化,但在合同期内,货币供给量的变动难以影响这些劳动合同,所以工资水平也很难发生变化。因此,从总体上说,工资水平变化是十分缓慢的,货币政策只能影响那些合同到期的个人名义工资。④ 此外,在实际经济运行中还存在这样的情况,在劳动市场上存在非自愿失业时,资方宁可支付较高的工资,也不愿用较低的工资雇用新工人。效率工资理论是这样解释的:工人所获得的工资率与他们的劳动生产率呈正相关关系。

---

① 名义工资和价格粘性是指名义工资和价格不能按照名义需求的变化而迅速做出相应的调整,即理性地追求自身利益最大化的经济主体不会随着总需求或其他冲击来调整自己的工资和价格。
② 张苼:《政府干预观的形成述评——新古典宏观经济学与新凯恩斯主义经济学的比较》,《江西社会科学》2010年第11期。
③ 张建刚:《凯恩斯主义的理论缺陷及其新的发展》,《经济问题》2010年第3期。
④ 唐志军、谌莹:《粘性理论:来自新凯恩斯主义的一个述评》,《社会科学》2008年第6期。

高工资能让工人吃得更营养，使工人拥有更高的健康水平，从而保障更高的劳动效率，而工人的生产效率又会影响厂商的利润。同时，更高的工资使工人更珍惜这一工作机会，进而省去资方监督工人消极怠工的成本。另外，高工资可以减少高素质工人的流失，减少招聘新工人的频率，进而减少企业雇用和培训新工人的成本。因此，厂商宁愿支付超过市场出清水平的实际工资，以保证工人有较高的生产效率，从而获得更多的利润。

阿瑟·林德贝克和丹尼斯·斯诺尔提出的局内人—局外人理论则对资方不愿降低工人工资给出另一种解释。这一理论认为，失业工人并不是在职工人的完全替代物。对于资方而言，企业了解现有的职工，他们工作经验丰富，是所谓的局内人。失业工人不熟悉企业内部的情况，企业对他们缺乏了解，是所谓的局外人。如果资方要用失业工人替代在职工人，可能会降低一些工资成本，但却可能会增加解雇在职工人的成本，而雇用和培训新工人也会增加成本。此外，局内人还可能会感到其地位受到局外人的威胁，而拒绝与新工人合作并培训他们，这种不友好和不合作的态度既影响局内人和局外人的工作积极性，也会影响整个工人集体的工作效率。以上因素都会促使资方不愿意降低工资去雇用外部人。同时，在劳动市场上局外人是处于劣势的，他们即使愿意接受比局内人低得多的工资，也难以得到就业机会，所以失业仍然会持续存在。互为补充的效率工资理论和局内人—局外人理论很好地说明了非自愿失业的大小"可能取决于厂商付出的愿望和工人争取的能力"[1]。

格里高利·曼昆进一步发展了关于垄断厂商价格粘性的简单的静态局部均衡模型，提出了"菜单成本"理论。"菜单成本"是指企业用于调整价格所要花费的各种成本之和，包括调研和商定新价格、重新制作价格表，通知顾客的费用等，这种价格变动如同餐馆的菜单价格表的变动，所以新凯恩斯主义将这类成本称为菜单成本。[2] 虽然菜单成本数量

---

[1] A. Lindbeck and D. Snower, "Explanations of Unemployment," *Oxford Review of Economic Policy*, Vol. 1, 1985, pp. 43–59.

[2] 唐志军、谌莹：《粘性理论：来自新凯恩斯主义的一个述评》，《社会科学》2008年第6期。

可能很小，但由于价格的下降会使竞争对手获利，所以，当只有价格调整后，利润增加的数量大于菜单成本时，企业才会调整价格，否则，厂商宁愿维持原有的价格不变。这表明，由于菜单成本的存在，厂商是不愿意经常变动价格的，价格水平是呈现出相对粘性的。

约瑟夫·斯蒂格利茨在分析商品市场上的实际价格粘性[1]时认为，在市场上顾客对他所希望购买的产品特点并不掌握完全信息，商品的价格也许就意味着产品质量。如果资方降低商品价格，顾客可能会认为这意味着产品质量的下降，商品的声誉就会受损，因此，厂商是不愿轻易变动价格的。当所有厂商都不改变价格时，经济中各种产品的比价维持不变，价格就有了实际粘性。

基于以上分析，新凯恩斯主义认为，自由市场的低效率和微观市场的不完全必然导致宏观经济中失业和经济波动。因此，新凯恩斯主义主张政府干预宏观经济，这和传统凯恩斯主义是一脉相承的。

1. 如何降低持续性的高失业[2]

局内人—局外人理论认为，政府必须采取某种政策一方面降低局内人权力，比如弱化就业保障立法以降低招募和辞退劳动力的成本；或者改革劳资关系，减少罢工的可能性；另一方面，通过重新培训局外人以改善其人力资本，增加劳动力流动性，重新设计失业救济制度以鼓励人们找工作，采用使工资灵活性更大的利润分享制度[3]使局外人对资方更有吸引力。

2. 重视货币政策的作用

凯恩斯主义认为，货币是不会对实际产量产生影响的，即相信货币

---

[1] 实际工资—价格黏性是指实际工资和价格并不对经济活动中的变化做出反应。实际工资粘性意味着名义工资与物价水平之比不发生变动；价格粘性指的是各种产品之间的相对价格比有粘性。显然，实际粘性不等于名义粘性，比方说，假设名义工资和一般价格水平同时发生同方向同比例变化，实际工资则保持不变，此时实际工资具有粘性，但是名义工资却具有弹性。

[2] 尹伯成主编：《西方经济学说史——从市场经济视角的考察》，复旦大学出版社2012年版，第321页。

[3] M. L. Weitzman, "Profit Sharing as Macroeconomic Policy," *American Economic Review*, 1985, Vol. 75, pp. 41–45.

是中性的，因而认为货币政策是无效的。新凯恩斯主义则正相反，认为在市场机制失灵的条件下，价格无法对总需求变化做出及时的反应，因此，仅凭市场机制是难以应付总需求冲击的。此时，只有实施政府干预，采取与需求变化相适应的货币政策、工资政策和价格政策，才能改变这种经济无效率状态。可见，要想稳定宏观经济，货币政策是必不可少的。

3. 许多新凯恩斯主义经济学家认识到失业救济制度对失业的扭曲作用

一个提供无限期失业救济而不要求失业工人必须接受所提供的工作的制度很可能会降低局外人的努力，[1] 增加非自愿性失业。

新凯恩斯主义的政策主张得到美国克林顿政府的赏识，新一届总统经济顾问委员会中几乎都是新凯恩斯主义经济学家，其代表人物就是斯蒂格利茨。在他们的推动下，克林顿政府采取了一系列卓有成效的经济政策，一是实施切实有效的货币政策，在经济过热和经济衰退之间谨慎地采取紧缩性和扩张性货币政策，起到熨平经济周期波动的作用，促进物价稳定和经济增长。二是制定平衡的财政政策。克林顿上台后，通过机构改革，裁减员工，减少政府开支，尤其是大幅度削减军费支出；实行税制改革，提高累进所得税，增加联邦政府的财政收入；降低社会保障力度，尤其是降低了社会保险、医疗和退伍军人的福利补贴，加大对高速公路、机场等公共设施的投资，刺激经济发展，降低失业率；增加教育投入，提高劳动力素质，先后提出了"终身学习计划""从学校到工作机会计划"、失业人员再培训计划等；增加联邦政府的研究与开发经费，加大对基础研究的投入，促进高科技领域的科技创新，积极提倡"信息高速公路计划"。三是通过加强政府管制以保护市场竞争秩序，这包括加强对垄断行业产品和服务的价格管制；对企业进入或退出市场加以限制；在管制中兼顾公众和企业的利益，做到政府意志和企业利益最大化，从而建立起更加公平公正的市场竞争秩序。四是对外积极促成北

---

[1] C. Shapiro and J. Stiglitz, "Equilibrium Unemployment as a Worker Discipline Device," *American Economic Review*, Vol. 74, pp. 433 – 444.

美自由贸易协定，推动亚太经合组织的贸易自由化。

在这种既依靠市场经济，又重视国家干预的经济政策的治理下，美国的经济迅速走出90年代初的经济危机，并连续增长122个月，成为战后美国经济最长的增长期，表现出高增长、高就业、低通胀、低赤字的特点。从1992年到1999年，美国的GDP年均增长3%，在整个90年代的十年间，美国GDP飙升3万亿美元，到2000年，其GDP占世界GDP的比重达到30%，在西方国家中一枝独秀。失业率从1992年的7.5%降到1999年的4.2%，达到经济学理论中的充分就业状态。通货膨胀率始终控制在3%以下。财政赤字到1997年仅为50亿美元，1998年美国联邦预算自1969年以来首次出现了盈余，2000年美国的联邦政府财政盈余达到2300亿美元。这种充满新凯恩斯主义色彩的经济政策被称为"克林顿经济学"。美国经济的一枝独秀使新凯恩斯主义名声大噪。英国的托尼·布莱尔成为工党党魁之后多次访问美国，布莱尔和克林顿不仅成为好朋友，而且布莱尔把新凯恩斯主义与工党对经济政策的反思相结合，形成了布莱尔的第三条道路经济学。

第二节　工党的反思与革新

自1979年以撒切尔夫人为首的保守党右翼组阁后，摒弃了凯恩斯主义经济学，强力推行以货币主义和供应学派为代表的新保守主义经济学，大规模地推行市场自由化、私有化、减税和削减社会福利等政策，竟然得到选民的普遍支持，连续执政长达18年。对于工党来说，在野长达18年无疑是工党执政史上的"黑暗时期"。这期间，工党经历了艰苦而曲折的反思和变革过程，最终实现了由旧工党向新工党的转变。

1979年，卡拉汉在大选中败给了保守党的撒切尔夫人，工党失去政权。工党左翼趁机对右翼的卡拉汉口诛笔伐，工党左翼领袖迈克尔·富特成为工党新党魁，这是第二次世界大战后工党首次出现左翼领袖。随后，工党的政策全面左倾，提出要实行真正的社会主义政策，以重新赢得执政的权力。在1980年的工党年会上，工党再次提出包括扩大国有化、推动工业民主、控制进口、扩大公共开支等迎合工会的政策。① 1981年1月,工党左翼又通过了增加其控制的附属工会和选区工党在选举团的代表比例的新的工党领袖的选举办法(构成工党选举团的附属工会、选区工党和议会党团的各自的代表比例分配是4∶3∶3),从而进一步巩固了左翼对工党的控制。这一决定直接导致工党的分裂。在新选举办法通过的第二天,罗伊·詹金斯、比尔·罗杰斯、大卫·欧文和雪莉·威廉斯宣布退出工党,另组英国社会民主党。到第二年底,又有23名议员退出工党加入社会民主党。② 这是工党历史上自麦克唐纳事件后的第二次分裂,对工党的发展造成巨大的冲击。③ 在工党左翼控制下,工党提出了名为"英国的新希望"的竞选宣言,宣布工党上台后的39项"紧急行动纲领",经济政策中包括大规模的国有化战略,宣布要把保守党政府私有化的公有企业再全部国有化,而且不保证给予足够的赔偿;将全部推翻保守党出售的公共房产的法案,转而向中低收入者提供更多的住房补贴;废除保守党削弱工会的所有法案,进一步赋予工会更大的权力;大幅度增加公共开支,通过有计划的通货再膨胀政策在五年内把失业由300多万人降到100万人以内,等等。④ 很明显,这是一份充满传统民主社会主义和凯恩斯主义色彩的竞选纲领。而此时英国经济在撒切尔政府实施的货币主义的刺激下开始复苏,福克兰战争的胜利也提升了撒切尔夫人的威望。在这一大背景下,工党这份战后最左的竞选纲领导致工党在大选中遭遇建党以来的最惨烈的失败,只得到27.6%的选票和209个议席。1983年工党的竞选纲领也被称为"自杀备忘录"⑤。

1983年成为工党领袖的尼尔·金诺克不得不改变政策。为了争取工党左翼和右翼的支持,他不得不以左翼面目出现,但力图推行中间政策。金诺克认为,再坚持传统的国有化、公有制、与工会结盟等理

---

① 李华锋:《金诺克时期英国工党的工会政策评析》,《社会主义研究》2010年第3期。
② Henry Pelling, *A Short History of the Labor Party*, Macmillan Press Ltd., 1996, p. 167.
③ Eric Shaw, *The Labor Party since 1979: Crisis and Transformation*, Routledge, 1994, p. 16.
④ Keith Laybourn, *A Century of Labor Party* (1900 – 2000), Sutton Publishing, 2000, p. 117.
⑤ Ian Dale (ed.), *Labor Party General Election Manifestos*, 1900 – 1997, London and New York: Routledge, 2000, p. 287.

念，推行凯恩斯主义需求管理已经不合时宜，必须调整工党的理论和政策。

第一，金诺克对国有化和公有制的态度开始松动和发生改变。公有制和国有化长期被视为工党走社会主义道路的标志。在此问题上，金诺克的态度开始松动。他主张采取多种多样的广泛的社会所有制，他认为对公有制和私有制进行简单的取舍是愚蠢的。他反对老式的国有化，认为实现经济的民主控制和民主社会主义目标的手段有多种，不单只有公有制。[1] 1987 年大选的再次失败，促使金诺克发起了著名的"政策反省"运动，成立了 7 个专门机构对工党的内政和外交政策进行反思，其中国内政策主要围绕公有制与市场、政府在经济活动中的角色、工会与劳资关系以及福利政策改革四个问题展开。[2] 在第二年颁布的《民主社会主义的目标和价值》纲领性文件中，工党表示："我们现在不会，将来也不会实施单一形式的公有制，我们为之奋斗的明确目标是经济中的大部分是社会所有制。"[3] 1989 年《迎接挑战，勇于变革》政策文件指出："公有并非根本优先政策。某些领域，特别是电信业和水资源符合公共利益的公有。但是究竟哪些部门回归公有取决于工党执政后的具体形势。"[4] 1992 年，在工党《是让英国重新工作的时候了》的竞选宣言中，工党正式放弃了重新国有化的承诺。

第二，调整工党与工会的关系定位。在 1978—1979 年的"愤懑的冬天"中，当时大规模的罢工几乎使整个英国陷入瘫痪，卡拉汉政府也随之下台。1983—1987 年，金诺克为了巩固自己的领袖权威，工党与工会运动还保持着比较亲密的关系，但金诺克已经认识到工会是为

---

[1] Neil Gordon Kinnock, *Making Our Way: Investing in Britain's Future*, Oxford, UK; New York, B. Blackwell, 1986, p. 42.

[2] Todor Jones, *Remaking the Labour Party: From Gaitskell to Blair*, London: Routledge, 1996, p. 120.

[3] 崔士鑫：《历史的风向标——英国政党竞选宣言研究（1900—2005）》，北京大学出版社 2013 年版，第 211 页；李华锋：《金诺克时期英国工党的工会政策评析》，《社会主义研究》2010 年第 3 期。

[4] Brian Brivati, Richard Heffernan, *The Labour Party: A Century History*, New York: ST. Martin's Press, 2000, p. 77.

部分人谋取利益的社会集团，对经济与社会生活并非都起积极作用，工党与工会的结盟会对工党选举造成负面影响。在"政策反省"运动之后，工党彻底改变了与工会之间的关系。金诺克认为，今后工党不应该站在工会一方反对资方，资方虽有唯利是图的一面，但在一定程度上也是推动社会进步和经济增长的力量。今后工党应该协调包括劳资关系在内的各种利益共同体之间的关系，努力为经济发展创造一个公平环境。在此认识下，工党对工会的各种要求不再一味迎合，而是开始逐步削弱附属工会在党内的权力。这表明工党实际上已经基本赞同保守党政府削弱工会的做法，表明以工会组织为发家之本的工党与工会从此分道扬镳。

第三，开始逐步强调市场的作用。传统上工党对市场持怀疑态度，更主张用国家干预的方式来实现社会改造和社会公平的目标。金诺克成为工党领袖后，他开始公开承认市场经济的作用，认为市场可以刺激生产和企业革新。经过"政策反省"运动之后，在1988年发表的纲领性文件《民主社会主义的目标和价值》中，工党称市场竞争无论对消费者还是整个经济体系都有好处，国家对经济活动进行干预和监管是必要的，但目标不是控制和抑制经济，而是就市场带来的问题进行合理的调控和纠偏。从1989年起，工党不再把控制失业，实现充分就业作为首要追求目标，而是突出稳定货币与物价、抑制通货膨胀等经济诉求，确立"经济发展在前，福利开支在后"的理念，声称"我们信仰的核心就是相信个人自由""现代政府的战略角色，不是替代市场的作用而是确保市场的正常运行"[①]。可见，到金诺克后期，工党已经不得不接受撒切尔夫人所采取的新保守主义经济学对英国社会经济的改造，由强调国家干预转变为强调市场作用，强调经济发展为社会事务服务到强调社会问题解决基于经济发展。但此时金诺克的工党并不是简单地接受市场自由主义，而是认为当市场失灵时，仍然需要国家干预。"现在工党实施的是'负责任的社会市场模式'，国家将提供市

[①] 李华峰、李媛媛：《英国工党执政史论纲》，中国社会科学出版社2014年版，第185页。

场无法提供的东西,如环境保护、劳动培训以及建立机构控制市场力量的剥削行为。"①

在金诺克时代,工党政策出现大幅度调整,传统工党所坚持的国家干预、国有化、强大的工会被自由市场、私有化、弱势工会所取代。但若说到1992年工党已经开始从"左倾"转向"右倾",实现了由老工党向"新工党"的转变还为时过早。② 因为金诺克虽然想修改作为老工党标志的党章第四条的公有制条款,但最终没有成功。③ 这说明金诺克的政策调整并不彻底,工党内的守旧势力还是足够强大的,因而在1987年和1992年大选中,工党都以失败告终。金诺克不得不辞去工党领袖职位,由约翰·史密斯接任。

第三节　新工党与第三条道路

新工党的最终形成应该是布莱尔成为工党领袖之后。虽然史密斯也坚持金诺克的变革路线,并逐步拉近了工党与保守党在大选中的差距,可惜的是1994年5月,史密斯因病逝世,没有来得及出台任何重大的改革举措。42岁的托尼·布莱尔成为工党的新领袖。他耳闻目睹了工党在野十五年来的发展变化和经验教训,认识到在全球化浪潮席卷世界的新形势下,必须把开始于金诺克的变革彻底深入下去,不变革或小幅度变革则毫无出路,只有变革,工党才能重新复兴并重新取得执政党的地位。在当选领袖后的15个月中,布莱尔发起了对工党的激进改革,最引人瞩目的是修改了工党党章第四条并提出了第三条道路思想作为工党的指导方针。其"改革力度为自1918年执行新党章和新计划以来之最。等到1997年获得英国执政党地位时,工党已经有了新党章、新政策、新结构

---

① Anthony King, *New Labour Triumphs*: *Britain at the Polls*, New Jersey: Chatham House Publishers, 1993, p. 71.
② 胡昌宇:《英国新工党政府经济与社会政策研究》,中国科学技术大学出版社2008年版,第18—20页。
③ 1991年,金诺克曾试探性地印制了一批没有党章第四条的工党党证,结果招致左翼成员的群起攻击,那批党证也只好作废。

· 73 ·

和新形象。工党已经彻底脱胎换骨"①。

在布莱尔成为工党领袖时,其所处的国际国内形势与其前任们截然不同。20世纪80年代末90年代初,东欧剧变、苏联解体,两大阵营对抗的冷战格局的结束引发了国际形势的一系列变化,最显著的变化就是全球化进程、经济一体化进程突然加速,世界各国之间相互依赖、相互影响的程度越来越深。而国际形势的变化也使英国国内潜藏的问题日益明朗化。经济全球化使得英国制造业在面临低成本的亚洲制造业残酷竞争时不得不向服务业转型,出现所谓"非工业化"趋势,这使工党再想主要依靠传统的制造业工人的支持已经无法赢得大选的胜利,迫使工党不得不转向争取正在崛起的中产阶级。而英国制造业的衰落以及政府为了吸引全球资本向英国投资,都促使政府不得不降低工资水平和税收,减少对经济的管制,这些都促使工会势力的衰落。同时,冷战的结束在很大程度上消除了英国工党身上僵化的意识形态束缚,传统的左翼和右翼的界限趋于模糊,使工党可以更彻底地突破传统的资本主义—社会主义的两分法,在理论和实践上采取更加多元和务实的选择。正是在国际、国内双重压力之下,布莱尔认识到,工党要想重新执政,必须适应全球化所带来的社会经济环境的变化,② 实行彻底变革,必须"制定出一个长久的,不限于一届议会的改革计划"③,把金诺克开启的工党现代化变革进程深入推进下去,全面彻底地重建工党,否则,即使上台执政,也是"只执政一任,在一阵狂喜中上台,抱负远大,然而昙花一现后垮台"④。

布莱尔采取的第一个关键性措施就是要完成金诺克和史密斯都没有实现的目标——修改被视为"社会主义基石"的工党党章第四条。在布莱尔看来,工党党章第四条的国有化条款已经成为工党重新上台执政的

---

① Anthony King, *New Labour Triumphs: Britain at the Polls*, New Jersey: Chatham House Publishers, 1993, p.49.
② Mark Bevir, "New Labour: A Study in Ideology," *British Journal of Politics and International Relations*, October, 2000, pp. 277–301.
③ [英]托尼·布莱尔:《新英国:我对一个年轻国家的展望》,曹振寰等译,世界知识出版社1998年版,第6页。
④ [英]托尼·布莱尔:《新英国:我对一个年轻国家的展望》,曹振寰等译,第14页。

主要障碍。布莱尔明确指出,1918年工党通过的党章第四条过于突出社会主义意识形态,混淆了社会主义的目标和手段,而且没有界定公有制的范围,这使任何一届政府都无法实现。而东欧剧变和苏联解体则证明了"中央集权下经济统制的社会主义失去其可信度",这意味着公有制已经不能与现代人的价值追求和经济目标相吻合。旧工党自身不能与时俱进,长期顽固地把公有制作为社会主义目标和标志,混淆了社会主义的目标和手段,自然也就失去已占英国社会主流的中产阶级的支持与信任。在布莱尔看来,"社会主义不是限定在某一时期的某种固定不变的经济理论,而是适用于任何时期的价值观和原则"①。"我们从政是为了追求特定的价值观念,而不是为了实施一种经济教条。自从共产主义垮台以后,社会主义的道德基础是唯一经受住了时间考验的东西。"② 正是基于这一信念,在布莱尔成为工党领袖后的首次工党年会上就提出要修改"第四条",虽然这一动议最终以50.9%对41.9%的得票率之差被否决了,但他始终没有放弃,并最终在1995年4月召开的工党特别代表大会上,以65%赞成的近三分之二多数通过布莱尔等人起草的新的"第四条"③。新"第四条"用具体的社会主义价值代替了原有的对公有制的追求,在社会主义价值中尤其强调了社会公正、自由和团结。④ 公正是建立一个公平社会的基石;自由则保证了人们公平的收入和机会,是真正地将权力交给人民,而不是交给集权又不负责任的政府;团结反映了人性的结合,人与人之间的责任和义务。⑤ 用公共服务代替了老第四条中的公有制诉求,肯定了市场和私营企业在经济活动中的作用。⑥

党章第四条的成功修订,标志着工党在理论上把公有制与社会主义

---

① [英]托尼·布莱尔:《新英国:我对一个年轻国家的展望》,曹振寰等译,世界知识出版社1998年版,第39页。
② [英]托尼·布莱尔:《新英国:我对一个年轻国家的展望》,曹振寰等译,第24页。
③ Tudor Jones, *Remaking the Labor Party from Gaitskell to Blair*, Routledge, 1996, p. 146.
④ 靳晓霞:《20世纪90年代社会民主主义复兴的原因及启示——以英国工党政策调整为例》,《南京师大学报》(社会科学版)2003年第3期。
⑤ A. Blair, "Socialist Values in the Modern World," 28 January 1995, in Tudor Jones, *Remaking the Labor Party from Gaitskell to Blair*, Routledge, 1996, p. 142.
⑥ 详见刘成《试述英国工党"第三条道路"的历史背景》,《学海》2003年第4期。

相分离，使工党摆脱了社会主义的制度特征，转而突出社会主义的价值特征，从而使工党的面貌焕然一新，以"新工党"的面貌出现在公众的视野中。正如布莱尔所说，修改党章第四条"恢复了它原有的价值观，现在寻求以最清晰、最有效的方式将之付诸实践。这是一次历史性的转变，将使我们从手段与目标混淆的可怕境地中解脱出来"①，这标志着工党由阶级的党变成"人民党"。

除了修改党章第四条外，布莱尔对新工党的最大贡献就是提出了第三条道路理论。第三条道路所强调的超越"左"和"右"——超越国家干预的老左派理论和完全依靠市场的新右派理论——的中间道路是布莱尔的一种新思想。按照布莱尔自己的说法："第三条道路并不是在左派和右派之间的一种折中。它是传统价值观念在一个变化了的世界中发挥作用。"② 可以说，布莱尔的第三条道路思想重塑了英国工党传统的民主社会主义价值观念并赋予其新的内涵。③ 其在经济和社会方面的内容主要有：

第一，重新肯定了市场的作用。

以老工党为典型的传统社会民主主义政党对市场持敌视态度，认为自由放任的自由市场未必产生最大经济效率，而且必然造成社会不公，因此提倡通过国有化、扩张工会势力等手段来限制市场力量；政府必须积极介入社会财富的再分配来实现社会公平目标。与老工党相反，新工党相信市场是经济资源配置和财富创造的最重要和最有效的手段。因此，新工党在市场自由化方面继承了撒切尔主义的主要遗产，如进一步推进私有化改革，放松市场管制、限制工会势力等，努力创造更加公平的市场环境。④

---

① [英] 托尼·布莱尔：《新英国：我对一个年轻国家的展望》，曹振寰等译，世界知识出版社1998年版，第14页。
② 陈林等主编：《第三条道路：世纪之交的西方政治变革》，当代世界出版社2000年版，第6页。
③ 曾瑞明：《当代西欧社会党的"第三条道路"理论透析》，《南京政治学院学报》2008年第4期。
④ 胡昌宇：《英国新工党政府经济与社会政策研究》，中国科学技术大学出版社2008年版，第21页。

第二，由追求结果的平等转向机会的平等。

传统社会民主主义路线所追求的是具有强烈平均主义倾向的结果平等。新工党认为，平均主义是不可企及的乌托邦，没有充分考虑人们的多元化需求，实际上减少和压缩了个人和家庭的发展机会和空间，不利于个人能力的发挥和提高。新工党认为必须随着形势的变化而更新自己的平等观念，即从个人的一生发展机会角度审视平等问题，必须把机会的平等作为实现社会公平目标的主要手段。① 新工党的首要任务是"扫除人们进步的各种障碍，创造真正的向上流动机会，建立一个开放的、真正的以个人才能和平等价值为基础的社会"。布莱尔指出："我坚决认为，我们国家的现代化改革必须惠及每一个勤奋工作的家庭，要让所有的孩子，无论他们生活在哪里或有什么样的家庭背景，都能够平等地受益于国家为他们提供的机会，分享国家的财富，要让机会惠及所有人。"② 但同时布莱尔也强调，对真正没有能力者，国家要提供基本的保障。新工党的机会平等与撒切尔主义有本质区别。撒切尔主义虽也认同机会平等观念，但这种机会平等是强调通过市场效率的最大化来创造更多的社会财富，并通过社会财富的溢出效率惠及整个社会，政府的干预作用是被漠视的。新工党政府则正相反，认为政府必须而且有责任为公民创造平等的机会。③

第三，重新定位政府的作用。

老工党主张政府要全面介入社会和经济生活，由政府、企业和工会共同参与的具体决策可以在一定程度上取代市场机制。新自由主义则主张缩小政府，追求一种最弱意义上的国家，管事最少的国家。第三条道路则认为："首先必须承认政府在消除贫困差距和促进人的发展等方面具有重要作用。市场在资源分配和直接生产与服务方面发挥重要作用。""问题并不在于是要更大的政府还是更小的政府，而是要认识到目前的治

---

① Anthony Giddens, *The Third Way and Its Critics*, Cambridge: Polity Press, 2000.
② Labour Party, *Ambitions for Britain: Labour's Manifesto 2001*, www.labour-party.Org.uk/manifestos/2001/2001-labour-manifesto.shtm.
③ 邓清文：《英国整合式资优教育模式研究》，硕士学位论文，华东师范大学，2013年。

理方式必须适应全球化时代的新情况,而且,权威,包括国家的合法性,必须在一种积极的基础上得到重构"①。"政府是掌舵者,而不是划船人。它应该迎接挑战,而不是太多的控制。"② 第三条道路主张应超越老工党的"以国家为答案"和新右派的"把国家当作敌人"的思维模式,探求建立一种"少一些管理,多一些治理"的新的治理方式。③ 但与撒切尔主义不同的是,新工党特别重视对市场失灵领域的积极干预。④ 撒切尔主义奉行市场极端主义,认为只有充分自由的市场才能确保经济效率的最大化,因此应尽量减少政府对经济的干预,这导致在保守党执政的15年里,大大减少了在教育、培训、研发、基础设施等领域的公共投资,这不仅严重影响了英国经济可持续发展能力,也造成了英国贫富差距的扩大。第三条道路则主张在这些领域仍然要积极加强政府干预,但政府的干预不能妨碍公平竞争,避免任何可能增加企业负担的干预。第三条道路认为政府职能具体包括:在宏观领域,"政府在现代经济中所起的作用既有限又至关重要。它应提供一个低通货膨胀率的环境,促进长期投资,保证企业家可以雇用到受到良好教育的职员,保证运转良好的一流基础设施,同企业界进行合作,推动地区发展和小企业的壮大,为我们的货物打开国际市场,缔造一个强大、负有凝聚力的社会。消除失业和福利等社会成本对经济的负担。如果成功地做了这些努力,就是对经济增长的主要贡献"。在微观领域,"重要的是,要区别哪些领域由政府来做最为合适,哪些领域由私营部门来做最为合适,以及在哪些领域两者合作才是提高企业业绩和生产能力的最佳方式"⑤。在社会福利方面,国

---

① [英]安东尼·吉登斯:《第三条道路:社会民主主义的复兴》,郑戈译,北京大学出版社2000年版,第76页。

② 陈林等:《第三条道路:世纪之交的西方政治变革》,当代世界出版社2000年版,第23页。

③ 林建华、李华锋等:《冷战后新"第三条道路"的兴衰研究》,人民出版社2011年版,第134—136页。

④ 曾瑞明:《世纪之交西欧社会党的改良重心、方法和依据》,《理论与改革》2005年第2期。

⑤ [英]托尼·布莱尔:《新英国:我对一个年轻国家的展望》,曹振寰等译,世界知识出版社1998年版,第110页。

家的角色要从"提供普遍的社会保障向促进就业、帮助弱势群体的方向过渡,从社会福利的管理者向服务者过渡。"① 这种变化具体表现为国家福利"在任何可能的情况下要投资于人力资本,而不是直接给予利益"②。强调个人在享受国家福利时,权利和责任是统一的,"不承担责任就没有权利",以及机会均等③,即满足不同群体对社会的不同需求,实现给所有人提供工作和成功机会的目标。④

从以上分析可以看出,布莱尔的第三条道路实际上是对市场经济与政府干预关系的重构,试图在经济效率和社会公平之间寻求新的平衡,力争在坚持市场优先的前提下,通过机会再分配原则,使社会最弱势群体从长期的社会安排上得到利益补偿。既重视市场又重视政府干预的第三条道路理论无疑与新凯恩斯主义经济学理论核心是高度契合的,从而形成了第三条道路经济学。

第四节 第三条道路经济学

英国的第三条道路经济学是以新凯恩斯主义经济学范式为基础的,成为新工党执政的主流经济学。它给新工党竞选纲领中的经济纲领提供了理论依据,亦给新工党政府制定经济政策提供了分析方法。

构成"第三条道路"经济学基础的新凯恩斯主义有以下八个基本特征⑤:

(1) 市场经济是基本稳定的,而传统凯恩斯主义所实行的择机而定

---

① 顾俊礼主编:《福利国家论析——以欧洲为背景的比较研究》,经济管理出版社2002年版,第148页。
② [英]安东尼·吉登斯:《失控的世界:全球化如何重塑我们的生活》,周红云译,江西人民出版社2001年版,第102页。
③ 杨玲:《"第三条道路"与福利国家改革》,《长白学刊》2004年第5期。
④ 钱箭星:《资本、劳动力和国家的重新定位——第三条道路在西欧的改革实践》,《社会主义研究》2004年第2期。
⑤ 详见王健、尹德洪《新凯恩斯主义新拓展与"第三条道路"经济学》,《福建论坛》(人文社会科学版)2005年第1期;王健、吴振球、尹德洪:《新凯恩斯主义理论的新进展》,《经济学动态》2005年第3期。

的财政政策会干扰市场经济的稳定性。传统凯恩斯主义认为，市场是非出清的，经济中存在着周期性波动，而政府干预经济可以烫平经济的波动。20世纪80年代，新凯恩斯主义在产生的初期依然坚持这三个信条。经过发展，现在新凯恩斯主义则认为，市场经济是基本稳定的，这就从根本上修正了凯恩斯主义的基本信条。新凯恩斯主义认为，能够出清的市场会自动地调节供给和需求，引导经济趋于稳定，经济能够自动地趋于稳定，自然不需要政府干预经济，随政府意愿而制定的财政政策也会干扰经济稳定性。

（2）低的、稳定的通货膨胀率有益于经济的健康增长，货币政策能有效实现低通货膨胀率的目标。但货币政策不能被政治家所操纵，因为政治家喜欢用长期的高通货膨胀率为代价，来谋取短期的低失业率。应该由"独立的"中央银行来制定货币政策。不仅如此，中央银行必须实行单一政策目标，即明确以价格的稳定性作为唯一的政策目标。可见，新凯恩斯主义在吸收了对立学派关于时间一致性的分析方法的同时，坚持了凯恩斯主义货币政策有效性的观点。

（3）新凯恩斯主义者接受了货币主义提出的自然失业率概念，认为从长远来看，通货膨胀和失业没有相互替代的关系，通货膨胀只是一种货币现象，只要通过控制货币供给，通货膨胀就可以得到抑制。

（4）新凯恩斯主义接受了萨伊定律，并开始由需求分析转到供给分析。萨伊定律强调供给决定需求，调节供给能够对经济活动起决定性作用，而有效需求不会对长期经济活动水平起决定作用。同时，新凯恩斯主义在一定程度上继承了凯恩斯主义的需求管理及政策主张，强调一旦失业率降到自然失业率水平之下，就应该通过利率变化调整需求冲击，实现降低通货膨胀的目标。当预算赤字随经济周期变动时，财政政策被动地起作用。至少对经常项目而言，预算能够在短期内熨平经济周期波动。

（5）新凯恩斯主义继承了传统福利经济学有关市场失灵的理论，认为通过政府干预可以纠正市场失灵。具体干预措施包括：完善税收、补贴和管制体制，由政府或私营部门提供公共物品，通过向私营部门提供补贴、鼓励市场竞争以减少或限制市场垄断。

（6）新凯恩斯主义信奉内生经济增长理论，认为投资的决策和内生的技术进步最终决定人均收入的长期增长，不再像传统增长理论所分析的那样只是简单依赖外生的技术进步。由于在内生的技术进步中，人力资本特别重要，所以新凯恩斯主义认为，政府可通过增加对研究与发展、教育和培训方面的投入，大力提升包括人力资本在内的公共物品的供给。

（7）"第三条道路"经济学更加关注的是结果的不平等，而不是机会的不平等。吉登斯指出："激励机制对于鼓励那些有才能的人去进取是很有必要的，尽管机会的不平等被认为会阻碍许多人充分发挥他们的潜力，然而，机会均等更容易产生不平等的结果。"因此他主张，通过推行累进所得税体制、完善再分配性的社会保障体系以及提升教育和培训力度等政策解决不平等的问题。

（8）新凯恩斯主义认为，全球化对一个国家经济政策调整的影响是综合的。尽管经济全球化所产生的产业和金融资本的流动性的加强进一步削弱了产业政策和宏观经济政策的作用，但是，政府仍然发挥着重要作用。不论是政府所采取的一系列政策，如降低利润税、对投资进行补贴，培育熟练的高技术劳动力，等等，其目的都是为跨国公司创造一个良好稳定的投资环境。新凯恩斯主义力求实现的宏观经济政策目标有：降低并保持低通货膨胀率，减少政府支出，实现经济稳定增长并促进就业水平提高。这些经济政策主张，既超越传统民主社会主义所坚持的强调国家干预的凯恩斯主义需求政策，又超越新保守主义经济学所崇尚的依赖市场竞争和自由化私有化政策。

新凯恩斯主义的这八个特征奠定了第三条道路经济学的政策基础。在第三条道路经济学的宏观经济政策中，货币政策作用大大提升，主要是运用货币政策解决通货膨胀；财政政策作用在下降，用以平衡财政预算；主要是通过调整利率抑制需求型通货膨胀，实现总需求等于总供给的经济均衡，实现经济均衡发展。

第四章

凯恩斯主义需求管理政策的形成、发展和衰落

第一节 凯恩斯主义需求管理政策的初步形成（1945—1951）

随着1945年5月9日纳粹德国投降，9月2日，在美国"密苏里"号战列舰甲板上，日本政府代表签署无条件投降书，第二次世界大战以同盟国的胜利而宣告结束。对于英国而言，第二次世界大战打了将近6年（最初的一年是英国单独对德作战），作为"世界大国"的英国为了战争的胜利，付出了惨痛的代价。战争期间，英国损失了约70亿英镑，大约占全国总财富的1/4；[1] 人员伤亡32.4万人，其中平民占7万人；[2] 战时军费高达250亿英镑，英国国债到1945年已达到214.7亿英镑，1939年只有72.5亿英镑；[3] 同时，作为英国重要的海外收入来源和称霸世界的重要工具，超过1/3以上的商船被击沉，这对英国而言无疑是致命的打击，出口贸易削减到战前的1/3。英国不得不从海外投资中拨出10多亿英镑用于支付军需用品。同时，第二次世界大战还使成千上万的青少年失去了读书和学习技能的机会，这对英国战后经济重建产生了极

---

[1] 参见倪学德《和平的社会革命——战后初期英国工党艾德礼政府的"民主社会主义"改革研究》，中国社会科学出版社2005年版。
[2] [美]克莱顿·罗伯茨、戴维·罗伯茨、道格拉斯·R.比松：《英国史（1688年—现在）》（下册），潘兴明等译，商务印书馆2013年版，第458页。
[3] Alan Steele Milward, *The Economic Effects of the Two World Wars on Britain*, Oxford, 1985, p.16.

第四章　凯恩斯主义需求管理政策的形成、发展和衰落

大的消极影响。正如泰勒所说的："1943 年，人力资源的短缺最终导致英国在世界上的领导地位被美国所取代。"① 战后经济一片狼藉，百废待兴，面临着严峻的经济困难。当艾德礼在 7 月 26 日就职时，他不得不立即赶往波茨坦与苏、美举行三巨头会议。11 天后，美国向日本广岛投掷了第一枚原子弹，随后在长崎投掷了第二枚原子弹。这两枚原子弹给日本带来巨大的冲击。在 7 月大选之后的第三周，日本投降，战争结束了。新一届政府在没有任何充分准备的情况下面对突然变化了的形势。首相艾德礼和他的同事们没有等到原先预想的德国投降与全面战争结束之间的喘息之机。这突如其来的胜利，使英国面临着棘手的国内外经济困境。英国需要直接从组织严密的战时经济向和平经济转化。

一　第二次世界大战后初期英国面临的经济问题

（一）美国《租借法案》的停止及美元的短缺

战争刚结束，美国总统杜鲁门就坚持按照《租借法案》的规定，在日本投降后两天宣布停止租借法的实施。这意味着在没有与英国事先商量的情况下，美国单方面要求英国偿还约 66 亿英镑，作为对美国战争期间对英国援助的赔偿。② 美国政府这么做，表明美国依然把英国看成是潜在的贸易对手，要巩固自己在战争期间所获得的经济优势。同时，美国也担心，如果租借法仍然继续，美国的援助会被英国用在战后救济、恢复和重建上，③ 而美国在战争一结束就终止《租借法案》无疑会重创战后英国经济恢复。

从英国方面来看，从 1942 年 2 月起，援助就建立在互惠的基础上，尽管英国接受了大量的美国援助，但它也从濒于极限的经济中贡献出大量的物资。正如罗伊·艾伦（Roy Allen）所指出的："英国以互惠援助形式提

---

① David C. Potter, "Manpower Shortage and the End of Colonialism," *Modern Asian Studies*, Volume 7, Issue 1, January 1973, p. 68.

② R. S. Sayers, *Financial Policy* 1939 – 1945, *History of the Second World War*, UK Civil Series, London, HMSO and Longmans, 1956, pp. 480 – 500.

③ Alec Cairncross, *Years of Recovery*：*British Economic Policy* 1945 – 51, London：Methuen & Co. Ltd., 1985, p. 4.

供给美国的或许较少，但确切地说并不比美国以租借形式提供给英国的少多少。"① 此外，由于《租借法案》的支持，英国将军事努力推向极致，这有利于战争的胜利，但却增加了和平恢复后英国经济崩溃的风险。正如9月24日艾德礼在众议院所解释的那样：我们开始经济重建任务和承担海外义务之初所担负的赤字是巨大的。可以说，新上任的政府并未准备好应对战争的结束，也未尝试争取新的法案取代《租借法案》。②

与此同时，1944年确立的布雷顿森林体系使美元成为世界货币。世界各国为了维持进口大都需要海外借贷，因为不论是商品还是资金来源的供应都来自美国，且只能靠美元结算。在这种形势下，英国不得不面对的一个严重问题是货币储备金中黄金和美元的日渐枯竭。世界各国有足够的英镑购买英国货物；而英国却没有足够的美元支付其最大供应国美国的账单。然而，美元短缺问题并不是英国在战后面临的最紧迫的问题。这是因为美国一直在通过联合国善后救济总署以对外贷款等方式倾销美元，再有就是许多国家在战时储备了大量美元。

（二）国际收支平衡危机和债务危机

第二次世界大战结束初期，英国所面临的最紧迫问题是国际收支危机。其实，在第二次世界大战以前，英国的国际收支已经恶化。1936—1938年，英国开始出现3.88亿英镑的贸易逆差，③ 但是英国通过海外投资、航运、保险等收入勉强能抵补这一逆差。而在整个战争期间，英国从上述来源所得的收入已经难以弥补它的海外开支，战争开支超过国民收入的50%。1938—1946年，英国国外投资纯收入由1.75亿英镑降到0.73亿英镑，航运收入由1.05亿英镑骤减到0.29亿英镑。到1945年，英国的国际收支赤字总计达100亿英镑，其中将近一半的赤字是靠英镑和美元借贷或是出售国外资产形成的，其中许多英镑借款来源于印度、埃及等英国殖民

---

① R. W. B. Clark, *Anglo-American Collaboration in War and Peace* 1942 – 49, Oxford University Press, 1982, pp. 26 – 7.
② H. C（House of Commons）, Deb., 5th ser., Vol. 413, Col. 956.
③ ［英］W. N. 梅德利科特：《英国现代史（1914—1964）》，张毓文等译，商务印书馆1990年版，第511页。

第四章 凯恩斯主义需求管理政策的形成、发展和衰落

地。正是这种借贷造成战后英国长期的英镑收支不平衡问题。英国以史上最大规模的国际债务为代价结束了这场战争。[1] 第二次世界大战后，英国由第一次世界大战时世界最大的债权国变为债务国。由于战争，英国损失其28%的财富，这一数字是第一次世界大战时期的近两倍，仅实物资产就损失50亿英镑，欠英镑区国家的债务超过35亿英镑，四分之一的海外资产被变卖，价值超过10亿英镑。这意味着从1913年至1951年接近40年的时间里，英国的实际财富没有获得净增长[2]；国内财产资本的增长被投资的缩减和第二次世界大战期间更高的海外债务抵消了[3]。

第二次世界大战后初期，随着人口增加和实现更加充分的就业，对商品的需求进一步加大，人们希望进口能恢复到战前水平。如此庞大的进口需求如何支付？唯一的希望在于增加出口，至少要比战前出口水平高出50%或75%。[4] 在战后初期，尽管无须应对德国和日本的竞争，但由于船运、海外投资和其他无形贸易收入都低于战前水平，出口绝不可能在短时间内恢复到必要的规模。然而，随着其他发达国家生产的逐渐恢复以及发展中国家逐渐走上工业化道路，英国恢复出口花费的时间越长，其出口工业制成品的竞争就会越激烈。根据政府最乐观的估计，英国收支平衡中的赤字将延续3—5年，到1946年赤字至少会达到75亿英镑。这逼迫英国政府不得不再次借贷。[5]

同时，战争结束后，英国政府不得不在德国和其他地方驻军以应付全球范围内的突发事件，这使战时庞大的军费开支不可能（1943年到1944年达到70亿英镑）在短时间内削减至和平时期的水平。战后英国的财政窘境被形容为"一次财政上的敦刻尔克"。然而，这种危险局势并不被公众

---

[1] R. S. Sayers, *Financial Policy* 1939 – 1945, *History of the Second World War*, UK Civil Series, London, HMSO and Longmans, 1956, p. 486.

[2] Alec Cairncross, *Years of Recovery: British Economic Policy* 1945 – 51, London: Methuen & Co. Ltd., 1985, p. 8.

[3] R. C. O. Matthews, C. H. Feinstein and Odling Smee, *British Economic Growth* 1865 – 1973, Oxford University Press, 1982, p. 129.

[4] Alec Cairncross, *Years of Recovery: British Economic Policy* 1945 – 51, London: Methuen & Co. Ltd., 1985, p. 9.

[5] The British Parliament Debate, 5th ser., Vol. 413, Col. 956.

所理解，正如凯恩斯所指出的："战时的财政问题如此轻易地解决了，常人没有理由假设解决和平时期的财政问题比战时还要困难。"①

（三）就业问题与通货膨胀

根据1944年5月发布的《就业白皮书》中的预测，战后，随着重建的开始，短缺的是资金，而在短时间内不存在失业的危险。在第二次世界大战结束初期，就业压力非常沉重。像农业、纺织业和煤炭业等行业很难吸引足够的劳动力，经受着劳动力短缺的痛苦，比如在战时的农业生产领域使用了大量战俘。战争结束，战俘被遣返回国自然加剧了劳动力短缺问题。虽然在战争结束后的一年半时间里，从武装部队和军工企业中释放出700万名急需就业的劳动力，民间雇用了约500万人，使就业率的提升超过40%。但同时，超过200万名战时走上工作岗位的家庭妇女因为战争的结束而不得不回归家庭，离开了劳动力市场，这导致失业人数不断增长。到1947年2—3月的燃料危机期间，英国失业人口突破200万人，这还不包括50万名领工资却处于休假状态的工人。②

由于战争期间国家的国际收支不平衡与外汇短缺，通货膨胀问题成为战时和战后政府关心的重要问题。在战时，1941年实行的食物津贴对抑制通货膨胀做出很大贡献。到1945年6月为止，食物津贴每年增长约2.5亿英镑，这导致1946年的消费价格增长3%，并一直呈现出上升趋势。同时，战时被强制压抑下来的消费需求开始释放出来，这导致日用品市场和制造品市场出现严重短缺。为确保战后的价格稳定，英国政府被迫延续战时的管制措施，对一些食品、服装和甜品继续实行定量配给。

总之，第二次世界大战后英国的经济形势正如哈罗德·麦克米伦所总结的，一方面是内债，另一方面是国外有形或无形出口贸易的丧失。英国的情况比它的盟国和敌国都要糟糕。美国已轻而易举地把民用需要和军需结合起来；德国和日本经过重建后既无内债又无外债，无须任何

---

① W. K. Hancock and M. M. Gowing, *British War Economy*, History of the Second World War, UK Civil Series, 1949, London HMSO, pp. 546–553.

② Alec Cairncross, *The British Economy since 1945*, Oxford: Blackwell Publishers Ltd., 1995, p. 60.

第四章　凯恩斯主义需求管理政策的形成、发展和衰落

防务开支,又有现代化的工厂,不久便能在世界市场上与战胜国抗衡了。而英国国内的情况正如1945年8月24日霍德森在日记中所记录的那样:

> 上星期天,我去泰恩河畔的纽卡斯尔旅行。和平时期,这段路程只需四个小时,现在要花八个小时一刻钟。火车上没有食物供应。沿途各站连杯茶也买不到,因为排队购买茶水当饮料的行列,长得令人无法忍受。在纽卡斯尔车站,一个陆军炮兵上尉和我搞到一辆手推车,沿月台运送手提包。月台上堆满了待运的行李和货物,几乎无法通过,也雇不到出租汽车。我下榻的旅馆的毛巾,已用的像纸一样薄,床单破烂不堪。①

艾德礼工党政府就是在这样的经济困境中上台的。②

二　艾德礼工党政府的经济政策目标

1945年,以艾德礼为首的工党在大选中以比保守党和自由党所获席位的总和多出168席的绝对优势赢得大选。工党自第一次世界大战后初次组阁以来,第一次获得议会绝对多数,单独执政。工党的执政理念和政策选择主要体现在工党发布的《让我们面向未来——供全国考虑的工党政策声明》的竞选宣言之中。

针对人们普遍担心会在战后出现第一次世界大战之后那种萧条、失业等混乱状况,工党向选民们承诺,要"把人民的福利当作自己神圣的职责",英国不仅需要食物、工作和家庭,而且需要有大量的好食物,每人都做有用的工作,需要舒适的、有省力设备的房屋,这些房屋充分利用了现代科学与生产工业的资源条件。还需要有日益增长的高质量生活水平,人人都有应对

---

① Robin Cross, *The Silver Lining*, London, 1985, p. 8.
② 倪学德:《和平的社会革命——英国工党艾德礼政府的民主社会主义改革研究》,博士学位论文,华东师范大学,2003年,第35页。

不时之需的保障,以及使儿童们能享有发挥其所长的教育制度。[1] 如何实现这些承诺,工党认为必须加强国家干预。具体的经济和社会政策目标是:

1. 实现充分就业

竞选宣言明确宣布:"工党是社会主义的党,并以此为荣。工党国内的最终目标是建立大不列颠社会主义共同体。"为了达到这个目标,工党做出承诺:

> 第一,充分利用整个国家的资源,包括土地、原材料和劳动力,提高生产水平使其与购买力相匹配;第二,通过满意的工资、社会服务和保险、税收手段,保证高水平和持久的购买力,但税收不能加重低收入者的负担;第三,在主要工业和住房、学校、医院方面进行投资;第四,英格兰银行实行公有制,其他银行也要根据工业发展的需要进行调整。工党希望通过这些以及其他手段达到充分就业。

2. 实行国有化

竞选宣言表明了对国有化的设想:"将已经成熟的基础工业实施国有化,小型的、运行良好的企业维持现状不变,那些大型的暂时转为国有条件还不够成熟的,也必须受到国家的严格监督。"[2] 准备国有化的行业包括:燃料和动力工业、国内运输、钢铁工业;对垄断组织和卡特尔予以公共监督;确保粮食和原料的供应、提高工业的效率;实施适当的经济和价格管制,保障人民生活必需品的生产;更好地组织政府部门和行政官员,以满足这些目标的需要。[3]

3. 建立福利制度

在"住房与建设计划"方面,工党承诺将用最高效的速度实施房屋

---

[1] 崔士鑫:《历史的风向标——英国政党竞选宣言研究(1900—2005)》,博士学位论文,中国社会科学院研究生院,2010年,第8页。

[2] 朱建明:《战后初期英国国有化政策探析》,《新学术》2007年第5期。

[3] Iain Dale (ed.), *Labour Party General Election Manifestos*, 1990 - 1997, London and New York: Routledge, 2000, pp. 51 - 60.

第四章 凯恩斯主义需求管理政策的形成、发展和衰落

建造计划,让英国每一个家庭都有良好的住房水平;[①] 在"教育与娱乐"方面,工党承诺实施1944年教育法,把造就全面的公民作为目标,并保证让人民享受到英国伟大的文化遗产;在"国家的健康和儿童"方面,工党承诺给所有人提供最好的免费健康服务,建立国家健康服务中心,给母亲和孩子以津贴并提供学校医疗以及饮食服务;在"应对不时之需的社会保障"方面,工党承诺将在一切必需的领域延伸社会保障,并通过更有效的工业来保证其支出。

　　从上可见,工党所提出的社会和经济政策目标主要有三个,即充分就业、国有化和建立福利制度。这些目标充分体现了工党民主社会主义理论要求公平、民主的特点。其中,实施国有化是工党党章第四条实现公有制的重要措施之一。但是工党国有化政策并不极端。在竞选宣言中,在强调自己是社会主义政党的同时,工党也认为这种社会主义是一个长期的过程,工党主张的国有化只涉及部分基础工业,"工党是社会主义的党,并以此为荣。它在国内的最终目标是建立大不列颠社会主义共和国——自由、民主、有效率、进步、有公益精神,它的物质资源是组织起来为英国人民服务的。但是,社会主义并不会像周末革命的产物似的一夜来临,工党党员与英国人民一样,是注重实际的人"[②]。而建设福利制度则把《贝弗里奇报告》所提出的战后民主改革方案付诸实践,发布《贝弗里奇报告》的主要思想与动力来源于工党,是工党要求实施社会改革的政治理念的反映。充分就业目标的提出标志着工党最终接受了凯恩斯主义的需求管理,政府开始承担起维持充分就业的责任,从而把1944年5月政府通过的关于就业政策的白皮书所宣称的实现"战后维持稳定的高水平"的目标付诸实践。[③] 此外,不论是实现充分就业、国有化还是建立福利制度,这些目标的

[①] 倪学德:《和平的社会革命——英国工党艾德礼政府的民主社会主义改革研究》,博士学位论文,华东师范大学,2003年,第15页。
[②] 崔士鑫:《历史的风向标——英国政党竞选宣言研究(1900—2005)》,博士学位论文,中国社会科学院研究生院,2010年,第9页。
[③] 转引自陈晓律《英国福利制度的由来与发展》,南京大学出版社1996年版,第165页。

实现都离不开国家的干预，这说明经济上的自由放任主义时代已经过去，主张国家干预的凯恩斯主义成为指导战后英国经济和社会建设的重要理论基础。依靠国家干预使财富分配变得更合理就成为工党"民主社会主义"与凯恩斯主义能够结合的契合点。而克莱门特·艾德礼内阁的上台为在英国按照新的美好蓝图来建设和发展提供了机会。首相艾德礼组建了一个强大的政府，欧内斯特·贝文任外交大臣，休·道尔顿任财政大臣，赫伯特·莫里森出任枢密院大臣和下院领袖，斯塔福德·克里普斯掌管贸易部。

三 从经济计划到需求管理的转变

国内外学术界对于艾德礼工党政府时期是否开始推行凯恩斯主义"需求管理"是有争议的。主要有两种观点。第一种观点认为，艾德礼工党政府沿用了战时经济政策，"需求管理"没有成为宏观经济政策的中心。工党政府最初两年的经济政策与战时的经济政策并无二致。1947—1949年，工党政府采取通货紧缩的财政策略，但这不是凯恩斯的通货膨胀，随后实行的廉价货币政策，主要是为了减少政府在战争中积累起来的借款和国债的利率负担，同时也是出于对战后经济不景气的担心，而不是刺激需求。[1] 有学者认为，1952年英国政府第一次对分期付款实行控制，这才标志着英国需求管理政策的开始。[2] 第二种观点认为，艾德礼工党时期就已经形成了需求管理。艾德礼内阁采取紧缩私人消费的政策，尽量减少从国外输入的消费品，并采取高税率、低工资、增加积累率等措施，就是受凯恩斯的"需求管理"理论的指导，[3] 也是通过利用赤字财政刺激需求来实现"充分就业"的目标。

笔者认为，这两种观点都有其合理之处。艾德礼工党政府接受凯恩

---

[1] 钱乘旦等：《日落斜阳：20世纪英国》，华东师范大学出版社1999年版，第139页。
[2] 陈炳才、许江萍：《英国：从凯恩斯主义到货币主义》，武汉出版社1994年版，第167页。
[3] 罗志如、厉以宁：《二十世纪的英国经济——"英国病"研究》，人民出版社1982年版，第85页。

第四章 凯恩斯主义需求管理政策的形成、发展和衰落

斯主义是毋庸置疑的。其实,早在第二次世界大战进行中,凯恩斯主义就已经被联合政府接受了。正如前面所分析的,1941年联合政府财政预算①以及1944年政府颁布"就业政策白皮书",就标志着凯恩斯宣扬的充分就业原则被政府所接受且在实践中开始向需求管理转变,尽管"这种转变是非常原始的"②。1944年,布雷顿森林体系的建立,意味着把凯恩斯主义宏观经济学应用到全球,融入第二次世界大战后新的国际金融体系之中,因此有学者评论说,到1945年,"凯恩斯的革命成功了"③。

工党1945年的竞选纲领《让我们面向未来——供全国考虑的工党政策声明》,实际上顺应了这一潮流,实现充分就业、建设福利制度目标的确定只是重申了1944年就业白皮书和《贝弗里奇报告》所提出的目标,而国有化目标的提出,除了显示工党的与众不同之外,还显示出为了实现充分就业目标,新上任的政府可以采用任何所需措施的意志和决心。④在经济方面,1945年工党政府最为突出的特征就是把"充分就业"作为其经济政策的核心目标。⑤ 因为战时联合政府虽然在就业政策白皮书中表示,政府将会承担充分就业的责任,但是就业政策白皮书从来也没有保证要达到这个目标,并且其中还充斥着各种对国内经济问题的激烈讨论,也没有给出具体的实施政策。而到1945年,工党明确在《让我们面向未来——供全国考虑的工党政策声明》竞选宣言中提出把充分就业作为政府的一项责任,实现充分就业不仅是工党首要考虑的社会改革问题,而且是经济发展的主要目标。因此战后艾德礼工党政府以凯

---

① 凯恩斯主义的理念首次被运用于金斯利·伍德1941年的政府年度预算中。由于战争期间支出庞大,为了抑制国内消费,该年度预算提高了税收,此次行动是在战时控制的背景下进行的,所以财政预算政策仅仅是直接计划配置资源的一个补充(详见[美]彼得·霍尔《驾驭经济——英国与法国国家干预的政治学》,刘骥等译,江苏人民出版社2008年版,第86页)。

② Donald. E. Moggridge, *Maynard Keynes: An Economist's Biography*, London: Routledge, 1992, p. 647.

③ Alfred Borneman, "Fifty Years of Ideology: A Selective Survey of Academic Economics in the U. S. 1930 to 1980," *Journal of Economic Studies*, No. 1, 1981, p. 3.

④ Jim Tomlinson, *Democratic Socialism and Economic Policy: The Attlee Years 1945 - 51*, Cambridge University Press, 1997, p. 167.

⑤ [美]彼得·霍尔:《驾驭经济——英国与法国国家干预的政治学》,刘骥等译,江苏人民出版社2008年版,第85页。

恩斯主义为理论先导，强化国家干预，在战后重建和恢复中，在种种经济目标比如经济增长、国内外贸易均衡、英镑稳定等中，充分就业始终贯穿其中并成为政府的首要目标。只是在实现这一目标的过程中，出于战后经济恢复的需要，所采取的手段经历了由经济计划到需求管理的转变。

（一）艾德礼工党政府的经济计划

艾德礼工党政府的经济政策是建立在三大支柱之上的：国有化一些主要的经济部门和机构；建立福利国家，为全体国民提供最低标准的住房、医疗、教育和社会保障；通过对经济的公共管理，致力于充分就业目标的实现。对前两部分下文将设专章论述，这里着重分析，为了实现充分就业，工党政府是如何对经济进行公共管理的。

工党领导人首先想到的是制订经济计划。第二次世界大战的经历证明在对个人自由进行有限的可接受的约束即管制的情况下是可以实现充分就业的。第二次世界大战后英国社会存在一种普遍的看法：如果将经济置于一种无管制和无计划的状态，那么英国经济可能再次遭受两次世界大战之间的那种萧条。国家从战争经济向和平经济过渡所面临的种种困难，只有依靠政府干预，为经济制订计划才可以解决。[1]

与强调国有化的莫里森和强调财政政策的道尔顿不同，斯塔福德·克里普斯是当时唯一从经济管制的角度思考英国经济问题的工党高层领导人。他在战争结束前就预测到战时的银根紧缩将会延续至和平时期，那时实施经济计划将不可避免："当美国的租借法失效时，我们将面临严峻的经济困难……这将是本国历史上最困难、最窘迫的时期……除非出台一系列实现进口所需水平的整体管制计划。"[2] 对于工党所热衷的国有化方案，克里普斯并不以为然："当我们开始进行更广泛的国有化时……我们将面临一个艰难的技术问题……（对其而言）还未做好充分的准备。"[3] 克里普斯说，我们注意到战时对 15000 个公司的计划管制所产生

---

[1] Alec Cairncross, *The British Economy since* 1945, Blackwell, 1995, p. 299.
[2] Alec Cairncross, *The British Economy since* 1945, Blackwell, 1995, p. 303.
[3] Alec Cairncross, *The British Economy since* 1945, Blackwell, 1995, p. 328.

第四章 凯恩斯主义需求管理政策的形成、发展和衰落

的良好效果,认为"政府需制订一个重大的生产协调计划"[1]。

关于经济计划的性质,克里普斯强调,政府要选择尊重个人自由选择的计划或"民主的"经济计划。要实现每个市民最大限度地选择自由,必须实施经济计划。[2] 他认为,英国的计划与苏联实行的计划并不一样。工党左翼的拉斯基就主张向苏联学习,战后英国可以效仿苏联,建立计划化社会。在他看来,所谓计划,意味着把社会目标放在优先位置上,为了实现这个目标,人们原先的经济自由必然受到限制。因为"要决定这件事比那件事更重要,社会的资源必须先派这个用场然后再派其他用场。一旦有了优先权,那么自由的内容就显然和无计划社会不同,在无计划社会里,各种资源的利用是由市场的供求决定的"[3]。克里普斯致力于区分民主社会中经济管制的观念和极权主义国家中管制概念的不同,他认为两者的最大区别是民主国家中享有自由选择权,即保留市场机制,而后者给人的印象是战前苏联经济管理体制的强制力和残忍性。克里普斯强调的是生产者所遭受的强制力。战时国家政权除了直接指挥军队作战之外,还可以直接控制劳动者。为更好地为国家就业服务,雇主被要求雇用工人,而工人被要求从事工作。克里普斯强调要摆脱这种强制力,恢复国民的选择权。

从1947年到1951年,政府每年以《经济概览》形式发布简单的短期经济计划,对未来一年的经济进行预测,并就若干方面提出相应目标。比如,1947年2月发表的第一个《经济调查》报告,[4] 就提出了当年的经济计划目标:(1)确定1947年经济政策的各项指标。克里普斯原来希望"对包括煤炭、电力、钢铁、农业、交通、建筑在内的六大基础工业要有一个长期的计划",然而,1947年的《经济调查》报告并未对这六大工业给出基本的产量目标,仅提及煤炭、电力、建筑和轮船制造业的产量指标。[5] 到1947年底,出口额比1938年增加40%;建设永久性住

---

[1] Colin Cooke, *The Life of Richard Stafford Cripps*, London: Hodder & Stoughton, 1957, p. 330.
[2] 李颖:《英国市场经济下的计划调控》,《商品与质量》2012年第S2期。
[3] [英]拉斯基:《论当代革命》,朱曾汶译,商务印书馆1965年版,第374页。
[4] 李颖:《英国市场经济下的计划经济》,《商品与质量》2012年第S2期。
[5] Alec Cairncross, *The British Economy since* 1945, Blackwell, 1995, p. 305.

宅24万套，临时性住宅6万套，固定资本量比战前的普通水平至少增加15%。尽管这是一个短期计划，但是计划指标仍然没有完成。出口额只完成计划的50%，永久性住宅完成58%，临时性住宅完成77%。[1]（2）制定了劳动力、国民收入和支出以及有关国际贸易、投资、石油、电力、钢铁、木材和其他稀有物质的国民经济预算表，尽可能多地为民众提供各种经济信息。（3）通过对收支平衡、重大投资以及原料、燃料、能源的短缺等特殊问题的分析来对人力资源和国民收入预算进行补充。但由于种种原因，1947年的计划任务大多没有完成。1948年和1949年的《经济概览》比1947年详细得多，列举了更多的统计数字并制订了国内关键生产品及部门的产量和出口计划；制订了较为详细的投资计划，特别是要重点发展基础工业、公共事业以及新产品开发。1948—1951年计划的目的主要是如何充分使用马歇尔计划中的援助，促进英国经济发展、改善国际收支。由于有"美援"的支持，加之英国政府对经济计划执行做了较大的努力，这一时期的计划执行效果较好。

经济计划在实施过程中受到工会和资方的双重反对。作为工党运动的重要组成部分，在战争时期，工会领导人获得了巨大的影响力。战后工党单独执政，这种影响力理所当然地保留了下来，并因为战后劳动力的紧缺而进一步增强了工会的力量。战后工会的主要任务是利用这种影响力与政府谈判以补偿战争时期工会成员在收入上的损失，他们自然对产业管制持抵制态度。[2] 资方的雇主们反对经济计划是因为他们害怕计划体系会侵害私人管理者控制资源流动的能力。英国企业家在战时积极配合和支援政府赢得战争，这大大提升了他们的政治力量和受尊敬程度，而且工党的内阁部长们在战争期间也依赖这些企业家来管理经济。实力强大的雇主集团不仅反对国有化，也反对经济的计划化。这期间，工党政府内部对经济计划也是阻力重重。为了更好地实行经济计划，工党政府建立了一系列经济计

---

[1] 详见倪学德《战后初期英国工党政府经济计划的制定和实施》，《辽宁大学学报》（哲学社会科学版）2006年第5期。

[2] K. O. Morgan, *Labour in Power* 1945–1951, Oxford University Press, 1984, p.125.

第四章 凯恩斯主义需求管理政策的形成、发展和衰落

划机构：中央经济计划部、经济计划局和工业部门国民生产顾问委员会。[①] 1945—1947年，克里普斯为17个主要产业任命由四位企业家、工会成员和英国贸易委员会的官员组成的部门工作小组，但这些机构基本上是咨询机构。根据《1947年产业组织和发展法》的要求，政府要在主要的产业领域设立三方协商性质的发展理事会，但最终只在棉纺织业、银器业、服装业和家具业四个产业中建立起来。其中除了棉纺织业促进协会真正建立起来，以及重新命名同业公会之外，其他的尝试都在雇主的反对下失败了。同时，随着经济管制措施的逐渐废止，经济计划变得不再有效，对实现充分就业也不再是必需的了。因此，经济计划虽然制订了，但是官员们并不愿花心思去考虑怎么执行。1951年大选中保守党击败工党。保守党的丘吉尔上台后，调整了其经济政策，工党的计划化政策被抛弃，转而实施凯恩斯主义的需求管理政策。

（二）延续战时的管制政策

实现经济计划的手段主要有两种：第一种是国有化，由国家直接控制生产资料，为实现政府计划目标服务。第二次世界大战结束之后，枢密院大臣赫伯特·莫里森出任"工业社会化委员会"。到1951年为止，他一直全面负责国有化计划。国有化的程序通常是，政府任命全国级别的管理机构，负责制定即将国有化企业的相关立法，并在"授权接管日"接管相关企业。1945—1951年，艾德礼工党政府先后将英格兰银行、煤矿（1945）、航空（1946）、电报和无线电通信、运输、电力（1947）、煤气（1948）和钢铁（1951）等工业进行了国有化，形成了战后第一次国有化高潮。这一历时6年多的国有化运动从根本

[①] 中央经济计划部是在内阁之下最高的计划主体。由少数政府官员、一些大学的经济学家和一些统计学家组成。其职能是顾问性质、协调国家经济政策形成，并负责出版《经济调查》年刊。经济计划局：由私有企业、劳动组织及部分政府部门代表组成。该局主席由中央经济计划部的首长担任。这个局有一个与之对应的地区性机构，由地方政府、劳动组织和企业三方面共同研究与地方有关的经济问题。工业部门国民生产顾问委员会：成员包括由财政部根据企业和劳动组织推荐的私有企业和劳动组织的代表，以及与所讨论的经济事务有关的政府官员。这一机构两个月开会一次，由财政大臣主持。这一委员会的目的是促进企业与劳工组织的合作，并就工业生产中存在的问题向大臣提出建议（详见孙殿柏《比较经济制度》，台北：三民书局1985年版，第128页）。

上提高了英国国有化程度，国有工业占英国企业总数的20%，国有企业人数由1907年的52万人增加到200万人；① 国有企业在英国的煤炭、钢铁、燃料、电力和运输等基础部门占据绝对支配地位，进而掌握着国家经济命脉并左右经济的发展。1938年，国有企业所占投资比重只有4.7%，到1950—1953年达到21.5%，1954—1957年更是达到战后最高点22.4%。② 这不仅在英国历史上从未有过，而且在当时西欧社会党掌权的国家里也不多见。关于国有化问题下文将有专章论述。

第二种就是管制，这又分为实物管制和非实物管制。在工党的《让我们面向未来——供全国考虑的工党政策声明》竞选宣言中就强调要"对生活必需品的价格和租金"③ 实施管制，以此确保公平分配，阻止牟取暴利，可见，在工党的主张中，最重要的是再分配而非生产。④ 当时，战后工党政府面临的最紧迫问题是如何支付经济恢复所需要的进口商品。1945年秋天，政府的外汇收入仅够支付40%的国外开支。⑤ 凯恩斯指出，英国正遭受"财政上的敦刻尔克大撤退"危机。如何解决危机，是使用行政手段的管制还是价格机制？在战时的特殊环境中，行政干预无疑是最优先考虑的手段。而在战争结束后，工党延续了战争时期的管制政策。工党政府的实物管制主要有以下五个方面。⑥

第一，消费品定量配给。主要是指针对粮食、罐头、衣服、家具和煤炭等的定量配给，比如家具销售对象仅限于新婚夫妇和房屋被战争摧毁的家庭；对去国外度假或者房屋修补也要给予不同程度的限制。配给消费所占的比例不高，最多不超过总消费的1/3。1949年之后，这个比例不超

---

① A. Gamble and C. Wells (eds.), *Thatcher's Law*, Cardiff, 1989, Table 1. K. O. Morgan, *Labor in Power* 1945–1951, Oxford, 1984, p. 95.

② R. H. Floyd, C. Gray and R. P. Short, *Public Enterprise in Mixed Economics: Some Macroeconomic Aspects*, Washington, 1984, pp. 116–117.

③ F. W. S. Craig, *British Election Manifestos* 1918–1966, Chichester, Political Reference Publications, 1970, p. 94.

④ F. W. S. Craig, *British Election Manifestos* 1918–1966, Chichester, Political Reference Publications, 1970, p. 99.

⑤ Alec Cairncross, *The British Economy since* 1945, Blackwell, 1995, p. 45.

⑥ Alec Cairncross, *The British Economy since* 1945, Blackwell, 1995, pp. 68–69.

过 1/8。有些在战时没有定量配给的食物如面包和土豆在战后却实行了两次定量配给。第一次是在 1946 年 7 月后的两年里,第二次是在 1947—1948 年的冬天。还有,糖果类食品在 1949 年 4 月取消定量配给后,因为出现大规模抢购,而不得不重新实行定量配给。[①] 从总体上而言,战后的配给没有影响居民的消费。1947 年,英国居民食物消费水平已经恢复到战前水平;1948 年 6 月,服装的定量配给被废除;1949 年 3 月,对家具的管制废除了;1950 年,英国居民人均食物消费超过战前水平,但直到 1954 年夏天,食用动植物油、黄油、奶酪、熏肉和肉类等才取消定量配给。

第二,价格控制。与对消费的定量配给紧密相连,政府在价格方面实行了更广泛的管制。政府通过直接购买和销售的商品价值超过总消费支出的一半,如果考虑到政府间接控制的消费支出,这一比例近乎达到 60%。价格管制有利于减缓进口商品价格、工资和其他生产和消费成本的上涨速度,但是负面影响也很明显,即在没有监督者和精确管制标准的情况下,由于不同公司的成本控制能力不同,因而造成所生产商品的质量得不到保证。随着消费品定量供给的废除,1949—1950 年的价格管制也有所缓和。但在朝鲜战争期间,价格管制又有所加强。到 1952—1953 年,除了房租、公共汽车和铁路票价以及煤炭价格之外,其他领域的价格控制都被废除。

第三,进口限制。这是出于保持国际收支平衡的需要而必须采取的措施。英国政府既要把进口限制在可支付的范围内,又要尽可能地从非美元区进口商品和资源。因此,到 1946 年,4/5 的食物和原材料进口都是由政府负责进口的,如果把进口的制成品也包括在内的话,政府控制的进口规模占总进口量的 2/3。[②] 政府还通过向私人公司发放许可证的办法,控制了所有制成品的进口。私人公司进口石油不仅需要许可证还需要配额。到 1949 年,政府控制了 96% 的进口份额。然而,在同一年,经济合作与发展

---

① G. D. N. Worswick and P. H. Ady, *The British Economy* 1945 – 1950, Oxford University Press, 1952, p. 286.

② J. C. R. Dow, *The Management of the British Economy* 1945 – 60, Cambridge University Press, 1964, p. 154.

组织的前身欧洲经济合作组织的成员国达成协议,实施进口自由化,这意味着必须解除进口管制。英国只同意解除对非美元国家(不包括苏联)进口的管制,从美元国家的进口仍受到限制。有时,缩减是在每一个连续的收支平衡危机下进行的,1948年美元进口的价值缩减了30%,从西半球国家进口的比例从43%减少到30%。1950年,进口自由化进程加速,此时私营贸易商的进口量已经占总进口量的50%。随着朝鲜战争引发的重整军备和国际收支平衡危机,进口管制再次加强。一旦危机过去,进口自由化又重新开始,到1953年自由进口比例达到50%。

第四,原材料的配给。最初所有的重要原料都要实行配给,尤其是煤炭、钢铁和木材。按照价值计算,1946年,94%的15种主要原材料都实行配给,1950年这一比例达到47%,1952年,由于朝鲜战争的影响,分配比例达到64%。同时,随着进口的增加,管制的需求在减少。1947年,政府停止了铝、羊毛和橡胶的配给;1949年,废除了罐头、棉花和大多数硬木的配给;1950年5月,钢铁的配给被取消,1952年2月,因重整军备又重新实行钢铁的配给。到1954年,所有的原材料分配才被废除。

第五,劳动力的管制。战时政府规定,在特定行业,除非征得劳工部授权,企业无权任意解雇工人,工人也不能擅自脱离工作岗位。企业只能通过劳工介绍所招聘所需员工。战争结束后,政府大大减少了对劳动力的管制,控制范围也仅限于煤炭业和农业。可见,战后虽然对劳动力实施了管制,但对经济运行产生的影响很小,1950年初,劳动力的管制被彻底废除。

非实物性管制主要是投资的管制。与实物管制不同的是,对投资的管制更接近于需求管理,更多的是实现充分就业。

1. 利用地方政府控制公共投资需求

在制定1944年就业政策白皮书时,就如何利用公共投资来解决就业的可能性问题,英国政府内部曾展开讨论。有些人持质疑态度,强调利用公共投资应是临时性的应急措施,不能成为一种长期政策机制,况且中央政府也缺乏促使地方当局贯彻这些计划的能力。但也有观点相信,"政府在一定程度上能够通过扩大公共资本开支从而对保持就业施加实质

第四章 凯恩斯主义需求管理政策的形成、发展和衰落

性的影响"[1]。就业政策白皮书明确宣布，公共投资需求大部分要由地方政府来负责，中央政府只能负责小部分。

英国中央政府延续了两次大战期间的思路，主要组织地方政府通过投资来刺激就业的增加。继续运用20世纪二三十年代政府出台的公共工程拨款条款，对地方上的住房建设、学校及道路建设予以拨款，并由失业拨款委员会（UCG）为地方政府提供拨款以实施地方失业救助。[2] 1946年，中央政府组建投资工作组（IWP），并建立子小组，分别负责公共投资和私人投资。投资工作组的责任是"做好准备，确保投资机构的工作在面临问题时能够有序工作"[3]。

最初建立IWP子小组的目的就是建立一套应对失业问题的应急机制。但实践表明，要求地方当局做好配合是相当困难的。原因在于，地方当局更多考虑的是如何实现战后重建，不愿把精力过多地放在解决就业问题上，更不愿意受制于中央政府。控制过度投资是IWP的主要职责，可IWP又要求地方政府加大公共投资，这种矛盾性让地方当局产生了抵触情绪。[4]

为克服地方当局的不满情绪，1946年，IWP简化征购土地流程以鼓励地方当局购买土地并积极执行前期的公共工程投资计划。[5] 但到了1947年，英国发生严重的英镑危机和国际收支危机，这促使政府制定接受和实施马歇尔计划的方案。随着国内、国际形势的变化，中央政府也调整了经济工作的侧重点[6]，从1948年开始，财政部决定不再硬性执行地方金融投资计划。[7]

2. 私人投资

对于私人投资的问题，1944年就业政策白皮书与贝弗里奇的观

---

[1] Jim Tomlinson, *Employment Policy: The Crucial Years 1939–1955*, New York, 1987, p. 83.
[2] R. Sayers, 1941—*The First Keynesian Budget*, in C. H. Feinstein (ed.), *The Managed Economy*, Oxford, 1983, pp. 107–117.
[3] PRO T161/1251/S5355504, *Investment Working Party*, 1st joint meeting, 4 Match, 1946.
[4] PRO T229/237, *Report of the Committee on Control of Investment*, para, 31.
[5] PRO T161/1296/S53555/2, *Report on Preparation of Investment Projects by Public Authority* (January 1946).
[6] Jim Tomlinson, *Employment Policy: The Crucial Years 1939–1955*, New York, 1987, p. 85.
[7] PRO CAB 134/437, *Investment Programmers Committee*, Minutes (16 December 1947).

点是有矛盾的。1944年就业政策白皮书强调，造成经济总支出波动幅度大的重要因素就是难以控制私人投资和外汇平衡。而贝弗里奇并不认同这一说法，他强调私人企业的至上性，同时也认为对私有企业进行管制可以有效地推动公共投资和消费倾向。就业政策白皮书指出，如何管制私人投资问题固然重要，更重要的是管制私人投资能否作为控制经济波动的源头。果真是这样的话，如何认识私人投资将会对整个就业政策的实施产生非常重要的作用。在做出投资决策之前，私人企业都会对经济形势做出详细的调查并对投资收益做出预期，因此就业政策白皮书特别强调私有企业为政府提供最新经济信息的重要性。

1945年，投资工作委员会在投资的管制问题上存在很多疑虑，尤其是在认同私人投资对整个经济稳定的重要性以及私人投资能否被有效管制的问题上。财政部认为，不能对私有企业的投资放任自流，否则将对公共部门以及整个经济的平衡发展造成难以承受的冲击。[1] 支持财政部的经济学家们也认为，对私有部门应该像公共部门一样进行投资管制，这样私营部门和公共部门就能共同抵制经济周期性衰退。艾德礼工党政府在这一时期主要采取了两项措施，一是从1945年开始，对私人投资实施投资许可制度，这一制度被认为是40年代后期鼓励私人投资的重要举措。由于私有投资增加，对促进就业的确产生了一定的积极影响。二是1946年颁布借款法令，规定把政府最大担保贷款金额提高到每年5亿英镑，这对于战后重建工作起到了促进作用。[2]但从整体来看，由于英国经济情况的复杂性、工党政府的性质以及私有企业的政治敏锐性使艾德礼内阁在对待私有投资管制问题上缺乏坚定性。因此，艾德礼工党政府对私有企业投资管制所产生的效果不是很突出。

（三）需求管理的财政政策和货币政策

1945—1951年，受凯恩斯主义影响，英国政府认为货币政策作用有

---

[1] Jim Tomlinson, *Employment Policy: The Crucial Years 1939—1955*, New York, 1987, p. 95.
[2] PRO T229/237, *Report of Committee on Control of Investment*, para. 41.

限，更多的是运用财政政策来直接影响总需求，[1] 即通过需求管理来影响就业。因而这一时期英国财政政策和货币政策的目标是对内促进投资，促进经济恢复，提高就业水平；对外保护英镑，发展对外贸易。笔者将按照时间顺序，阐述三位财政大臣在任期内的财政政策和货币政策，财政政策主要从财政预算和税收方面展开分析。

1. 休·道尔顿时期（1945年7月27日至1947年11月13日）

在道尔顿上任之初，英国面临着严峻的财政危机。一方面是美国在1945年8月21日宣布终止《租借法案》，搞得英国措手不及，失去了周旋的余地；另一方面是六年的战争开支超过国民收入的50%，战前英国所拥有的财富在战争中损失了1/4，出口贸易额只相当于战前的1/3，欠英镑区国家的债务达到35亿英镑，英国已经难以支付进口的费用。英国政府不得不在9月再次寻求美国的援助。在向美国寻求60亿美元的无息贷款被拒绝后，英国政府不得不向美国妥协，以2%的利息，获得美国37.5亿美元的贷款。从1951年开始偿还贷款，到2000年还清。这意味着"在20世纪的剩余年份里每年要付出1.4亿英镑"[2]。随后，英国又向加拿大贷款12亿美元。在财政危机稍微缓解后，工党就把战后重建的希望寄托在国有化、建设福利国家和经济计划之上，财政政策和货币政策在某种程度上成为这三大战略措施的辅助政策。

为了从根本上解决财政困难，英国政府的思路是发展出口产业，把出口量增加到战前的175%，以弥补由于海外投资减少、英镑债务以及其他困难所造成的支付短缺。为此，在1945年10月道尔顿提出的第一个预算案中，把标准税率从10%降为9%，减税3.85亿英镑。在第二年4月提出的第二个预算案中，他又把超额利润税从100%降到60%。通过这两个预算案共减税超过5亿英镑。但减税没有达到预期。道尔顿预计

---

[1] 李平、董曦明、刘作明：《英国的财政政策及其经济发展》，《南开经济研究》1998年第S1期。

[2] R. N. Gardner, *Sterling-Dollar Diplomacy*, Oxford University Press, 1956, pp. 224–236.

在1945—1947年的消费增长率会达到14%,[①] 但真正的消费增长率只有4%。[②]

在货币政策方面,道尔顿延续了战前的低利率政策,即以低成本为战后建设计划提供资金,以避免出现萧条局面。在1932年到1951年的19年里,英国银行利率始终保持在平均2%的水平上。短期市场利率也保持稳定。国库券利率在30年代中期一直维持在0.5%的低水平。在战争期间,英国货币政策一直处于消极状态。在战争早期,由于英格兰银行准备以更高的利率购买国库券,因此利率一直固定在1%。[③] 在战争后期,政府一直把利率定在3%,并以此指导债务管理政策。道尔顿采取低利率政策并不是英国所特有的。1946—1948年,美国纽约联邦储备银行的利率也只有1%,到1951年春天,利率也仅仅增加到1.75%。同一时期,加拿大银行的利率只比美国高0.25%。由于战后英国大量向美国和加拿大举债,英国政府也必须降低利率,否则美国和加拿大会指责英国政府把从它们那里借来的钱以高利率借出以牟利。

为了维持低利率,道尔顿采取了一系列措施:第一,维持固定汇率。1946—1947年的寒冬[④]所引起的燃料危机引发了外汇危机。为了应对燃料危机以及向德国境内的英占领区支付各种贷款,英国的财政支出大大增加,导致在1947年夏季出现兑换危机。7月底,美国和加拿大的贷款只剩不到2.5亿和1.25亿英镑。更糟糕的是,根据布雷顿森林协定的规定,英镑不得不在7月15日之后实行自由兑换。这引发大规模英镑兑换

[①] C. H. Feinstein, *National Income, Expenditure and Output of the United Kingdom* 1885 – 1965, Cambridge University Press, 1972, table 5.

[②] J. C. R. Dow, *The Management of the British Economy* 1945 – 60, Cambridge University Press for NIESR, 1964, p. 198.

[③] Alec Cairncross, *Years of Recovery: British Economic Policy* 1945 – 51, London: Methuen & Co. Ltd. , 1985, p. 427.

[④] 1947年初,英国和整个西欧遭遇到自1880年以来最严寒的冬季。自1月23日起和2月整整一个月,英国大地冰封,铁路不通,海陆运输全部停顿。煤炭无法运出,工厂关门,严冬导致180万人失业和严重的燃料危机。虽然失业是短暂的,但是结果非常严重,生产急剧下降,出口损失超过2亿英镑[详见[英]W. N. 梅德利科特《英国现代史(1914—1964)》,张毓文等译,商务印书馆1990年版,第518—519页]。

第四章 凯恩斯主义需求管理政策的形成、发展和衰落

美元的风潮,美元和黄金大量流出英国。8月20日,道尔顿不得不宣布暂停自由兑换。第二,从1945年11月30日开始,国库券账面利率降低0.5%,同时其他短期利率也相应下降。第三,把长期利率从3%降低到2.5%,以降低融资成本。第四,通过实物管制控制国民经济,减少市场力量对价格的影响,防止利率波动。

道尔顿的低利率政策无疑有利于降低国有化和福利制度建设的成本,并使地方当局和私有企业从尽可能低的利率中获益。但弊端也很明显,正如伦敦金融城的评论家所指出的:"低息政策"会助长通货膨胀。[①] 而道尔顿在财政政策方面的减税政策更加剧了批评者们的担心。

战后初期,英国朝野一直害怕会重演第一次世界大战后出现的持续的经济衰退所导致的通货膨胀。在1945年到1947年的经济调查报告中,财政部连续三年都强调,存在着由于过度需求所导致的通货膨胀的风险,[②] 尤其是在投资削减和军队大规模复员的背景下,现有的预算方案难以缓解通货膨胀压力。同时,由于维持固定汇率,进口价格快速增长以及英镑不切实际的升值,都大大增加了避免通货膨胀的难度。面对各方压力,在1947年11月12日的临时预算中,道尔顿不得不提出增税,希望能筹措2亿英镑来降低通货膨胀的风险。这是经济政策转变的重要信号,但由于在财政预算采访中的错误言行,导致国家经济机密泄露,道尔顿不得不辞职,接替他的是斯塔福德·克里普斯。

2. 斯塔福德·克里普斯时期(1947年11月13日至1950年10月19日)

斯塔福德·克里普斯成为财政大臣时,英国的国内外形势发生了巨大的变化。国内的国有化和福利制度建设的高潮已经过去,经济正逐步走上正轨。到1948年,国有化计划基本完成,但是企业产权的变更并没有加强工人对公司的控制,政府也没有利用国有化之机革新传统私人部

[①] [英] 阿伦·斯克德、克里斯·库克:《战后英国政治史》,王子珍、秦新民译,世界知识出版社1985年版,第20页。

[②] *Draft Economic Survey for* 1947, *Covering Memorandum* (*by the Steering Committee*), MEP (46) 16, para. 1, 21 December 1946, in PRO CAB 134 / 503.

· 103 ·

门的产业结构使之合理化。自1949年以来，工党政府内部对国有化的热情也开始消退，对在这一年的竞选宣言中是否要包含国有化提议，工党内部也出现分歧。[①]作为英国福利制度两大支柱的国民保健方案和社会保险方案已经实施，前者对每个国民包括符合一定条件的外国人，一律提供免费医疗，不论其是否已经参加保险。后者则规定，凡参加此项保险，定期缴纳保险费的，一旦遭遇患病、失业、怀孕、丧偶、退休等变故，都会得到以现金支付的保险赔偿。这导致到1947年8月，政府就已经把原本预计1951年用完的美元贷款消耗殆尽，这引发保守党对工党政府的指责，即政府在亟须恢复经济生产的情况下却把宝贵的资金用于福利国家的建设。的确，平衡外贸赤字与建立福利国家在某些方面是矛盾的。因为来自美元区的进口或是用于国内消费，或是用于生产商品用来出口，但却不可能同时充分满足这两个方面。[②] 幸运的是，随后美国开始实施欧洲经济复兴计划即马歇尔计划，英国接受总额为48.75亿美元的援助，这使英国成为仅次于法国的第二大受援国，英国经济第二次注入美元贷款兴奋剂。

与此同时，随着国内经济逐渐走出萧条，英国朝野对是否还要采取战时经济管制提出质疑。质疑者认为，管制只是市场机制的补充，目的是实现充分就业。实施管制源于物资的匮乏，一旦物资匮乏危机解除，实行管制的前提也就消失了。在实际管制过程中，工党政府往往忽视价格机制，把定量配给作为一种确保公平分配的手段。市场机制决定了受管制物品的价格一直保持不变是不现实的，所以必须尽快摆脱管制。[③]工党内部高层对管制的认识也有分歧。莫里森支持国有化，道尔顿更倾向于使用财政政策进行间接调节。而唯一从经济管制的视角分析经济走

---

① K. O. Morgan, *Labour in Power* 1945 – 1951, Oxford University Press, 1984, p. 400.
② ［英］W. N. 梅德利科特：《英国现代史（1914—1964）》，张毓文等译，商务印书馆1990年版，第517页。
③ F. W. S. Craig, *British Election Manifestos* 1918 – 1966, Chichester, Political Reference Publications, 1970, p. 94.

第四章 凯恩斯主义需求管理政策的形成、发展和衰落

势的是斯塔福德·克里普斯。① 克里普斯认为，民主社会中的管制必须通过大多数的同意、说服和协商，不可能使用"暴力和冲动……以及近乎集权主义的管制"，但他对管制和价格机制如何结合起来却含糊其辞。因而到1947年，克里普斯改变了对管制的看法。他认识到，直接对经济活动加以管制对经济发展是弊大于利的，而以财政和金融手段进行间接控制要好于直接控制。于是，克里普斯开始"将预算作为政府制定有效经济政策的强有力工具"②。在1950年4月的预算演讲中，他明确宣布"管制已经被抛弃"③，这也标志着工党的经济政策开始由直接管制向需求管理的转变，即由直接的实物管制向通过财政预算和货币政策对经济需求实行间接管理的转变。④ 这标志着英国战后时代的真正开始。⑤

在克里普斯担任财政大臣期间，他更喜欢依靠财政控制即预算的手段来调节经济，控制通货膨胀，促进经济发展。克里普斯强调，在可能通过税收对国民收入进行再分配方面，政府已经做了最大限度的努力，"将来，我们必须紧紧依靠创造更多的可分配的财富，而不是依靠现有收入的再分配"。其政策主旋律表现为紧缩财政，这主要体现在1948年4月的预算案中。一是紧缩私人消费以节省外汇平衡国家的外汇赤字；二是针对国内消费采取高税收政策；三是推行"限制工资"政策，避免出口商品价格增长过快，使英国商品在国际市场上具有竞争力；四是减少军队开支，减少住宅和工厂建设以节约基本建设费用。紧缩财政的措施刺激了工业产量的巨大增长，产量增加又促进了出口增加，经济渐趋繁荣。但是，英国脆弱的外汇储备使英国经济发展极不稳定。1949年春，美国经济的衰退导致英国的出口减少，英国的美元赤字从1949年第一季度的8200万英镑飙升到第二季度的1.57亿英镑，即使是正在实施的马

---

① R. W. B. Clarke, *Anglo-American Collaboration in War and Peace* 1942－49, Oxford University Press, 1982, p. 79.
② H. C. Deb., 5th ser., Vol. 474, Col. 39, 18 April 1950.
③ Alec Cairncross, *The British Economy since* 1945, Blackwell, 1995, p. 332.
④ Alec Cairncross, *The British Economy since* 1945, Blackwell, 1995, p. 300.
⑤ [英] W. N. 梅德利科特：《英国现代史（1914—1964）》，张毓文等译，商务印书馆1990年版，第518页。

· 105 ·

歇尔计划也无法弥补这一亏空。英镑贬值的压力和预期越来越大，最终在1949年9月18日，英国政府宣布英镑贬值30.5%，英镑与美元的兑换率从4.03美元下降到2.8美元。英镑贬值虽然有助于降低英国商品的成本，提高商品的国际竞争力，但也造成进口商品价格的上涨，进而导致取消工资限制并引发通货膨胀。为了避免出现这一局面，10月24日，政府宣布每年紧缩通货2.5亿英镑。①

除了英镑贬值外，克里普斯的货币政策依然延续了"廉价货币政策"，通过保证银行信贷的流动性，降低公债成本，以弥补财政赤字。除了1949年11月，政府为了核查货币供应的增长而限制自身大量使用预算盈余之外，几乎感觉不到货币政策的存在。正如克里斯托弗·道所指出的："在这一两年里……几乎没有任何正式的官方声明提到信贷和利率……在1948年、1949年和1950年的预算案中也没有提到货币政策。"②

总的来说，在克里普斯任职的三年里，英国经济走上了繁荣之路，每年的增长率达到4%；商品出口增长了60%，大大超过进口商品适中的14%的增长率；价格和工资的上涨被控制在适中水平；许多直接的经济管制被取消。因此，在1950年12月，英国宣布停止接受马歇尔计划的援助。紧缩的政策取得成功。此外，克里普斯成为财政大臣后，把他在经济事务部制定国家经济政策的一班人马悉数调到了财政部，这避免了计划化政策与财政政策相冲突的风险，自此财政大臣成为制定经济政策的主要人物。

3. 盖茨克尔时期（1950年10月19日至1951年10月26日）

为了追随美国介入朝鲜战争的政策，1950年9月工党政府公布了一个为期3年的大规模的重整军备计划，预计军费开支总额为47亿英镑。战争预期使英国再次陷入通货膨胀和外贸收支赤字危机之中。此时，积累多时的针对国民保健制度财政开支不断增长的不满情绪开始酝酿发酵，

---

① ［英］W.N.梅德利科特：《英国现代史（1914—1964）》，张毓文等译，商务印书馆1990年版，第538—550页。

② J.C.R. Dow, *The Management of the British Economy* 1945–60, Cambridge University Press for NIESR, 1964, p.227.

第四章 凯恩斯主义需求管理政策的形成、发展和衰落

工党高层分歧严重。1950年10月19日，盖茨克尔接替克里普斯担任财政大臣。在他的第一个预算中，盖茨克尔提高了利润税、娱乐税、购置税和所得税；在拒绝提高工人的最高津贴限额的同时，为国民保健制度的开支设定了最高限额，这标志着工党一直引以为豪的建设福利国家的梦想开始破灭。① 这直接导致工党左派的安奈林·比万、哈罗德·威尔逊及约翰·弗里曼的辞职。增税和削减开支的措施依然不能弥补国防开支的增加，这迫使盖茨克尔转而关注货币政策。1950年11月，英格兰银行提出需要提高银行利率以遏制通货膨胀，盖茨克尔接受英格兰银行的建议。在第二年4月的预算演讲中，盖茨克尔又提出扩大银行贷款数量的要求，并倾向于依赖选择性的信贷限制②，但是所有这些措施都没有成功。到1951年的第三季度，英镑危机再次爆发，整个英镑区出现6.83亿美元的赤字。为解决日益严峻的经济问题，盖茨克尔不得不对股票红利和价格重新实行管制，但效果甚微。工党不得不实行新的大选。这次运气没有站在工党一边。1951年10月26日，丘吉尔领导的保守党以321票对295票赢得大选。

综上所述，在道尔顿任财政大臣时期主要采用国有化、福利制度建设和经济计划管理来实现充分就业的方法发展经济，是一种"有计划的发展战略"③。随后的克里普斯和盖茨克尔任职期间，虽也制订了经济发展的年度计划，但转向更注重发挥市场作用，更多地采用凯恩斯主义"需求管理"，即财政和货币金融政策来实施间接调节。④ 这表明艾德礼的工党政府放弃了其党章第四条所要求的实行完全国有化的目标，采取的是一种与苏联式的指令性计划完全不同的具有英国特色的"混合经济"。在"混合经济"制度下，市场机制和国家干预同时发挥作用。工

---

① [英] W. N. 梅德利科特：《英国现代史 (1914—1964)》，张毓文等译，商务印书馆1990年版，第558页。

② H. C. Deb., 5th ser., Vol. 486, Col. 842, 10 April 1951; and Vol. 491, Col, 2343, 26 July 1951.

③ K. Morgan, *Labour in Power* 1945 - 1951, London: Clarendon Press, 1984, p. 364.

④ 倪学德：《和平的社会革命——英国工党艾德礼政府的民主社会主义改革研究》，博士学位论文，华东师范大学，2003年，第116页。

党政府认识到，如果凯恩斯主义有效，那么不用剥夺资本家的所有权，也不用剥夺他们对投资和资源分配决定的控制权，只需要对总需求进行管理，就能够确保工人阶级充分就业。这就解决了第二次世界大战之前无产阶级和资产阶级的阶级对立，使两个阶级的妥协成为可能。但在工党左派看来，这种妥协是意识形态的"失败"，这就埋下了未来50年英国工党左右翼争斗的种子。[1]

可见，在艾德礼工党政府时期已经完成了由计划化向需求管理的转变，基本确定了英国战后凯恩斯主义需求管理的基本内容和特点：政府主要借助财政政策中的财政预算政策来回应不断变化的经济增长率和失业率。在经济低迷时，利用预算赤字来刺激消费和投资；当经济繁荣有可能造成通货膨胀时，通过减少公共开支，提高利率等来降低需求。货币政策方面主要是保持稳定的利率，因其不受财政大臣的重视，只起到辅助作用。需要注意的是，英国的财政预算政策深受国际收支平衡因素的限制。[2] 在政府实施扩张性财政政策刺激需求时，一旦发生严重的国际收支不平衡，政府就会采取抑制通货膨胀的政策。这一特点贯穿了战后到70年代末的整个需求管理时期。

第二节 罗伯特计划与凯恩斯共识的形成（1951—1957）

国内学术界对共识政治形成的时间主要有两种观点：第一种认为，共识政治形成于《工业宪章》的出台，"《工业宪章》作为保守党根本而

---

[1] Jim Tomlinson, *Labour and the Economy*, in Duncan Tanner and Others eds., *Labour's First Century*, Cambridge University Press, p.60.

[2] 英国政府为何会如此重视国际收支平衡因素？最主要原因在于其特殊的国际地位。作为老牌的殖民帝国，哪怕是第二次世界大战后，英镑仍然是国际上多数国家外汇储备和私人消费的主要货币。据1959年的《拉德克里夫报告》估计，英国每年需要实现3.5亿英镑的国际收支顺差才能满足英镑的这种国际货币地位。但是英国经济根本无法出口如此多的商品和服务。因此英国的英格兰银行和财政部出于维护英镑的国际地位的考虑，唯恐出现任何动荡，触发人们挤兑英镑行为，进而引发英镑危机。

第四章 凯恩斯主义需求管理政策的形成、发展和衰落

持久的原则,其核心内容就是接受了工党政府已采用过的凯恩斯主义的经济政策"[①]。保守党的政策调整,使它与工党达成了战后30年中两党一致遵循的"共识政治"[②]。第二种认为,"共识政治起源于1951年丘吉尔政府的早期阶段。持这种观点的人认为,共识政治最关键的证据是当在野党上台执政时,仍然继续执行前任政府各方面的政策……形成战后持续30年之久的共识政治的局面"[③]。笔者认为,这两种观点都是值得商榷的。第一种观点的错误在于没有全面理解《工业宪章》的精髓。尽管保守党的《工业宪章》接受了战后工党政府政策的若干方面,如充分就业、赤字预算等,貌似彻底形成了两党共识,但是《工业宪章》的精华却是在中央计划体制内有更多个人主义的信念,更多强调自由与市场的作用,例如《工业宪章》强调:"我们的永久目标是使工业摆脱不必要的管制和限制。我们希望用以代替现在这种瘫痪状态的……是一种自由的企业环境,它同政府当局保持关系,并使中央领导的必要性同个人努力的鼓励协调起来……"[④] 此外,《工业宪章》认为:"社会主义日益表明是充满危险的、代价高昂的错误,社会党人实行国有化的每一个大工业部门,都毫无例外地从我们国家资产负债表上盈利或能够支付的一栏转到了亏损借贷的一栏。"[⑤] 第二种观点也没有强调是何种关键事件迫使保守党彻底接受战后工党政府构建的经济格局与权力中心,从而达成两党之间彻底的共识政治。[⑥] 笔者认为,直到1952年2月罗伯特(Robot)计划的失败,才标志着保守党被迫接受了共识政治,两大政党才开

[①] 详见毛锐、赵北平《Robot 计划——20 世纪 50 年代初丘吉尔政府挑战固定汇率的尝试》,《新史学》第 17 辑,大象出版社 2017 年版,第 112—125 页。
[②] 崔士鑫:《历史的风向标——英国政党竞选宣言研究(1900—2005)》,北京大学出版社 2013 年版,第 137—138 页。
[③] 刘杰:《战后英国共识政治研究综述》,《世界历史》2000 年第 1 期。
[④] [英] T. F. 林赛、迈克尔·哈林顿:《英国保守党》,复旦大学世界经济研究所译,上海译文出版社 1979 年版,第 154 页。
[⑤] [英] W. N. 梅德利科特:《英国现代史(1914—1964)》,张毓文等译,商务印书馆 1990 年版,第 547 页。
[⑥] 刘杰:《保守党"左转"和战后英国"共识政治"的形成》,《北京化工大学学报》(社会科学版)2000 年第 1 期。

始在重大国内问题上互相趋同与合作。

一 罗伯特计划的提出

丘吉尔保守党上台之际，正值英国爆发战后第三次国际收支平衡危机，时间跨度覆盖1951年至1952年冬天。国内外双重原因导致这一危机的出现。一方面，1947年至1949年英国美元短缺局面持续恶化。工党政府的对策是通过货币贬值使英镑在美元市场以及国内市场供应方面更具竞争力。1949年，英镑对美元贬值30%。

>1949年底至1951年春天，在美国马歇尔计划以及英镑大幅度贬值的影响下，英镑强势复苏，英国美元储备持续增加。1949年底，英国美元赤字消失，1951年春天，美元盈余取代赤字，经常账户也处于盈余状态。英国的这些变化促使美国急切要求英国实现货币自由兑换并参与到欧洲联合的进程中来。1950年5月，舒曼计划提出，但英国并没有加入这一计划。[1]

英国美元储备的不断增长以及对美国要求的不理不睬使得美国国会开始考虑削减甚至停止对英国的援助。1951年初，美国政府终止了马歇尔计划。另一方面，1950年，朝鲜战争爆发，在美国的要求下，作为当时北大西洋公约组织西欧成员当中军事力量最强的国家，英国开始领导欧洲迅速重整军备。这引发了英国国内资源供应压力增大，商品价格攀升，这成为引发这次国际收支危机的直接导火线。从1951年第一季度开始，英国的国际收支平衡开始恶化，英国进口商品价格不断升高。在美元短缺的背景下，英国用美元购买石油显得十分困难；英国金属制品的出口由于钢材短缺而受到限制；英国纺织品的出口需求不断衰减。[2] 到

---

[1] Alec Cairncross, *Years of Recovery: British Economic Policy 1945–51*, London: Methuen & Co. Ltd., 1985, pp. 234–235.

[2] A. E. Holmans, *Demand Management in Britain 1953–58*, London: Institute of Contemporary British History, 1999, p. 41.

第四章 凯恩斯主义需求管理政策的形成、发展和衰落

1951年底，英国赤字上升到创纪录的9.37亿美元。1952年2月之后，英国不得不用黄金或美元支付其全部赤字。1952年第一季度，英国美元储备流失达到8亿美元。财政大臣巴特勒认为："本次国际收支平衡危机比1949年，甚至比1947年危机还要严重。"①

为了制止外汇储备大量外流，财政大臣于1952年11月7日采取了一系列紧急措施：每年减少进口3.5亿英镑商品，削减战备物资储存计划，并把国外旅游津贴每年减少50英镑，减幅达到50%。但是效果并不明显，政府不得不再次削减进口6亿英镑商品，旅游津贴也再次减半。②这些措施可说是常规应对措施，与工党的政策并无二致。但在保守党党内，精英阶层把注意力放在了提高英镑的国际货币地位上。③希望在此基础上消除经济管制，实现经济自由，主要表现为英格兰银行和财政部的观点发生变化。虽然早在1946年，英格兰银行就已经实现国有化，但是国有化并没有凸显货币政策的作用。在艾德礼工党政府时期，英格兰银行关心的主要是继续维持英镑作为储备货币与贸易货币的角色不被改变，其对策就是恢复英镑与美元的自由兑换。1947年，英格兰银行曾经尝试英镑的自由兑换，结果导致英国美元储备的严重流失，英格兰银行不得不取消自由兑换。1949年，英镑对美元汇率不得不贬值30%。直到1951年，货币政策一直扮演着辅助财政政策的角色，作为货币政策制定者的英格兰银行也越来越觉得被边缘化。1951年，新上台的丘吉尔保守党政府宣称要使用更多的货币政策以及市场力量，试图放松国家管制，结束货币贬值的政策，把提升国家福利与坚持市场力量这一双重目标联

---

① Peter Burnham, "Britain's External Economic Policy in the Early 1950s: The History Significance of Operation Robot," *Twentieth Century British History*, Vol. 11, No. 4, 2000, p. 382.
② [英]W. N. 梅德利科特：《英国现代史（1914—1964）》，张毓文等译，商务印书馆1990年版，第563—564页。
③ 战后英国海外金融状况处于极度糟糕的境地。而英国继续把英镑作为一种国际储备货币，这使得英国经济压力变大。因此，财政部与英格兰银行的官员由于英国有限的储备而十分担心英国会发生汇率危机。对金融状况的关注使得英国经济体系中金融资本的地位提升，从而促使金融资本与工业资本发生分离。而伦敦金融区往往通过英格兰银行对财政部施加影响，由于英格兰银行对英国的货币政策导向有着很大的影响力，因此，英格兰银行在一定程度上代表着金融资本的利益。

系起来。① 这为英格兰银行在经济政策决策过程中谋求更大发言权提供了机会。英格兰银行认为，非本地居民手中的英镑不会长期保持不可兑换。在战后初期，由于汇率市场的关闭以及英国有能力控制大部分国内外商业，货币不可兑换的政策是有效的。到1951年，这种状况发生了变化，私人开始控制贸易，外国市场对英镑开放。这种形势超出了政府所能控制的范围。因此，"银行必须在把英镑作为国内货币并且允许英镑区崩溃与使英镑作为国际货币之间做出选择。"② 此外，英国的外汇政策存在明显矛盾。英国政府一方面维持英镑作为国际货币的地位，却通过汇率控制严格限制英镑在国际上的使用。随着战后英镑区的衰退，③ 互惠体系的崩溃，在货币不可兑换条件下获取更多利润变得愈加困难。因此，"英格兰银行做出判断，开始考虑重新开放汇率市场，延期偿还债务，重建商品市场以及禁止新的双边贸易与支付体系"④。这表明英格兰银行开始支持浮动汇率的货币兑换。面对1951年秋季英国的经济危机，英格兰银行的高级官员就已经表达了对危机可能导致的三种结果的恐惧："其一，英格兰银行害怕危机过后政府会采取措施实施固定汇率的货币兑换；其二，英格兰银行担心失去采取单边行动的自由；其三，英格兰银行担心如果英国不采取激进的行动，那么英国就会受制于'一种浪费时间的病痛当中'。"⑤ 同时英格兰银行也表达了对战后形成的国际金融体系的不满意。

---

① Jim Bulpitt and Peter Burnham, "Operation Robot and the British Political Economy in the Early - 1950s: The Politics of Market Strategies," *Contemporary British History*, Vol. 13, No. 1, 1999, pp. 20 - 21.

② Peter Burnham, "Britain's External Economic Policy in the Early 1950s: The History Significance of Operation Robot," *Twentieth Century British History*, Vol. 11, No. 4, 2000, pp. 338 - 389.

③ 战后英镑区存在诸多问题：其他国家的中央银行掌握着大量的英镑余额，国际收支平衡赤字，对美元区的贸易歧视由于英国的食品补贴以及商品市场的空缺而导致英镑区缺乏有效的价格系统，黄金储备不足。

④ Fforde, *The Bank of England and Public Policy* 1941 - 1958, New York: Cambridge University Press, 1992, pp. 426 - 427.

⑤ Fforde, *The Bank of England and Public Policy* 1941 - 1958, New York: Cambridge University Press, 1992, pp. 452 - 455.

第四章 凯恩斯主义需求管理政策的形成、发展和衰落

与此同时，财政部开始倾向于强化货币政策的作用。在1951年11月27日的财政部例会上，会议召集人财政部终身秘书爱德华·布里奇斯认为："英国经济正处于过度负担的状态，财政部长认识到从本月开始，英国的现有地位正在快速地遭到破坏，政府有必要采取特别行动把英国从破产中拯救出来。""在英联邦国家财政部长会议上，经济事务大臣亚瑟·索尔特明确地说明了实施英镑兑换的先决条件，即基于浮动汇率的货币兑换。"[①] 1952年1月10—25日，在一系列英联邦国家财政部长会议以及内阁会议上，财政部认为，基于浮动汇率的货币兑换可能是应对当前危机的最好方案，因此必须采取根本性的政策改变。1月25日，财政部二等秘书奥特·克拉克提交一份文件，[②] 明确支持限制英镑盈余与实施浮动汇率相结合的货币兑换，这就是罗伯特计划。

罗伯特计划主要包括：第一，放弃固定汇率制，实现浮动汇率基础上的英镑兑换。财政部特别强调浮动汇率的重要性，认为浮动汇率是解决国际收支平衡危机的武器。第二，在外汇市场上，"海外英镑"或者"外部英镑"可以完全兑换成黄金、美元或者其他的币种。货币兑换不会自动延伸到英镑区国家的居民身上。货币自由兑换是英格兰银行强调的重点。第三，由英镑区国家持有的不少于80%的英镑盈余要受到限制或投资到长期债券中，不会用作当前交易。第四，开放伦敦黄金市场为抵抗外部英镑提供一个自由市场，黄金价格与官方的美元价格没有联系，可以自由浮动，等等。可见，罗伯特计划的实质，即"通过自动机制或者一系列基于市场的原则来指导与规划经济政策"[③]。

1952年2月14日，罗伯特计划由英格兰银行行长卡梅伦·科博德提

[①] Edmund Dell, *The Chancellors: A History of the Chancellors of the Exchequer 1945 – 90*, London: Harper Collins, 1996, pp. 165 – 166.

[②] Jim Bulpitt and Peter Burnham, "Operation Robot and the British Political Economy in the Early – 1950s: The Politics of Market Strategies," *Contemporary British History*, Vol. 13, No. 1, 1999, p. 23.

[③] Jim Bulpitt and Peter Burnham, "Operation Robot and the British Political Economy in the Early – 1950s: The Politics of Market Strategies," *Contemporary British History*, Vol. 13, No. 1, 1999, pp. 1 – 2.

交给财政大臣巴特勒。2月19—20日,巴特勒将罗伯特计划提交到财政部以及由首相丘吉尔、英国殖民大臣奥利弗·利特尔顿以及财政部主计长洛德·彻韦尔组成的政府小组。但是这个计划遭到彻韦尔和外交大臣艾登的坚决反对,艾登甚至以辞职相威胁。艾登的反对也影响到原本持观望态度的首相丘吉尔的看法,他开始站在巴特勒等人的对立面。① 1952年1月25日至2月29日,围绕着罗伯特计划展开激烈争论,一方是表示支持的英格兰银行和财政部的海外财政部门;另一方是持否定态度的内阁经济处。这场争论被认为是战后发生在白厅最令人痛苦的一次争论。②

二 罗伯特计划在内阁中的争论

关于罗伯特计划的争论主要有三种观点:赞成派;反对派;美国的态度。

(一) 赞成派

其代表人物以财政大臣巴特勒为首。为使罗伯特计划获得内阁的支持,巴特勒提出:第一,他认为当前英国剩余的美元储备不足以阻止英镑区的崩溃。如果允许英镑浮动,那么这些储备可以使利率保持在法定平价15%的限制范围内,即在2.4美元和3.2美元之间。政府不会把这一目标公之于众。英国与英镑区其他成员仍会保持对汇率的完全控制并且现有的英镑区结构也不会发生变化。第二,巴特勒也承认:"这项计划意味着对非英镑区国家之间货币支付体系的破坏,是对欧洲支付同盟的干扰,一些成员会脱离英镑区,以及会对美国政府的欧洲外交政策造成不利影响。"③ 第三,在国内影响方面,巴特勒强调这项计划实施后的初期阶段会造成国内高失业率以及物价的不稳定,但这是经济调整过程中不可避免的一部分。食品以及原材料价格的升高会减少消费,从而真正为英国寻找出口提供刺

---

① Scott Kelly, *The Myth of Butskell—The Politics of British Economic Policy*, 1950 – 1955, NYU in London, Ashgate, 2002, pp. 133 – 134.

② Alec Cairncross, *Years of Recovery: British Economic Policy 1945 – 51*, London: Methuen & Co. Ltd., 1985, p. 245.

③ Alec Cairncross, *Years of Recovery: British Economic Policy 1945 – 51*, London: Methuen & Co. Ltd., 1985, pp. 248 – 254.

激，经济结构会发生变化，英国的总体经济实力也会增强。

(二) 反对派

其代表人物主要以财政部主计长彻韦尔勋爵与经济事务大臣阿瑟·索尔特为首。他们认为："英镑实现可兑换并不会修复已经非常严重的国际收支平衡危机，反而会进一步加剧危机，英镑汇率的下降会造成经常账户赤字增加，并迫使英镑汇率进一步下降，造成失业率与通货膨胀率的上升。"[1] 彻韦尔认为，财政大臣的建议没有把问题重点放在修复进出口平衡上，浮动汇率对英国摆脱贸易赤字于事无补。摆脱赤字最好的方法是直接削减进口，同时敦促其他英镑区国家照此办理。这些措施必须与政府明确的预算，国际货币基金组织的贷款以及美国的援助相结合。"彻韦尔甚至认为，如果财政大臣的计划继续进行会导致可怕的灾难。索尔特认为保守党政府会因此下台，之后工党会赢得选举。"[2] 外交部长艾登也有相同的政治顾虑，他认为，英国还没有准备好实施如此激进的计划。[3] 政府部门中的部分经济学家也持反对态度。他们认为，政府立即执行货币兑换会导致在世界贸易中对英国的限制，并导致其他国家对英国的歧视。经济政策如此剧烈的翻转更会破坏在面对严重经济危机时国家采取联合行动的能力。很明显，反对派的论据是基于坚守战后形成的凯恩斯主义需求管理之上的。

(三) 美国的态度

美国的态度是矛盾的。自从1944年布雷顿森林体系签订以及随后英美贷款协定的签订，美国对待英国的外部经济政策就始终基于货币兑换和贸易非歧视两个主题。美国政府认为，货币兑换以及贸易自由会对资源的合理分配起到至关重要的作用，而货币不能兑换被视为国际收支不平衡以及整体经济不稳定的重要原因。尽管美国在1946—1952年向英国

---

[1] Alan Booth, "Britain in the 1950s: A 'Keynesian' Managed Economy?", *History of Political Economy*, Vol. 33, No. 2, 2001, p. 290.

[2] Edmund Dell, *The Chancellors: A History of the Chancellors of the Exchequer 1945 – 90*, London: Harper Collins, 1996, p. 180.

[3] Scott Kelly, *The Myth of Butskell—The Politics of British Economic Policy*, 1950 – 1955, NYU in London, Ashgate, 2002, p. 132.

提供了67亿美元贷款，但是美国的基本政策目标仍没有实现，英镑与美元仍没有实现自由兑换。因此，美国政府对它在英国的投资感到失望。事实上，罗伯特计划中的两个方面是美国所欢迎的，即英镑实现自由兑换和对英镑盈余的限制。但是美国政府对该项计划更多的是反对。美国政府认为开放伦敦黄金市场，实行浮动汇率会破坏美国现有政策。开放伦敦黄金市场最初是为了稳定英镑，可一旦开放，欧洲或者世界上其他国家的中央银行就可以用每盎司35美元从美国购买黄金，进而转卖到伦敦黄金市场（英国的黄金价格是自由浮动的），从而获取外部英镑，然后到美元区把它们卖给美国财政部以获得更多利润。这一结果无疑会在美国国内产生敌对性的政治反应，英国的单边行动会给美元兑换带来压力并导致对黄金的囤积，进而迫使美国政府采取紧缩的贷款政策。另外，"尽管美国欢迎英国实行货币兑换政策，但是美国并不赞同取消布雷顿森林体系的固定汇率制度"①。"浮动汇率会彻底破坏美国在欧洲的政治以及经济目标，因为英国汇率的浮动很可能会增加贸易歧视，进而威胁国际货币基金组织的运作以及北大西洋公约组织计划的建立。"② 如果英国的单边贸易与支付体系成为现实，那么欧洲国家就会与英镑区建立紧密联系；如果英国与其他国家都采取浮动汇率的话，其国内的美元赤字会被削弱，并最终导致以美元为中心的国际货币基金组织的解体。战后"英国认为自己有足够的信心按照自身的利益重建整个世界体系并且在解决国内问题上取得成功。英国的过度自信使其无视美国的想法"③。这是美国不能容忍的。

首相丘吉尔在权衡利弊后最终认为财政大臣的计划太危险。1952年2月29日，罗伯特计划没有得到内阁绝大多数成员的支持，丘吉尔宣布停止该计划。罗伯特计划最终失败。1952年3月11日，巴特勒颁布的预算中根

---

① Wyn Grant, *Economic Policy in Britain*, New York: Palgrave, 2002, pp. 22 – 23.
② Peter Burnham, "Britain's External Economic Policy in the Early 1950s: The History Significance of Operation Robot," *Twentieth Century British History*, Vol. 11, No. 4, 2000, p. 403.
③ Jim Bulpitt and Peter Burnham, "Operation Robot and the British Political Economy in the Early – 1950s: The Politics of Market Strategies," *Contemporary British History*, Vol. 13, No. 1, 1999, pp. 1 – 31.

本没有提到罗伯特计划。虽然到1955年,罗伯特计划所强调的货币兑换目标实现了,但是与1952年最初的罗伯特计划的货币兑换相比,此时的英镑兑换是一种基于较小的贴现率、固定的利率而不是浮动利率的货币兑换。[1]

三 失败的原因分析

罗伯特计划为什么最终失败?国外学术界主要有四种解释。

1. "这项计划太激烈以至于打破了战后达成的共识"[2]

罗伯特计划实际上是一次"经济政变"[3],这项计划破坏了战后形成的经济政策原则,进而破坏了英国由雇主与工会支持的权力中心。另外,罗伯特计划实质上是把英国国际收支平衡危机转嫁到国内经济上,从而使英国避免深陷于外汇储备损失以及美国援助终止所造成的危机里。但是这种危机转嫁的后果会使英国国内商品价格攀升,并造成国内大量失业。刚刚从1945年大选失利中恢复过来的保守党政府不愿冒如此大的政治与经济风险。随着英国国内经济形势的变化,[4] 原来强烈支持罗伯特计划的财政大臣巴特勒也开始持反对态度。

2. 以彻韦尔勋爵为首的反对派有效地阻止了罗伯特计划。[5]

首先,反对派认为,罗伯特计划不能从根本上解决英国面临的国际收支平衡问题。实施浮动汇率会使英镑贬值,并提高进口商品价格。货币自由兑换也只能使少数国家花费美元储备来购买英国商品,但是它们需要各种途径来增加对英国的出口,以此把英镑转换成稀有的美元。其次,反对者们认为,罗伯特计划的提出只能解决英国的一些临时性问题,而1951年

---

[1] Alec Cairncross, *The British Economy since 1945*, Oxford: Blackwell Publishers Ltd., 1995, p. 125.

[2] Jim Bulpitt, Peter Burnham, "Operation Robot and the British Political Economy in the Early - 1950s: The Politics of Market Strategies," *Contemporary British History*, Vol. 13, No. 1, 1999, pp. 5 - 6.

[3] Wyn Grant, *Economic Policy in Britain*, New York: Palgrave, 2002, pp. 22 - 23.

[4] 1952年初英国经济出现衰退,但是这次经济衰退减轻了整个英镑区对进口的需求,1952年3月经济开始转好。此外,在1949年工党政府英镑贬值的持续作用下,1952年英国的经常账户就已经转回到盈余状态。

[5] Alec Cairncross, *Years of Recovery: British Economic Policy 1945 - 51*, London: Methuen & Co. Ltd., 1985, pp. 270 - 271.

11月至1952年1月采取的限制进口措施已经发挥了作用。罗伯特计划作为一项激进的措施，只有在传统的措施失效的情况下才能有用。

3. 财政大臣巴特勒在内阁中缺少威望导致罗伯特计划的失败

"巴特勒担任财政大臣是丘吉尔退而求其次的一种选择。"① 丘吉尔对巴特勒能否胜任财政大臣职位表示担心，为此采取了两项辅助措施来帮助巴特勒履行其职责：一是委派一个审查经济政策的内阁委员会；二是委任亚瑟·索尔特为财政部国务大臣。此外，丘吉尔还经常向罗伯特计划的反对者——主计大臣彻韦尔勋爵寻求经济政策上的建议。因此财政大臣巴特勒很明白自己在政治上的脆弱性，这使他在做出任何决策时都谨慎小心。巴特勒的谨小慎微使内阁中的反对派有充足的时间组织力量阻挠罗伯特计划。

4. 认为罗伯特计划失败的根本原因在于战后以所代表的保守党政府英格兰银行以及金融市场力量与以雇主与工会为代表的工党力量的不平衡

笔者认为，第二种和第三种观点都十分有道理，但只是罗伯特计划失败的外在因素。第一种观点的解释显得过于简单，没有解释为什么一个表面上承诺共识义务的政府会在1952年的6个月中给予罗伯特计划认真的讨论与考虑，也没有解释为什么这项计划的支持者们要掀起如此大的讨论热潮。② 第四种观点就补充了第一种观点的不足。"保守党同工商界的头面人物及一些财团之间有密切的联系，相比之下，工党则同工会有直接的联系。"③ 20世纪50年代初，保守党仅能吸收三分之一的工人阶级选民，而有四分之三的中产阶级选民支持工党。迫于形势，保守党不得不吸收工党的部分主张，进而赢得大选胜利，但是这种政策转变并不彻底。"上台后的保守党主要目标是不再使执政大权旁落，因此，留给保守党进行激进改革或采取激进政策的空间就很小了。"④ 英国财政部与

---

① Edmund Dell, *The Chancellors: A History of the Chancellors of the Exchequer 1945 - 90*, London: Harper Collins, 1996, p. 159.

② Jim Bulpitt, Peter Burnham, "Operation Robot and the British Political Economy in the Early - 1950s: The Politics of Market Strategies," *Contemporary British History*, Vol. 13, No. 1, 1999, pp. 5 - 6.

③ 刘建飞、刘启云、朱艳圣编著：《英国议会》，华夏出版社2002年版，第188页。

④ Edmund Dell, *The Chancellors: A History of the Chancellors of the Exchequer 1945 - 90*, London: Harper Collins, 1996, p. 162.

英格兰银行错误地判断了当时的政治形势，认为保守党上台就有机会实施它们等待已久的经济自由化政策，但以首相丘吉尔为首的保守党核心精英管理集团根本就不敢实施任何威胁保守党执政的政策。从这一角度来看，罗伯特计划从一开始就注定了失败的结局。

四 罗伯特计划对英国经济的重要意义

20世纪30年代世界性经济大危机之后，凯恩斯创立了战后长期指导英国经济的宏观经济学体系，发展了宏观经济体系下的货币需求理论，[①] 使得货币理论和政策主张与有效需求联系在一起。第二次世界大战期间，货币政策在很大程度上处于边缘地位。除了战争爆发时产生的短暂的恐慌外，在1932年至1951年的19个年头里，银行利率一直保持在2%的水平上，几乎没有发生任何变化。政府通过货币政策对经济的干预较少。[②] 有意识地制定货币政策来管理宏观经济主要还是在第二次世界大战之后。艾德礼工党政府认为，财政政策相较于货币政策能够发挥更大的作用，货币政策作用有限。因此工党政府的政策以实现充分就业为核心的财政政策为主，其货币政策主要执行了财政大臣道尔顿发起的"廉价货币政策"，即低息货币政策，结果导致英国的国际收支平衡因资本大量外流而进一步恶化。

丘吉尔政府在上台初期，试图采用灵活的货币政策，来调控需求以及抑制通货膨胀。巴特勒曾表示新政府要彻底启用货币政策来管理经济。罗伯特计划的提出与争论表明保守党并不想完全照搬工党的经济政策，转而寻求加强货币政策作用使其承担起稳定经济的责任。[③] 但是第二次世界大战后，经过战后第一届工党政府需求管理改革，政府干预经济的能力加强，国家干预的指导思想也逐渐在英国扎根。这种状况使得英国政府很难在工资协定、无

[①] 罗志如、厉以宁：《二十世纪英国经济政策主导思想的演变》，《北京大学学报》（哲学社会科学版）1980年第4期。

[②] Alec Cairncross, *The British Economy since 1945*, Oxford: Blackwell Publishers Ltd., 1995, p. 427.

[③] Lord Butler, K. G., C. H., *The Art of Possible, the Memoirs of Lord Butler*, London: Hamish Hamilton Ltd., 1971, p. 158.

效管理等方面做出改革。银行、金融资本家所支持的货币政策在工党政府时期被边缘化。丘吉尔政府上台后,要运用以国家干预为特色的需求管理来维持最低限度的失业率,低通货膨胀率以及维持国际收支平衡等宏观经济目标是保守党不情愿、被迫的选择,保守党政府向左转得极不彻底。[①] 因此,在保守党执政初期,"政策导向还是趋向于实行保守党传统的经济自由主义"[②]。而罗伯特计划正体现了这种经济自由主义,这意味着英国的主要统治阶层——金融资本,在保守党支持下重新获得了力量,他们希望恢复银行以及金融市场在金本位制下的原有地位。而这必然会与第二次世界大战后凯恩斯主义所提倡的国家干预经济与工会实力增强的现实相矛盾。罗伯特计划的提出就是要对战后所形成的国家干预趋势发起挑战。

罗伯特计划虽然失败了,但这一事件却标志着两党共识政治的彻底形成,即1952年2月之后保守党才被迫接受了共识政治,两大政党开始在重大国事问题上互相趋同与合作。罗伯特计划失败以后,巴特勒认为:"《经济学家》杂志将他的名字与前任财政部长的名字混合而成'巴茨克尔'对他来说是一种政治上的伤害。"如果罗伯特计划在1952年得到实施的话,"巴茨克尔主义"这个词就不会被创造出来。巴特勒认为,"巴茨克尔主义"实际上反映了他自己的无能。[③] 因此,从1951年保守党上台到1952年罗伯特计划的失败,虽然两党都对国家干预表示认同,但是保守党财政大臣巴特勒与工党财政大臣盖茨克尔在经济政策与经济哲学上确实存在着很大的不同。[④] 保守党人是勉强的凯恩斯主义者并且只有在凯恩斯主义的需求管理不与他们所采取的健全的货币原则相矛盾的时候,他们才会实践需求管理,"甚至财政大

---

① 阎照祥:《二十世纪英国保守党政治优势析要》,《史学月刊》1996年第6期。

② Nicholas Woodward, *The Management of the British Economy*, 1945 - 2001, New York: Manchester University Press, 2004, pp. 51 - 52.

③ Lord Butler, K. G. , C. H. , *The Art of Possible, the Memoirs of Lord Butler*, London: Hamish Hamilton Ltd. , 1971, p. 160.

④ Wyn Grant, *Economic Policy in Britain*, New York: Palgrave, 2002, pp. 18 - 21.

第四章 凯恩斯主义需求管理政策的形成、发展和衰落

臣巴特勒都不是一个纯粹的凯恩斯主义者"①。

1952年3月，保守党实行了罗伯特计划的替代预算方案——"削减1.6亿英镑的食品补贴；银行利率上升到4%；进一步削减防御计划以及住房计划；抑制投资；削减2亿英镑商品的进口；终止开放进口许可证；进一步限制来自欧洲的进口；最后，敦促其他英联邦国家节约美元及黄金并且在一定程度上限制它们利用用于投资的英镑余额等措施。"② 这表明"保守党政府放弃了激进的罗伯特计划，接受了工党政府主要集中于进口限制的一揽子措施，放弃了对基于价格机制的自由经济期望"③。这就决定了货币政策自工党政府之后一直处于财政政策的补充地位，实施财政政策以确保充分就业目标成为之后保守党政府追求的经济目标。"整个50年代英国货币政策的目标仅仅局限在影响国际收支平衡，稳定英镑对外价值上。"④

倘若罗伯特计划成功的话，"英国就会利用更多的外部市场（货币兑换与浮动汇率）力量来达成国内目标，而国内目标的达成就会挫败英国战后形成的商人以及工会的联盟，从而使'供应方革命'得以进行，而外部市场力量的利用与操控也会增加英国保守党在宏观经济政策、冷战中的外交政策、欧洲联合以及英联邦中的自主权力"⑤。同时，巴特勒认为：

> 从长期来看，政府做出搁置罗伯特计划在根本上就是错误的。浮动汇率制度的空缺会使以后继任的财政部长失去英国国际收支平

---

① Edmund Dell, *The Chancellors: A History of the Chancellors of the Exchequer 1945 – 90*, London: Harper Collins, 1996, p. 160.
② Alec Cairncross, *Years of Recovery: British Economic Policy 1945 – 51*, London: Methuen & Co. Ltd., 1985, p. 254.
③ Scott Kelly, *The Myth of Butskell—The Politics of British Economic Policy, 1950 – 1955*, NYU in London, Ashgate, 2002, p. 134.
④ 顾金宏、李东编著：《中外中央银行制度理论与实践》，中国大地出版社2005年版，第125页。
⑤ Jim Bulpitt, Peter Burnham, "Operation Robot and the British Political Economy in the Early – 1950s: The Politics of Market Strategies," *Contemporary British History*, Vol. 13, No. 1, 1999, pp. 3 – 27.

衡的外部调节器,而这个外部调节器是与主要由银行利率支持的内部调节器相适应的。如果外部调节器存在,那么浮动汇率制就会被接受,保守党政府就会挽救英国"走走停停"的经济。①

经济学家塞缪尔·布里坦也同意巴特勒的观点,认为如果当时英国采取了罗伯特计划,那么英国的历史将会变得完全不同,英国政府就会获得国际收支平衡的自动调节机制,就可能避免保守党在20世纪60—70年代在经济表现上"走走停停"的局面。② 30年后这项计划被尝试实施,事实证明它确实对英国的经济起到了促进作用,但是那时它已经变成了"撒切尔主义"。

第三节 需求管理的升级:经济计划政策(1957—1970)

在艾德礼执政时期,虽然危机重重,险象环生,但英国经济还是以每年4%的速度增长。保守党上台后,与工党达成需求管理共识,其经济表现也延续增长势头。20世纪50年代,英国工业生产增长40%,工人的实际工资增长50%;在社会福利方面,保守党不但延续了工党的社会主义措施,有些方面甚至比工党还要社会主义。到1959年,保守党政府在社会福利方面的支出占总收入的比例达到16%。实施累进所得税缩小了贫富差距,每年增加30万套住房。保守党用财政和金融手段管理经济,辅之以局部的直接控制手段,实现了充分就业,到1960年,完全失业的人数仅有29万人。③ 保守党的这些成就即使是当时的工党领袖克罗斯兰也不得不承认,英国工人"得到了罗马皇帝全盛时期以来可能无与

---

① Lord Butler, K. G., C. H. *The Art of Possible*, *the Memoirs of Lord Butler*, London: Hamish Hamilton Ltd., 1971, pp. 158-159.

② Samuel Brittan, *The Treasury under the Tories*, 1951-1964, London: Penguin, 1964, pp. 173-177.

③ [美]克莱顿·罗伯茨、戴维·罗伯茨、道格拉斯·R. 比松:《英国史(1688年—现在)》,潘兴明等译,商务印书馆2013年版,第503页。

第四章 凯恩斯主义需求管理政策的形成、发展和衰落

伦比的豪华生活"①。可以说，50 年代是凯恩斯主义需求管理的黄金时期。但是这一时期英国的经济问题也逐渐显露，比如 1958 年英镑自由兑换实现后，政府和公众的注意力更多地转移到经济增长问题上来。虽然 50 年代英国经济增长速度比以前要快，可是英国的经济效率仍然落后于欧洲大陆国家。再比如，到 50 年代末，英国经济面临的主要问题是通货膨胀和英镑的国际地位不稳。因为通货膨胀使出口商品的成本增加，降低了英国商品的国际竞争力，导致出口减少；但同一时期进口却没有减少，这就使英国的黄金和美元外流严重，导致国际收支平衡恶化，进而影响英镑在国际上的地位。总的来说，英国经济在实现充分就业、防止通货膨胀、提高经济增长率、维持国际收支平衡这四个目标之间不能兼顾。究其原因，有学者认为在于英国经济缺少长期安排。凯恩斯经济学所强调的调节总需求从实质上说是一种宏观分析和短期分析。无论是刺激还是压缩投资和消费，都只考察现期的结果和最近的结果，对于较远的影响以及由此所引起的比较长期的需求变化以及微观因素比如投资不足等因素则是不列入考察对象的。② 由此可见，短期的、宏观的需求管理面对纷繁复杂的经济问题是有其力所不逮之处的。因此，应把短期的、宏观的需求管理加以扩展和加深，使之长期化和微观化，以便使政府能够更好地、更准确地控制需求的变化方向。计划化政策③自然成为英国政府心目中解决经济问题的选择之一，④ 用经济计划来弥补凯恩斯主义需求管理的不足。可以说，50 年代末以来的计划化政策是艾德礼工党时期经济计划政策的继续，但又有所不同。

20 世纪 50 年代末以来的计划化政策可以分成两个阶段，即麦克米伦政府的中期计划和威尔逊政府的"国家计划"阶段。

---

① ［英］W. N. 梅德利科特：《英国现代史（1914—1964）》，张毓文等译，商务印书馆 1990 年版，第 607 页。
② 罗志如、厉以宁：《二十世纪的英国经济——"英国病"研究》，商务印书馆 2013 年版，第 343 页。
③ 在英国，需求管理和计划化合在一起被称为经济管理。
④ 罗志如、厉以宁：《二十世纪的英国经济——"英国病"研究》，商务印书馆 2013 年版，第 396 页。

一 第一个阶段：麦克米伦政府的中期计划

1961年，随着德国马克和荷兰盾的升值，英国的国际收支出现赤字。对此，财政大臣塞尔温·劳埃德实行财政紧缩政策，即进一步限制银行贷款和政府开支，银行贴现率从5%上升到7%；对关税和购置税征收10%的附加税，并要求"暂停增加工资"[①]。结果由于投资不足而导致经济停滞。在通常情况下，此时财政大臣会从"走走停停"周期中的"停"转为"走"，即实行宽松的财政政策和货币政策。然而令人意想不到的是，麦克米伦政府开始强调经济计划的作用，提出增加生产、提高生产效率以及扩大出口的中期计划以替代原来的短期的需求调整政策。[②] 1961年7月，首相麦克米伦和财政大臣劳埃德共同起草了一份致企业界和工会的信，要求建立一个机构，"对国家未来5年或5年以上的经济前景进行联合审查"[③]。1961年12月21日，全国经济发展委员会（简称N.E.D.C.，俗称"奈迪"）建立。其目标是：（1）制定关于未来5年或者更长时间内对国民经济的综合预测，协调政府同私有工业和国有化工业的计划；（2）提出了详细的促进国民生产增长和资源整合利用的方案；（3）为经济增长扫除障碍，提供各项基本条件。全国经济发展委员会由政府、企业界、工会三方面的人员组成，负责全国的计划化工作。这一机构成为英国"国家机器中的一个重要而有用的组成部分"，在接下来的20年里，全国经济发展委员会这一机构成为英国政治中的一个重要的常驻机构。[④]

1962年1月，政府承诺不把全国经济发展委员会作为抑制工资的工具，随后，英国职工大会同意加入这一委员会。3月31日，"暂停增加工资"的限制正式解除。1962年5月，全国经济发展委员会确定了从

---

① [英] W.N. 梅德利科特：《英国现代史（1914—1964）》，张毓文等译，商务印书馆1990年版，第624页。
② 李颖：《英国市场经济下的计划调控》，《商品与质量》2012年第S2期。
③ [英] W.N. 梅德利科特：《英国现代史（1914—1964）》，张毓文等译，第625页。
④ 李颖：《英国市场经济下的计划调控》，《商品与质量》2012年第S2期。

1961年到1966年英国经济年增长率为4%的发展目标。7月，政府又建立国民收入委员会，试图与工会围绕就业政策展开合作；1963年12月，又决定在各个行业建立21个经济发展委员会（俗称"小奈迪"），其成员中12%是政府代表、20%是工会成员、45%是资方代表，其余是独立的专家。① 负责协调行业的经济活动、竞争、效率和劳资关系，并使本行业的生产和销售尽可能地同全国计划的制订和执行情况保持一致。②

为了实现经济计划的目标，新任财政大臣金纳德·莫德林采取了既发展经济又反对通货膨胀的政策，这包括减税、降低利率、增加财政支出等措施以刺激需求和资本投资；并提出3%—3.5%的有节制的工资增长率以控制通货膨胀。但是后者在实行过程中遭到职工大会的坚决拒绝，并明确表示反对限制工资的政策。③ 到1964年初，英国国际收支平衡再次恶化，黄金和外币储备只剩余不到4.5亿英镑。6月，贸易逆差高达1.13亿英镑。这一年，英国年总产值增长率为2.9%，制造业投资的年均增长率为0.2%，远远低于中期计划所设定的4%和3.3%的目标。10月，已经执政13年的保守党以微弱的劣势输给工党，威尔逊组阁成为首相。1961—1966年计划宣告失败。

二 第二个阶段：威尔逊政府的国家计划

到了20世纪60年代中期，工党更多地以一种技术专家倾向的视角审视社会主义，更加倾向于利用科学和精英们的能量来发展经济。威尔逊工党政府上台后，经济计划在经济政策中的分量加强了。他强调要改变和强化经济管理机构，使经济计划发挥更多的作用，并进一步提出要制订国家计划。1965年9月16日，新设立的经济事务部公布了工党版的1965—1970年"国家计划"，旨在提高劳动生产率，加强国际竞争力，

---

① J. Leruez, *Macro-Economic Planning in Mixed Economies: The French and British Experience*, in J. Hayward and N. Olga (eds.), *Planning in Europe*, London: Croom Helm, 1978, p. 148.

② 罗志如、厉以宁：《二十世纪的英国经济——"英国病"研究》，商务印书馆2013年版，第398页。

③ [英] W. N. 梅德利科特：《英国现代史（1914—1964）》，张毓文等译，商务印书馆1990年版，第630页。

以及改善国际收支，5年内使国民生产总值增加25%。①

为此英国政府增设了以乔治·布朗为首的"经济事务部"，接管了麦克米伦政府所建立的全国经济发展委员会的全部职能，成为制订和实施"国家计划"的主要责任机构。全国经济发展委员会则转变为实施"国家计划"的协调机构和产业政策的规划机构。同时，成立"经济计划局"和"经济计划委员会"，负责制订区域经济开发计划。威尔逊还设立技术部对机床、计算机、无线电通信和电子产业四大高技术产业的发展实施统筹管理，每年的研发经费达到2亿英镑。在具体政策手段方面，除采取传统的财政金融政策外，还实施了若干新的政策手段。比如，1966年1月开始实行"投资补贴制度"，5月又实行"选择就业税制度"，12月成立注册资本总额1.5亿英镑的"产业改组公司"以推进企业必要的合并和集中，进行产业改组。②

然而，这些政策并没有解决威尔逊政府面临的最迫切需要解决的国际收支平衡以及维持英镑汇率的稳定问题。威尔逊和他的财政大臣卡拉汉都遵循传统，坚决反对英镑贬值。1966年5月，随着新一轮英镑挤兑风潮来袭，威尔逊政府不得不转而采取财政政策和收入政策来应对英镑危机。1967年7月20日，工党发表了《1967年6月30日以后的物价和工资政策》的白皮书，③宣布削减1.5亿英镑的公共开支，包括削减国营企业、地方政府开支和对外援助及防务开支，使公共开支十多年来第一次出现负增长；④冻结工资和股利6个月，随后"严格限制"6个月；规定出国旅游外汇限额不得超过50英镑；如此严厉的通货紧缩措施实际上是以牺牲经济增长和充分就业为代价的，这使"国家计划"所制定的国民生产总值增加25%的目标根本没有可能实现。同时失业率上升，达到1940年以来的新高。8月，乔治·布朗不得不调任外交大臣。随着埃

---

① ［英］W. N. 梅德利科特：《英国现代史（1914—1964）》，张毓文等译，商务印书馆1990年版，第638页。
② 李颖：《英国市场经济下的计划调控》，《商品与质量》2012年第S2期。
③ 刘成：《试析威尔逊政府的经济思想和实践（1964—1970）》，《史学月刊》2002年第3期。
④ Alec Cairncross, *Managing the British Economy in the 1960s*, Macmillan, 1996, p. 136.

第四章 凯恩斯主义需求管理政策的形成、发展和衰落

以战争的爆发,世界石油价格暴涨以及英国国内利物浦和伦敦码头工人的罢工,威尔逊政府已经无力控制英镑的投机行为。1967年11月8日,英国政府不得不宣布英镑贬值14.3%,由1英镑兑换2.8美元降为2.4美元,拒绝英镑贬值的财政大臣卡拉汉被迫辞职,由罗伊·詹金斯接任。这也意味着"国家计划"所追求的改善国家收支平衡的目标宣告失败。

虽然威尔逊时期的"国家计划"总体上失败了,但是技术部和工业改组公司对产业事宜的直接干预还是取得了一定的成效,并对以后英国经济的走势产生了一定的影响。在工业改组公司的干预下,实施了涉及150个公司的50多个合并案,比如合并后的英国利兰汽车公司和肯特—剑桥公司是当时闻名一时的并购案。技术部则主要通过一系列的选择性产业干预促使英国的产业重组,比如在1967年,14家钢铁公司被国有化;还设立了造船工业委员会、国际计算机有限公司以及国家科学研究开发公司,由其分别支持和管理造船业、计算机产业和机床业的发展。[①]

1967年以后,为渡过英镑危机,工党政府不得不放弃"国家计划"政策,退回到运用财政、金融政策和收入政策进行短期调节的需求管理,以解决国际收支不平衡的问题。虽然经济事务部在1967年又制订了一个名为"未来的任务:对1967—1972年经济的预测"的计划。但这个"国家计划"只限于对经济增长和国际收支情况的预测,政府并没有制定相应政策来实施这一计划。1970年6月,保守党在大选中获胜,希思政府上台。自此之后,无论是保守党还是工党上台执政,都没有再制订综合性的经济计划。在1974年到1976年威尔逊再次组阁后,曾试图在扩大国有化的基础上实施"计划协议"体系,由政府和事关国计民生的大企业签订计划协议,为期三年,每年修订一次协议,这可以说是经济计划某种形式的变体。可是威尔逊第二次执政只不过2年时间,还没能制定相应措施以协调和实施这些"计划协议"就下台了。中左翼的卡拉汉工党政府上台后就完全放弃了计划化这种干预方法,不仅如此,他还

---

① [美] 彼得·霍尔:《驾驭经济——英国与法国国家干预的政治学》,刘骥等译,江苏人民出版社2008年版,第106页。

· 127 ·

曾一度尝试放弃凯恩斯主义的需求管理。到1979年5月，以撒切尔夫人为首的保守党右翼组阁，彻底放弃了凯恩斯主义，转而采取货币主义和供应学派，强调国家计划调节的计划化政策自然被彻底抛弃。①

三　经济计划失败的原因和经济计划实施的意义

经济计划政策失败的原因主要有以下三点：

首先，战后保守党和工党轮流执政，使经济政策缺乏连续性，上一届政府的经济政策还没有来得及发挥作用，就因为政府轮替而使经济政策方向发生重大变化，中期或长期的"国家计划"难以取得实质性成效也就不足为奇了。工党政府政策更偏重于国有化政策和经济计划，意识形态色彩浓厚。在工党看来，英国的计划化代表着"社会主义方向"，是从私有制转变为公有制的一种手段。到50年代，工党认识到战后兴起的以原子能、电子和自动化为标志的新科技革命的力量，认为只有将公有制和科学技术结合起来才能实现社会主义。②1960年12月发表的《工党在六十年代》强调了国家计划性是"英国经济复兴的根本路标"，是保证充分就业、完善社会服务和提高总体生活水平的极其重要的措施，由此工党第一次将公有制和经济计划化联系起来。③因此，在威尔逊时期，掀起了战后英国历史上第二次国有化高潮。而保守党传统上更倾向于市场经济和自由竞争。在保守党看来，计划化只不过是一种经济增长的手段。早在1938年，作为保守党左派的代表人物麦克米伦就出版了《中间道路：自由民主社会的经济与社会进步问题研究》一书。该书接受了国家干预经济的原则，并提出工会参与国家经济计划等措施。麦克米伦认为：

> 现在英国已在朝计划经济的道路上行走多年，这与英国传统的妥协和协调原则相吻合。如果我们不能够从自由资本主义向计划资

---

① 李颖：《英国市场经济下的计划调控》，《商品与质量》2012年第S2期。
② Bill Simpson, *Labour: The Unions and the Party*, George Allen & Unwin, 1973, p. 134.
③ 刘成：《试析威尔逊政府的经济思想和实践（1964—1970）》，《史学月刊》2002年第3期。

第四章 凯恩斯主义需求管理政策的形成、发展和衰落

本主义继续和平地发展，或许是一种资本主义和社会主义理论的结合，我们就无望保护法定的、民主的和文化上的自由。此自由是一种宝贵的遗产，它也许会在经济低效时受到限制。只有通过采取此种中间道路，我们才能避免实施政治管制和专制的方案。①

1947年5月，保守党所发表的《工业宪章》接受了凯恩斯主义经济学所宣扬的充分就业和赤字财政原则以及工党所执行的国有化和福利国家的政策主张，其中就包括对企业的计划管理，但是需要注意的是，保守党所主张的政府计划强调的是控制资源，工党则重视所有权的变化，两者有着本质的不同。

其次，缺少政策工具来执行经济计划。从经济层面来说，英国的经济计划政策无非政府对经济发展前景的一种预测和数字控制，是需求管理的补充和扩展。英国政府虽然也建立了如全国经济发展委员会、经济事务部等计划机构，但是这些机构都不拥有实现这些目标的工具。在英国，真正控制着宏观经济政策方向，实际掌握经济政策决策权的是财政部。而财政部着重考虑的是充分就业，是保持国家收支平衡、维持英镑的比值，它往往更愿意采取传统的财政、金融政策进行短期性调节。因此，每当英镑汇率受到各种干扰，可能会导致国际收支危机时，财政部就会采取通货紧缩的措施，而放弃国家计划的长期目标和政策路线。

最后，计划化的实现还需要众多因素的配合。② 比如，在实现国际收支平衡方面，有时仅靠财政部的财政政策和货币政策是难以有所作为的，因为国际收支平衡还和英国国内工资水平的增长程度密切相关，而工资增长程度又是与工会的配合紧密相关的。再比如，在实现地区经济协调发展方面，英国政府曾尝试鼓励企业搬迁到失业率较高的地区，以

---

① H. Macmillan, *The Middle Way: A Study of the Problem of Economic and Social Progress in a Free and Democratic Society*, London, 1938, p. 138.

② 罗志如、厉以宁：《二十世纪的英国经济——"英国病"研究》，商务印书馆2013年版，第400—412页。

促进落后地区的发展，但由于资方的抵制，效果并不理想。这些都说明经济计划只有政府的努力是远远不够的，还需要工会和资方的大力配合，这也就是为何在麦克米伦政府时期，政府会邀请企业界和工会参加"全国经济发展委员会"的原因所在。同时，经济计划本身过分宏大的最终目标与产业部门的真实发展实际相脱节，1965年《经济学家》就对英国政府公布的1964—1970年经济计划发表过这样的评论，计划不是行动纲领，而只是统计上的猜测，因此对计划的实现表示悲观。

经济计划实施的意义还是非常重大的。计划化政策标志着英国产业干预的最高点，使凯恩斯主义需求管理进入新阶段。所有的经济计划机构不论是经济发展委员会还是经济事务部，都是由政府与工会、资方三方组成的，本着完全自愿的原则，负责全国性的计划与协调、劳动力配置及物价、工资控制等事宜。这无形中把工会和资方都抬升到与政府平起平坐的地位，没有它们的配合，国家的经济政策根本无法执行。经济计划也就变成政府制定明确的国家目标，并为自愿合理配置提供条件，私营部门和工会则尽可能以最佳的方式实现这些目标。正如1963年麦克米伦政府所宣称的，要取得较高的经济增长率，"在很大程度上决定于政府、资方和工会执行各自职能的情况，也决定于它们实现一致的共同目标时相互合作的新精神"[1]。这意味着国家在社会经济生活中的角色不仅起着支持和促进的作用，而且进一步成为直接指导者的角色，这是国家职能在性质上的变化。[2] 在英国，这种国家力量的重组被称为"三个伙伴关系"。但是在这一体制下，个人不再有选择的权利，一旦一项协议在工会和资方之间达成，工会和资方就要保证将这一协议贯彻下去。可见，这种"三个伙伴关系"不仅违背了英国政治与经济思想中以个人自由为基本特征的自由主义传统，也是与战后形成的凯恩斯主义共识所追求的

---

[1] ［美］阿兰·G.格鲁奇：《比较经济制度》，徐节文等译，中国社会科学出版社1985年版，第158页。

[2] G. Thompson, *Economic Intervention in the Post-War Economy*, in: G. McLennan, D. Held and S. Hall (eds.), *State and Society in Contemporary Britain: A Critic Introduction*, Polity Press, 1984, p. 109.

个人自由、社会正义、财富再分配以及经济增长的主要目标相违背的，这也就决定了计划化这种国家干预形式的必然失败。

第四节 需求管理的衰落（1970—1979）

随着计划化政策的失败，需求管理也慢慢走向衰落。因为从1968年起，英国经济开始进入"滞胀"阶段，即经济发展低增长、通货膨胀居高不下以及这两者结合所导致的高失业。当时，由于英镑贬值，英国对外贸易出现盈余，从1967年到1969年的3年间，英国的对外出口从2亿英镑增加到4.9亿英镑，提高了一倍还多，但是英国经济没有出现实质性的好转。1968年，失业数量达到战后以来的最高点——56.5万人。这迫使威尔逊政府在1969年不得不放弃财政紧缩政策和以控制物价为主的收入政策，从而引发工资的爆炸性增长。[1] 随之，通货膨胀向上攀升，达到8%的历史高位。此时，凯恩斯主义经济学所信奉的菲利普斯曲线似乎失灵了。[2] 几乎在整个70年代，不管是保守党还是工党组阁，都试图摆脱凯恩斯主义的需求管理，探寻一条能解决这种新型"滞胀"危机的办法，其中著名的就是保守党希思政府的"U"形转弯和卡拉汉工党政府的货币主义尝试了。

一 希思政府的180度大转弯

战后，保守党党内对凯恩斯主义需求管理或者是共识政治一直存在不同的声音。前文提到的50年代初期的罗伯特计划自不必说，到1958年，麦克米伦的财政大臣桑尼克罗夫特在制定1958—1959年度的财政预算时希望把反通货膨胀而不是实现充分就业作为政府经济政策的首要目标，哪怕会造成充分就业程度的降低，也要把政府开支控制在"本年度

---

[1] Alec Cairncross, *Managing the British Economy in the 1960s*, Macmillan, 1996, p.282.
[2] 菲利普斯曲线是表明失业与通货膨胀存在着一种交替关系的曲线。当通货膨胀率高时，失业率低；当通货膨胀率低时，失业率高。这一曲线是由新西兰经济学家威廉·菲利普斯于1958年在《1861—1957年英国失业和货币工资变动率之间的关系》一文中最先提出的。

已经达到的水平之内",结果遭到首相和大部分内阁成员的反对,桑尼克罗夫特不得不辞职。① 1961年,同样是麦克米伦的财政大臣塞尔温·劳埃德为了应对工资膨胀所导致的国际收支恶化,决定在全国范围内冻结工资9个月,并采取了一系列财政紧缩措施,如对关税和购置税征收10%的附加税,这些政策设想与麦克米伦的政策也是不一致的,结果塞尔温·劳埃德被麦克米伦在1962年7月著名的"长刀之夜"中解除了职务。这实际上反映了保守党内部左翼和右翼围绕凯恩斯主义需求管理的矛盾。希思在就职演说中表示了对国家干预的强烈不满,声称要立即着手减少国家干预。

1. 削减公共开支和减税的财政政策

希思认为,面对居高不下的通货膨胀,"没有人渴望减少重要项目中的公共支出,但是确实存在减少公共支出的空间"②,因此"从实质上减少以前的公共支出计划和允许减少税收"是可行的。③ 1970年秋季,财政大臣安东尼·巴伯先是宣布削减收入税和公司税2.5%,减税总额达到6.8亿英镑。④ 这是11年来英国首次减少收入税。希思政府希望通过持续地减少收入税和附加税,简化税制,鼓励投资以达到刺激生产的效果。⑤ 接着,在1971年4月的预算中又宣布了一揽子公共支出削减计划,在第一年能节省大约3.3亿英镑。这包括取消某些福利项目并相应增加收费以平衡减税所造成的收入减少,如取消了投资补助金,以税收优惠取而代之;逐渐停止地区就业补贴;废除了工业扩张法案;取消了以往向英国农民提供的差额补贴,并以进口税保护农民的利益;减少了居民住房补贴,改变以往对地方当局住房供给的财政支持形式,以个人补贴取代租金补贴;取消伦敦乘火车上班族的津贴;博物馆和一些艺术馆开始收取门票;增加学校午餐

---

① A. Horne, *Macmillan 1957 – 1986*, Viking Adult, 1989, pp. 65 – 77.
② Edward Heath, *The Course of My Life*, London: Hodder & Stoughton, 1998, p. 330.
③ Treasury, *Public Expenditure 1969 – 70 to 1974 – 75*, p. 5. cited from F. T. Blackaby, *British Economic Policy 1960 – 74*, Cambridge University Press, 1978, p. 117.
④ A. Sked and C. Cook, *Post-War Britain: A Political History*, London: Penguin, 1990, pp. 255 – 6.
⑤ F. T. Blackaby, *British Economic Policy 1960 – 74*, Cambridge University Press, 1978, p. 142.

收费和牙科服务的费用。与此相配合的是减少政府不必要的开支,鼓励存款,等等。最"臭名昭著的"是取消了为 8 岁到 11 岁儿童所提供的学校免费牛奶。当时的教育大臣撒切尔夫人因此被工党称为"夺走牛奶的女人"。政府在大量削减公共支出的同时,也实施了新的家庭补助来帮助那些低收入家庭,以此保障低收入者的利益。

2. 调节收支平衡与促进自由竞争的货币政策

为了与财政政策相配合,希思政府对货币政策也进行了相应调整。1971 年 5 月,英格兰银行发表了《竞争和信贷控制》文件,这成为货币改革的指导性文件,其主旨是试图通过市场自由竞争来改善货币供应,实现收支平衡。首先,英格兰银行下调了银行储备金率,变为 12.5%,并废止了从 1964 年就开始执行的贷款银行的借贷限额政策。接着,1971 年 7 月,分期付款的限制也被取消了。从 9 月开始,原本只在清算银行运行的流动资产比率实施范围扩大到非清算银行和贷款银行。到 1971 年 10 月,伦敦清算银行的借贷利率就不再自动与银行利率相关联。通过这一系列措施,新的货币体系取消了之前对银行信贷的直接控制,货币政策逐渐松动,银行贷款开始迅速增加,国内信贷需求在更大程度上得到满足。1972 年预算再次放松了对银行贷款利息的管制,使得银行信贷需求更加旺盛。

3. 在工业政策方面

早在 1970 年竞选宣言中,希思的保守党就表达了减少工业干预和进行私有化的目标和决心。首先,希思政府一上任就废除了威尔逊政府建立的工业改组公司和技术部。前者以推动工业合理化的实施、促进合并以实现规模化经济为目标;后者则囊括了政府大部分干预工业的职能,包括军事实验和发展以及采购方面。希思将这一部门改为贸易和工业部,并相应地减少其功能,如其军事功能被划归国防部。其次,希思政府拒绝挽救那些一旦离开了政府的资助就无法独自生存的所谓"跛脚鸭"公司。[①] 1970 年 11 月,希思政府拒绝向摩西船坞和港务局提供过渡性贷款;1971 年 1 月,

---

① 最早提出"跛脚鸭"这个词的是英国的贸易和工业前大臣约翰·戴维斯。

政府宣布廉价出售资不抵债的托马斯·库克国有酒店，卡莱尔、雷特纳和克罗默蒂酒店。运输部长约翰·佩顿则宣布出售英国铁路的旅行代理公司。最后，希思政府工作的重点是重新确立市场竞争机制，促进价格机制有效运行，同时实现社会资源更加有效配置，以促进自由竞争。这些工业政策的新精神和措施都体现在1971年12月3日政府出台的工业关系法中。

4. 在劳资关系方面

战后英国政府与工会关系错综复杂。从50年代开始，工会的话语权不断提升。在整个60年代，工会争相谋求更高的工资增长，甚至不惜以工业行动（罢工）相威胁，这成为同期失业率上升和生产率下降的一个重要原因。1968年发表的《多诺万报告》指出，英国劳资关系存在的主要问题是权力的分裂和愈发对纪律的漠视。[1] 希思政府上台之后决心彻底检查劳资关系体系。1971年8月，希思政府正式废除威尔逊政府实施的收入政策，颁布了一个新的《劳资关系法》。法案的主要目标是将工会纳入法律体系，对工业关系进行改革，减少工业行动和促进个人权利的实现。为了实现这一目标，政府决定对劳资关系实施改革，[2] 出台了包括规定工会注册，提高受雇者权利，限制工会法律豁免权，限制罢工纠察队活动，增强个人工会成员权利等8项内容，并成立劳资关系法庭以直接干预某些劳资纠纷，如法庭有权下令对罢工进行无记名投票，并推迟罢工60天等。[3]

以上改革措施给人耳目一新之感，也的确给英国带来了新气象，这表明希思在面对通货膨胀和失业同时存在的压力时，政府首先要解决的是通货膨胀问题，这使人感觉希思已经开始与需求管理和战后共识政治分道扬镳。在希思政府执政6个月之后，《经济学家》杂志评论说："事实是，自从成为首相，希思先生做了他在野时的承诺。"[4] 后来担任撒切

---

[1] Edward Heath, *The Course of My Life*, London: Hodder & Stoughton, 1998, p. 326.

[2] Richard Coopey and Nicholas Woodward, *Britain in the 1970s: The Troubled Economy*, UCL, 1996, p. 21.

[3] R. Clutterbuck, *Britain in Agony*, pp. 45–46.

[4] Richard Coopey and Nicholas Woodward, *Britain in the 1970s: The Troubled Economy*, UCL, 1996, p. 36.

第四章 凯恩斯主义需求管理政策的形成、发展和衰落

尔政府就业大臣的诺曼·特比特在回忆录中感叹道:"那时没有人怀疑希思决心结束共识政治,采取新的自由主义政策。希思的主张在像我这样的激进保守党人听来是多么激动。"① 希思的新政策得到保守党右翼的大力支持,广大保守党选民们对此也充满希望。但保守党左翼和在野党工党对希思政策改革表示强烈不满。工党认为,公共支出是一项有利的事情,公共支出占国家收入比重越高,每个人就会感到越幸福。② 工党指责希思政府是小气鬼,认为它不公平,故意降低了贫困人民的生活标准,造成了社会分化,认为希思政府正在毁掉英国三十年来建设福利国家的社会进程。工会罢工更是此起彼伏。不可否认,政府削减财政支出的部分代价是由普通民众所承担的。他们不得不面对更高的生活成本:房租、车费以及增加了的校园午餐费和处方收费。而且,任何税收减免所带来的利益在短期内根本无法抵消这一负担。货币政策的松动,刺激了国内贷款需求的急剧增长。1972 年国内贷款增长大约 60%,1973 年比 1971 年增长了 80%。③ 这导致货币供应的快速膨胀,英镑 M3 从 1971 年 12 月开始,增加了 60%,而政府只能接受 5% 的增长。显然,货币供应的失控是希思政府无法接受的。更致命的是,70 年代初失业人数急剧增长,登记的失业人数到 1970 年底达到 62 万人,一年后增加到 92.3 万人,到 1972 年 1 月超过百万人大关。要求重新实行需求管理,以通货再膨胀方式刺激经济发展的呼声愈发高涨。同时,失业的增加并没有起到抑制通货膨胀的作用,反而引发了新一轮增加工资的热潮,随之物价也跟着上涨。在日益恶化的经济形势的压力下,希思政府背弃了上台之初的改革政策,重新回到需求管理的传统政策轨道,这种政策的 180 度前后翻转被称为"U 形转弯"。

1. 重新实施扩张的财政政策

1972 年预算采取了两个方面的措施。一是增加了退休金和社会保障金

---

① N. Tebbit, *Upwardly Mobile*, London: Weidenfeld and Nicolson, 1987, p. 121.
② Edward Heath, *The Course of My Life*, London: Hodder & Stoughton, 1998, p. 331.
③ 刘骏民主编:《宏观经济政策转型与演变——发达国家与新兴市场国家和地区的实践》,陕西人民出版社 2001 年版,第 104 页。

以及各种津贴，累计达到13.8亿英镑，这相当于为2100万人每周额外增加了一英镑的薪水。二是政府加强了对工业的干预，1971年，挽救罗尔斯·罗伊斯公司和上克莱德造船厂表明政府开始放弃减少工业干预的策略，回归增强工业干预的方针路线。1972年，希思政府开始采取工业行动，规定不论是私人公司还是公共部门都能够获得选择性的财政援助。同年，政府通过新的工业法案，彻底放弃了之前大力宣传的不干预政策。

2. 在货币政策方面，用紧身衣政策取代了原先的竞争政策

1973年底，政府大幅提高了银行利率，并废除之前的扩大信贷政策，取而代之的是对银行信贷的直接控制，政府称之为"紧身衣"。

3. 1971年工业关系法失败

1971年工业关系法的出台受到工党和工会的强烈反对。芭芭拉·卡斯特甚至宣称要"武装到牙齿、前赴后继地反对，无论花费多长时间……都要毁掉这部法案"[①]。许多工会则联合起来抵制工业关系法的实施，禁止其成员进行登记。工会代表大会甚至威胁要开除那些依据该项法律进行登记的附属工会。工会还发动一系列罢工。"1970年罢工3906次，卷入工人达179.3万人次，损失工作日1098个；1972年的罢工次数（2497次）和卷入人数（1972.2万人次）虽然都比1970年少，但损失的工作日却达到2391万个。"[②] 同年夏天，国家劳资关系法庭采取行动，监禁了许多工会主义者，这在社会上导致了一股同情罢工的浪潮。政府在1972年3月9日和10日与英国工业联合会和英国劳工联合会议展开谈判。[③] 谈判结果是政府向工会让步。这标志着1971年工业关系法的最后失败。

4. 重新实行收入政策

1971年工业关系法的失败说明希思政府试图运用自由主义方法控制

---

① Martin Holmes, *The Failure of the Heath Government* (Second Edition), Macmillan, 1997, p. 21.

② David Butler and Anne Sloman, *British Political Facts* 1900-1979, New York, 1980, 5th, p. 337.

③ F. T. Blackaby, *British Economic Policy* 1960-74, Cambridge University Press, 1978, p. 67.

第四章 凯恩斯主义需求管理政策的形成、发展和衰落

工资增长,治理通货膨胀遭遇重大挫折。为了打破工资和物价交替上升的恶性循环,政府不得不先后实施了三阶段收入政策。第一阶段,1972年6月,政府宣布从1972年11月到1973年4月,颁布法律全面冻结工资、价格、租金和红利(除部分副食品的价格如鱼、肉、果、菜等和进口商品价格以外),冻结工资增长6个月,任何涨价者都将受到起诉。[1]第二阶段,从1973年4月到11月,工资物价增长等虽然解禁了,但是政府颁布强制性"增长标准",即工资增长率不得超过4%,每周工资增加不能超过1英镑,每人每年最高工资增长不得超过250英镑,利润不得超过5年来的最高水平,股息年增长率不得超过5%。此外,工会要求提高工资必须事先经政府的工资委员会批准,而企业提高价格必须经价格委员会批准。[2] 第三阶段,1973年11月到1974年2月,工资增长限额进一步放宽,规定每周最高增加2.25英镑,工资增长率不得超过7%,每人每年最高工资增加限额提高到350英镑。[3]

在希思政府"U形转弯"初期,政策成效明显。1973年经济增长率高达5.2%,失业率控制在2.6%,被称为"巴伯繁荣"。可是"巴伯繁荣"的代价是当年的通货膨胀率达到10%。[4] 这迫使政府不得不实施第三轮收入政策,这使希思政府成为实施最大规模收入政策的保守党政府。但是越往后,收入政策的效果越差,特别是第三阶段将通货膨胀与工资增长实行松散性挂钩,反而刺激了工资—物价的螺旋式上升。此时,第四次中东战争导致中东石油价格飞涨,英国的燃料和电力供应迅速恶化,工会也拒绝接受第三阶段收入政策对工资只能增加7%的限制,纷纷罢工,尤其是煤矿工人罢工。希思拒绝接受矿工的要求,并决定以节约用

---

[1] F. T. Blackaby, *British Economic Policy* 1960-74, Cambridge University Press, 1978, pp. 379-383.

[2] 颜鹏飞、张彬主编:《凯恩斯主义经济政策述评》,武汉大学出版社1997年版,第240页。

[3] 全国人大常委会办公厅研究室国际组编:《外国政府物价管理研究》,中国展望出版社1988年版,第40页。

[4] 刘骏民主编:《宏观经济政策转型与演变——发达国家与新兴市场国家和地区的实践》,陕西人民出版社2001年版,第104—105页。

电作为对罢工的回击，双方互不相让。希思政府只能把这个问题交给定于1974年1月28日举行的大选来决断，但希思没有成功，工党赢得大选，威尔逊再次上台组阁。

希思政府"U形转弯"的失败及下台对保守党的影响异常深远。在这一事件中，作为保守党中左翼代表的希思所表现出的为了一时利益而背弃自己诺言却又不能赢得大选的愚蠢表现，直接导致了党内右翼的崛起。保守党右翼认识到再也不能用传统的民主社会主义共识的方法来解决英国问题，必须用货币主义来替代凯恩斯主义。这直接导致撒切尔夫人在1975年取代希思成为保守党党魁。而希思的前车之鉴也"提醒了玛格丽特·撒切尔，抛弃大选赖以获胜的原则是永远不应该发生的事情"①，并在某种程度上塑造了以后撒切尔夫人执政的风格，即要成为一位"决不妥协的女人"②。

二 工党卡拉汉政府的货币主义试验

1974年，威尔逊重新上台。由于1974年2月的大选，工党在下院只拥有5席的多数，这迫使威尔逊在10月再次举行大选，并再次取得大选胜利。此时，英国经济在1973年中东石油危机引起的世界性经济危机的影响下几乎面临崩溃。在2月工党上台时，英国的通货膨胀率已达12%，7月进一步上升到17%。因为油价的攀升，1974年英国国际收支出现赤字，达到38亿英镑，工业生产指数下降10个百分点，英国工业陷入危机之中，尤其是汽车、钢铁和造船行业，许多企业倒闭，失业人数达到58万人，并以每月3万人的速度增加。有观察家评论说，英国将成为第一个由发达国家沦为欠发达国家的国家。③

面对严峻的滞胀危机，作为工党左翼代表的威尔逊重新使用需求管

---

① J. Ranelagh, *Thatcher's People: An Insider's Account of the Politics, the Power and the Personalities*, Harper Collins, 1991, p. 116.
② M. Thatcher, *The Downing Street Years*, London: Harper Collins, 1993, p. 123.
③ [美] 克莱顿·罗伯茨、戴维·罗伯茨、道格拉斯·R.比松：《英国史（1688年—现在）》（下册），潘兴明等译，商务印书馆2013年版，第529页。

第四章 凯恩斯主义需求管理政策的形成、发展和衰落

理的老办法，希望采取更加激进的社会主义方案来解决问题。威尔逊解决通货膨胀的办法就是向工会妥协。首先，工党政府答应了煤矿工人的要求，增长工资22%—25%。随后煤矿工人答应复工，并同意恢复全工作日制度。接着政府与工会达成一系列协定，工会只提出温和的增加工资的要求，政府则保证控制通货膨胀，保证个人收入的稳定和有效推进社会改革。[①] 具体包括，把个人周薪增长额限制在6英镑以内，而年薪超过8500英镑者则不予提薪。这就是所谓的"社会契约"。作为工会接受"社会契约"的回报，政府废除"1971年工业关系法"，并通过了1974年"工会与工党关系法"，这个法案给予了工会前所未有的权力。但是，在物价飞涨的大背景下，要求工人自愿限制工资增长的设想显然太天真了。据《经济学家》杂志估计，到1976年2月，工人总工资增长实际水平为9%—10%，而物价上涨幅度则达到10%—14%，工人的实际生活水平是下降的。[②]

威尔逊吸取了希思政府失业剧增而导致大选失败的教训，不惜一切代价维持就业。其手段包括实行通货再膨胀措施，扩大开支，刺激需求，增加税收。在3月的预算中，财政大臣希利虽然把公共部门借款（PSBR）从1973—1974年的42亿英镑削减到27.5亿英镑，但是各种补贴却大幅度增加，其中食品补贴增长到5亿英镑，住房补贴增长7000万英镑。希利把增值税扩展到糖类和汽油产品上，连同传统的烟酒税的上涨，间接税增长了6.8亿英镑。同时，政府向企业注入15亿英镑流动资金，以减缓对企业利润与流动资金的压力，[③] 以期减少失业。可事与愿违，这种扩张性的财政政策非但没能促进经济发展，反而进一步加速了通货膨胀。1975年2月，通货膨胀率攀升到20%，下半年达到令人恐惧的25%，零售物价指数的年均增长率超过30%，而平均收入的年均增长率

---

① [美]克莱顿·罗伯茨、戴维·罗伯茨、道格拉斯·R.比松：《英国史（1688年—现在）》（下册），潘兴明等译，商务印书馆2013年版，第530页。

② *Economist*, 4 September 1976; S. Brittan and P. Lilley, *The Delusion of Income Policy*, pp. 154–155.

③ Nick Gardner, *Decade of Discontent: The Changing British Economy since 1973*, Oxford: Basil Blackwell Ltd., 1987, p. 54.

只有27.4%，GDP下降2.5%。① 对外贸易赤字在1975年更是达到55.35亿英镑，失业人数到1975年的年底已近114万人。英国的经济危机达到顶点。1976年3月，威尔逊辞职，詹姆斯·卡拉汉继任。

卡拉汉上台后便立即宣布，政府"压倒一切的头等大事"已经从提高就业率转到降低通货膨胀率上来。在威尔逊辞职前夕，1976年2月19日，工党政府颁布了公共开支白皮书，明确表示要最大幅度地削减政府开支，这是进入70年代后，英国政府在官方文件中首次鼓励压缩公共开支。公共开支的削减在很大程度上是对过去两年公共开支增长失去控制的一种反应。该白皮书指出，政府公共开支计划要削减到1974—1975年的水平。1977—1978年度削减10亿英镑，1978—1979年度削减24亿英镑。卡拉汉上台后，着手实现削减公共开支的目标。在1976年4月的预算中，1976—1977年度的公共部门借贷需求将维持在120亿英镑，就PSBR在GDP中的比例而言，略低于1975—1976年的水平。② 这表明卡拉汉政府并没有引入额外的需求刺激。不仅如此，工党财政大臣希利竟然在预算中宣布，要把直接税减少13亿英镑，其中通过提高个人免税额减税8.1亿英镑，通过提高儿童津贴减税3亿英镑，另有1.03亿英镑的减税依靠提高税率起征点来实现。③ 7月22日，财政大臣希利宣布，政府将在两个月内削减政府开支10.12亿英镑，提高利率，设定货币供应目标等。很明显，这些措施已经带有强烈的货币主义色彩。④

此时，一场严重的英镑危机正在逼近。由于前两年公共开支增长失控，刺激了工资增长，提高了英国商品的生产成本，这无疑削弱了英国产品在国际市场上的竞争力。1974—1975年的通货再膨胀所注入的17亿英镑实际上是英国政府通过借贷筹措到的。在外国货币投机者看来，这意味着英国政府维持英镑的国际地位的能力受到严重限制，英镑地位十

---

① David Coates, *Labour in Power? A Study of the Labour Government* 1974 – 1979, Longman, London, 1980, p. 12.
② 909 HC Debates 280, 6 April 1976.
③ *Financial Statement and Budget Report* 1976 – 77, HC, London：HMSO, 1976, p. 306.
④ J. Tomlinson, *Public Policy and the Economy Since* 1900, Oxford：Clarendon Press, 1990, pp. 298 – 303.

第四章 凯恩斯主义需求管理政策的形成、发展和衰落

分不稳固。果然,到了3月,英镑出现了自1972年6月以来最剧烈的贬值,历史上英镑汇率首次下降到2美元以下。此后,英镑汇率接连下挫,10天之内,跌至1.9美元。在4月8日颁布的预算中,降至1.84美元,到4月22日为1.81美元。英格兰银行不得不在3月、4月先后注资12.5亿美元和15亿美元以维持汇率。两个月内,英国就消耗了70%的储备金。5月,希利不得不从IMF贷款8亿美元。① 英国政府的这一窘境加速了投机者抛售英镑。6月3日英镑比价跌至1.71美元,10月27日跌至最低的1.57美元。走投无路的卡拉汉政府只得再次向国际货币基金组织申请38亿英镑的紧急贷款。国际货币基金组织同意贷款,但前提条件是,要求英国政府削减公共开支,实行严厉的货币紧缩政策。12月,政府宣布削减25亿英镑开支,出售政府所有英国石油公司价值为5亿英镑的股份,并提高烟草和酒类的消费税。在工党内部,这些措施激起一片反对声。12月15日财政大臣宣布从IMF获得38亿美元的贷款和39亿美元的备用贷款。② 英镑汇率在1977年前四个月上升到1.8美元。③ 此次英镑汇率危机才算告一段落。

对英国与工党来说,1976年是个转折之年。第二次世界大战以来,工党上台执政主要依靠两种策略:实施凯恩斯主义用来确保经济繁荣,采取公共开支用来解决社会问题。然而,不论是自愿的还是受IMF的逼迫,1976年三次削减公共开支的做法实际上颠覆了工党政府治国理政的传统政策。1976年9月28日,卡拉汉在工党年会上的讲话标志着工党放弃了这两种策略:

> 长期以来,大约是从战争结束时起,我们的社会和经济发生了根本性的变化,我们却迟迟未能正视这一事实并做出新的抉择。所谓寅吃卯粮就是这个意思。这个国家的绝大多数人一直宁愿用国外贷款来维持现在的生活水平,却不去致力于解决英国工业的根本问

---

① *Bank of England Quarterly Bulletin*, June 1976.
② 909 HC Debates 1525 ff. (15 December 1976).
③ *The Times*, 3 June 1976, p. 1.

题……我们曾经认为,英国削减税收和提高政府开支、牺牲经济上的扩大再生产,就可以换取就业的增加,但我要坦率公开地指出,这根本不可能——即使它存在过,也是把通货膨胀强加于经济的结果。①

这种紧缩政策的后果很快显现出来,失业人数剧增到150万人左右。同时,卡拉汉政府与全国职工代表大会终于达成妥协,将周薪增长额度限制在2.5—4英镑,工资总额的增长幅度控制在5%以内。但是这一协议因为通货膨胀的加剧而遭到工会的嫌弃。

1978年底到1979年初,由于卡拉汉政府把工资增长幅度严格控制在5%以内,远远赶不上通货膨胀的增长速度。卡拉汉的收入政策不断遭到工会抵制,罢工浪潮席卷英伦三岛。撒切尔夫人抓住"愤懑的冬天"这一有利因素,在1979年3月28日提出新的不信任案,并获得通过,卡拉汉不得不宣布举行大选。在当年夏天的大选中,撒切尔夫人领导的保守党赢得339个席位,比工党多出43席,保守党上台组阁。卡拉汉工党政府的下台标志着凯恩斯主义需求管理、福利国家以及追求充分就业为主要内容的民主社会主义共识的终结。② 一个新时代即将开始。

---

① 毛锐:《从货币主义到私有化——论撒切尔政府私有化政策的提出》,《山东师范大学学报》(人文社会科学版) 2004年第6期。
② K. O. Morgan, *The People's Peace: British History 1945 – 1990*, Oxford: Oxford University Press, 1992, p.437.

第五章

从需求管理到供应方政策
——撒切尔政府宏观经济政策演变

1979年5月,在撒切尔夫人的领导下,保守党赢得大选是英国经济和政治发展的分水岭。撒切尔政府时期(1979—1990)的宏观经济政策彻底抛弃了凯恩斯主义的需求管理,代之以货币主义为主的"供应管理"。治理通货膨胀替代充分就业成为英国宏观经济政策的主要目标。其宏观经济政策在实践中可分为四个阶段:第一阶段(1979—1981):严厉的货币主义与经济衰退;第二阶段(1982—1985):实用主义与经济复苏;第三阶段(1986—1988):汇率和货币政策的矛盾;第四阶段(1988—1990):衰退和劳森的辞职。其宏观经济政策在实践中表现出三个特点:(1)与"共识政治"时期相比,撒切尔时期宏观经济政策的地位下降了;(2)反通货膨胀的宏观经济政策目标贯穿整个过程,撒切尔夫人重新划定国家活动疆界、信奉新自由主义经济学的政治经济理念;(3)撒切尔政府在探索中推行其宏观经济政策。[①]

第一节 严厉的货币主义与经济衰退(1979—1981)

在整个70年代,通货膨胀的阴影一直笼罩着英国。上台之初,撒切尔政府面对的是超过两位数的通货膨胀的挑战。撒切尔夫人认为,以前的政府忽视了通货膨胀的提高,或者是认为要把通货膨胀从体制中排除

[①] 毛锐:《英国撒切尔政府宏观经济政策的实践与特点》,《东方论坛》2010年第4期。

出去的代价太高。① 英国经济运行要有个良好环境，治理通货膨胀是关键，这是进行大规模经济改革的前提，加强对金融和货币的控制是治理通货膨胀的关键。作为一名坚定的货币主义者，撒切尔夫人相信弗里德曼的名言——"通货膨胀无论在哪里都是一种货币现象"，需要用货币政策来治疗。② 在她的竞选宣言中，撒切尔夫人明确承诺："控制通货膨胀必须制定适当的货币规则，公开宣布货币供应量增长目标，并逐步削减政府供款需求的规模"③。保守党相信市场的力量，并承诺不干预经济运行，希望通过经济自由化和解除管制等手段刺激经济的供应方发展以提高生产率，从而保证经济的持续发展，撒切尔政府承诺要重新划定"国家的边界"。这意味着新上台的保守党政府开始实行货币主义以降低通货膨胀，减少政府开支和减税。实际上，卡拉汉工党政府后期就开始实行货币政策。当时的财政大臣丹尼斯·希利从1976年到1979年先后减少公共开支高达60亿英镑，尤其是1976年12月，为争取国际货币基金组织36亿美元的贷款，工党不得不接受国际货币基金组织提出的附加条件，答应实施货币政策并把英镑M3作为货币标的指导本国的宏观经济政策。1976年9月28日，卡拉汉在工党年会上的讲话标志着工党政府实际上放弃了凯恩斯主义的需求管理。④ 撒切尔保守党政府的财政政策确实部分地继承了1979年以前的一些做法。所不同的是，"……它（指工党）的措施来自必要而不是信念，所以一有机会就放弃。"果然，1979年工党再次扩大公共开支，货币政策被放弃了。究其原因，恰如撒切尔夫人所言："工党政策中一些好的部分没有与其他至关重要的辅助性措施结合起来，如大幅度削减边际所得税税率、改革工会法、私有化和放松管制，因此，他们只是采取部分的补救办法，而缺少促进企业所需的极

---

① M. H. Thatcher, *The Path to Power*, London: Harper Collins, 1995, pp. 567-8.
② [美] 米尔顿·弗里德曼等：《自由选择：个人声明》，张琦译，商务印书馆1982年版，第266页。
③ 杨豫、王皖强：《论撒切尔政府的反通货膨胀政策》，《南京大学学报》（哲学社会科学版）1996年第4期。
④ [英] 彼得·詹金斯：《撒切尔夫人的革命》，李云飞等译，新华出版社1990年版，第18页。

其重要的组成部分。"①

一 中期金融战略

撒切尔政府一上台,就严格实施紧缩的货币政策和财政政策。在货币政策方面,开始紧缩银根,减少银行贷款数量,为此大幅提高利率。自1979年开始,贷款利率由12%增加至16%;在财政政策方面,大力降低公共部门借款。根据1980年财政预算,PSBR占GDP的比值从前一年的4.75%下降到3.75%,公共开支削减5亿英镑。但是实施效果并不理想,这一年度财政赤字大大超过了指标,PSBR占GDP的比例达到5.7%。② 在税收方面,在1979年通过的"刺激预算案"中,降低了收入税,最高税率由83%削减到60%,所得税的基准税率由33%削减到30%,但是增值税统一由8%提高到15%。③

在1980年3月的预算案中,撒切尔政府放弃了战后历届政府根据凯恩斯主义需求管理所采取的"相机抉择"的经济政策,推出中期金融战略(MTFS),把广义货币总量英镑M3④作为货币增长的标的。⑤ MTFS为货币供应增长率和削减公共支出和借款制定了严格的货币纪律。其目标是通过减少货币供应量的增长来降低通货膨胀,同时控制借款以确保不会以提高利率的方式来让私营部门单独承受控制通货膨胀所带来的压力。同时,该预算案又指出:"对货币供应量加以定义以实现目标的方法可以依据情况的变化而适时地做出调整。"⑥ 在撒切尔夫人看来,MTFS不是20世纪60年代中期的"国家计划"的新版本,它与旧式的经济计划的最大差别是:

---

① 毛锐:《从货币主义到私有化——论撒切尔政府私有化政策的提出》,《山东师范大学学报》(人文社会科学版)2004年第6期。
② 王皖强:《国家与市场——撒切尔主义研究》,湖南教育出版社1999年版,第179页。
③ [英]玛格丽特·撒切尔:《唐宁街岁月》,李宏强译,国际文化出版公司2009年版,第43页。
④ 广义货币总量英镑M3是指纸币、硬币加上所有银行存单。
⑤ David Smith, *The Rise and Fall of Monetarism*, Harmondsworth: Penguin Book, 1987, p.106.
⑥ 毛锐:《英国撒切尔政府宏观经济政策的实践与特点》,《东方论坛》2010年第4期。

我们是在寻求确保财政具有更大的稳定性，以使公司和个人能够有信心进行经营。我们知道，只有通过控制政府能够控制的事情——货币供应和公共借款，我们才能实现这一目标。相反，战后大多数的计划经济都寻求控制产出和就业等方面，政府通过各种法规控制投资、工资和价格，使经济运转发生变形并威胁到个人的自由。中期金融战略则抛弃了所有这一切。①

表5-1　　　　　　　　　中期金融战略　　　　　　　　　（%）

	1979/1980	1980/1981	1981/1982	1982/1983	1983/1984
英镑 M3	13.2	7—11	6—10	5—9	4—8
PSBR/GDP（MP）	4.8	3.8	3.0	2.3	1.5

资料来源：W. H. Buiter and M. Miller, Brookings Papers, 1981, p. 340.

由表5-1可见，按照MTFS的要求，在1979/1980—1983/1984年度，英镑M3每年计划减少支出4%，即M3从1980/1981财政年度的7%—11%降至1981/1982年度的6%—10%，再降至1983/1984年度的4%—8%。同期，PSBR占国内生产总值的比值从4.8%降至1.5%，平均每年降低约1%。在MTFS的引导下，撒切尔政府一边大幅度提高短期利率以便紧缩银根，银行短期利率由12%上升到前所未有的最高点16%；一边采取严厉的财政紧缩政策，在1978—1982年期间，财政支出控制在GDP的7%以内。②但政策效果并不理想，货币供应标的英镑M3的实际增幅是19.5%，大大超出MTFS要求的7%—11%。③之所以难以实现英镑M3标的，是因为1979年6月、7月和10月，撒切尔政府废除

---

① [英]玛格丽特·撒切尔：《唐宁街岁月》，李宏强译，国际文化出版公司2009年版，第90页。
② M. Miller, "Measuring the Stance of Fiscal Policy," *Oxford Review of Economic Policy*, Vol. 1, Issue 1, 1985, pp. 44–57.
③ 毛锐：《英国撒切尔政府宏观经济政策的实践与特点》，《东方论坛》2010年第4期。

第五章 从需求管理到供应方政策

了汇兑管制，即废除了对公民可持有外汇数量的管制。① 到 70 年代末 80 年代初，随着北海石油所带来的经济效益的不断增加以及随后的英镑升值，放弃这些管制的时机成熟了。在一个没有外汇管制的国家，决定资金运动的是市场而不是国家，这不但使个人和企业获得了更多的自由，而且增加了外国资本的输入和英国投资海外的热情。1980 年 6 月，英格兰银行又取消其对银行贷款的限制，即所谓的拆除了"紧身衣"。这使银行和建筑协会可以增加其贷款。个人（特别是对住房购买者）借贷量的增加十分显著。例如，在 1981 年 11 月，个人的住房按揭贷款急剧增加，超过 70%。以货币计算，相当于一年多了 35 亿英镑。这种金融机构和中介机构作用的恢复不可避免地对英镑 M3 产生了影响，迫使英国政府在 1982 年 3 月和 1983 年 3 月的预算中对货币标的产生了向上修订的压力。②

为了减少货币供应量，财政部不得不进一步提高利率。可是高利率吸引了大量外国投资，导致英镑汇率坚挺。加之英国北海石油的出口量呈上升趋势，这同时进一步给汇率提升施加了压力。英镑汇率的居高不下大大降低了英国商品在国际市场上的竞争力，进口商品乘机涌入，英国国内就业机会大大减少。在撒切尔夫人的第一任期中，从 1979 年第二季度到 1981 年第一季度，工业产出减少 12.8%，其中制造业产量下降 17.5%，导致就业机会下降近 25%。③ 尽管自 1973—1974 年度以来，失业率就一直处于上行趋势，但是从 1979 年末到 1982 年中期，英国失业率翻了 1.5 倍，失业人口从 120 万人史无前例地上升到 300 万人。④ 工业总产值下降到 1921 年以来的最低点，国民经济总产量下跌到自 1931 年

---

① 这种汇兑管制是第二次世界大战初期作为"紧急措施"实行的，并被后来的历届政府所保留，希望以此增加在英国的工业投资并降低英镑的承受力。

② Michael J. Oliver, *Whatever Happened to Monetarism? Economic Policy-Making and Social Learning in the United Kingdom since 1979*, Ashgate Publishing Limited, 1997, p. 67.

③ Joel D. Wolfe, *Power and Privatization Choice and Competition in the Remaking of British Democracy*, ST. Martin's Press, 1996, p. 55.

④ David Smith, *The Rise and Fall of Monetarism*, Harmondsworth: Penguin Book, 1987, p. 90.

以来的最低点。① 从 1979 年底以来，通货膨胀率是以前的两倍，1980 年 5 月达到最高点 22%。② 这些数据对于保守党政府来说是个糟糕的开局。③

是撒切尔夫人的货币主义实验导致了 1979—1981 年的衰退吗？对于这一问题的回答充满了争议。批评撒切尔政府经济政策的学者认为：1979—1981 年的财政政策和货币政策太严厉了。"根据总需求和总产出计算的凯恩斯主义原则，英国衰退的强度部分地要归因于 MTFS 而导致的紧缩的财政政策"④ "紧缩的货币政策以及由于石油税收增加所产生的国际收支平衡问题，造成了 1978—1980 年英国竞争力的巨大损失"⑤，应该放松货币政策以应对紧缩的财政政策。⑥ 有的学者认为，错误的货币政策导致英镑汇率被高估。"在 1980 年下半年，英镑价值被高估的程度在战后时代都是前所未有的，1925 年英镑价格高估导致回归金本位制。在 1978 年到 1981 年间，这导致英国单位劳动力成本提高了约 40%，并推高了名义汇率。"⑦ 为什么这一时期英镑升值如此剧烈？这有三种说法⑧：（1）所谓"荷兰病"效应。1980 年，英国已经是石油出口国。然而仅仅在 4 年之前，英国还是完全依赖进口石油。随着石油贸易差额的增长，导致汇率提高，造成制造业出口的缩减。（2）有的学者不同意第一种解释，认为这种单一因素论的解释举证不足。布伊特和米勒认为是

---

① 毛锐：《英国撒切尔政府宏观经济政策的实践与特点》，《东方论坛》2010 年第 4 期。

② Michael J. Oliver, *Whatever Happened to Monetarism? Economic Policy-Making and Social Learning in the United Kingdom since* 1979, Ashgate Publishing Limited, 1997, p. 68.

③ 毛锐：《撒切尔政府非工业化问题分析》，《山东师范大学学报》（人文社会科学版）2010 年第 5 期。

④ W. H. Buiter and M. Miller, "Changing the Rules: 'Economic Consequences of the Thatcher Regime'," *Brookings Papers on Economic Activity*, No. 2, 1983, p. 327.

⑤ Roger Backhouse, *Macroeconomics and the British Economy*, Martin Robertson Oxford, 1983, p. 267.

⑥ J. Forsyth, "Public Borrowing and the Exchange Rate," *Morgan Grenfell Economic Review*, March, 1980.

⑦ N. H. Dimmesdale, *British Monetary Policy since* 1945, in Crafts, N. F. R. and Woodward, N. W. C. (eds.), *The British Economy since* 1945, Oxford: Oxford University Press, 1991, p. 132.

⑧ Michael J. Oliver, *Whatever Happened to Monetarism? Economic Policy-Making and Social Learning in the United Kingdom since* 1979, Ashgate Publishing Limited, 1997, p. 72.

第五章　从需求管理到供应方政策

由于英国货币政策过于紧缩，导致英国出口衰退，不得不增加进口替代，导致英镑升值。对此沃尔特斯表示了异议。他认为，在1979年到1983年期间，经常项目余额实际上增加了，只是由于反向的J曲线效应而未能显现出来。佩克的研究显示，在1980年到1983年间，英国的经常项目出现了超过170亿英镑的余额。[①]（3）也有学者从外部找原因。他们认为，尽管1980—1981年成为英国遭遇GDP下降最严重的年度，但是其他欧洲国家以及美国在1982年遭遇了更严重的危机。究其原因在于美元的强势。由于美元升值超过其他货币，导致石油价格提高。政府又提高利率以防止货币贬值，从而影响了国内经济活动。英国在石油上能自给自足并采取了紧缩的货币政策，英国经济形势反而不像美国、欧洲和日本那么糟糕。[②]

综上所述，我们很难断定是撒切尔政府的经济政策导致了80年代初期的经济衰退。正如沃尔特斯所说："经济政策不完全依靠或者说并不主要依靠经济原则和证据来判断。政治的、社会的和心理学的因素对于任何成功的政策来说都扮演着相当重要的角色。然而，一名经济学家所能做的全部是对隐含在特别政策背后的经济思想进行批判性的检验；他对政策的其他决定因素只会有一个概括的了解。"[③] 著名经济学家阿提斯在80年代早期还在抨击撒切尔政府的经济政策导致英国经济负债累累，但是到80年代下半期，其态度却发生了转变，不再强调政策的作用。[④] 正如有学者所指出的："要想评判1979年之后的英国到底发生了什么是很困难的，也很难认为是撒切尔政府的政策变化要负完全的责任。"[⑤]

[①] J. Foreman-Peck, *Trade and the Balance of Payments*, in Crafts, N. F. R. and Woodward, N. W. C. (eds.), *The British Economy since* 1945, Oxford: Oxford University Press, 1991, p. 177.

[②] D. H. Aldcroft, *The European Economy*, 1914–1990, London: Routledge, 1993, p. 246.

[③] A. A. Walters, *Britain's Economic Renaissance*, Oxford: Oxford University Press, 1986, p. 155.

[④] Michael J. Oliver, *Whatever Happened to Monetarism? Economic Policy-Making and Social Learning in the United Kingdom since* 1979, Ashgate Publishing Limited, 1997, p. 79.

[⑤] K. A. Chrystal, "Dutch Disease or Monetarist Medicine? The British Economy under Mrs. Thatcher," *Federal Reserve Bank of St Louis Review*, Vol. 66, No. 5, 1984, p. 33.

二 1981年预算案

针对严重的经济衰退，英国朝野各方特别是凯恩斯主义者要求在经济政策方向上实施"U形转弯"①，强烈要求政府推行再通胀式的财政政策以扩大额外需求进而提升产量并最终增加就业。②撒切尔夫人则强调这些要求"U形转弯"的人还无法面对这样的事实，"即额外的公共开支，无论它们将花在哪些领域，都必须有其来源。而这些'来源'意味着向私营部门的个人或者企业征税；或者借款，从而使利率升得更高；或者多印钞票，从而引发通货膨胀"③。当时撒切尔夫人担心的并不是各种越来越糟的经济数据。她后来回忆道："到1980年底，我开始感觉到，我们正冒着失去公众信心的危险。不得人心我可以忍受，但是丧失执行我们计划的自信心是更加危险的……我们政策的可信性正受到威胁。""只要人们相信我们有决心执行这一战略，它才会影响人们的预期：这种可信性依赖于政府的可信性，因此也最终依赖于我们是否能够信守承诺，而我是不会让任何人心存疑虑的。"因此，尽管此时的失业人数已经达到240万人，但是为了赢得政策的可信性，撒切尔夫人拒绝采取"U形转弯"政策。她对那些屏息静气等待那个受欢迎的新闻标题——"U"形转弯——的人说："想转弯你们自己去转弯吧，撒切尔夫人是不会逆转的。"④保守党政府明确否决了实施再通胀的可能，并进一步颁布一个"通货紧缩"的预算案：1981年预算案。

当时的财政大臣杰弗里·豪强调，只有通货膨胀率持续下降才能为工业产出和就业的持续增长创造必要的环境。通货膨胀率不断下降必然

---

① "U形转弯"政策在爱德华·希思的保守党政府采用过。1971年，当政府面对"在政治上难以接受"的失业人数达到100万人时，不得不采取再通胀的需求管理政策，因此出现一次短暂的"增长冲动"，被称为"巴伯繁荣"（这是以当时的财政大臣Anthony Barber的名字命名的）。但很快就出现了新一轮的通货膨胀高涨。
② 毛锐：《英国撒切尔政府宏观经济政策的实践与特点》，《东方论坛》2010年第4期。
③ 详见［英］玛格丽特·撒切尔《唐宁街岁月》，李宏强译，国际文化出版公司2009年版，第114—120页。
④ ［英］玛格丽特·撒切尔：《唐宁街岁月》，李宏强译，国际文化出版公司2009年版，第117页。

第五章　从需求管理到供应方政策

要求货币供应量按比例相应减少，财政政策的目标也要与控制货币供应量这一总目标相一致，这样才可以防止对利率的过分依赖。然而，由于经济衰退程度和失业率增长比预想得要严重，政府只能支付更多的"救济金"以救济这些失业者，导致1980—1981年度的PSBR比计划超出50亿英镑，达到135亿英镑，占GDP的6%。对于货币主义者来说，减少PSBR对于取得控制通货膨胀的战略胜利至关重要，因此1981年预算案提出要减少35亿PSBR。[①] 要实现这一目标，政府不得不增加税收约40亿英镑。[②] 起初，撒切尔夫人是反对增税的，她认为增加税收是一个"政治噩梦""我的当选不是来增税的"[③]。然而，为了确保经济政策的可信性，她还是妥协了。至于如何加税，刚被任命为首相经济顾问的阿兰·沃尔特斯提出的对策是增加进口税，[④] 但这一提议被财政大臣拒绝了。杰弗里·豪最终接受了阿瑟·科克菲尔德的建议，即增加消费税。酒类、烟草和汽油的消费税增加了近2倍。[⑤] 同时对银行活期账户征收永久的2.5%的税。这种增税方法延续了1979年"刺激预算案"减税的原则，[⑥] 收入税没有增长，增长的主要是间接税。无论如何，这些都意味着1981年预算案会采取非常严厉的紧缩的财政政策。

对于这一预算案在政府内部和社会各界引起的巨大震动，撒切尔内阁中的所谓"湿"派（凯恩斯主义者）本来就对撒切尔夫人的货币主义实验不满，甚至认为"货币主义不是保守党的思想，而是外国的一种教条"[⑦]。

---

① 毛锐等：《论题：从凯恩斯主义到货币主义——撒切尔政府宏观经济政策的调整》，《历史教学问题》2014年第5期。

② G. Howe, *Conflict of Loyalty*, London: Macmillan, 1994, p.203.

③ [英]玛格丽特·撒切尔：《唐宁街岁月》，李宏强译，国际文化出版公司2009年版，第118页。

④ A. A. Walters, *Britain's Economic Renaissance*, Oxford: Oxford University Press, 1986, p.87.

⑤ Peter Hardy, *A Right Approach to Economics: Margaret Thatcher's United Kingdom*, London: Hodder & Stoughton, 1991, p.147.

⑥ 在1979年通过的"刺激预算案"中主要是转移了税负负担而不是减少税收。收入税（直接税）减少了，但是增值税却提高了，由8%提高到15%（奢侈品税提高12.5%）。仅此一项，据估计就使1979—1980年的通货膨胀率增长4%。

⑦ [英]玛格丽特·撒切尔：《唐宁街岁月》，李宏强译，第121页。

这些人对1981年预算案紧缩财政的内容更是怒不可遏。"湿"派的代表人物伊恩·吉尔摩认为，这个预算案是"令人震惊的固执，这会导致长期的大量失业"①。他和另外两位内阁中的同事农业大臣彼得·沃克和就业大臣吉姆·普莱尔甚至考虑在这一预算案公布之前辞职。② 反对党议员彼得·索尔则气急败坏地诅咒这一预算案："我对财政大臣所提出的货币和PSBR标的毫不在乎。我欢迎看到他在实现这些目标时失败，因为成功实现这些标的将会对英国工业产生进一步的伤害……我衷心希望，为了他自己，更为了国家考虑，这是财政大臣和唐宁街10号的刚愎自用的女主人所提出的最后一个预算案。"③

内阁中"干"派则支持这一预算案。外交大臣尼古拉斯·雷德利在事后回忆道："据说在批准著名的1981年预算案之前，首相十分犹豫……对于局外人来说，这看起来是相当残酷的，包括我。但是我对使用货币主义的方法解决通货膨胀问题抱有很大信心……我坚信1981年预算案是必需的。"④ 诺曼·特比特则称赞撒切尔夫人的魄力："逐渐地，人们清楚地认识到，她是首相，与丘吉尔以来的任何一位都不一样的首相。"⑤

学术界对1981年预算案的反应最为轰动。1981年3月30日的《泰晤士报》发表了由364名经济学家联名签字的公开信，签字人宣称：

(a) 经济理论没有基础或者说政府相信的通过降低需求就会永久地使通货膨胀处于控制之中并进而引起产出和就业的自动恢复的想法是没有根据的。

(b) 目前的政策将会加剧衰退，损害我们经济的工业基础并威胁社会和政治稳定。

(c) 存在着替代政策。

---

① Ian Gilmour, *Dancing with Dogma*, London: Simon and Schuster, 1992, p. 36.
② P. Walker, *Staying Power*, London: Bloomsbury, 1991, p. 159.
③ *Parliamentary Debate*, 11 March 1981, Vol. 1000, Col. 919.
④ Nicholas Ridley, *My Style of Government*, London: Fontana, 1992, p. 168.
⑤ Norman Tebbit, *Upwardly Mobile*, London: Weidenfeld and Nicolson, 1988, p. 180.

第五章　从需求管理到供应方政策

(d) 是拒绝货币主义政策的时候了，急切需要替代的政策来为持续的经济恢复提供最好的希望。①

这封附有5名前政府经济顾问签名的公开信对于政府努力增加政策的可信性的尝试来说本应该是个沉重的打击和严重的挫折。然而，由于在公开信上签字的人都是凯恩斯主义需求管理的信奉者，这反而突显出这一预算案的与众不同。在普通大众看来，这种公开信形式的攻击更像是党派之间的指责而不是客观的政策评论。而且，由于在1981年的第二季度英国经济已经表现出一些恢复的迹象，1981年预算案的可信性实际上被加强了。

1981年预算案可以说是撒切尔政府宏观经济政策发展的转折点。通过拒绝凯恩斯主义者再通胀的呼吁，防止撒切尔政府重蹈希思"U形转弯"的覆辙，撒切尔政府挽救了MTFS，表现出政府实施货币主义政策的决心。它向全国传递出一个明确信息，即在货币主义原则指导下，财政政策只能起到辅助的、有限的作用，必须从属于货币政策。这与需求管理时期采取的"相机抉择"政策形成鲜明对照。② 1981年预算案同样也打击了保守党内的"湿派"。这一派别主要是凯恩斯主义者，反对"极端"的货币主义。许多"湿派"在1981年9月的内阁改组中丢掉了自己的职位。诺曼·特比特取代吉姆·普莱尔成为就业大臣，阿特金斯接替伊恩·吉尔摩出任下院外交委员会事务大臣，尼格尔·劳森接替大卫·豪威尔执掌能源部，基斯·约瑟夫取代马克·卡莱尔成为教育大臣。③ 自此之后，保守党内部反对派（主要是反对经济政策）的势力逐渐减弱，撒切尔夫人则巩固了党内的政治领导地位，重申了她对自己政策原则的信仰。④

1981年预算案实施不久，利率开始下降，出现2%的降幅，这证明

---

① "Monetarism Attacked by Top Economists," *Times*, 30 March, 1981.
② 毛锐：《英国撒切尔政府宏观经济政策的实践与特点》，《东方论坛》2010年第4期。
③ 详见［英］玛格丽特·撒切尔《唐宁街岁月》，李宏强译，国际文化出版公司2009年版，第137—142页。
④ Peter Hardy, *A Right Approach to Economics: Margaret Thatcher's United Kingdom*, London: Hodder & Stoughton, 1991, p. 147.

预算案开始发挥作用。1981年也成为英国经济运行的转折点,从1981年开始,英国经济出现增长,而且这一增长一直贯穿整个80年代。

第二节 实用主义与经济复苏(1982—1985)

随着英国经济复苏,英国的工业产量和生产率大幅度提高,公司利润率也不断增长。相应地,通货膨胀率由1980年5月的21.9%降低到1986年夏季的2.4%。到80年代中期,通货膨胀率基本维持在5%的水平。[1] 不过,这一时期的失业率持续增加,直到1986年才停止。此时英国失业率上升到11.8%,失业总数攀升到328.91万人的历史新高。[2] 尽管失业率一直居高不下,但是通货膨胀率的下降和经济增长的恢复最终确保保守党在1983年以更大优势连任。另外政府用应急准备金打赢了1982年4—6月的福克兰战争,没有额外征收任何税费,对金融市场没有产生负面影响,说明当时英国的公共财政状况是相当好的,这也为撒切尔政府继续进行货币主义的实验提供了更好的环境。[3] 但是英镑M3作为中期金融战略选定的货币标的却始终不能得到有效控制,远远不能符合官方的预期。因此,这一时期撒切尔政府开始尝试不同的货币标的,使货币政策由前期的激进变得更加灵活和现实。

一 尝试不同的货币标的

杰弗里·豪在1982年3月颁布的预算案对中期金融战略做了较大调整,提出了"中期金融战略Ⅱ号",将1982—1983财年和1983—1984财年的货币增长目标分别从原来的5%—9%和4%—8%提高到8%—12%和7%—11%;年度PSBR占国内生产总值的比例也由2.25%提高到3.5%。[4]

---

[1] J. MacInnes, *Thatcherism at Work*, London, 1988, p.72.
[2] J. Temple, "The New Growth Evidence," *Journal of Economic Literature*, Vol.37, No.1, 1999, p.112.
[3] 毛锐:《英国撒切尔政府宏观经济政策的实践与特点》,《东方论坛》2010年第4期。
[4] 王皖强:《国家与市场——撒切尔主义研究》,湖南教育出版社1999年版,第184页。

第五章　从需求管理到供应方政策

为更准确地控制货币供应量的增长，决定增设货币标的 M1 和 PSL2，① 将之与英镑 M3 一起加以考察。这些政策引起不少批评，认为增加额外的货币标的使政府更愿意维持最容易实现的标的，而市场则会关注最难实现的标的，这不利于维持政策的可信性。② 在实际的操作中，这两个标的表现也不理想。

1983 年 6 月，新上任的财政大臣尼格尔·劳森开始重新审视原先的广义和狭义货币定义标的。在"市长官邸"演讲中，他认为："英镑 M3 仍然是一个重要的指标，但它作为短期利率决策的指导是不可靠的。"这表明，劳森已经在考虑其他总量标的。为此，他咨询了许多专家。货币专家特伦斯·伯恩斯爵士认为，采取 NIBM1 标的（非银行私人部门持有的纸币和硬币加上英国的非银行私人部门在英国的银行中持有的无息即期英镑存款）比较合适；英格兰银行掌管货币政策的艾迪·乔治赞成 M2 标的（非银行、非建房互助协会的私人部门持有的流通中的纸币和硬币加上由英国私人部门在英国银行和建房互助协会持有的小额英镑存款）；城市大学的戈登·佩珀认为，"只有纯粹的基础货币控制才可行"③。在 1984 年预算案中，劳森最终选择最狭义的货币增长标的 M0（仅指在英格兰银行之外流通的由公众和银行持有的纸币和硬币加上银行在英格兰银行中的可操作性清算存款）作为货币标的，并赋予其与英镑 M3 同等重要的地位。但由于 M0 的货币容量实在太小，只相当于英镑 M3 的约 7%。这样的话，即使 M0 表现平稳，也不能全面反映货币增量和流量，因而无法对通货膨胀压力提供必要的警示。不仅如此，还会给政府决策机构造成错误的假象。后来劳森也承认，M0 一直缺少"街头信誉"，这一标的只能体现当前的经济运行情况，而不能对未来的通货膨胀预期产生重要影响。劳森当时之所以会选择 M0，只是因为这一货币总量对利率

---

① M1 是指流通货币和银行账户的总和，是一种狭义货币；PSL2 泛指各种流动资财，是一种比英镑 M3 还要宽泛的广义货币。

② C. Goodhart, "The Conduct of Monetary Policy," *Economic Journal*, Vol. 99, No. 396, 1989, pp. 293–346.

③ N. Lawson, *The View from No*11, London: Bantam Press, 1992, pp. 452–3.

· 155 ·

最不敏感。①

在执行 MTFS 的 5 个财政年度里，英镑 M3 增加了 82%，但是货币 GDP 只提高 54%，这表明货币的流通速度降低了，这与货币主义者所预料得有些不同。财政大臣尼格尔·劳森指出，这一现象的出现表明财政体系的改变已经影响到个人以不同的形式持有货币的意愿，私有领域已经增加了对广义货币的持有。如果这种情况成为趋势，那么英镑 M3 就不太可能与未来的通货膨胀率联系起来。基于这种认识，1985 年 10 月 27 日，尼格尔·劳森宣布暂时停止使用英镑 M3 作为货币供应的标的。

凯恩斯主义者强调，放弃英镑 M3 货币标的标志着撒切尔政府货币主义实验的挫败，因为根据货币主义，广义货币直接影响通货膨胀率。但劳森并不认同这种分析，他强调："通货膨胀率是法官和陪审团"②。只要通货膨胀率下降了，就说明政府的政策是成功的。不管采取何种货币标的，也不管这种货币标的能否实现。这表明，这一时期英国货币政策变得更加务实了。劳森在放弃英镑 M3 的同时，宣称在以后的货币政策决策中将更加重视汇率因素。只要条件允许，政府将会提高短期利率以紧缩货币环境。③

是什么原因导致撒切尔政府放弃货币标的转而重视汇率因素的呢？这可以从居高不下的失业率、汇率问题以及对现存货币总量的不满三个方面来分析。④

二 保守党对失业的态度

1983—1986 年，撒切尔政府面临的最大问题是失业率的持续增长。这一时期的失业增长率虽然比 80 年代初要低，但仍然维持在 11.2% 的高位。⑤

---

① N. Lawson, *The View from No11*, London: Bantam Press, 1992, p. 457.
② Peter Hardy, *A Right Approach to Economics: Margaret Thatcher's United Kingdom*, London: Hodder & Stoughton, 1991, p. 153.
③ N. Lawson, "Mansion House Speech," 17 October 1985, *HM Treasury Press Release*, p. 15.
④ 毛锐：《英国撒切尔政府宏观经济政策的实践与特点》，《东方论坛》2010 年第 4 期。
⑤ R. Layard, S. J. Nickell and R. Jackman, *The Unemployment Crisis*, Oxford: Oxford University Press, 1994, pp. 134 – 6.

第五章 从需求管理到供应方政策

1979—1981年，由于经济危机打击和英国制造业的急剧衰退，失业是个更严重的问题。但在早期，撒切尔政府可以指责衰退是导致失业的原因，为自己开脱。但是到1983—1986年，经济增长已经代替衰退，整体经济开始复苏，为什么失业仍然处于增长态势？在当时，许多人指责政府无所事事，静观失业提高到自20世纪30年代以来的最高点，撒切尔政府是失业率急剧提高的唯一原因。[①] 甚至有学者认为，失业增加数量中的四分之三是由于撒切尔政府的货币政策导致的。[②]

撒切尔政府坚决为自己辩护。在保守党看来，控制通货膨胀最终会导致创造就业。与传统的凯恩斯主义需求管理截然不同的是，在撒切尔夫人的保守党看来，宏观经济政策的目标是控制通货膨胀。财政大臣尼格尔·劳森在1984年的"梅斯演讲"中宣称："这是为了创造有利于增长和就业的环境，不是要阻止价格的提高，那应该是微观经济政策的目标。"[③] 这意味着，虽然劳森开始怀疑英镑M3作为唯一"货币标的"的有效性，并在不断尝试新的货币标的，但他仍然是一名"货币主义者"。尽管经济开始呈现恢复态势，政府是不会提出任何"创造就业机会"的凯恩斯主义需求管理措施的。在保守党看来，一系列供应方的问题导致了失业：劳动力的技能缺失，过度的工资福利，过高的税收以及权力过大的工会。也正是在这一时期，撒切尔政府开始进行大规模的私有化改革、降低税收、实施福利制度改革、进行工业关系立法以降低工会的权力、降低以劳动力工资刚性为代表的供应方改革。

1982年5月，上院委员会（1982）曾建议政府采取一系列创造就业的措施。保守党政府虽然在理念上拒绝认同，更不愿意采取这种凯恩斯主义的创造就业的政策，但政府还是采取了一系列特别的就业和培训计划。表5-2总结了1981—1987年采取的这些计划的数目。

[①] Michael J. Oliver, *Whatever Happened to Monetarism? Economic Policy-Making and Social Learning in the United Kingdom since* 1979, Ashgate Publishing Limited, 1997, p. 92.

[②] R. Layard and S. J. Nickell, "The Causes of Britain Unemployment," *National Economic Review*, No. 111, Issue 1, 1979, pp. 62–85.

[③] N. Lawson, "The British Experiment," Fifth Mais Lecture, 18 June, *HM Treasury Press Release*, 1984, p. 2.

表 5-2　　　　1981—1987 年英国采取的就业和特别训练计划　　　　（项）

	1981	1982	1983	1984	1985	1986	1987
社区项目	24	32	115	130	174	248	221
年轻工人计划	0	130	105	63	57	2	0
青年机会计划	240	260	25	0	0	0	0
青年培训计划	0	0	290	340	329	340	417
释放工作计划	54	77	88	79	48	27	19
企业津贴方案	0	2	20	39	52	74	96
新员工计划	0	0	0	0	0	31	19
工作启动津贴	0	0	0	0	0	0	4
合计	318	501	643	651	660	722	776

资料来源：C. Trinder, "Special Employment Measures and Registered Unemployment," *National Institute Economic Review*, No. 123, 1988, pp. 17 – 19.

在 1981 年和 1982 年，采取的特别就业培训计划在数量上增长了 57%，随后在 1982—1983 年、1983—1984 年、1984—1985 年、1985—1986 年和 1986—1987 年先后又分别增长了 28%、1.2%、1.4%、9.4% 和 7.5%。到 1983 年，与 1981 年相比，参与者的数量增长了 100%。80 年代撒切尔政府的任务是尝试劝说他们的批评者，不要希望以改进失业作为宏观经济政策成功与否的标准，因为在宏观经济政策层面，他们不相信有办法解决这一问题。在一定程度上保守党希望批评者安静下来，因为他们要为可持续的非通货膨胀的经济增长创造环境。

三　转向汇率标的

1979—1981 年，由于北海石油产量大增，英国的利率居高不下，这使英国的汇率自 1982 年以来一直处于高位，使英国制造业不仅要与经济衰退做斗争，还要被迫与居高不下的汇率展开竞争。高汇率导致英镑升值，提高了英国制造业的成本，降低了英国商品在国际上的竞争力。这自然也引起了劳森的注意。但是，在 1980 年制定的 MTFS 中并没有把汇率作为一个货币指标。1983 年劳森是这样解释货币标的和汇率的关系

第五章　从需求管理到供应方政策

的:"从一开始,由于我们一直都有货币标的,我们就决定不把汇率作为一个标的。同样地,我们在评估基本的金融和货币形势的时候会把汇率因素也考虑进去⋯⋯"[1] 因为汇率的提高会影响商品和服务如石油、粮食和纺织品的出口与进口。然而,住房以及"其他无法交换的商品和服务"的价格则基本不受汇率的直接影响,通过工资产生的间接影响也有限,因此货币供应量必须与汇率同时考虑。

如果货币供应量增长过快,国内那些无法交易的商品的价格也会上涨,即使英镑坚挺也无法阻止这一趋势,甚至会进一步推高其价格。因为英镑坚挺会使国内出口受阻,资源转而流向住房、饭店等服务行业,出现贸易逆差,政府不得不从国外借款予以弥补。若要改变这种扭曲,则要么降低汇率,要么减少货币供应量的增长,或者是双管齐下。在实践中,一般来说,要想同时控制汇率和货币政策是不太可能的。道理很简单,在实行自由汇率的前提下,汇率是受制于货币政策的。若将更多的英镑投入流通,那么英镑的价值就会降低。可见,在以货币供应量作为标的时再兼顾考虑汇率的做法在现实中是相当困难的。

1983年保守党在大选中获胜后,汇率比较稳定,处于正常范围,政府对汇率的干预也较少。然而,自1984年7月英镑的有效指数降到78(1975年为100),这导致利率在7月9—12日增长2.75%。原因在于:

第一,1983—1984年美元存量的快速增长。由于采取宽松的财政政策(大规模的赤字)以及不断紧缩的货币政策(特别是1984年5—7月),美国经济增长很快。第二,这是英国金融市场对1984年3月8日开始的国内矿工罢工以及码头工人可能罢工产生担忧的表现。第三,1984年6月的英镑M3数据向上跳升1.7%,这增加了伦敦金融城的紧张情绪。[2] 因此,到7月9日,当码头工人宣布罢工时,英格兰银行不得不在9—12日的4天内两次提高利率。到11月末,利率又下降到7月早期

---

[1] N. Lawson, *Minutes of Evidence*, in Treasury and Civil Service Committee, *The Government's Economic Policy*: Autumn Statement, 1st Report, *HC* 170, London: HMSO, 1984, p. 2.

[2] Michael J. Oliver, *Whatever Happened to Monetarism? Economic Policy-Making and Social Learning in the United Kingdom since 1979*, Ashgate Publishing Limited, 1997, p. 97.

的水平。在疲弱的英镑和广义货币在标的范围内高位持续增长的形势下，政府该如何做出选择？是维护英镑的价值还是维持广义货币标的？到了11月，利率开始下降，说明劳森还是倾向于维持货币标的的可信性，当然，此时的货币标的不是英镑M3而是M0。

到1985年1月11日，撒切尔夫人的新闻秘书在每周的记者见面会上表示，如果英镑达到与美元平价，政府会袖手旁观，而财政部、英格兰银行却不希望看到英镑贬值，并通过新闻界发表声明否定了首相新闻秘书的报道。然而，财政部的联合声明并不足以抑制英镑汇率的下降，引发了一次小规模汇率危机，1月14日，英镑比值下降到1.1美元。

对这次汇率危机有多种解释。有的归之于财政大臣在3月的预算案中提出的30亿英镑的减税方案导致伦敦金融市场的紧张不安。也有的归之于广义货币松弛所导致的市场对政府货币政策缺少信心。实际上引起此次汇率危机的最重要的原因在于政府经济政策的混乱。后来阿兰·沃尔特斯也承认，1985年英镑危机是不可避免的，但是政策上的混乱本可以减少到最小，即"在政策合理性方面确实存在混乱"。后来证明此次首相和财政大臣在汇率政策设计上的混乱是由于首相及其新闻秘书之间的偶然误会所导致。但是，如果劳森对其汇率政策目标的表述更加简单明晰的话，那么也不会出现如此的政治后果。面对来自财政部和首相新闻办公室相互冲突的报告，外汇市场选择相信后者。

政策的混乱还表现在劳森对汇率和货币标的的矛盾态度上。劳森一方面宣称"赋予汇率的重要性是逐渐增加的"；另一方面又宣称"我们对待汇率没有什么不一样的"，并相信任何英镑价格的失调都"是一种形而上的问题"[①]。1984年10月18日，在市长官邸演讲中，劳森表示："要判断货币环境以及决定利率，与之紧密相关的是货币总量。这是我们一贯的政策，我们也一直是这样保持的。当国内货币指标给予错误的读数，但是实际上没有错的时候，我们要把汇率考虑进去。假如货币环境

---

① N. Lawson, *Minutes of Evidence*, in Treasury and Civil Service Committee, *The Government's Economic Policy: Autumn Statement*, 1st Report, HC 170, London: HMSO, 1984, p. 3.

受到严格控制,不论是货币还是汇率市场对外界的影响,过分运转将会倾向于相对较快地修正自己。"①

不管劳森如何为自己辩解,1985年汇率危机使劳森坚定地转向汇率标的,并"开始主要基于汇率,尝试不同的方式来制定经济政策"②。这导致两个后果:第一,1985年10月暂停将英镑M3作为货币标的,这标志着劳森放弃了货币主义。第二,劳森开始认真思考英国是否应该加入欧洲货币体系下的汇率机制,即希望用汇率标的代替货币标的。阿兰·沃尔特斯指出:"财政大臣……正在转变成汇率标的的支持者,特别是他对ERM的热情超越一切。到这一年的11月,他对ERM深信不疑。"③劳森货币主义立场的转变导致他与撒切尔夫人出现分歧。

四 加入欧洲汇率机制(ERM)的初步尝试

在撒切尔夫人的第一个任期,围绕着英镑是否要加入欧洲货币体系下的汇率机制问题产生了争论。④ 1972年的希思政府曾经加入ERM的前身欧洲蛇形浮动汇率制,但是只过了6周就很不光彩地退出了。在这一问题上,历届英国政府都是慎之又慎。当时的英国经济形势极其特殊,一是当时撒切尔政府经济政策都是围绕中期金融战略展开,以广义货币英镑M3作为货币标的,不可能转而采取与这种货币政策存在潜在冲突的汇率标的;二是当时北海石油产量不断增长使英镑成为一种"石油货币",英镑会随着油价的上涨而升值,不仅会阻碍英国商品的出口,导致贸易赤字,甚至会反过来刺激通货膨胀,进一步加剧经济衰退。在撒切尔夫人看来,在通货膨胀得以控制、公共财政恢复正常之前,考虑加入汇率机制是不现实的。撒切尔夫人反对加入ERM,不仅是出于前车之鉴

---

① N. Lawson, Mansion House Speech, 18 October, *HM Treasury Press Release*, p. 16.
② H. Thompson, *The British Conservative Government and the European Exchange Rate Mechanism*, 1979–1994, London: Pinter, 1996, p. 46.
③ Michael J. Oliver, *Whatever Happened to Monetarism? Economic Policy-Making and Social Learning in the United Kingdom since* 1979, Ashgate Publishing Limited, 1997, p. 100.
④ 详见[英]玛格丽特·撒切尔《唐宁街岁月》,李宏强译,国际文化出版公司2009年版,第630—632页。

和当前形势的考虑，还有对经济和货币联盟威胁国家主权的更深的担忧。加入 ERM 的下一步就是加入经济和货币联盟。撒切尔夫人认为，经济和货币联盟将使一个国家失去发行本国货币的权力并接受一种统一的欧洲货币、唯一的欧洲中央银行和统一的利率。这意味着英国将不再拥有独立的经济政策，其议会民主也会变得越来越不重要。英国的经济控制权也将由对议会和选民负责的民选政府转交给一个不需要对任何人负责的、跨国家的机构。因此在 80 年代的绝大多数时间里，撒切尔夫人对 ERM 的态度都是以"在合适时机考虑加入"的说辞来推诿。

尼格尔·劳森从 1981 年开始对加入 ERM 的兴趣不断增加，但直到 1985 年 1 月 11 日财政部的一次内部会议上才第一次公开提出这一问题，即英镑是否应该置于一个固定的汇率体系中。[①] 撒切尔夫人同意劳森在 1985 年 2 月 13 日建立一个研讨班来进一步研究加入 ERM 的问题。在会上，劳森提出，只有遵守一种包含货币目标或者是固定汇率的财政纪律，才能控制通货膨胀，并指出了加入 ERM 的四个好处[②]：第一，事实证明要让金融市场理解政府真正的汇率政策是很困难的，而汇率机制能够使游戏规则更加清晰；第二，从政治方面考虑，许多保守党议员都支持加入汇率机制，这有助于将来讨论额外增加开支和借款问题；第三，加入汇率机制可以把人们的注意力焦点从英镑兑换美元的比值问题上转移开来；第四，把英镑 M3 作为一个货币标的的有效性越来越受到怀疑。而撒切尔夫人说："可能除了最后一条，其他的理由我都不信服。"[③] 这个讨论班的结论是，加入 ERM 的时机还不成熟。

然而，到了 1985 年下半年，不但劳森"基本上对正在运行的经济政策失去了兴趣，开始主要基于汇率，尝试不同的方式来制定经济政策"[④]，英格兰银行和财政部也转而赞成劳森的想法。在 1985 年 9 月和

---

① N. Lawson, *The View from No*11, London: Bantam Press, 1992, p. 484.
② N. Lawson, *The View from No*11, London: Bantam Press, 1992, p. 488.
③ ［英］玛格丽特·撒切尔：《唐宁街岁月》，李宏强译，国际文化出版公司 2009 年版，第 634 页。
④ H. Thompson, *The British Conservative Government and the European Exchange Rate Mechanism*, 1979 - 1994, London: Pinter, 1996, p. 46.

11月，劳森分别召集了两次高级会议讨论加入 ERM 的问题。面对财政大臣和货币官员的一再劝说，撒切尔夫人依旧不为所动。在 11 月的会议上，劳森认为，面对变幻莫测的世界，加入汇率机制可以让我们在对利率和货币政策进行决策时多一个稳定因素。撒切尔夫人则再次重申，应该坚持现有的立场，即英国将在"适当的时候"加入汇率机制，哪怕她在内阁中属于少数派。在此次会议就是否加入 ERM 进行投票后，副首相怀特洛勋爵（Whitelaw）向撒切尔夫人说，"所有你的 7 名顾问都投了赞成票"，撒切尔夫人则重复着亚伯拉罕·林肯的话："是的，赞成票 7 票，反对票 1 票，反对票却掌握着真理。"①

第三节　汇率和货币政策的矛盾（1986—1988）

1985 年 7 月，英国的零售物价只增长了 2.4%，这是自 60 年代中期以来通货膨胀率的最低点。依照劳森"通货膨胀是法官和陪审团"的评判原则，毫无疑问这是政府经济政策的巨大成就。与此同时，世界石油价格出现下跌趋势，由 1985 年大约 30 美元一桶下降到 1986 年的不到 10 美元一桶，这给英国通货膨胀带来下行的趋势；同时英国政府从北海石油销售中征收的税收大大减少，1986—1987 年度比 1985—1986 年度减少了约 50 亿英镑。在此大背景下，劳森依然决定减税，把收入税降到 29%，与撒切尔夫人在 1979 年所承诺的降到 25% 的目标只相差 4 个百分点。保守党在 1987 年 6 月的大选中连任，撒切尔夫人第三次组阁。劳森进而把收入税的基础税率进一步降到 27%。这一时期，由于经济快速增长以及税收的增加使劳森在减税的同时，确保 PSBR 只占 GDP 的 1%。②于是，在 1988 年的预算案中，劳森又把收入税的基本税率降到 25%，最终实现了保守党在 1979 年对选民的承诺。不断减税刺激了需求的持续增加。1987 年和 1988 年，英国 GDP 增长率保持在 4.5% 以上，失业率开始

---

① William Keegan, *Mr. Lawson's Gamble*, London: Hodder and Stoughton, 1989, p. 181.
② 毛锐等:《论题：从凯恩斯主义到货币主义——撒切尔政府宏观经济政策的调整》,《历史教学问题》2014 年第 5 期。

下降，人称"劳森繁荣"①。许多评论家宣称，撒切尔政府的"供应方革命"开始展现出成效，英国的经济问题已经解决了。② 劳森在讲解1988年预算案时说道："简单的事实是，英国经济已经发生了转变。谨慎的财政政策已经给予工商业以更多的信心来扩张，而此时供应方改革已经不断地给企业扫除发展的障碍。"③ 然而，"劳森繁荣"的光芒掩盖了内在通货膨胀的危险，尤其是依照广义货币、汇率以及平均收入的标准来分析的话。越来越多的人开始质疑，在经济已经过热的背景下，政府的汇率政策与货币政策是否存在矛盾。

一 关于"劳森繁荣"的起因

造成"劳森繁荣"的原因是复杂的，是由多种因素造成的。有一种观点认为，1986—1988年度财政预算中减税过于慷慨是造成劳森繁荣的推进剂。④ 这派观点认为，在1987年夏天就已经表现出经济过热现象，尽管供应快速增长，失业率下降，供应的增长却不能满足需求的更快增长。其主要表现是原处于低位的通货膨胀率开始上升；国内的需求不得不用增加进口来满足，导致国际收支逆差不断增大。市场已经开始出现对经济过热的担忧。然而，这些担忧并未使劳森变得谨慎，反而在1988年的预算案中，依然采取了实质性的减税措施，基本税率削减到25%，最高税率由60%降为40%。减税的理由和前几年一样。经济的强大使税收增长，公共部门财政资金充盈，从而使劳森把预算盈余作为目标。可见，劳森把是否减税建立在基于PSBR的运行状况之上，而不考虑减税所带来的需求方面的意义。

许多学者并不认同这种观点。他们认为，80年代晚期的财政政策是远远谈不上放松的。在1985—1986年度的《财政决算和预算报告》中劳

---

① 毛锐：《英国撒切尔政府宏观经济政策的实践与特点》，《东方论坛》2010年第4期。
② Peter Hardy, *A Right Approach to Economics: Margaret Thatcher's United Kingdom*, London: Hodder & Stoughton, 1991, p.153.
③ *Parliamentary Debate*, 15 March 1988, Vol.129, Col.993.
④ D. Smith, *The Rise and Fall of Monetarism*, London: Penguin, 1992.

第五章 从需求管理到供应方政策

森仍然强调:"MTFS……的设计是用来降低通货膨胀率的,最终目标是稳定价格,通过降低公共部门借款的支持,不断地使货币增长下降。"①换句话说,劳森仍然遵守保守党上台之初确定的货币纪律,即财政政策要为货币政策服务,以控制货币供应量为主要目标。事后劳森在其回忆录中强调:"MTFS的财政方面要比货币方面做得要好。"② 的确,在1987年和1988年财政预算期间,劳森引入两个新的财政指令:第一个是1987年的"1%的借款规则",即1987—1988年度的PSBR预测值要限制在GDP的1%;第二个是在1988年承诺要平衡中期预算。此外OECD国家的统计也表明这一时期的财政政策是紧缩的(见表5-3)。

表5-3　　　　　　　1980—1991年财政态势的指标

(中央政府财政收支占GDP比重的变化)　　　　　　(%)

年份	实际比重	调整后的比重
1980	-0.1	+1.3
1981	+0.7	+2.2
1982	+0.2	+0.8
1983	-0.9	-1.2
1984	-0.6	-0.6
1985	+1.1	+0.7
1986	+0.5	-0.3
1987	+1.0	0.0
1988	+2.4	+1.7
1989	+0.1	0.0
1990	-2.0	-1.4
1991	-1.4	+0.2

说明:+号表示紧缩;-号表示放松。

资料来源:N. Lawson, *The View from No*11, London:Bantam Press, 1992, p. 810.

---

① HM Treasury, *Financial Statement and Budget Report* 1985 - 86, HC 265, London:HMSO, 1985, p. 5.

② N. Lawson, *The View from No*11, London:Bantam Press, 1992, p. 73.

许多学者认为，1986—1988 年，消费信贷的飙升是导致"劳森繁荣"的真正原因。[①] 在撒切尔保守党政府上台之初，其经济政策就存在一个自相矛盾的问题。一方面强调"健全的货币"，另一方面又承诺要对金融体制解除管制。即使是货币主义者也不得不承认："解除管制很可能导致信贷增长的加速，而更快的信贷增长相反会导致更高的货币增长，实际上，金融自由化和货币控制的目标是相互冲突的。"[②]

表 5-4　　　　　　　　1980—1990 年英国主要的金融创新

部门	创新措施
银行	1. 70 年代末 80 年代初，自动柜员机开始使用
	2. 1981—1982 年，银行进入抵押贷款市场
	3. 1983—1984 年，零售活期存款计息
	4. 1987 年借记卡出现
建筑协会	1. 1980 年初，自动柜员机开始使用
	2. 1983 年，利率垄断结束
	3. 1983 年在国内，1986 年在欧元区，使用批量货币市场作为资金来源
	4. 1986 年，无担保个人贷款出现
	5. 1988—1989 年，获得银行地位
货币市场	1. 80 年代，贴现公司特权减少
	2. 1986 年，出现英镑的商业票据市场
	国内资本市场
	1. 1980 年，上市证券市场
	2. 80 年代早期，伦敦国际期货交易市场
	3. 1986 年，证券交易所：双重资格和最低佣金结束，会员开放
	4. 1987 年，第三市场（指不通过证券交易所直接进行交易的市场）

---

① Michael J. Oliver, *Whatever Happened to Monetarism? Economic Policy-Making and Social Learning in the United Kingdom since 1979*, Ashgate Publishing Limited, 1997, pp. 114–116.
② T. Congdon, "The End of the Great Credit Boom," *Gerrard and National Monthly Economic Review*, No. 9, March1990, p. 7.

续表

部门	创新措施
伦敦国际资本市场	1. 从60年代开始至80年代早期实现欧洲债券的固定利率
	2. 80年代早期，开始国际资本交易
	3. 1982年，外汇掉期市场形成
	4. 从70年代开始至1982—1983年发行浮动汇率票据
	5. 1984年，发行欧洲债券
	6. 1986年，发行欧洲商业票据

资料来源：D. Chobham, *Financial Innovation and the Abandonment of Monetary Targets*：*The UK Case*, in R. O'Brien and T. Datta（eds.）, *International Economics and Financial Markets*, Oxford：Oxford University Press，1989，p. 248.

80年代对金融市场持续解除管制（详见表5-4）使公司和个人很容易贷到款。正如科博汉姆所指出的："金融自由化……很明显是80年代晚期繁荣的一个重要的放纵因素。总消费贷款在1985年和1988年，每年增加17%，购买住房的贷款增加得更为快速。1986—1988年对工业和商业公司的借贷增长18%—20%。"[1] 其中，金融自由化与英国住房市场之间的关联特别引人注目。在80年代初期，蒂姆·康格顿就对住房借贷转为消费开支提出过警告。[2] 杰哈·米尔鲍尔进一步认为，金融自由化和住房市场的扭曲推高了住房价格。[3] 根据米尔鲍尔和墨菲的观点，80年代中期住房价格的提高由于财富效应[4]而导致个人储蓄率的下降："由于住房价格的急剧上升，住宅房地产价值超过个人财富的一半还多。金

---

[1] D. Chobham, "The Lawson Boom：Excessive Depreciation versus Financial Liberalization," *Financial History Review*, Vol. 4, No. 1, 1997, p. 76.

[2] T. Congdon, *The Coming Boom in Housing Credit*, *Research Report*, London：L. Messel and Company, 1982.

[3] J. Muehlhauser, "How House Prices Fuel Wage Rise," *Financial Times*, October 23, 1986.

[4] 财富效应指由于货币政策实施所引起的货币存量的增加或减少对社会公众手持财富的影响效果。人们资产越多，消费欲就越强。这个理论的前提是人们的财富及可支配收入会随着股价上升而增加。因此，人们更愿意消费。

融自由化允许家庭通过借贷来实现现金消费支出。"①

至于金融改革与货币标的控制之间到底存在何种关系，还存在着争议，高兰认为："金融改革对货币标的的潜在影响显然是巨大的，但也是十分具有争议性的。"② 但有一点是有共识的，即"金融自由化的过程不可挽回地模糊了货币和其他金融资产的界限，以至于任何对货币供应过程的分析必须立足于更广泛的非货币表现形式的货币资产和债务的大背景。"③

二 英镑钉住西德马克

1985年，劳森就开始重视货币环境，强调要更加关注英镑的汇率。然而，英镑的有效汇率指数从1985年中期到整个1986年都处于下跌状态。在里根时期居高不下的高汇率终于开始下降，尽管英镑对西德马克处于贬值状态，但是同期英镑对美元的汇率却上升了。持续下降的汇率是货币环境宽松的反映，通货膨胀是存在上行压力的。然而，由于经济繁荣和北海石油出口价格的下降，通货膨胀的压力被掩盖了。

1987年2月签订的"罗浮宫协定"是主要资本主义国家为解决美元过度贬值对世界经济带来不利影响的一次尝试。这标志着1985年10月通过的"广场协议"所确定政策的改变，后者是使美元有控制地贬值。也正在此时，英国开始实施"钉住"西德马克的政策，即确保英镑低于3西德马克的水平。在1987年3月17日公布预算案时，英镑汇率比2月22日升值了16芬尼，达到2.95西德马克。同时，劳森把利率分两个阶段各减少了0.5个百分点。根据劳森的回忆，市场相信，财政大臣的目的是要使英镑与马克的比值低于3西德马克。3月18日，在一次例行的市场会议上，劳森告诉财政部和央行的官员们："市场的这种观点是有用

---

① J. Muehlhauser and A. Murphy, "Is the UK Balance of Payments Sustainable?", *Economic Policy*, Vol. 5, No. 2, 1990, p. 350.

② C. J. Green and D. T. Llewellyn (eds.), *Surveys in Monetary Economics*, Volume 2: *Financial Markets and Institutions*, Oxford: Blackwell, 1991, p. 108.

③ R. O'Brien and T. Datta (eds.), *International Economics and Financial Markets*, Oxford: Oxford University Press, 1989, p. 263.

第五章　从需求管理到供应方政策

的……我们要确认这一点，通过时刻准备干预或者是在需要的时候，确保这种干预已被消毒以抵消任何货币后果。"①

选择西德马克作为钉住货币的目的在于，如果政府有意加入 ERM，那么西德马克毫无疑问是最合适的跟踪货币。毕竟，马克是 ERM 的关键，跟踪马克要比跟踪一揽子货币例如 ECU 更好。② 至于为何要钉住 2.95—3 西德马克这一区间？沃尔特斯爵士给出的解释是，选择这一比率是因为在开始钉住时英镑恰好处于那一个点上。劳森的自传也证实了这一点。在劳森给财政部特别委员会的证词中，英格兰银行承认："尽可能地，我们试图使英镑不要达到 2.8 的比值，而是在 2.9 和 3 之间的一个点上。"③

英镑钉住马克的汇率政策主要是为出口提供稳定性，并为将来可能加入欧洲货币体系的汇率机制打好基础。④ 劳森是想进行预演和模拟，假如真的加入 ERM，采取固定汇率，英国经济是可以顺利运转的。然而，这一政策也受到许多人的质疑。正如彼得·米德尔顿所评论的："这不是一个经过周密讨论而制定出来的政策，而是不知不觉被动陷入的政策。"⑤ 撒切尔夫人在整个钉住时期也一直是持质疑态度的。

根据传统经济理论，在浮动汇率条件下，某种形式的货币供应标的是至关重要的，任何试图追求在浮动汇率条件下的汇率标的尝试将会导致不稳定的货币增长和可能会引发更高的通货膨胀。在实践中，要维持英镑与马克的比值在 3 的上限，劳森被迫保持低利率以避免汇率的上升。伴随着央行在外汇市场上的大规模干预，每次英格兰银行干预外汇市场来维持稳定的汇率，都会刺激外国投资者推高英镑的价格，从而使英镑

---

① N. Lawson, *The View from No*11, London: Bantam Press, 1992, pp. 682 – 3.
② N. Lawson, *Minutes of Evidence*, in Treasury and Civil Service Committee, *The Government's Economic Policy*: Autumn Statement, 1st Report, *HC* 170, London: HMSO, 1984, p. 36.
③ R. Leigh-Pemberton, *Minutes of Evidence*, in Treasury and Civil Service Committee, the 1988 Budget, 4th Report, *HC* 400, London: HMSO, 1988, p. 28.
④ 毛锐等:《论题:从凯恩斯主义到货币主义——撒切尔政府宏观经济政策的调整》,《历史教学问题》2014 年第 5 期。
⑤ Michael J. Oliver, *Whatever Happened to Monetarism? Economic Policy-Making and Social Learning in the United Kingdom since* 1979, Ashgate Publishing Limited, 1997, p. 125.

· 169 ·

面临更大的升值压力,这反过来使劳森调整货币政策的空间受到限制。提高利率本可以减少国内经济的通货膨胀压力,但是现在行不通了,由于提高利率同样可能引发英镑升值并突破3西德马克的最高限价。①

撒切尔夫人对于干预有两点担忧。第一个担忧是,这种大规模的干预会导致货币发行的增长并最终导致通货膨胀。当她得知财政部为了干预汇率市场自4月以来已经花费27亿英镑时,撒切尔夫人在1987年12月8日的会议上变得"焦虑和咄咄逼人"。撒切尔夫人认为,所谓的"消过毒"意味着英格兰银行要卖掉短期国债和债券来确保用于干预的资金不会影响到短期利率。但是即便如此,资金的大量流入还是会产生影响:一方面会促使货币量增加,另一方面还会给市场利率施加额外的下调压力。②

撒切尔夫人在汇率问题上的态度,劳森认为是受到其经济顾问阿兰·沃尔特斯的影响。③ 在阿兰·沃尔特斯看来,在钉住期间不合适的低利率"对于恶化通货膨胀压力是至关重要的"。随着英国货币政策越来越宽松,当美联储在1987年紧缩其货币政策时,英国财政大臣的钉住政策则排除了政府提高利率的可能性。在1988年3月的头4天中,财政部为了避免英镑贬值花费超过40亿英镑,这引起唐宁街10号的惊恐,许多官员开始迫使劳森放弃这一标的。

首相的第二个担忧是对不断囤积"价值上不断贬值"的美元感到不满。在罗浮宫协定框架下,G6同意支持美元;然而,当劳森的目的就是要保持3马克平价时,购买马克就变得更有意义了。"在某种程度上市场越小越好,因为这意味着所采取的这些干预措施会产生更直接的效果。"④ 在12月8日的会议上,劳森成功说服了撒切尔夫人。

到了1988年4月,英国政府终于在越来越大的英镑升值的压力下屈

---

① 毛锐:《英国撒切尔政府宏观经济政策的实践与特点》,《东方论坛》2010年第4期。
② 详见[英]玛格丽特·撒切尔《唐宁街岁月》,李宏强译,国际文化出版公司2009年版,第640页。
③ N. Lawson, *The View from No*11, London: Bantam Press, 1992, p. 796.
④ N. Lawson, *The View from No*11, London: Bantam Press, 1992, p. 787.

服，被迫同意英镑升值，其升值幅度远远超过 EMS 设定的汇率浮动限度，英国加入 ERM 的进程不得不推迟。但是劳森仍然决定维持某种跟踪英镑升值的形式。正如沃尔特斯所指出的汇率范围被调至 DM 3.1 到 DM 3.3，到 1989 年 9 月为止，一直维持着这一水平。①

钉住西德马克的汇率政策进一步激化了首相和财政大臣的矛盾。不可思议的是，撒切尔夫人竟然在其回忆录里宣称，她一直都不知道自己的财政大臣在采取钉住马克的政策，而是在接受《金融时报》采访时从编辑口中得知这一信息的。劳森则坚持首相是知道这个政策的。② 在此无意探究到底谁在说谎，但是首相和财政大臣沟通出现问题本身就说明了双方的意见分歧。劳森强调稳定的汇率，这是英国加入 ERM 和保持贸易稳定的前提条件。撒切尔夫人则希望依靠市场的力量而不是试图"公然抵抗市场"，通过市场主导的货币流通以消解通货膨胀压力。作为固定汇率和浮动汇率的支持者，他们竟然都强调其政策目标是治理通货膨胀。③

第四节　衰退和劳森的辞职（1988—1990）

一　利率提高与经济衰退

到 1988 年，英国经济依然保持着繁荣。有迹象表明，通货膨胀的危险正在逐渐逼近。1988 年，英国经常账户赤字达到 147 亿英镑，比前一年增加 110 亿英镑。劳森决定降低利率，一并解决上述两个问题。同年 3 月到 5 月，劳森把利率由 9% 降到 7.5%，希望能缓解英镑升值的压力。随着 5 月以后放弃钉住马克的汇率政策，劳森又决定提高利率。从 1988

---

① A. A. Walters, *Steeling in Danger*, London: Fontana, 1990, p. 109.
② 尼尔·劳森在其回忆录中宣称，撒切尔夫人在 1991 年 6 月的一个采访中，"公开承认她是知道我的钉住西德马克政策的"。在采访中，她承认的全部是允许劳森钉住西德马克并且把"汇率稳定至货币指标之上是错误的"（详见 N. Lawson, *The View from No*11, London: Bantam Press, 1992, p. 798）。
③ 毛锐等：《论题：从凯恩斯主义到货币主义——撒切尔政府宏观经济政策的调整》，《历史教学问题》2014 年第 5 期。

年5月开始,基础利率不断上涨。到同年11月,利率累计增加到13%,1989年5月调高到14%,10月进一步提高到15%。

劳森之所以提高利率,是希望降低经济增长速度,通过经济软着陆的办法以降低通货膨胀的压力。同时,劳森希望高利率政策能在短期内吸引足够的外资来填补巨额的外贸赤字。可是劳森的意图全部落空了。随着利率的不断提升,抵押借贷成本大大提高,房价止升转而掉头下降。同时,高利率引发投资急剧减少,生产部门的增速开始下降。由于外国资本随时会转移,因此靠短期内吸引外资来解决外贸赤字的政策也是极其不可靠的。更为重要的是,从短期来看,劳森希望提高利率来降低通货膨胀率,但事与愿违,通货膨胀率实际上提高了。提高利率实际上加大了借贷成本,特别是抵押贷款成本,而这一指标是包括在零售物价指数(Retail Price Index)计算因素内的。1990年9月,通货膨胀率达到10.9%,这是8年来的最高值。英国GDP的增长速度下降,1989年是2.3%,1990年降到只有0.6%,英国经常账户赤字到1989年达到203亿英镑,比前一年又增加了近59亿英镑。[1] 英国经济再次陷入衰退。[2]

其实,劳森的高利率政策一直受到质疑。凯恩斯主义者强调,削减政府开支或提高税收都可以实现减少预算赤字或者增加财政盈余的目的。那些认识到经济过热的学者主张增税,认为这可以缓解高利率对经济的破坏。可是增税对劳森而言是难以接受的,因为这意味着对1987—1988年财政政策的背离,是对保守党自1979年以来一再强调通过"供应方改革"以刺激经济的宏观经济理念的背叛。也有学者提出对贷款实施直接管控,这要比劳森运用利率的升降来间接控制借贷需求更加有效。这实际上是要求回归对贷款的直接控制,这种提议实际上是反撒切尔主义的。放松甚至解除管制实现自由化一直是撒切尔主义自由市场哲学的重要组成部分。1979年保守党上台后的第一个措施就是废除外汇管制,随后又

---

[1] 毛锐:《英国撒切尔政府宏观经济政策的实践与特点》,《东方论坛》2010年第4期。
[2] Nigel M. Healey, *Britain's Economic Miracle—Myth or Realty*? Routledge, 1993, p.44.

第五章　从需求管理到供应方政策

废除对分期付款的控制和对贷款供给的各种控制。当时，英国是欧共体内除卢森堡之外唯一不再要求银行提供"最低准备金"的国家。①

二　劳森辞职

劳森依赖高利率政策来解决外贸赤字和通货膨胀也有其难言的苦衷。"广场协议"②的签订，表明 G7 国家集团开始加强对汇率的控制，也意味着从 80 年代初期推行极端自由市场意识形态立场的后退。同时，由于始终未能确立一个合适的货币标的，从 1985 年开始劳森转而重视汇率的作用，希望以汇率替代货币标的作为反通货膨胀的名义锚，运用钉住联邦德国马克的汇率政策来稳定英镑汇率，可是撒切尔夫人反对劳森的这一政策。1989 年 4 月，随着分三阶段建立欧洲经济和货币联盟的"德洛尔报告"的出台③，围绕着关于英国是否加入 ERM，首相和财政大臣的矛盾再度激化。④

在 5 月 3 日召开的内阁会议上，劳森再次提出应该加入汇率机制，而且在 6 月 14 日，也就是在马德里欧洲理事会召开前夕，尼格尔·劳森和杰弗里·豪联名向撒切尔夫人提交了一份联合备忘录，建议要和德洛尔关于经济和货币联盟提议达成一个可以接受的妥协，防止被孤立于汇率机制之外。他们要求撒切尔夫人如果届时能够满足一些特定条件的话，可以承诺英镑在 1992 年底之前加入 ERM。撒切尔夫人再次拒绝了这一建议，并在回忆录里称自己是受到他们的"伏击"，"提交联合备忘录，施

---

① 毛锐等：《论题：从凯恩斯主义到货币主义——撒切尔政府宏观经济政策的调整》，《历史教学问题》2014 年第 5 期。

② 1985 年 9 月，美国、日本、联邦德国、法国、英国五个发达工业国家财政部长及中央银行行长在纽约广场饭店举行会议，达成五国政府联合干预外汇市场，使美元汇率对主要货币有秩序地下调，以解决美国巨额的贸易赤字。因协议在广场饭店签署，故该协议又被称为"广场协议"。该协议规定日元与马克应大幅升值以挽回被过分高估的美元价格。"广场协议"签订后，五国联合干预外汇市场，各国开始抛售美元，继而形成市场投资者的抛售狂潮，导致美元持续大幅贬值。

③ 毛锐：《英国撒切尔政府宏观经济政策的实践与特点》，《东方论坛》2010 年第 4 期。

④ 详见［英］玛格丽特·撒切尔《唐宁街岁月》，李宏强译，国际文化出版公司 2009 年版，第 648—650 页。

· 173 ·

加压力和策划阴谋"是她不喜欢的做事方式。可是令撒切尔夫人没有想到的是,在6月18日的晚上,他们再次递交一份联合备忘录,并宣称,如果首相提前承诺英镑加入ERM的日期,就能阻止德洛尔的第二步和第三步进程。如果撒切尔夫人不接受他们提出的条件和公式,他们将一起辞职。

撒切尔夫人反对加入欧洲汇率机制,更反对建立超国家的欧洲经济和货币联盟。在她看来,这不仅仅是经济问题,更是政治问题,这事关英国的主权,事关一个国家会失去发行本国货币的权力,并把这些权力由民选政府转交给一个不需要对任何人负责的、跨国家的机构。在国内,撒切尔夫人认为,现在最优先考虑的问题应该是降低通货膨胀率。如果把保持汇率稳定作为首要目标,那将是一个错误,而且她特别反对把未来某个时间设定为加入汇率机制的日期的做法,因为这将给金融投机以可乘之机。然而,面对可能同时失去自己的外交大臣和财政大臣的压力,在1989年6月的马德里峰会上,撒切尔夫人还是做出了妥协。她根据沃尔特斯提交的《怎样才算时机成熟》的研究报告,同意发表一个联合声明承诺把欧共体不断向经济和货币联盟发展并在1990年7月开始执行德洛尔报告的第一阶段,并确定了英国加入ERM的前提条件:降低英国通货膨胀率,建立单一的欧洲市场和废除汇率管制,这就是著名的"马德里条件",但撒切尔夫人并没有事前确定加入ERM的日期。

随着撒切尔夫人与劳森关系的日益紧张,撒切尔夫人愈加依赖自己的特别经济顾问阿兰·沃尔特斯的意见。[①] 1989年5月,撒切尔夫人再次任命阿兰·沃尔特斯爵士作为她的全职经济顾问,首相和财政大臣的政策分歧和矛盾达到顶峰。沃尔特斯的回归,说明撒切尔夫人和劳森之间不再像一般首相和财政大臣那样拥有互信和一致的观点,而且舆论界会把经济形势恶化的责任全部归咎于劳森。1989年10月26日,劳森要求撒切尔夫人在沃尔特斯和他之间做出选择,在没有得

[①] 1981—1983年,阿兰·沃尔特斯做过撒切尔首相的经济顾问。离开唐宁街10号后,他又顽固地反对英国加入ERM,并反对劳森将英镑汇率盯住西德马克的任何尝试,并通过报告、文章和讲座等多种形式公开批评劳森的政策。

到满意的答复的情况下,劳森决定辞职。在劳森辞职之前,杰弗里·豪在内阁改组中被免去了外交大臣的职务转而担任副首相。这样一来,撒切尔夫人内阁中的两个重要大臣都因为他们的倾向于欧洲的态度而在短期内被替代了。

三 加入欧洲汇率机制

劳森的继任者约翰·梅杰和其前任一样都认为应该通过汇率而不是货币供应量来掌控经济。他也希望早日加入 ERM,但是梅杰希望加入的立论与劳森不同。他更多的是从维护保守党的团结来考虑,认为早日加入 ERM 可以缓解政治上的紧张形势,并为即将到来的大选打好基础,同时也会对市场产生有利影响。加入 ERM 后,就能够更容易地降低利率,进而维持一个稳定的汇率。

撒切尔夫人内心虽然不愿意加入 ERM,仍然对经济和货币联盟抱有敌视态度,而且觉得作为财政大臣,梅杰这种政治高于经济的观点"不仅奇怪而且比较少见",但是考虑到汇率机制问题已经对政府的团结和形象造成了巨大的损害,她又不得不同意梅杰的分析。[1] 此时的撒切尔夫人也认识到,和她一样反对加入 ERM 的人太少了,来自内阁、议会党团、工商界的游说集团以及媒体的压力不断增大,再用"等待时机适合时加入"的说法已经不合时宜。撒切尔夫人不得不做出让步。1990 年 10 月 5 日,英国终于成为欧洲汇率机制的成员,英镑与联邦德国马克的汇率被确定为 2.95,与其他成员国只有 2.25% 的浮动范围相比,英镑享有 6% 的浮动幅度。在撒切尔夫人的一再坚持下,英国的银行基础利率由 15%(维持了 12 个月)降为 14%。[2]

英国加入 ERM 被指责为是"政治决定",因为是在"马德里条件"还没有实现的情况下匆忙加入的,特别是英国的通货膨胀率仍然高于其

---

[1] 详见 [英] 玛格丽特·撒切尔《唐宁街岁月》,李宏强译,国际文化出版公司 2009 年版,第 658—659 页。

[2] Peter Hardy, *A Right Approach to Economics: Margaret Thatcher's United Kingdom*, London: Hodder & Stoughton, 1991, p. 161.

他欧共体国家的平均水平。批评家指出，除非英国的通货膨胀率快速降下来，否则英国公司的竞争力将受到损害，进一步导致经常账户赤字。

英国和欧共体其他成员国之间的矛盾和保守党内部的矛盾在1990年10月召开的罗马峰会上表现出来。欧共体领导人决定在1994年1月开始德洛尔计划的第二阶段，并设想采取进一步措施为第三阶段建立单一货币做准备。撒切尔夫人则攻击这些做法，认为其他国家的领导人是生活在"脱离现实的环境"里。[①] 1990年11月1日，杰弗里·豪因为撒切尔夫人敌视经济和货币联盟的立场和态度愤而辞职。豪与撒切尔夫人虽有意见分歧，但是担任过撒切尔内阁财政大臣、外交大臣和副首相的杰弗里·豪一直被视为撒切尔夫人的忠实支持者。他的辞职被视为撒切尔夫人众叛亲离的标志，也是赫塞尔廷出来挑战撒切尔夫人保守党领导权的主要原因之一。1990年11月22日，撒切尔夫人宣布辞职，撒切尔时代结束。

四 宏观经济政策的特点

综上所述，撒切尔政府时期宏观经济政策的推行表现出以下特点：

（1）与凯恩斯主义的"需求管理"重视财政政策不同，撒切尔时期实施的"供应方改革"使财政政策成为货币政策的辅助性政策。在撒切尔时代，英国经济政策决策者在需求和供应这对矛盾中更加强调"供应方"，认为促进投资和促进劳动力市场运转的政策要比总需求层面的调控更加重要，宏观经济政策的成效如何主要是以微观经济的供应方政策是否成功作为参考标准的。换句话说，如果供应方——税收、产业和工会等都井井有条，那么宏观经济政策的主要要素——失业、增长和国际收支平衡——将会自行解决。因此撒切尔政府时期，在微观经济方面，政府大刀阔斧地实施了一系列国有企业私有化、金融业的自由化以及通过立法手段限制工会权力等措施的"供应方改革"与宏观经济政策相配

---

① Peter Hardy, *A Right Approach to Economics: Margaret Thatcher's United Kingdom*, London: Hodder & Stoughton, 1991, p.164.

合，希望借助市场"那只看不见的手"促使英国经济恢复往日荣光。撒切尔政府经济政策重心的调整扭转了第二次世界大战后"共识政治"所形成的过于强调宏观经济调控而忽视微观经济政策的趋势。①

（2）反通货膨胀替代充分就业成为宏观经济政策的最主要目标，并贯穿整个撒切尔政府时期，这是撒切尔夫人重新界定国家干预边界②、信奉新右派政治经济学理念的直接体现。③ 在"新右派"看来，任何宏观经济政策的积极作用都是短暂性的，往好处说，政府干预宏观经济是不起作用的；往坏处说，政府干预会扭曲私人企业的决策过程。但是，宏观经济政策中控制通货膨胀的职责被保留下来，即宏观经济政策的作用仅限于为市场的正常运转提供一个长期的、适合的稳定环境，而控制通货膨胀是实现这一目标的前提。尼格尔·劳森在 1984 年的梅斯演讲中是这样总结的："（宏观的和微观的经济政策）的合适角色与战后传统智慧所指定的正相反。应该是征服通货膨胀，而不是追求增长和就业，才是或者应该是宏观经济政策的目标。这是在创造一种有利于增长和就业的环境，而不是抑制价格的上升，这应该是微观经济政策的目标。"④ 在撒切尔政府看来，通货膨胀和失业之间并不存在某种替代关系，通货膨胀反而是导致失业的原因。因此，如果仅从控制通货膨胀的角度来评判，撒切尔时期的宏观经济政策无疑是成功的。除去 80 年代早期和末期的经济衰退外，在 80 年代的其他时间里，通货膨胀率基本保持在平均 5% 的水平。⑤

（3）作为第二次世界大战后第一届奉行"货币主义"赢得大选的政府，撒切尔政府的宏观经济政策也是在不断的探索中推进的。这在货币

---

① 毛锐等：《论题：从凯恩斯主义到货币主义——撒切尔政府宏观经济政策的调整》，《历史教学问题》2014 年第 5 期。

② Harvey Feigenbaum, Jeffrey Henig and Chris Hamnett, *Shrinking the State—The Political Underpinnings of Privatization*, Cambridge University Press, 1998, p. 17.

③ 新自由主义经济学主要包括货币主义、理性预期学派、供应学派、公共选择学派、弗赖堡学派和奥地利学派，对英国影响较大的是前四个学派（详见毛锐《撒切尔政府私有化政策研究》，中国社会科学出版社 2005 年版，第 40—44 页）。

④ N. Lawson, *The View from No*11, London: Bantam Press, 1992, pp. 414 – 415.

⑤ 毛锐：《英国撒切尔政府宏观经济政策的实践与特点》，《东方论坛》2010 年第 4 期。

政策工具的选择和对待财政政策的态度两方面表现得十分明显。在货币政策工具的选择上，英国财政部经历了从理想主义到现实主义的转变过程，由最先把广义货币标的英镑 M3 作为货币标的，到后来又把 M1、M0 以及 PSL2 作为货币标的；当在政策实施过程中发现这些内部的货币标的产生的效果都不理想后，财政大臣劳森又转向外部指标"汇率"，进而引发首相与财政大臣的尖锐矛盾，最后以劳森辞职告终。在对待财政政策方面，财政政策的短期影响被严重地低估了。由于新保守主义认为需要控制赤字以便控制货币发行量，因此在 MTFS 政策框架中完全忽视了财政政策对需求的直接影响和财政政策在宏观经济政策层面固有的不稳定性。可见，MTFS 框架下的财政政策只不过是实现货币标的（本身就有缺陷）的附庸，这成为导致 20 世纪 80 年代早期经济大衰退的主要诱因之一。到了 80 年代末，私有化的收入和税收的提高都使计划中的和实际的 PSBR 大大降低了，使政府财政出现实质性的盈余，结果引发过度需求，进而再次引发经济衰退。[①]

[①] 毛锐等：《论题：从凯恩斯主义到货币主义——撒切尔政府宏观经济政策的调整》，《历史教学问题》2014 年第 5 期。

第六章

由供应方改革到第三条道路改革
——新工党的宏观经济政策分析

第一节 "供应方改革"带来的经济问题

在 1979—1996 年的 18 年间,撒切尔夫人和梅杰的保守党政府摒弃凯恩斯主义的需求管理,致力于突破战后两党共识,转而采取以货币主义和供应学派为代表的新自由主义经济学,提倡"供应方改革",着重改善英国经济运行的长期环境。与此同时,保守党政府在微观经济领域进行了一系列革新。实现了经济的相对快速增长,失业减少,生产效率提高,被称为"撒切尔革命"。但是这一时期的经济也存在两大隐患。一是虽然保守党政府在货币政策中引入通货膨胀标的具有开创性的意义,但与此同时仍然存在货币目标不合理、政策制定和执行责任不明确、政策透明度欠缺等缺陷;二是这些政策缺陷导致英国经济增长不稳定,尤其是在 1989 年之后,一旦经济增长加速,必然导致通货膨胀上升,而降低通货膨胀又往往导致失业数量增加。

一 保守党货币政策的缺陷

1979 年上台后,为了解决通货膨胀问题,为英国经济运行创造良好的环境,保守党政府对英国货币政策进行了长期探索和改革。撒切尔政府尝试了多种货币总量标的和汇率标的并尝试加入欧洲汇率机制,但效果都不理想。1992 年 10 月,在加入欧洲汇率机制失败后,保守党政府转而尝试实施以通货膨胀标的为主的政策框架。新框架主要包括两方面内容：一是以通货膨胀标的为核心；二是重新界定财政部和英格兰银行的责任。这一框架虽具有突破性意义，但存在三方面缺陷。

（一）货币政策目标不恰当

1992年确立的通货膨胀目标要明显优于以往的货币目标，但是这一目标的设置也有其不合理性。通货膨胀标的是指以12个月的不包括抵押支付在内的零售物价指数的增长作为衡量标准。1992年10月，时任英国财政大臣的诺曼·拉蒙特在写给下议院财政特别委员会的信中确定通货膨胀标的为1%—4%。在1993—1995年的中期金融战略中，财政部再次确认了1%—4%作为通货膨胀标的。1995年6月，时任财政大臣肯尼斯·克拉克宣布这一目标要达到2.5%或者更低，此后直到1996—1997年度财政预算中均再次确认了这一目标。[1] 总的来看，梅杰政府在1992年将通胀目标设定为1%—4%，对货币政策制定者来说，这一范围过于宽泛，会导致货币政策出现大幅波动。而后期将目标设定为2.5%或以下同样也是不合理的，政策制定者为了达到货币政策标的倾向于追求低通胀而罔顾经济增长和失业，这显然对经济稳定和长期发展是不利的。

（二）政策制定和执行机制不合理

根据1997年之前的货币政策机制，政府既设定货币政策框架，又负责制定货币标的。政府在货币政策中扮演了关键角色，既当运动员又当裁判员，这大大降低了货币政策的可信度。如1983年以前，英镑M3作为中期金融战略中规定的货币标的，其增速始终难以得到有效控制。在1984年预算案中，财政大臣劳森将M0作为货币标的，使之获得与英镑M3同等重要的地位。但是M0的容量仅相当于英镑M3的7%，这并不能有效反映货币的增量和流量，因而无法有效警示通货膨胀，还会给政策制定机构造成假象。而劳森选择M0作为货币标的仅仅是因为这

---

[1] H M Treasury, *Financial Statement and Budget Report* 1996 - 97, 28 *November* 1995, www.gov.uk/government/publications/financial-statement-and-budget-report-1996-97, 2 May 2016.

一总量对利率最不敏感。在保守党的货币政策框架中,英格兰银行除了执行政府的货币政策外,还负责管理政府的债务,管理和监督金融机构。对英格兰银行来说,由于肩负着多重责任,有时候很难分清哪一个才是最重要的职责。

(三) 货币机制缺乏透明度

在20世纪90年代之前的大多数时间里,英国货币政策变动的周期非常短且没有确定的时长。尽管制定了一系列非正式的约定,但是关于货币政策如何制定却没有明确的指导方针,也缺少一个精确的、有规律的时间表来规范货币政策的决策和公布。通观这一时期,货币政策缺少连续性,局外人很难看清货币政策走向。政策制定者也很少对外界就货币政策的决策过程加以解释。在保守党政府执政的18年间,虽然每一季度英格兰银行都会在其季刊中对货币政策执行情况和通货膨胀状况进行说明,但是从未在财政预算中对规定的货币发行量增速或通胀目标进行说明,也从未对每月举行的货币政策会议对利率的调整进行解释。这种情况不利于投资者做出理性预期,也难以使民众对经济长期稳定增长保持信心。

自1992年以来,英国历任财政大臣的确尝试过给予货币政策更高的透明度,如财政大臣写信给下议院财政特别委员会阐明货币政策的安排,每月发布货币情况报告、通胀报告,财政大臣和英格兰银行行长进行常规会面以及随后公开会议记录等。然而,这些提高透明度的办法没有与明确责任结合在一起。在退出欧洲汇率机制后,英国货币政策面临的一个主要问题在于任何官方的利率决策都不免被怀疑包含短期政治考虑。这也成为通胀预期难以下降的一个重要原因。1997年初,独立金融机构预测,在接下来的1年中通胀上涨的平均幅度为3.5%,这反映出人们对当时货币框架保持价格稳定的能力缺乏信心。所有这一切都表明,当时的货币政策框架仍然需要进一步改革。

二 失业率居高不下

在撒切尔夫人执政期间,失业问题始终没有解决好,失业率一直居高不下。1982年失业人数超过200万人,1986年失业人数达到约328.91

万人，失业率高达 11.8%。① 究其原因，私有化政策是造成高失业率的重要原因之一。为了提高企业效率、降低成本，私有化后的企业往往进行大规模的裁员，致使失业人数大量增加。继任的梅杰政府继承了撒切尔主义，"计划到1991年底把通货膨胀率从10.9%降到5.5%，并拟利用政府财政扩大投资、刺激经济增长，促使经济复苏"②。然而，面对1992年的经济不景气，梅杰政府为了降低财政赤字负担，短期内关闭了31个矿井，裁减雇员3.1万人。这一决定无疑加重了失业问题。1990年4月，英国失业率仅为5.6%，此后逐月上升，到1992年底失业率达到10%，失业总数超过300万人。③

直到1997年工党上台之前，英国依然面临着严峻的失业问题。官方的统计数字仍不能全面反映英国就业的严峻形势。在1997年6月初，布莱尔曾公开表示，英国仍有500万名处于工作年龄段的成年人生活在无一人工作的家中，有近100万名青年人离开学校后就从未工作过。财政大臣戈登·布朗也表示，在拥有工作年龄段成员的家庭中，每5户就有一家无人工作，约有100万名单亲父母带着200万个孩子只能靠政府救济度日。尤其是英国存在着庞大的长期失业者队伍。英国教育与就业部公布的统计数据表明，1997年10月，英国失业一年以上的超过44.3万人、失业半年以上的年轻人超过12.2万人。据统计，随着企业用人标准越来越高，失业一年以上者重新找到工作的可能性比刚刚失业的人大大降低，而失业两年以上者重新找到工作的可能性几乎为零。④ 1997年7月，布朗在财政预算报告中强调，英国有35万名成年男女属于两年以上尚未重新找到工作的"长期性失业者"。以布莱尔为首的新工党上台，处理好就业问题，保证每个人都能公平地享受工作机会，这是摆在新工党面前亟须解决的问题。

---

① J. R. Shackleton, *The Labor Market under "New Labor": The First Two Terms*, Institute of Economic Affairs 2005, Blackwell Publishing, Oxford: 2005, p. 142.
② 申义怀、杨义萍：《英国新任首相约翰·梅杰》，《现代国际关系》1991年第1期。
③ 王振华：《英国的失业问题与布莱尔政府的就业政策》，《世界经济与政治》1998年第4期。
④ 回建东：《英国新工党就业政策改革的背景》，《经济与社会发展》2008年第7期。

三 经济增速不稳定

自1979年以来，我们可以看到英国出现了两次严重的经济衰退和两次经济繁荣。正如表6-1所呈现的那样，1979—1983年英国经济出现灾难性的衰退。这一时期出现了30年代以来最严重的产出下降和失业增加的情况。彼特·里德尔评论道："撒切尔内阁第一任期的表现比之前所有战后内阁的表现都糟糕。"

表6-1　　　　1979—1997年G7国家GDP年均增速　　　　　　（%）

	英国	G7国家平均水平	美国	日本	德国	法国	意大利	加拿大
1979—1983	0.9	1.8	1.3	3.4	1.2	1.8	2.3	1.8
1984—1988	4.0	3.8	4.0	4.3	2.5	2.5	3.0	4.7
1989—1993	0.4	1.9	1.7	3.0	1.5	1.5	1.1	0.7
1994—1997	3.0	2.3	2.5	1.7	2.2	2.2	1.8	2.8
1979—1997	2.1	2.4	2.4	3.2	2.0	2.0	2.1	2.5

资料来源：*OECD Economic Outlook*：Annex Table 1. Real GDP, includes projections for 1997 at December 1996.

虽然英国经济在1988年出现了所谓的"劳森繁荣"，但是1990年至1994年又转向衰退，这种趋势直到1995年才得到逆转。1979年至1997年，保守党政府的GDP年均增速低于G7国家平均水平，远远低于日本，仅略高于德、法、意三国。

尽管撒切尔夫人和梅杰政府执政期间造成英国宏观经济表现不佳的原因有很多，但是一个关键的因素是制度安排不力。货币政策目标不恰当，政策目标频繁变动不利于长期的通货膨胀稳定，单纯地将抑制通胀作为货币政策乃至宏观经济政策的目标，损害了经济增长和就业水平。政策制定和执行过程不透明使人们的通胀预期难以降低。政府在货币政策中发挥决定作用严重损害了货币政策的可信性。凡此种种，导致严重的经济不稳定并损害英国的长期经济表现。

第二节　新工党政府的货币政策改革

一　新工党政府对货币政策框架的改革

针对保守党执政期间的货币政策缺陷，新工党政府对英国货币政策框架进行了改革。新工党政府重新界定了财政部和英格兰银行的责任，建立金融服务监管局，确立了货币金融管理的三方体制。财政部负责规定价格稳定的具体目标，英格兰银行被授予独立执行货币政策的权力。在英格兰银行中设立货币政策委员会负责执行货币政策。金融服务监管局负责对银行体系进行监管，防范可能发生的金融风险。此外，新工党政府继承了保守党政府开创的通货膨胀目标制，但是对通货膨胀目标进行了改进，并提高了政策制定和执行的透明度。

（一）重新界定政策制定和执行责任

1998年《英格兰银行法》规定，英格兰银行的责任在于保持价格稳定和金融稳定。设立货币政策委员会（MPC）作为货币政策决策机构，负责实现价格稳定的目标。在现阶段的通货膨胀目标制下，价格稳定是指实现财政部规定的通货膨胀目标。金融稳定目标主要指英格兰银行对英国金融系统进行监管，防范可能发生的风险。最终，英格兰银行通过价格稳定和金融稳定辅助政府实行其经济政策，包括实现经济增长和充分就业。

财政部负责设定货币政策目标，并从英格兰银行收回了银行监管和政府债务管理的职能。财政部在每年的财政预算报告中都会对价格稳定的目标做出规定。这一目标是以PRIX或CPI定义的通货膨胀目标，在每年的财政预算中都要对通胀目标进行规定（确认上一年的目标或做出调整）。而英格兰银行则负责具体制定和执行相关政策以达到这一目标。如果遇到极端特殊的经济环境，在国家利益需要的情况下，政府有权在一定的时期内指导英格兰银行做出利率决定。这种做法只有在得到国会批准后才能实行。[①]

[①] Peter Rodgers, "Changes at the Bank of England," *Bank of England Quarterly Bulletin* 1997 Q3, Vol. 37, No. 3, 1997, p. 241.

第六章　由供应方改革到第三条道路改革

从英格兰银行收回银行监管和债务管理职能后，财政部分别设立了金融服务管理局（FSA）和债务管理局（DMO）来行使这两项职能。

在外汇政策方面，财政部负责决定外汇体制。英格兰银行拥有独立的外汇储备，可以利用这一储备审慎地介入外汇领域，以帮助实现其政策目标。如果政府提出要求的话，英格兰银行要通过买卖政府的外汇储备介入外汇市场。[1]

1. 货币政策委员会

1998年《英格兰银行法》对货币政策委员会的组成和运行进行了详细规定。英格兰银行中应当设立货币政策委员会来制定货币政策。这一委员会应当包括英格兰银行（BoE）行长和两位副行长，其中一位负责货币政策，另外一位负责金融稳定。此外，MPC包括BoE行长同财政大臣协商后任命的两位成员，其中一位必须是英格兰银行中负责货币政策统计的官员，另一位则必须为负责货币政策执行的官员。在英格兰银行内部成员之外，还包括4位由财政大臣任命的外部成员。这4位外部成员必须是货币政策领域的专家，有足够的知识和经验完成MPC的职能。[2] 严格的准入标准保证了MPC成员有足够的能力做出货币政策决策。

行长和副行长任期5年，由英格兰银行行长任命的两位内部成员和由财政大臣任命的4位外部成员任期3年（在特殊情况下，财政大臣任命的4位成员可以延长任期，但最长延期不超过6个月），这样做的目的在于使后面6位成员被轮番任命（每年轮换其中2人）。尽管外部成员由财政大臣任命，但是一旦走上工作岗位，他们就在为期3年的任期内独立行事。当然，也有人会说，他们会为了争取连任而听命于财政大臣。尽管任期不限，但是很多成员仅仅供职一届。所以，很难说MPC外部成员在决策方面会受到财政大臣的影响。

在9位MPC成员之外，1998年《英格兰银行法》还允许财政部代

---

[1] Gordon Brown, "Letter from the Chancellor to the Governor: 6 May 1997," *Bank of England Quarterly Bulletin* 1997 Q3, Vol. 37, No. 3, 1997, pp. 244–245.

[2] "Bank of England," *Bank of England Act* 1998, p. 51, 23 April 1998, http://www.bankofengland.co.uk/about/documents/legislation/1998act.pdf, 25 May 2016.

表参加 MPC 会议并发言，但是这些代表没有投票权。可以说，这些代表肩负着沟通货币政策和财政政策这两大宏观经济政策领域的使命。英格兰银行独立后，有人对货币政策和财政政策能否有效配合存在质疑。实际上，这种质疑是不成立的。从政策目标来看，财政政策和货币政策目标都出自财政部，两项政策在目标方面是能够有效协调的。从政策执行来看，两项政策的执行都有着明确的目标，执行过程也是非常透明的，所以财政部和英格兰银行在政策的执行过程中能够及时参照对方政策对己方政策的反应。财政部代表参加 MPC 会议则可以对两项政策进行有效沟通。[①]

MPC 能够得到大量来自英格兰银行的专业人员的帮助，他们提供所有相关因素的报告和分析。英格兰银行获得独立地位使财政部置身于货币政策之外，并且第一次凸显了经济学家在经济政策制定中的核心地位。在委员会成员的构成中，经济学家占绝对多数。英格兰银行的成员构成也向技术型和政策专业知识型人才倾斜。[②]

货币分析和统计部（MA）负责为英格兰银行提供制定货币政策的经济数据。该部门中的经济学家负责分析英国和世界经济形势并做出展望。该部门负责编写《英格兰银行季刊》和《通货膨胀报告》，阐释 MPC 对当前货币和经济形势的评估，公布 MPC 对通胀和经济增长的未来展望。

MA 通过遍布在英国各地的 12 个分支机构获得经济数据，并将这些经济数据提供给 MPC 作为制定货币政策的参考。此外，该部门还编写和公布金融统计数据，特别是货币总量和银行业务统计数据。对于国家间政策协调的研究也是 MA 的特色业务。MPC 受到英格兰银行监督委员会的监督，这一委员会有权监督 MPC 的活动程序，特别是 MPC 在制定货币政策时从各地区各部门收集的数据是否恰当。

英格兰银行广泛的组织机构网络使 MPC 成员有机会在英国进行调研

[①] HM Treasury, *Reforming Britain's Economic and Financial Policy*, London: Palgrave Press, 2002, p. 49.

[②] David Chobham, *The Making of Monetary Policy in the UK 1975 – 2000*, Chichester: John & Sons Ltd., 2002, p. 67.

第六章 由供应方改革到第三条道路改革

并与经济界人士和社会其他领域的民众见面。委员会成员能够自由地公开表达自己的见解。他们定期进行演讲和接受媒体采访,定期向下院财政特别委员会作报告。尽管这些公开活动偶尔会暴露MPC成员之间的意见分歧,但是却大大增加了货币政策的透明度,使经济主体对货币政策建立起稳定的预期。

MPC至少每月举行一次会面,在行长或者副行长(行长缺席的情况下)认为必要的情况下也可以临时召集会议。会议在每个月第一个周一之后的周三和周四召开,在会议召开之前先详细考虑最近的经济发展和在未来两年内它们将如何影响通货膨胀。会议对最新数据解释不清的问题和与之前预测不一致的问题进行重点研究。一旦完成了初步讨论,就要做出会议决定。

会议决定在通常情况下是指决定利率上调、下调或保持不变。MPC为了保持价格稳定也会直接干预金融市场。为此目的,英格兰银行持有独立于财政部的外汇储备,在获得银行董事会许可的情况下可以动用这些外汇储备。英格兰银行干预金融市场的另外一种方法是每周对短期国库券的投资。然而,1998年4月,新成立的债务管理局接管了政府债务管理和对金边证券市场的监管。从2000年4月开始,整个管理政府现金需求的责任就让渡给了债务管理局。[1]

MPC的会议决定通过投票产生,每位成员有1票的投票权,在投票双方不分胜负的情况下,MPC主席拥有一票决定权。在每次MPC会议后,英格兰银行应当在会议开始的6周内公布会议记录。这些记录中应当包含与MPC会议决议有关的投票情况。MPC应当每月向英格兰银行董事会提交报告,汇报其在当月的活动情况。此外,MPC还要在每一个季度出版的《通货膨胀报告》中对最近的经济发展进行评估并提供通胀展望。这一常规工作有助于保证MPC决定的连续性和想法的成熟,并且在制定政策决定时将所有的因素考虑在内。

---

[1] HM Treasury, *Reforming Britain's Economic and Financial Policy*, London: Palgrave Press, 2002, pp. 50–53.

2. 金融服务监管局（FSA）

在英格兰银行独立仅仅两周后，布朗就宣布对金融服务管理进行改革，将一直以来都由英格兰银行负责的银行监管权和投资服务管理权划归证券和投资委员会（SIB）。SIB成立于1985年，逐渐吞并了老的金融中间商、经理人和代理人管理协会以及私人投资管理局，形成了一个庞大的机构。在此次将银行监管和投资服务管理权划归SIB后，这一机构经过改革在1997年10月成为金融服务监管局。

银行监管主要是设置最谨慎的标准，并努力确保这些标准得到遵守——目的是减少私人银行失败的风险，这样做的主要目的在于保护存款人的利益。英格兰银行前行长爱德华·乔治在1997年6月12日的伦敦市长晚宴上说，这（银行监管）并不是中央银行的原始业务，在1979年颁布首个银行法案之前，中央银行的主要精力集中在防止某一银行或某一金融市场所产生的金融问题传播到其他银行或其他金融市场。将银行监管和保持金融稳定这两个不同概念的责任结合在一起，可能会导致目标上的冲突，产生一个"斗鸡眼的管理者"[1]。新工党政府上台后立即解放了这个"斗鸡眼的管理者"，将银行监管的职能从英格兰银行中分离出来，交给金融服务监管局。

此后，《2000年金融服务和市场法》将证券和期货局、投资管理监管组织、个人投资局以及建筑协会委员会、友好社团委员会、友好社团登记处等机构的职责并入FSA，规定FSA的职责包括：维持市场对金融系统的信心；维护并加强金融稳定；保障消费者权益，促进公众对金融制度的理解；保护投资者；减少金融犯罪等。新成立的FSA是一个独立的非政府组织，但是对财政部负责，进而对国会负责。它从所管理的金融机构中获得财政支持，并独立于政府行使职权。财政部则有权对FSA在行使职权过程中的经济性、有效性和政策影响进行调查。[2]

---

[1] Edward George, "Reforms to the UK Monetary Policy Framework and Financial Services Regulation," *Bank of England Quarterly Bulletin* 1997 Q3, Vol. 37, No. 3, 1997, p. 316.

[2] *Financial Service and Market Act* 2000, 6 June 2000, http://www.legislation.gov.uk/ukpga/2000/8/pdfs/ukpga_ 20000008_ en. pdf, 6 June 2016.

第六章 由供应方改革到第三条道路改革

3. 债务管理局

在失去银行监管部门后,英格兰银行也逐步剥离政府债务管理业务。新工党政府认为,英格兰银行既设定利率又发行政府债券,这可能会产生利益冲突。1998年4月1日,英国债务管理办公室正式成立,财政部金融管理和产业司的副司长麦克·威廉姆斯担任第一任主任。

债务管理办公室的主要职责包括经营金边证券市场,通过进行双边交易和发行短期国库券实行现金管理,通过债务管理存款账户机制向地方机构提供存款渠道,保持金融系统稳定并保护普通存款者、商人和贷款者,向地方机构提供贷款,负责政府基金的投资和管理等。[①]

从机构设置的角度来说,债务管理办公室是财政部的一个执行机构,在财政大臣设定的政策框架下行事,管理办公室主任由财政大臣任命。

(二) 改进通货膨胀目标

保守党政府引进了通货膨胀目标制,将低水平的稳定通胀作为价格稳定的指标。但是保守党政府治下的通货膨胀目标存在诸多缺陷,新工党上台后继承并致力于改进这一目标。新工党政府改变了保守党政府将通胀目标设定为一个范围的做法,为货币政策设定了一个清晰明确的通胀目标。改变保守党片面强调低通胀的做法,设定了一个平衡的通胀目标,同等看待通货膨胀向上和向下目标的偏离。

1. 保持清晰稳定的通胀目标

新工党政府将高水平的稳定增长和就业作为宏观经济政策的目标。价格稳定是实现这一目标的必要条件。财政大臣戈登·布朗继承了梅杰政府关于价格稳定的定义,致力于实现低水平的稳定通胀。为什么新工党政府使用通货膨胀目标而非货币供应量目标作为货币政策的目标?财政部指出,没有明确的证据表明价格稳定与货币供应量之间有确定的关系,将价格稳定直接转化为通货膨胀目标避免了中间目标最终可能与目标不相吻合的风险。

---

① Debt Management Office, *UK Debt Management Office Executive Agency Framework*, April 2005, http://www.dmo.gov.uk/documentview.aspx? docname = publications/corpgovernance/fwork040405.pdf&page = , 6 June 2016.

新工党政府将通货膨胀目标设定为一个清晰的数字，而非像保守党那样将通货膨胀目标设定为一个范围。1992年10月，保守党的财政大臣诺曼·拉蒙特在写给财政特别委员会的信中确定了1%—4%的通货膨胀目标，计划到1997年将通胀目标降低为1%—2%。1995年6月的财政预算中规定1995—1996财政年度的通货膨胀应该保持在0—2.5%。

将通胀目标设定为一个范围，其弊端在于目标过于宽泛，不能对政策制定者进行很好的制约。维持通货膨胀在该目标范围内持续波动，意味着价格水平也会在一定范围内波动，价格就难以保持在一个稳定持续的水平上。通胀目标范围过于宽松或狭窄都会对公众造成误导。将通胀目标范围设定得过于宽泛的话，将导致公众认为通货膨胀波动太大，反之亦然。此外，将通胀目标设定为一个范围也不利于稳定公众对于通货膨胀的预期。

新工党将通胀目标设定为一个明确的数字，则避免了上述弊端。1998年《英格兰银行法》第12条要求政府对价格稳定的目标做出具体规定，并在每年的财政预算中进行更改或确认。价格稳定目标被刚刚上台的新工党政府明确定义为2.5%的以零售物价指数（去除掉贷款利率）计算的通货膨胀目标。为什么通胀目标被设定为RPIX定义的2.5%这一数字？对这一问题学术界也没有统一的意见。在不同国家、不同时期，政策对不同价格指数的取舍、不同的制度结构和历史经历，都会影响工资和价格的设定。但是英国财政部选定的这一目标与其他有明确通胀目标的国家所确定的目标处在相近的范围内。

通胀目标不仅是清晰的，而且是稳定的。目标一旦设定，MPC必须一直保持这一通货膨胀水平。这一规定有两层含义：一是通胀目标不能是一个时期内的通胀平均值；二是通胀目标必须保持这一个数字。新框架要求通货膨胀在上下浮动超过1%时，英格兰银行行长必须向财政大臣写信说明情况并给出解决方案。任何经济体在某些时间节点上都会遭遇外部事件的干扰或经历短暂的困难，这些情况可能导致通胀偏离合适的水平。这样，试图在平均水平上达到通胀目标就会导致急剧的、不稳定的政策变化，并可能意味着MPC最终偏离既定的政策目标。下议院财政特别委员会在1999年7月总结道,财政大臣认为,在一个时期内保持相同的通胀目标能够表明政府在追求持续的目标,并能增加反通胀政策的可信度。

2. 对称的通货膨胀目标

保持低水平的稳定通胀并非意味着通货膨胀越低越好。通货膨胀过低会损害经济增长和就业水平,所以确定一个对称的通胀目标至关重要。保守党政府在1992年引进通货膨胀目标制后,先后将通胀目标设定为1%—4%、1%—2%、0—2.5%。非对称性的通货膨胀目标导致政策制定者为了保证稳定的价格水平而不惜牺牲经济增长和就业。保守党政府片面强调低通胀导致1992—1997年英国年均就业率普遍较低。

新工党政府改变非对称性的通胀目标范围,设定了一个对称性的通胀目标。MPC必须努力达到2.5%的RPIX通胀(2003年后,这一目标更改为2%的CPI通胀)。一旦通货膨胀偏离目标或有偏离目标的趋势,MPC必须立即采取措施。对通货膨胀向上或向下偏离目标都需同样对待。这就意味着政策制定者不能过度地放宽政策,在短期内制造经济繁荣的假象(战后两党政府在面临大选时经常使用这种手段)。英格兰银行行长艾迪·乔治在1999年强调,我们已经很清楚地说明,在通胀面临下行压力时,放松政策的行动就像在通胀上行时采取紧缩政策的行动一样有力。

用来促进增长和就业的对称的通胀目标也有助于政策制定者保持更好的前瞻性。通过迅速反应,政策制定者可以防止通胀压力的积累,这样就能减少通胀和产出的不定性。在新框架中,面对通货膨胀或通货紧缩的压力,如果MPC能够及早行动,货币政策是能够先发制人的。

尽管实现通胀目标一直是MPC的责任,但是货币政策框架也承认在各种波动和不稳定因素的影响下,真实的通胀率偶尔会与目标值相偏离。因此允许通货膨胀在目标上下1%的范围内波动。这一设定主要有两点考虑:一是不一定非要在短期内达到目标,因为控制通胀需要比较长的政策周期,如此稳定且精确的通胀目标在短期内既难以实现又不可取,尝试在短期内完全实现通胀目标会导致经济不稳定。所以货币政策委员会不期望达到不可能的目标,如果通货膨胀并非刚好是2.5%,也不会造成委员会声誉受损。另外，在通胀波动超过临界点的时候由英格兰银行行长给财政大臣写公开信会加强政策的可靠性。这一公开信不应该被看作货币政策委员会承认了政策失败，而更多地应该被看作货币政策委员会对短时间内未能实现通胀目标的干扰因素（如供给波动等）的解释。①

（三）提高政策透明度

1998年《英格兰银行法》规定，财政部有责任阐释价格稳定的具体内涵。自1998年起，政府在每年的财政预算中都会对价格稳定的内涵进行界定，并公布该财政年度应该达到的通货膨胀目标。

英格兰银行在提高政策透明度方面同样肩负着重要的责任。MPC提前公布会议日期，并在会后立即公布政策决定，在会后6周内公布会议记录。MPC成员有义务到各地调研，面向各地和各经济部门的商人作报告并接受媒体采访，公开发表个人意见。此外，要定期向下议院财政特别委员会作报告。

英格兰银行则被要求每季度公布《通货膨胀报告》，在报告中应该阐明其货币政策行为，表达对经济的分析和判断以及解释打算如何实现政府制定的通货膨胀目标并对政府的经济政策进行辅助。

当通胀因为经济波动而偏离目标时，MPC有义务做出调整。如果通胀低于或高于通胀目标超过1%，英格兰银行行长则有义务向财政部长写一封公开信，阐明为什么通胀偏离目标如此之多；提出正在致力于解决这一问题的措施；说明通胀将在多久后恢复目标水平；表明这一举措如何与政府的增长和就业目标相适应。

如果通胀在3个月后仍然低于或高于目标水平超过1%的话，英格兰银行行长还要向财政大臣另写一封公开信说明情况。公开信不一定被看作失败的标志。例如，如果通货膨胀偏离目标是因为经济波动造成的，公开信就能够为MPC提供一种解释其自身决定的方式。② 公开向公众解

---

① David Chobham, *The Making of Monetary Policy in the UK 1975 – 2000*, Chichester: John & Sons Ltd., 2002, p. 107.
② HM Treasury, *Reforming Britain's Economic and Financial Policy*, London: Palgrave Press, 2002, p. 48.

释通胀上涨的原因也有助于降低通胀预期,这对抑制通货膨胀和稳定经济是非常关键的。

提高政策透明度有助于稳定经济。在经新工党政府改进的货币政策框架下,财政部和英格兰银行共同肩负着提高政策透明度的责任。年度财政预算、季度《通货膨胀报告》、月度 MPC 会议记录、公开信制度和 MPC 成员向下院作报告等提高货币政策透明度的做法有助于加深公众对货币政策的了解。在面临经济波动的情况下有助于稳定公众信心,提高公众对通胀预期的稳定性,从而降低出现大的经济波动的可能性。

毫无疑问,新的政策框架具有更高的透明度和可信性。新工党政府继承了保守党通货膨胀目标制的核心内容,虽然在政策目标和工具上没有发生大的变化,但是新工党政府对政策执行机构进行了大刀阔斧的改革。一是改革内阁与英格兰银行之间的关系,明确货币政策制定和执行机构的权责,英格兰银行独立制定利率,货币政策免受政治因素干扰;二是新框架的设置改变了单纯追求低通胀的不合理目标,将目标定为一个合理的数字并允许通胀在一个合理的区间内变动,这对通胀预期和宏观经济稳定非常有益;三是增加政策透明度,确保公众能够清晰地理解 MPC 试图达到的目标,为了达到目标正在做的事情以及政策的成效如何。这有助于降低通胀预期,也将减少降低通胀的成本。更高的透明度和可信性使货币政策有更强的连续性和可预测性,公众能够观察到隐藏在货币政策决策背后的过程,对政策内涵有一个透彻的理解。[1]

二 新工党政府货币政策实践

在新的货币政策框架下,货币政策旨在保持价格稳定并保证人们对货币的信心。价格稳定的衡量标准是政府设定的通货膨胀目标,英国货币政策通常以借款利率作为政策工具。从 2009 年 3 月起,除了进行利率调节之外,英格兰银行还直接向经济领域注入流动性,即所谓的量化宽

---

[1] HM Treasury, *Reforming Britain's Economic and Financial Policy*, London: Palgrave Press, 2002, p. 53.

松。除了国内政策实践之外，英国对欧洲单一货币政策也应当是货币政策的应有之义。出于国家利益的考虑，新工党政府对欧元区坚持采取"原则可行，时机未到"的立场。

（一）零售物价指数定义的通胀目标和利率调整（1997—2003）

1997年6月，MPC第一次会议很好地履行了1997年《英格兰银行法》对MPC成员知识和技能的要求。此次会议的成员包括财政部长任命的两位外部成员——剑桥大学教授维勒姆·比特和伦敦经济学院教授查尔斯·古德哈特。此外，还有英格兰银行行长即MPC主席艾迪·乔治、副行长霍华德·戴维斯（后被任命为新组建的金融服务监管局的主席）、负责货币分析的执行董事默文·金和负责货币运行的执行董事伊恩·普伦德莱斯。[①]

MPC的第一个决定是将利率上调0.25%，把借款利率调整为6.5%，这是在综合考虑货币状况等多方面因素后得出的结论。从货币状况来看，纸币和硬币的年均增速从1997年1月的7.1%下降到4月的6.3%，预计5月将下降到6.1%。广义货币的增速从2月和3月的11%下降到10.2%。借贷增长保持稳定，其中，面向个人的借贷在第一季度继续保持稳健，无抵押贷款较去年增长16.7%，抵押借款增长5.2%。自同年5月宣布英格兰银行独立后，金边证券市场投资收益急剧减少。从需求和产出来看，1997年第一季度的GDP平均增速为0.9%，其中投资增长表现出惊人的强劲态势（该季度增速为3.3%），出口增长表现消极但没有出现下行趋势，服务业产出保持强劲增长的势头，该年度4月制造业增长率为0.7%，较上年同期增速高出1.7%。自1996年初以来，与日益增长的个人可支配收入相一致，消费支出平均每季度增长1%。尽管房价在1996年经历了快速增长，但是此后直到1997年4月都没有明显增长。从劳动力市场来看，工资收入增长势头持续强劲，技术型劳动力缺口持续扩大，登记失业人数减少。从物价方面来看，4月的日用品价格

[①] Bank of England, *Bank of England Report & Account for the Year Ended 28 February* 1998, 13 May 1998, p. 29. http:// www.bankofengland.co.uk/archive/Documents/historicpubs/ar/1998report.pdf, 22 June 2016.

第六章　由供应方改革到第三条道路改革

（包括石油价格）下降2.4%，进口价格波动不大，出口价格有所下降，但下降的程度不及汇率上升的程度。4月，制造业的投入价格较上月下降1.9%，较上年同期下降10.5%。1997年前几个月的产出价格波动不大，4月和5月的产出价格分别较上年同期增长0.8%和1%。虽然该年度产出价格波动不大，但是由于成本降低和生产效率提高，制造业利润增加。在1997年前3个月，RPIX通胀率持续下降，到4月降至2.5%。从金融市场来看，自1996年夏天以来英镑对西德马克的汇率持续上升。MPC认为，在未来的12个月内，金融市场将会使3个月的银行同业拆借利率削减为7.25%。综合以上方面的因素并结合英格兰银行在5月13日公布的通货膨胀报告，MPC认为，尽管汇率上涨可能会在短期内限制零售价格指数，但是对于通货膨胀的核心预测表明，应该在未来几个月采取适度的紧缩货币政策。[1]

在接下来的两次会议中，MPC又分别将利率上调0.25%。尽管此时的通货膨胀率非常接近目标，但是MPC认为国内需求压力需要采取更加紧缩的货币政策来保证通货膨胀的预期在未来两年时间内保持这一目标。到1997年8月，英国短期失业率为4.5%，达到80年代初期以来的最低值。1996年春季居民收入增长速度为3.75%，此时的增速在4.25%—4.5%，MPC惊讶于居民收入没有以更快的速度增长。MPC认为，通货膨胀可能会有上行的风险，可能出现的更快的收入增长成为MPC上调利率的重要依据。[2] 1997年上半年，英国居民消费年均增速达4%。1996年至1997年初，短期实际利率达到相对较低的水平，消费者的消费信心空前提高。[3] 此外，尽管英镑对马克汇率上涨部分抵消了通货膨胀的风

---

[1]　Monetary Policy Committee, *Minutes of the MPC Meeting Held on 5 and 6 June 1997*, 16 July 1997, http://www.bankofengland.co.uk/archive/Documents/historicpubs/mpcminutes/1997/Mpc9706.pdf, 7 July 2016.

[2]　Monetary Policy Committee, *Minutes of the MPC Meeting Held on 6 and 7 August 1997*, 17 September 1997, p.11. http://www.bankofengland.co.uk/archive/Documents/historicpubs/mpcminutes/1997/mpc9708.pdf, 9 July 2016.

[3]　Monetary Policy Committee, *Minutes of the MPC Meeting Held on 6 and 7 August 1997*, 17 September 1997, p.13. http://www.bankofengland.co.uk/archive/Documents/historicpubs/mpcminutes/1997/mpc9708.pdf, 9 July 2016.

险，但是英镑汇率下行的可能性也是存在的。假设此时英镑汇率停止上涨并出现回落，虽然对通货膨胀产生的是暂时的影响，但是这将成为刺激名义需求增长进而导致通胀和通胀预期上涨的强有力因素。

在保持低水平通胀的同时，上台之初的新工党政府同样面临是否加入欧洲单一货币的问题。1997年10月，布朗在下议院声明，加入欧元区是英国的长期目标，英国不会永远留在欧元区之外。但是鉴于各种经济条件，英国不会第一批加入欧元区。新工党政府承诺只要经济条件允许，就会在下届选举胜利后对各项经济指标进行评估，并将是否加入欧元区的决定权诉诸全民公投。

何种时机才是英国加入欧元区的合适时机？布朗提出了加入欧元区的五项经济测试。其内容可概括为：(1) 经济聚合。英国经济必须与欧元区经济周期相吻合。这意味着实际GDP增长率、利率、贸易平衡和失业水平在一个相对长的时期内要与欧元区同步，这是一项关键的评估因素。(2) 灵活性。英国是否有足够的灵活性来解决经济中出现的所有问题。(3) 投资。加入欧元区会为外国公司在英国长期投资提供更好的条件吗？英国加入欧元区后，国外直接投资会增长还是减少。(4) 伦敦金融城。加入欧元区将会对英国的金融服务业产生什么样的影响。(5) 就业。如果英国加入欧元区，是否会促进GDP和就业的增长。针对这五项测试，有学者认为，这是布朗拖延加入欧元区的手段，因为财政大臣可以决定测试是否达标，但实际情况并非如此。

从1997年下半年到1998年上半年，MPC仅在1997年11月和1998年6月进行过两次利率调整。在这两次会议上，MPC分别将利率上调0.25%。这期间英镑汇率上升已经给英国贸易带来明显的困难，但是MPC之所以没有密集地下调利率主要是因为国内需求的压力部分抵消了上述困难。但是到1998年夏季，劳动力市场出现紧缩信号，主要表现在就业和失业数据上，出现了技工短缺，招聘困难，工资及可支配收入增加等现象。这引起MPC对通胀率上涨的担忧，在1998年6月的例行会议上，MPC决定将利率上调0.25%。

1998年秋，MPC面临的形势更加复杂。国内经济出现放缓的趋势，

第六章　由供应方改革到第三条道路改革

英镑汇率也开始下降。但是国外形势风云诡谲，亚洲爆发金融危机，俄罗斯金融市场崩溃，长期资本管理崩溃导致世界经济活动恶化，这些都会影响英国的经济发展。综合考虑以上形势，MPC认为，当下英国面临的主要挑战是应对亚洲金融混乱所产生的影响。[1] 主要是国外需求和汇率变化使英国出口部门面临着更大压力，国内生产和消费信心受到抑制，通货膨胀面临向下偏离目标的风险。MPC做出相应调整，从1998年10月到1999年6月连续削减利率的幅度达到2.5%，利率下调到5%。[2]

尽管1999年下半年经济增长加速的结论只是出于人们的推测，但是有确实的证据表明，英国经济在摆脱上一年的经济衰退后仍出现了强劲增长，经济增速超过常规。自1999年秋季起，MPC陆续上调利率，由5%调整到2000年2月的6%。

从1999年年中到2000年上半年，尽管英国经济出现好转，但是经济中的不利因素仍不可忽视，其中最重要的是欧元、美元和日元对英镑汇率的持续疲软。关于欧元疲软的原因，人们众说纷纭。有人认为，欧元疲软主要是因为欧元在欧元区内的结构性缺陷导致欧元区内资本外流至美国和世界其他地区。也有人持其他不同观点。不管何种原因导致了欧元的疲软，这对英国来说都不是一个利好的消息，因为对欧元区的出口在英国出口贸易中占很大比重。虽然对英国来说这并非一个新近出现的困难（1997年英国也曾面临类似的问题），但是汇率方面的不利因素对出口部门和以出口经济为支柱的地区的伤害是显而易见的。由于这一问题的根源在国外，因此很难通过国内政策（货币政策）对其发挥直接影响。但MPC考虑到汇率因素对经济的不利影响，相应地减少了利率上调的幅度，以便通过鼓励国内需求来抵消高汇率的不利影响。[3]

---

[1] Bank of England, *Bank of England Annual Report* 1999, March 1999, pp. 3 - 4. http://www.bankofengland.co.uk/archive/Documents/historicpubs/ar/1999report.pdf, 15 July 2016.

[2] Monetary Policy Committee, *Minutes of the MPC Meeting Held on 9 and 10 June 1999*, 23 June 1999, http://www.bankofengland.co.uk/archive/Documents/historicpubs/mpcminutes/1999/mpc9906.pdf, 16 July 2016.

[3] Bank of England, *Bank of England Annual Report* 2000, pp. 3 - 4, http://www.bankofengland.co.uk/archive/Documents/historicpubs/ar/2000report.pdf, 18 July 2016.

2000年英国房价开始出现大幅上涨,[①] 但证券交易量开始下降。美国经济出现衰退迹象。在这个不确定的时期,MPC选择保持借款利率稳定。随着资产价格在2001年继续下跌,对美国和世界经济的预期继续恶化,MPC开始放松政策。到2001年9月MPC举行常规会议的时候,借款利率降到了5%。[②]

2001年秋季,"9·11"恐怖袭击造成的恐慌和信心崩溃传导到英国,促使MPC召集了第一次特别会议。委员会成员一致认为,虽然这次恐怖袭击造成的经济影响还难以具体评估,但此次袭击无疑会抑制短期供给和需求,金融财富减少,家庭倾向于储存财富,企业则会延迟或取消预定的投资计划。

而且,从更广阔的视野来看仍有很多不确定性。这次恐怖袭击对供给和需求平衡以及通胀压力的中期影响尚不明确。各国受到的影响程度不同可能会造成汇率波动。美国和国际社会对恐怖袭击的反应本身就可能带来不确定性——这些应对措施可能会对经济展望产生进一步的深远影响。MPC常规的行动流程是综合考察前一个月的经济形势以对货币政策做出新的决策,但是考虑到这些不确定性,MPC是否应该在下次(两周之后)例行会议之前对货币政策做出调整成了MPC内部争论的一个焦点问题。针对这一问题,MPC大致有三种选择。第一种选择是在10月的例行会议前不做出任何利率决定。因为设立MPC的出发点就是基于常规的经过分析的数据做出政策判断(而非对单个事件做出临时性的反应),从而消除不确定性。若此时做出利率调整将有可能做出错误决策并增加未来经济形势的不确定性。但是,此时英国面临的形势有极大的特殊性,虽然"9·11"对英国经济的影响程度有多大尚未可知,但是其抑制英国经济增长的影响则是清晰可见的。此外,金融市场和媒体对近期降低利率已然有较明确的预期,不必担心此时的利率降低会造成市场恐慌情

---

① Timothy Besley and Kevin Sheedy, "Monetary Policy under Labour," *National Institute Economy Review*, Vol. 212, No. 1, 2010, p. 23, figure 8.

② Timothy Besley and Kevin Sheedy, "Monetary Policy under Labour," *National Institute Economy Review*, Vol. 212, No. 1, 2010, p. 21.

第六章　由供应方改革到第三条道路改革

绪。所以 MPC 一致认为此时进行利率调整是恰当的。

但是关于利率下调的幅度，则存在下调 0.25% 和 0.5% 两种选择。大多数成员支持利率下调 0.25%。首先，下调利率向外界传达一个信号，表明 MPC 已经做好准备应对"9·11"带来的经济影响，稳定市场情绪。其次，尽管美联储和其他央行利率下调的幅度大多是 0.5%，但是"9·11"之前的英国需求状况优于其他国家，此时将利率下调 0.5% 可能会造成经济衰退的夸张印象，并将对市场信心造成消极影响。对 MPC 来说，当时最优的选择是在这次特别会议上立即将利率下调 0.25% 并同时发表声明，宣布 MPC 将持续关注通货膨胀并结合后续的情报在 10 月的例行会议上做出进一步评估和举措。[1]

到 2002 年，英国经济仍然面临着严峻的外部形势。"9·11"事件导致世界经济发展速度放缓，这对英国出口部门造成严重损害。与此同时，欧元对外币汇率一直走低，也对英国贸易造成消极影响。MPC 无法直接对外部因素施加影响，要保持通胀水平和经济发展必须刺激国内需求。银行利率从 2001 年早期的 6% 一路下调到 2002 年 11 月的 4%，并持续到年底。[2]

2003 年 2 月，即将爆发的伊拉克战争造成世界经济疲软，这刺激了新的利率下调，全世界的证券交易量也继续下降。但是消费品价格指数的上涨，在当时是稳固的，MPC 选择将银行利率下调到 3.75%。

2003 年 6 月，副行长默文·金接替艾迪·乔治就任英格兰银行行长。金是坚定的反通胀主义者，对英国加入欧元区持有怀疑态度。7 月 10 日，金第一次主持 MPC 会议。2003 年第一季度英国的 GDP 增长和通胀水平都低于预期，英镑汇率开始回升，在这次会议上 MPC 将利率下调了 0.25%。

---

[1] Monetary Policy Committee, *Minutes of the MPC Meeting Held on 18 September* 2001, 19 September 2001, p. 3. http://www.bankofengland.co.uk/archive/Documents/historicpubs/mpcminutes/2001/mpc0110a.pdf, 20 July 2016.

[2] Bank of England, *Bank of England Annual Report* 2002, p. 3, May 2002, http://www.bankofengland.co.uk/archive/Documents/historicpubs/ar/2002report.pdf, 20 July 2016.

到年底时,年初的悲观形势发生了逆转,美国经济出现了强劲增长,证券市场亦强劲反弹。此外,房价通胀将零售物价指数通胀推向高于目标水平。MPC 于是改变了策略,在 11 月开始上调利率。虽然通货膨胀压力依然强劲,这部分源于日用品价格出现上涨的趋势。为了防止通胀水平出现剧烈上扬,MPC 将银行利率上调到 4.75%。

(二) 通胀目标转向消费价格指数 (2003—2007)

2003 年,布朗决定调整通货膨胀目标。零售物价指数的通货膨胀目标被废弃,代之以消费价格指数 (CPI)。零售物价包含租房费用,而这一数据被消费价格指数排除在外 (尽管它确实包括租金指数)。CPI 也将家庭所得税排除在外,这也是 RPIX 的组成部分。2003 年,随着房价和家庭所得税双双出现两位数增长,RPIX 和 CPI 之间的差距开始拉大,2003 年的 RPIX 通胀比 CPI 通胀要高 1%—1.5%。消费价格指数能更好地说明消费者在经历大的价格增长时转换消费对象的活动,并且消费价格指数的构成与国际算法更加接近,它有助于国际上进行比较。由于零售物价指数和消费价格指数之间的差异,通货膨胀目标从 2.5% 变成了 2%。[1]

早在 2003 年的财政预算中,布朗就表达了更换通货膨胀目标的打算。6 月,布朗向新任英格兰银行行长默文·金写信表达了更换通货膨胀指标的打算,这遭到金和一些经济学家的反对。金认为,这将使得向大众解释货币政策变得更加困难。[2] 经济学家们则认为,通货膨胀目标转换的时机不对。因为在当时形势下,两个目标之间的差距很大。确实,尽管通胀目标指数做了下调以反映 RPIX 和 CPI 通胀之间长期性的不同,但是某些特别的因素使得那个时期的转换非常有挑战性。RPIX 通胀比 CPI 通胀高出 0.5% 还要多,这可能会被公众认为通货膨胀目标被放松了。金对这个变化有个很著名的评价:"当你正在防守贝克汉姆踢来的任意球时,你不会期望有人移动门柱。"通胀目标的变换引起众多媒体的注

---

[1] Timothy Besley and Kevin Sheedy, "Monetary Policy under Labour," *National Institute Economy Review*, Vol. 212, No. 1, 2010, p. 21.

[2] David Smith, "City Slams Chancellor over New Inflation Index," *Sunday Times*, 17 August 2003.

第六章　由供应方改革到第三条道路改革

意。在通胀目标上，很明显存在有损公众信心的危险。[①] 2003年12月11日《泰晤士报》刊登的一篇文章指出，虽然政府公布的CPI通胀与RPIX通胀相差0.5%，但两种目标实际上的差额可达到0.7%—0.8%，而财政部仅将通胀目标下调0.5%是为了减轻英格兰银行提高利率的压力。[②]

实际上，在公布CPI通胀目标后，政府在税收和社会保障等其他一些领域继续使用RPIX通胀。在这一事件中，我们似乎看到了六七十年代英国货币政策目标繁杂的局面，这也凸显了清晰的单一指标通货膨胀对货币政策的重要意义。

消费价格指数在结构上是与欧元区的调和消费者物价指数相对应的，这引发了一些推测。有专家认为，将央行货币政策目标调整到与欧洲央行相同的结构是为加入欧元区扫清道路。[③] 然而，新工党政府并没有加入欧元区，因为财政部为加入欧元区而进行的五项经济测试此时还没有达标。

2003年6月，布朗在下议院的讲话中指出，英国加入欧元区将带来一系列好处。其一，减少交易成本，英国每年在这方面的花费占到GDP的0.1%—0.2%。在加入欧元区后，大小企业将每年从中获益10亿英镑。其二，消除汇率波动，英国的制造业将从中获益。其三，增加跨境贸易，如果英国加入欧元区，与欧元区国家的贸易将在30年内增加50%。其四，有利于依托欧元区国家实现稳定的低水平利率，这对英国的企业和家庭有利。所以，政府在原则上支持加入欧元区。自1997年上台以来，新工党政府通过授予央行独立，实行新的财政原则，保持低债务，改革房地产市场，增加劳动力、资本和产品市场灵活性等措施增加与欧元区经济的聚合度。这些迎合五项经济测试的措施取得了一定的成效，英国与欧元区短期利率的差距从1997年的4%下降到2003年的1.75%，长期利率已经基本吻合。英镑对欧元的汇率保持坚挺，2001—

---

① Timothy Besley and Kevin Sheedy, "Monetary Policy under Labour," *National Institute Economy Review*, Vol. 212, No. 1, 2010, p. 22.

② Lea Paterson, "Bank is Given New Target," *Times*（*The United Kingdom*）, 11 December, 2003.

③ David Smith, "Brown Changes Inflation Target," *Sunday Times*, 6 August, 2003.

2003年这三年间的平均通货膨胀率比欧元区低1.1%。①

但是通过评估，加入欧元区的风险也是显而易见的，新工党政府设定的五项经济测试多数没有完全达标。第一，在经济聚合方面还存在很多问题。在欧元区之外，如果英国通货膨胀率上涨1%，在将通货膨胀率回调的过程中，英国名义利率将上涨1.5%，实际利率将上涨0.5%。而如果加入欧洲货币联盟，英国经济占到欧元区经济的五分之一。如果英国通胀率上涨1%，名义利率只上涨3.3%，实际利率则会下降6.7%。此外，如果加入欧元区后英国通货膨胀率增速快于欧元区通货膨胀率增速，英国经济将失去竞争优势。英国房地产市场利率对通胀变化的反应比其他国家更敏感。布朗直言，在过去几十年里英国走走停停的经济多数应当归咎于房地产市场引发的波动。从这方面来讲，英国不应该拿经济稳定作为代价贸然加入欧元区。第二，在经济灵活性方面，英国加入欧元区的时机还不成熟。欧元区通货膨胀波动让英国担心现有的灵活性还不足以应对可能发生的经济压力。第三，在投资方面，英国通过继续保持宏观经济稳定和增强经济灵活性会持续不断地吸引外国直接投资。第四，在金融业方面，不管英国加入欧元区还是留在欧元区之外，英国都会保持强大的竞争力。欧元区内金融市场的进一步聚合有利于提高金融市场的多元化和灵活性，能使英国通过欧元区更轻易地获得商业上的成功。第五，关于就业、经济稳定和增长，加入欧元区可能会增加贸易和提高竞争力，进而增加长期的产出和就业。但是，在经济聚合度和灵活性不够的情况下，这种可能性难以实现。② 在这五项经济测试中，仅有对金融业的这一项评估达到标准，所以英国选择暂时不加入欧元区是

---

① Gordon Brown, *Statement by the Chancellor of the Exchequer on UK Membership of the Single Currency*, 9 June 2003. http://webarchive.nationalarchives.gov.uk/20080303145905/; http://www.hm-treasury.gov.uk/documents/international_issues/the_euro/assessment/euro_asses03_speech.cfm, 9 April 2017.

② Gordon Brown, *Statement by the Chancellor of the Exchequer on UK Membership of the Single Currency*, 9 June 2003. http://webarchive.nationalarchives.gov.uk/20080303145905/; http://www.hm-treasury.gov.uk/documents/international_issues/the_euro/assessment/euro_asses03_speech.cfm, 9 April 2017.

明智的。

2004年3月到2005年2月，CPI通胀率在1.1%到1.6%范围内波动，通胀平均值为1.4%，略低于2%的目标。[①] 2005年第一季度，世界经济增长开始放缓，石油价格继续上升，英国国内需求接近平均水平，但是自2004年第四季度开始的消费开支的减少持续到了2005年第一季度。MPC在2005年5月的通胀报告中预测未来的通胀水平将维持在2%左右，在平衡各方面因素后，MPC在第一季度没有进行利率调整。在这一年的第二季度，MPC注意到国内低迷的产出增长和消费支出，虽然油价持续上涨可能会抬高通胀率，但是上半年低落的需求压力会抵消油价的影响，所以MPC在8月的会议上以5：4投票决定将利率下调0.25%，此时的官方名义利率为4.5%，并在这一年的第三、四季度保持了这一水平。

在2005年第四季度和2006年第一季度，英国GDP增速保持在0.6%，到第三季度GDP增长仍然保持平稳，且较为宽松的劳动力市场降低了劳动力成本，这些因素都有助于抑制通胀。但是国际能源价格上涨，房价恢复快速增长，加之货币供应增加，导致CPI通胀在6月达到2.5%。[②] MPC分别在8月和11月将利率上调0.25%。但是到12月，CPI通胀率仍然达到3%，已经达到写公开信之前的最高数字了。MPC成员之间进行的争论集中于这次通货膨胀加剧是否仅仅是一个简单的短期信号，或者说，这是不是潜在的更大的通胀压力的最初表现？一方面，货币和信贷方面出现迅速增长，输出的增长接近预估的趋势，通胀预期加大。另一方面，工资并没有明显上涨。在通胀报告中，关于闲置生产能力的讨论愈发凸显。面对这样的风险，MPC决定在2007年1月再次把利率提升0.25%，将银行利率提升到5.25%。[③]

---

① "Bank of England," *Bank of England Annual Report* 2005, May 2005, p. 18. http://www.bankofengland.co.uk/archive/Documents/historicpubs/ar/2005report.pdf, 5 August 2016.

② "Bank of England," *Bank of England Inflation Report August* 2006, p. 5. http://www.bankofengland.co.uk/publications/Documents/inflationreport/ir06aug.pdf, 5 August 2016.

③ Timothy Besley and Kevin Sheedy, "Monetary Policy under Labour," *National Institute Economy Review*, Vol. 212, No. 1, 2010, p. 22.

2007年第一季度英国GDP保持了上一季度的稳健增长，信贷和广义货币增长保持高速，家庭开支不稳定但是长期趋势较稳定，商业投资加速增长。世界经济持续增长。CPI通胀率在3月达到了3.1%，这迫使默文·金向财政大臣写了一封解释信。通胀水平为什么从1年前的1.8%上涨到现在的3.1%？金认为，这部分是因为2006年下半年能源价格上涨造成的，由于气候变化，全球食物供应减少所导致的食品价格上升也加剧了通胀，能源和食品价格上涨没有出现逆转的趋势，这是MPC始料未及的。但这并不是通胀加剧的全部原因，英国强劲的国内需求也加剧了通胀。金指出，只要通过提高利率等政策手段加以控制，通胀将回归目标水平。[①] MPC预测CPI通胀率将会回落到2%以内并稳定在目标附近，并在5月的常规会议上将利率上调0.25%。第二季度和第三季度英国产出保持稳健的速度，有不确定的迹象表明消费开支保持平稳，商业投资在第二季度出现回落，但是稍高于去年同期水平，商业投资意愿在第三季度出现增加趋势，全球经济增长较快。失业率有所下降，但是有迹象表明支付工资的压力将上升。石油价格急剧上涨。到6月，CPI通胀率下降到2.4%，因为国内能源价格有下降的趋势，所以MPC预测下半年的通胀水平将继续下降。在第三季度，国际金融市场出现明显的混乱，调查数据表明，GDP增长可能在第四季度开始放缓。美国和其他发达国家经济发展前景恶化，但是发展中国家经济形势较好。鉴于上次上调利率和国际金融环境，MPC认为，下一季度的产出增速将放缓。虽然由于当前的闲置生产能力，利润仍然受限，但是会出现逐步宽松的迹象。工资支付压力上扬，CPI通胀在这一季度回落到2%，可是油价再次上涨并达到一个新的高峰。MPC预测，由于高涨的能源价格和进口价格，通胀率在短期内将高于目标，但是中期内将回落到目标值上下，所以MPC在这一时期没有进行利率调整。

在新工党政府上台到2007年这十年间的货币政策实践中，虽然经历

[①] Mervyn King, *Letter from the Governor to the Chancellor*-16 April 2007, pp. 2 – 5. http://www.bankofengland.co.uk/monetarypolicy/Documents/pdf/cpiletter070417.pdf, 10 August 2016.

了"9·11"事件等规模较小的世界经济波动，但是 MPC 成功地保持了低水平的稳定通胀。更重要的是，新工党政府在这 10 年间成功降低了人们的通胀预期，这是保守党政府没有达到的目标。保守党虽然在其引进通货膨胀目标制后也成功地保持了低通胀，但是至 1997 年始终没有成功降低人们的通胀预期。

在 1997 年至 2007 年这 10 年中，英国的经济形势总体平稳，新的政策框架在平稳的环境中表现良好，在受到大规模的世界经济波动的影响时是否能做出有效反应，这在当时仍不得而知。2008 年到来的经济危机将帮助我们找出问题的答案。

（三）金融危机中的量化宽松（2008—2010）

2007 年 9 月中旬，英国的北岩银行经历了自 1866 年以来第一次银行挤兑。英国内阁大臣们认为，这只是一次孤立的事件，期望这次混乱能够自发平息。在经过一些推搪之后，政府不得不向北岩银行提供一笔保证存款。为了防止这一状况蔓延，虽然超过了保证存款的限制，但是政府仍然为其他银行提供了完全的零售存款保证。关于这种保证的长期后果，人们有所担心，那时默文·金表示这可能是一种冒险行为。

然而，2007 年 11 月英格兰银行的《通货膨胀报告》认为，虽然美国房地产市场导致金融混乱和信用收紧，但是亚洲经济的强力增长有助于推高日用品价格。所以当时英国所面临形势的核心是经济增长速度将会持续减慢，通胀水平提高，但是这一报告预测英国经济在不久之后会恢复平均增长速度，通胀也会回归目标水平。[①]

在 2007 年第四季度，国际金融和信贷市场的混乱仍在继续，英镑汇率持续下跌。英国的产出增长下降到长期的平均水平，消费开支增长出现疲软，投资意愿恶化，国际经济特别是美国经济展望进一步恶化。12 月 CPI 通胀为 2%。工资持续上涨，通胀预期出现上扬，MPC

---

① Timothy Besley and Kevin Sheedy, "Monetary Policy under Labour," *National Institute Economy Review*, Vol. 212, No. 1, 2010, p. 26.

预测高涨的能源、食品和进口价格将推动通胀在短期内急剧上升,并随着能源价格下滑而逐渐下降到2%。在2008年2月的常规会议上,MPC注意到逐渐放缓的需求增长,并结合中期通胀将下降的预期,决定将利率下调0.25%。① 这是不是MPC注意到了金融危机的严重性并采取严肃措施的信号我们不得而知,但是这时的MPC所做出的判断无疑是正确的,即金融危机对经济(或者说通货膨胀)的影响远比能源和日用品价格上涨所产生的影响大得多。不管是有意还是无意,这时的MPC抑或说新工党建立的货币政策框架实际上已经开始迎接世界金融危机的挑战了。

到2008年初,一方面,国际金融危机和信贷市场的压力日渐增大,这抑制了国际需求和国内的投资消费;另一方面,CPI通胀率在3月上升到2.5%。这使MPC面临两难的处境。在4月的MPC常规会议上,成员们的观点分为三派。对大多数MPC成员来说,为了防止限制生产利润的过度扩张而导致中期通胀水平脱离目标,有必要对国际信贷状况恶化影响下的需求减少进行中和。立即进行利率下调也有助于防止2008年后面的几个季度需求突然减少,如果这种情况发生的话,到时将不得不进行急剧的利率调整,所以应当在当月进行小幅度利率降低。也有成员认为,当下的高通胀是短期的,情况比预想得更加严重,应当进行更大幅度的利率下调。其他成员认为,尽管出现需求减少的情况,但是高油价和食品价格提高会推高生产成本,加之英镑汇率降低,如果此时进行利率下调可能存在进一步抬高通胀的风险。MPC最终以6票同意,3票反对通过了降低利率0.25%的决定。②

5月,CPI通胀率为3.3%,英格兰银行关于通胀率将上涨到3%以上的预测得到证实。这是需要行长向财政大臣写公开信的时候了。在写

---

① "Bank of England," *Bank of England Inflation Report*, February 2008, pp. 5 – 8, http://www.bankofengland.co.uk/publications/Documents/inflationreport/ir08feb.pdf, 12 August 2016.

② Monetary Policy Committee, *Minutes of the Monetary Policy Committee Held on 9 – 10 April 2008*, 23 April 2008, pp. 8 – 11. http://www.bankofengland.co.uk/publications/minutes/Documents/mpc/pdf/2008/mpc0804.pdf, 15 August 2016.

第六章 由供应方改革到第三条道路改革

给财政大臣的信中,金认为,通胀水平超过目标主要是因为食品价格、油价、天然气和电价的迅猛增长。通货膨胀率从2007年12月的2.1%上升到当年5月的3.3%,在上升的这1.2%的通胀水平中有1.1%由上述物价上涨构成。物价上涨是国际供需平衡在英国国内的反映,国际农产品价格在一年中上涨了60%,石油价格上涨幅度超过60%,天然气批发价格上涨160%。相应地,英国国内的零售食品价格、汽油和家庭电价也出现不同幅度的上涨。同时,国际供需平衡造成的通胀是普遍现象,欧元区调和物价指数HICP通胀为3.7%,美国CPI通胀为4.2%。金认为,有理由相信这些维持高通胀的因素是暂时的,通胀将在年底回归2%的目标值。当然,如果每月的食物、能源和进口商品价格都持续上涨的话,高通胀将持续到2009年。①

在7月的会议上,MPC注意到,一方面,高于目标的通胀将提高中期的通胀预期,从而使通胀保持更长时间的高水平;另一方面,收入和信贷收紧将导致更加急剧且长时间的经济增长放慢。但为平衡这两方面的风险,MPC认为,通胀水平继续升高应该是更主要的风险,所以在当月的会议上决定将利率保持在5%而没有进行利率削减。②

到2008年秋季,经济危机已经进入第三阶段,金融系统的信心崩溃已经渗透到整个经济中,世界各国面临经济衰退的风险。在此次经济危机的第一个阶段中,投资者开始意识到,他们之前可能没有认识到所持有的低品质美国次级抵押贷款资产的风险。于是,资产价格下降导致投资者损失巨大,金融机构为了规避风险也纷纷出售这些资产,这导致市场中的流动性被榨干。一开始,人们估计次级抵押贷款相关资产的损失是可控制的(约为2000亿英镑),因为世界金融体系在此前的高技术泡沫破裂和长期资本管理公司崩溃时曾成功地应对这样的风险。然而,进

---

① Mervyn King, *Letter from the Governor to the Chancellor* 16 June 2008, pp.1-3, http://www.bankofengland.co.uk/monetarypolicy/Documents/pdf/cpiletter080616.pdf, 15 August 2016.

② Monetary Policy Committee, *Minutes of the Monetary Policy Committee Meeting Held on 9 & 10 July 2008*, 23 July 2008, pp.6-9. http://www.bankofengland.co.uk/publications/minutes/Documents/mpc/pdf/2008/mpc0807.pdf, 20 August 2016.

入第二阶段后金融机构纷纷报告损失,此时投资者则质疑金融机构是否报告了全部损失。这些不确定性以及对世界主要发达经济体经济增速放缓的预期导致人们对很多金融机构的偿付能力愈发担忧。这增加了金融机构的筹资成本,所以他们选择储存资本。在2008年秋雷曼兄弟破产后,金融危机进入第三阶段,金融系统的波动已经渗透进实体经济,资金短缺导致全球经济衰退。①

面对这种形势,MPC没有理会被抬高的通胀,主要担心信心的崩溃会导致一系列悲剧,所以一致同意削减银行利率:10月削减0.5%,11月削减1.5%,12月削减1%,在1月到3月又有一系列0.5%的削减。这使得2009年3月的银行利率达到0.5%。在6个月的时间里银行利率急剧降低了4.5%。②

2008年春季开始,新工党政府针对金融危机所带来的损害施行了一系列挽救措施。到2008年10月,政府宣布了基于银行资本结构调整的一揽子计划,主要包括出资500亿英镑设立银行资本结构调整基金,为达到要求的银行和建筑业协会提供资金;建立1500亿英镑的信用保障计划,向银行提供保证金促进资金向经济领域流动;4月开始的英格兰银行特别流动性计划提供了2000亿英镑允许金融机构在3年内使用它们的资产交易国库券。

随着金融危机影响的加剧,财政部、英格兰银行和金融服务监管局进一步采取措施消除不确定性并鼓励投资者重回市场,给商业银行提供资金和信心,使它们敢于向有信誉的商家借贷。其中包括一项英格兰银行资产购买机制(APF),这项计划由政府提供担保,购买高品质的私有部门资产,为特定的金融市场提供流动性并为MPC提供一项新的货币政策工具。

2009年初,财政大臣授权MPC可以运用APF进行最多1500亿英镑

---

① HM Treasury, *Reforming Financial Markets*, July 2009, pp. 27 – 29. https://www.gov.uk/government/uploads/system/uploads/attachment_ data/file/238578/7667. pdf, 20 August 2016.

② Timothy Besley and Kevin Sheedy, "Monetary Policy under Labour," *National Institute Economy Review*, Vol. 212, No. 1, 2010, p. 27.

第六章　由供应方改革到第三条道路改革

的资产收购，其中对私有部门资产的购买上限为500亿英镑且只能在二级市场①进行。在3月的例行会议上，MPC成员一致认为，有必要进行资产购买以保证在中期实现通胀目标。② 根据现代货币理论，量化宽松这种非传统的货币政策可以通过三个渠道刺激经济。第一，购买长期债券会减少长期的收益率曲线，③ 导致投资者重新平衡他们通过购买资产所获得的收益。量化宽松导致的资产价格上涨会放松信用环境，给家庭带来资本收益，这是量化宽松影响经济的投资组合渠道。第二，中央银行承诺进行货币刺激，会降低预期的长期和短期利率，减少不确定性，增加人们的信心。第三，通过银行借贷渠道，通过从非银行金融机构购买资产增加银行资产和储备能够使银行获得更多可用的信贷，这样，银行就更愿意借出贷款，从而向经济注入流动性。④

财政大臣同意在2009年3月MPC会议后开始实行量化宽松政策。具体实施过程是MPC要分别对银行利率的确定和通过APF购买的债券数量进行投票，财政大臣则对债券购买设置上限。原来的上限是500亿英镑，对私人财产购买保留了这一上限。对政府债券的购买则要在二级市场进行，而不是由财政部直接进行。MPC决定进行一项750亿的量化宽松作为开端。货币政策现在有了新的目标，除了制定短期利率外，还要致力于实现特定数量的中央银行储备。

鉴于政府要购买的资产数额巨大，给人们留下货币政策与财政政策之间不存在任何联系的印象非常重要。相应地，政府要求债务管理局继续发行金边债券，不要对量化宽松做出任何回应。政府重申，货币政策的目标是实现2%的通货膨胀目标，量化宽松仅仅是用来实现这一目标

---

① 证券交易市场也称证券流通市场（Security Market）、二级市场（Secondary Market）、次级市场，是指对已经发行的证券进行买卖、转让和流通的市场。

② Monetary Policy Committee, *Minutes of the Monetary Policy Committee Meeting Held on* 4 *and* 5 *March* 2009, 18 March 2009, p. 8. http://www.bankofengland.co.uk/publications/minutes/Documents/mpc/pdf/2009/mpc0903.pdf, 20 August 2016.

③ 收益率曲线（Yield Curve）是显示一组货币和信贷风险均相同，但期限不同的债券或其他金融工具收益率的图表。纵轴代表收益率，横轴则代表距离到期的时间。

④ Timothy Sharpe and Martin Watts, "Unconventional Monetary Policy in the UK: A Modern Money Critique," *Economic Issues*, Vol. 18, No. 2, 2013, p. 43.

的另外一个工具，并且英格兰银行不会独立使用这一工具。[①]

2009年英国GDP增长减慢了2.4%，这是自1955年以来最大幅度地下降。[②] 鉴于2009年经济活动急剧减少以及存在的通货膨胀，随后的MPC会议决定扩大量化宽松项目的规模。2009年5月，资产购买的目标上调为1500亿英镑。到8月，人们认为有必要在这个基础上再增加1750亿英镑，11月又增加到了2000亿英镑。

从2009年3月到11月，APF已经购买了2000亿英镑的资产，这其中主要是金边债券（长期的政府债券），第一轮购买的资产占到私人部门持有金边债券的30%，大约相当于年均GDP的14%。[③] 2011年，英格兰银行又开始第二轮购买。到2012年推出第三轮量化宽松时，其总规模已经扩大到3750亿英镑。

自2009年3月实行以来，量化宽松政策被一直延续下来并得到进一步发展。2011年英国推出第二轮量化宽松政策，在11月之后的4个月内增发750亿英镑刺激经济增长并解决高失业率问题。[④] 2016年8月，MPC将利率削减0.25%，使银行利率达到0.25%的历史最低值。在进一步购买国债和公司债的同时，英格兰银行还在同年退出定期融资计划（TFM），鼓励银行业发放贷款。

量化宽松政策在刺激需求提振经济方面的效果如何？英国GDP从2008年第一季度的4337.1亿英镑急剧减少到2009年第二季度的4063.53亿英镑，国内生产总值减少了约6%。但是从2009年第二季度开始，GDP产值开始缓慢回升，2010年第三季度回升至4170.24亿英镑，到2016年第四季度已增长到4709.29亿英镑。

---

① Timothy Besley and Kevin Sheedy, "Monetary Policy under Labour," *National Institute Economy Review*, Vol. 212, No. 1, 2010, p. 28.

② J. Benford, S. Berry, K. Nikolov, C. Young and M. Robson, "Quantitative Easing," *Bank of England Quarterly Bulletin*, 2009 Q2, pp. 90–100.

③ M. Joyce, M. Tong and R. Woods, "The United Kingdom's Quantitative Easing Policy: Design, Operation and Impact," *Bank of England Quarterly Bulletin*, 2011 Q3, pp. 200–212.

④ 杨玫研、娄春杰:《英国量化宽松政策不是美国的翻版》,《中国财经报》2011年11月3日。

失业率在一年内上升了 2.6%，从 2008 年第一季度的 5.2% 上升到 2009 年第二季度的 7.8%。此后一直波动上升，到 2011 年第四季度达到 8.4% 的峰值后才开始回落。

第三节　新工党的财政政策

在新工党政府上台时，英国宏观经济面临着严峻的挑战，战后直到 90 年代初，英国经济一直受困于忽冷忽热的"走走停停"，宏观经济不能持续稳定发展。新工党政府致力于改变这种局面，保证长期的可持续的经济增长。1997 年 5 月布朗保证，"在本届政府治下将不会出现不可持续的经济迅猛增长，不会有失去控制的经济繁荣或冒险的通货膨胀，不会有权宜之计和出于政治目的的短期操控，新政府的承诺是长期的经济稳定和增长。"①

为此，新工党政府决定实行审慎的财政政策，制定了"黄金法则"和"持续性投资原则"，旨在改善英国的财政状况。"黄金法则"要求政府在经济周期内的借款只能用来投资而不能用来为经常性开支埋单。"持续性投资原则"要求公共部门净借款必须保持在一个审慎且稳定的水平——在其他因素不变的情况下不能超过 GDP 的 40%。在这种设定下，提高税收并减少社会开支将不再需要使用临时性削减开支的办法改善财政状况，这在很大程度上增加了经济周期的稳定性。更重要的是，这改变了老工党财政政策受困于政治因素的窘境。战后老工党实行福利国家政策在某种程度上损害了英国经济，受困于工会的干扰也导致财政状况不佳，确立这两项财政原则能够使财政大臣免受内阁其他成员以及与工党有关的利益集团特别是工会势力的干扰，这有效减少了政治因素对财政政策的影响。当然，这种改善财政状况的长期战略只有在经济长期稳定的情况下才有可能实现。而新工党政府实行的

---

① Gordon Brown, *Speech by the Chancellor to the CBI*, 20 May 1997, http://webarchive.nationalarchives.gov.uk/20080303145905/; http://www.hm-treasury.gov.uk/newsroom_and_speeches/speeches/chancellorexchequer/speech_chex_index.cfm, 2 September 2016.

货币政策框架恰恰满足了这一条件。① 新工党的财政政策可以分为三个阶段。

一 从审慎到"有目的的审慎"

从上台到2000年,新工党政府保持了审慎的财政政策立场,致力于增强经济稳定性,提高生产力,增加就业,减少政府开支。但2000年财政预算改变了1997年"保证英国长期经济前景"的审慎提法,提出保持"有目的的审慎"并开始增加政府开支,开启了新工党政府财政政策的一个新阶段。

1997年春季至1998年3月,英国消费需求增长5%,货币供应增加11%,但是工业生产仅增加1.5%,英国经济面临着与80年代相似的忽冷忽热的风险。为了防止像80年代那样将利率提升到15%的高水平,在英格兰银行收紧货币政策的同时,布朗也制订了一个削减赤字的5年计划。

新工党政府上台时继承的不仅是经济周期内的赤字,而且是长期的结构性赤字。1996—1997年的支出超过税收收入230亿英镑,赤字水平超过国民收入的2%。但是布朗对英国的经济稳定充满信心,他预计1998—1999年的经济增速约为2%,并着手逐步实行他的赤字削减计划。在1998年财政预算中,布朗提出要在1998—1999年将借款削减到40亿英镑。预计到2000年达到预算平衡。②

在财政支出方面,布朗邀请独立的国家审计署对预算中预测的公共开支背后的协定和设想进行评论,这一措施在财政部历史上是开创性的。1997—1998年公共部门借款比上一财年减少177.5亿英镑,在经历了多年的赤字后,经常性账户在这一财年前三季度基本接近收支平衡,财政赤字约占GDP的1.75%,低于《马斯特里赫特条约》规定

---

① Dermot Hodson and Deborah Mabbett, "UK Economic Policy and the Global Financial Crisis: Paradigm Lost?", *Journal of Common Market Studies*, Vol. 47, No. 11, 2009, pp. 1041 – 1061.

② HM Treasury, *The Financial Statement and Budget Report March* 1998. http://webarchive.nationalarchives.gov.uk/20080303145905/; http://www.hm-treasury.gov.uk/budget/budget_ 1998/bud98_ index.cfm, 2 September 2016.

第六章　由供应方改革到第三条道路改革

的3%的赤字警戒线。在这一年的财政预算中，布朗继续减少公共部门借款和赤字。[①]

在削减赤字的同时，新工党政府大力发展生产力，鼓励企业生产和创新。1997年7月，新工党政府启动了企业税改革项目，将税率削减2%，企业税率降低到31%。1999年4月，企业税率再次削减1%，并废除预缴企业税，改为按季度分期缴税。

在增加就业方面，新工党政府通过职业技能培训，调整税收和福利体系，增加就业机会和提供托儿补贴等措施鼓励人们投入工作。布朗认为，通过改革福利制度，改革税收和救济金体系促使人们重回工作有助于在减少失业的同时降低短期内的通胀压力。

在这一年度的预算中，布朗宣布通过幼儿家庭税收贷款和技术培训等方式为人们提供更多的就业机会。在资本收益税方面，引进一项根据资产持有年数递减的税收办法，鼓励长期投资。企业或个人持有的商业资产资本收益税随着持有年限的增加从100%（持有时间在1年以内）逐渐递减到25%（持有资产超过10年）。

新工党政府第一个完整预算取得了良好的效果。1998年英国GDP增长为1%—1.5%。自1997年5月至1999年初，年轻劳动力的失业率下降57%，长期失业率下降一半。新工党上台最初两年的财政支出比保守党政府1997年支出减少20亿英镑。1999年预算出现盈余。

1998年11月公布的财政预算报告显示，相比1996—1997财年，该年度财政紧缩规模达到GDP的3.75%，英国削减借款200亿英镑。[②] 在1999年财政预算中，布朗保证面向教育和医疗的400亿英镑的投入将足额完成，同时保证下一年的经常性账户盈余将比预测的10亿英镑再高出10亿英镑，达到20亿英镑，接下来几年的财政盈余将分别达到40亿英

[①] HM Treasury, *The Financial Statement and Budget Report March* 1998, https://www.gov.uk/government/publications/financial-statement-and-budget-report-march-1998, 2 September 2016.

[②] HM Treasury, *Pre-Budget Report November* 1998, https://www.gov.uk/government/uploads/system/uploads/attachment_ data/file/265485/4076.pdf, 18 May 2017.

镑、80亿英镑、90亿英镑和110亿英镑。① 在1998—1999年前10个月里，预算盈余约为75亿英镑，而上年同时段则存在约35亿英镑的预算借款。1998年财政盈余占GDP的0.6%，1999年预算预计当年财政赤字占GDP的比例下降到0.3%。布朗计划在5年里将公共部门净债务占GDP的百分比由1999年底的40.6%（1997年净债务占GDP的44%）削减到35%。1998年一般性政府债务占GDP的51%，这一数字也将在5年内被削减到42%。在未来的5年中，预算盈余将超过34亿英镑。②

虽然财政状况得到改善，但是从1998年10月起，英国政府愈加担心经济会受到亚洲金融危机的波及。从1998年10月起，MPC不断下调利率，刺激消费和投资。到1999年6月，利率削减的幅度达到2.5%。

与此同时，1999年3月出台的财政预算继续保持审慎的立场，并且大力鼓励就业，通过税收优惠鼓励企业发展和投资。1999年财政预算废除针对年收入在4300英镑以下这一收入区间所征收的20%的所得税，转而向年收入在1500英镑以下的群体收取10%的所得税，年收入在1501—28000英镑的，按照23%的基本税率征收，高于28000英镑的，税率为40%。政府通过调整各项个人津贴鼓励人们参加工作，对于那些年龄超过50岁且脱离工作超过6个月的失业者，如果他们重回工作并且每周工作30小时以上，他们将得到每周不超过60英镑的补助，如果他们每周工作16—30小时，将得到40英镑。从1999—2000年起，退休家庭的冬季津贴将从现有的20英镑上调到100英镑。1997年开始实行的对成立第一年的中小企业进行补贴的政策将延长到2000年7月。针对小企业的企业税降到10%。从1999年3月起，25万英镑到50万英镑的土地或财产转移印花税率由2%提高到2.5%，超过50万英镑的，印花税率

---

① HM Treasury, *Budget 1999: Building a Stronger Economic Future for Britain*, March 1999, http://webarchive.nationalarchives.gov.uk/20080303145905/; http://www.hm-treasury.gov.uk/budget/budget_99/bud_bud99_index.cfm, 3 September 2016.

② HM Treasury, *Building a Stronger Economic Future for Britain-Budget* 1999, March 1999, http://webarchive.nationalarchives.gov.uk/20080303145905/; http://www.hm-treasury.gov.uk/budget/budget_99/bud_bud99_index.cfm, 3 September 2016.

第六章 由供应方改革到第三条道路改革

由 3% 提高到 3.5%。①

1999 年英国经济增长 2%，通货膨胀率保持在 2.5% 的目标水平上下。货币政策实现稳定的低水平通胀保证了经济的平稳发展，货币稳定与财政稳定共同促成了这一阶段英国经济的成功。经过上台最初两年削减赤字的努力，到 2000 年，政府每年支付的债务利息减少了 40 亿英镑。面向工作的福利改革减少了失业，到 2000 年初，英国失业率达到 20 年来的最低水平，1999 年社会保障花费比 1997 年减少 30 亿英镑。1999 年，企业投资增长 7.7%，占国民收入的比例达到 14.5%，这是自 1998 年以来英国国民收入投资比例首次超过欧洲主要国家和美国。

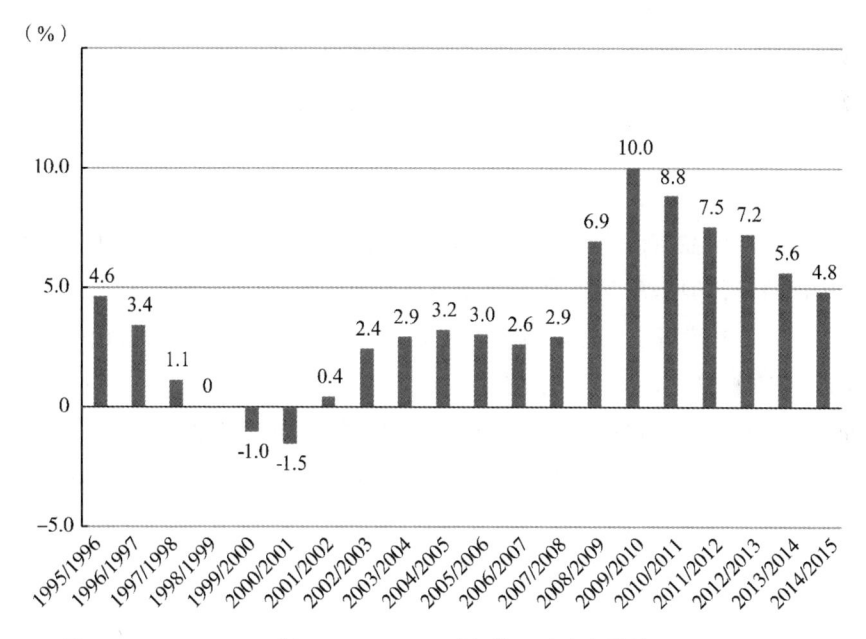

图 6-1 1995/1996 财年—2014/2015 财年英国政府净借款占 GDP 百分比
资料来源：Office for National Statistics.

---

① Gordon Brown, *Chancellor of the Exchequer's Budget Statement—9 March 1999*, http://webarchive.nationalarchives.gov.uk/20080303145905/; http://www.hm-treasury.gov.uk/budget/budget_99/budget_report/bud99_report_speech.cfm, 22 May 2017.

2000年3月，布朗预测经常性账户将出现170亿英镑的盈余。预计2000年债务占国民收入的比例将下降到37.1%。在1999年预算中，布朗曾预测当年的公共部门净借款为30亿英镑，但是到2000年预算出台时，人们发现，公共部门净借款出现了120亿英镑的盈余。为了削减债务利息投入其他关键领域，布朗在2000年预算中计划偿还债务120亿英镑。①

在2000年预算演说中，布朗指出，我们的谨慎是有目的的，这个目的就是为所有人而不是为少数人创造一个充满机会和保障的英国。2000年预算致力于减税来刺激投资。在削减企业税的同时，进一步改革资本收益税。从2000年4月6日起的一年后，企业资产的资本收益税从40%削减到35%，持有两年的资本收益税削减到30%，持有三年的资本收益税削减到20%，持有四年以上的资本收益税削减到10%。同时，引进一项员工持有公司股票的计划，鼓励员工持有本企业的股票并对其实行税收优惠。此外，布朗继续通过减税和增加研发投入等多项举措鼓励小企业发展。②

虽然布朗在2000年预算报告中提出要在接下来的几年里实行更加紧缩的财政政策，但是在2000年预算中政府开支占GDP的比例明显增加，特别是医疗和教育开支明显增加。布朗在2001年预算演说中宣称，由于政府财政一直秉持谨慎的原则，政府在2001年的财政预算中得以在接下来的3年里为公共服务的有些领域拨款23亿英镑。在医疗健康方面，在接下来的3年将为国民医疗服务制度增加10亿英镑投入；在教育方面，在接下来3年里增加10亿英镑投入；在抵制毒品方面，在接下来3年里将增加3000万英镑投入。③

---

① Gordon Brown, *Chancellor of the Exchequer's Budget Statement—21 March* 2000, http://webarchive. nationalarchives. gov. uk/20080303145905/; http:// www. hm-treasury. gov. uk/budget/budget_ 2000/bud_ bud00_ speech. cfm, 22 May 2017.

② Gordon Brown, *Chancellor of the Exchequer's Budget Statement—21 March* 2000, http://webarchive. nationalarchives. gov. uk/20080303145905/; http:// www. hm-treasury. gov. uk/budget/budget_ 2000/bud_ bud00_ speech. cfm, 23 May 2017.

③ Gordon Brown, *Chancellor of the Exchequer's Budget Statement—21 March* 2000, http://webarchive. nationalarchives. gov. uk/20080303145905/; http:// www. hm-treasury. gov. uk/budget/budget_ 2000/bud_ bud00_ speech. cfm, 23 May 2017.

表6-2　　　　　2008—2015财年英国政府赤字和债务

财年	2008—2009	2009—2010	2010—2011	2011—2012	2012—2013	2013—2014	2014—2015	2015—2016
赤字（英镑）	101.5	158.3	143.5	124.1	126.7	104.1	95.4	76.3
GDP占比（％）	6.6	10.3	9.0	7.6	7.5	5.9	5.2	4.0
债务	822.0	1076.6	1214.5	1349.7	1425.6	1522.5	1604.0	1652.0
GDP占比（％）	53.1	70.3	76.3	82.6	84.4	86.5	87.4	87.6
Calendar Years	2008	2009	2010	2011	2012	2013	2014	2015
赤字（英镑）	76.4	155.4	150.3	124.0	138.6	98.5	105.1	81.7
GDP占比（％）	4.9	10.2	9.6	7.6	8.3	5.7	5.8	4.4
债务	785.0	979.8	1194.3	1328.8	1424.8	1499.8	1604.8	1666.0
GDP占比（％）	50.2	64.5	76.0	81.6	85.1	86.2	88.1	89.0

资料来源：Office for National Statistics；HM Treasury, UK government debt and deficit as reported to the European Commission：July to Sept 2016.

根据2000年英国开支审查文件，在接下来3年增加的公共开支中，医疗和教育开支的增加额占到总增加额的一半。在接下来的3年里，英国教育投入平均每年实际增长5.4％。交通开支增速为平均每年20％，英格兰和威尔士犯罪审判体系开支平均每年增加4.2％，从1999—2000财年开始，医疗开支平均每年增长6.1％。尽管社会保障开支在1997—1998财年至2001—2002财年每年仅增加1.2％，远低于1992—1993财年到1996—1997财年4％的增速，但是2001年面向儿童的支出增加了70亿英镑，针对领取养老金群体的支出增加了28亿英镑。[①]

二　为长期发展而投资

在2001年赢得大选后，新工党政府改变了第一任期内谨慎的财政政策，在财政政策方面开始展现出其社会民主党的本色。新工党政府在第

---

① HM Treasury, *Spending Review* 2000, http://webarchive.nationalarchives.gov.uk/20080303145905/; http://www.hm-treasury.gov.uk/Spending_Review/Spending_Review_2000/spend_sr00_leaflet.cfm, 11 February 2017.

二任期虽然继续遵循了"黄金法则"和持续性投资这两项财政原则，但是从2002年预算开始，公共开支占GDP的比重回升，改变了第一任期逐渐下降的趋势，[1] 特别是明显增加了教育、医疗和打击犯罪等领域的财政开支。

2000年英国经济增长3.5%，但是2001年G7国家经济仅增长1%。2000年世界贸易增长12%，但是2001年世界贸易几乎没有增长。全世界的制造业产出普遍下降，其中G7国家下降3.6%，美国下降4.3%，日本下降7.6%，英国下降2.3%。这一系列的下降源自于美国信息技术和电子产业部门的不景气，连带英国的半导体产业产出下降45%，电子通信产业产值下降54%。

由于受到"9.11"事件的影响，世界经济信心不足，市场衰退，石油价格不稳定，这些都威胁着英国经济的稳定发展。但是在新工党政府治下的低通胀和财政纪律约束下，英国经济仍然能够保持稳定。英格兰银行得以在合适的时间以合适的方式调整政策，2001年先后7次削减利率，财政政策也相应地适当增加支出，保证了经济稳定和增长。2001—2002财年德国经济增长仅为0.6%，美国为1.2%，欧元区为1.5%，日本为0.5%，但英国经济增长了2.2%。[2]

尽管对世界经济复苏持谨慎看法，但布朗在2002年财政预算中认为，应当对英国经济抱以"谨慎的乐观"。2001年11月预测，在通胀水平目标保持的情况下，2002—2003财年英国经济增速为2%—2.5%，在接下来的两年里分别为3%—3.5%和2.5%—3%。

布朗在这一年度预算中提出新一届政府面临的三个挑战。一是来自企业的挑战，采用新的刺激措施提高投资和回报；二来自繁荣家庭的挑战，向收入在5.8万英镑以下的母亲们支付新的儿童税收抵免；三是更新公共服务的挑战，对于经历改革的NHS来说，应当为其提供长期的经

---

[1] 《五幅图来看英国财政现状》，http://mt.sohu.com/20161123/n473973768.shtml。

[2] Gordon Brown, *Chancellor of the Exchequer's Budget Statement—17 April 2002*, http://webarchive.nationalarchives.gov.uk/20080303145905/; http://www.hm-treasury.gov.uk/budget/bud_bud02/bud_bud02_speech.cfm, 20 May 2017.

第六章　由供应方改革到第三条道路改革

济基础。在新一届政府的第一次财政预算中，新工党提出的这三项挑战明显不同于1998年预算中提出的三项挑战，这三项挑战为接下来扩张财政政策提供了理论依据。

除了继续削减小企业的企业税和技术研发成本，鼓励中小企业发展之外，布朗在这一年的财政预算中继续强调增加就业和保护环境。这导致公共服务开支的显著增加。在鼓励就业方面，2002年预算延续了以往的立场，新工党致力于让人们相信工作比起享受福利补助能带来更多的利益。这一年的预算开始为年龄大于25岁的个人和未生育子女的夫妇提供重回工作的资金支持。每周工资低于280英镑、或每年工资低于1.4万英镑的夫妇或者每周工资低于200英镑每年工资低于1.05万英镑的个人能享受工作税收抵免。每周工资处于130英镑的最低水平上的没有生育子女的夫妇将每周享受53英镑的补贴，这样他们每周的收入就能达到183英镑。单身者每周工资最低为154英镑，比当前水平高出25英镑。

在稳定的货币政策支持下，新工党得以在财政预算中体现其社会民主党的价值取向。在2002年预算中，布朗宣布不管实际的通胀如何变化，养老金将每年增长至少100英镑。在2002—2003财年，将有500万户领取养老金的家庭每年平均多领取400英镑养老津贴并且另外每周多领取8英镑。对于那些最贫困的单身养老金领取者，政府会保证他们从2002—2003财年开始每周至少收入98英镑15便士，下一财年每周至少收入100英镑。超过75岁的养老金领取者在2002年将继续保持免费的电视通行证并获得200英镑的发动机能源补贴。

在国家医疗服务体系（NHS）方面，布朗在2002年财政预算演说中宣称，如果我们要将NHS建立在长期可持续的基础上，就必须增加对它的资金投入。他认为，通过削减债务和失业，保持谨慎稳定的经济增长，英国得以每年在NHS上多投入60亿英镑。一个鲜明的对比是从1997年到2002年，新工党政府转移到NHS上的资金一共只有70亿英镑。[1] 在

---

[1] Gordon Brown, *Budget Speech* 2002, March 2002, http://webarchive.nationalarchives.gov.uk/20080303145905/；http://www.hm-treasury.gov.uk/budget/bud_bud02/bud_bud02_speech.cfm, 13 November 2016.

· 219 ·

第二任期里,新工党政府都保持了这一财政政策立场。有学者对此评论道:"英国公共部门已经从前一个时期的忍饥挨饿转变到了当前时期的奢侈浪费。"[①]

在进入21世纪的前两年里,英国经济保持着稳定增长。受"9·11"事件和亚洲金融危机的影响,世界经济在2001年和2002年增长乏力。这两年德国经济平均增速只有0.4%,日本经济平均增速只有0.4%,美国经济平均增速为1.4%。但英国经济在2001年的平均增速为2.1%,2002年为1.8%,这两年经济平均增长2%,高于美国、日本和欧元区。当时英国利率水平长期较低,保持在4.7%左右,较低的长期利率是有利于投资和经济发展的。布朗预测2004年和2005年的经济增长在3%—3.5%。

在2003年预算演说中,布朗自豪地宣布,英国现在的通胀处于30年来的最低水平,利率处于40年来的最低水平,就业处于历史最高水平。在过去6年里,不同于美国、德国和日本,英国经济每季度都保持着不间断的增长。在达成改革经济的目标后,英国的财政预算应该进入下一个阶段——建立一个经济强大和社会公正的英国。[②]

稳定的宏观经济框架和经济增长预期让新工党大胆地实施其社会民主党的价值观。2002年开支审查文件决定,到2006年之前,每年增加教育投入150亿英镑;每年在房地产领域增加投入10亿英镑;每年在交通领域增加投入约50亿英镑;到2008年之前每年增加医疗投入400亿英镑;到2006年之前每年增加公共服务投入610亿英镑。

2003年预算在鼓励投资和就业的同时继续增加福利开支。首先是鼓励创新和投资,简化企业办事程序,促进企业发展。虽然英国与其他国家之间的人均产出差距缩小了,但是英国与其他国家的生产力差距还比

---

① Anonymity, "A Decade of Fiscal Policy under New Labour," *Economic Outlook*, Vol. 31, No. 2, 2007, p. 6.

② Gordon Brown, *Chancellor of the Exchequer's Budget Statement*, 9 April 2003, http://webarchive.nationalarchives.gov.uk/20080303145905/; http://www.hm-treasury.gov.uk/budget/bud_bud03/bud_bud03_speech.cfm, 16 May 2017.

第六章 由供应方改革到第三条道路改革

较大,英国和其他欧洲国家与美国的生产力差距仍然在20%—30%。这主要是因为创新的数量和质量不够。所以布朗提出要优先进行研究和发展。在欧盟的法律框架下,提高中小企业税收起征点,约有3.7万家注册资本为2000万英镑的中小企业能够享受40%的投资税减免。超过3万家IT企业能够享受100%的投资税减免。这项措施将延长到2004年4月。涉及餐饮业、零售业和交通工具维修等领域的4万家企业能够从小企业贷款保证计划中借款。

其次是增加就业,鼓励劳有所得。以劳有所得为价值取向的税收和福利体系改革在新工党政府上台之初就开始实行。英国政府建立很多就业中心以解决失业问题。但由于地方就业中心的自主性不强,这部分地导致了各地失业水平的差距拉大。在2003年预算中,布朗授予地方就业中心更大的行动自主权,以促使它们根据本地区的情况做出更灵活的安排。为在押罪犯提供工作培训,帮助他们在释放后找到工作。为想要工作的残疾人提供每周19英镑的寻找工作基金。布朗提出,我们在过去进行的、面向工作的福利仅仅处在初级阶段,我们只是帮助人们从失业回到就业状态,接下来的计划是让人们从低技能的工作转向技术型的工作。布朗建议让已经就业的人能够在工作中抽出时间参加培训,为此政府愿意在工人接受培训期间的工资和培训费方面给予资助,2003年拨款1.7亿英镑。计划在2005年将工会学习基金提高30%,增加300万英镑。为单亲家长和拥有儿童的家庭提供最低工资保障和税收抵免,鼓励人们走上工作岗位并减少儿童贫困。

最后是增加福利开支。布朗致力于在2004年实现削减儿童贫困25%的目标,增加对家庭的福利开支。从2003年3月起,年收入低于5.8万英镑的500万户家庭中严重贫穷家庭的第一个孩子接受的税收减免从每周26.45英镑上涨到每周54英镑。从2003年预算公布之日起,每个新生儿会根据家庭贫困程度不同而收到250英镑到500英镑不等的初始捐助资金。在每个孩子读小学和中学期间,其儿童信托账户都会收到额外的资助。除了国家提供资金外,其父母和祖父母也可以向儿童信托账户提供资金。到18岁的时候,积累多年的信托基金让长大的儿童能有更多的人生选择,这缩小了因为家庭经济条件不同而导致的儿童人生起点的不平等问题。到2006年初,英国已经建立了150万个儿童信托账户。①

在应对儿童贫困的同时,增加对退休者的支持。布朗指出,从1948年国民医疗服务制度创立开始,这一制度就存在着不公平之处,退休的老年人必须为他们在医院的膳宿买单,他们要从每周的退休金中支付这部分费用,而其他人则在医院享受完全免费服务。老年人在工作时向国民保险基金存钱,但是现在却要支付医院看护费用,这是不公平的。布朗在2003年宣布废除老年人在医院的收费。布朗表示,政府要废除医院膳宿费用,这不仅面向退休职工,而且面向所有在社会保障体系中被收取费用的人。

从2003年4月起,每周收入低于139英镑的单身的退休者和每周收入低于203英镑的退休夫妇以及储蓄极少的退休者开始享受退休补助,很多退休夫妇每周最多可享受19.2英镑的补助,独身的退休者最多可享受每周14.79英镑的补助。向每个单身退休者多支付的资金平均每周有7英镑,向每对退休夫妇多支付的资金平均每周有9英镑。超过80岁的退休者每周还会得到额外的25便士补助。但是布朗认为这一点补助太少了,他提高了冬季燃料补贴,将80岁或80岁以上老年人的冬季燃料补贴从200英镑增加到300英镑。② 为了实施上述措施,布朗明确反对削减公共开支:"如果遵照有些议员的建议将公共开支削减20%的话,以上的福利现代化措施都会无法实现。"

三 回归谨慎和应对金融危机

到2004年,世界经济下行的趋势仍然继续着。要避免过去那种走走停停的错误,这就需要一方面运用货币政策严格控制通胀,防止经济过

---

① HM Treasury, *Budget 2003: Building a Britain of Economic Strength and Social Justice*, http:// webarchive. nationalarchives. gov. uk/20080303145905/; http:// www. hm-treasury. gov. uk/ media/A/A/Budget_ 2003. pdf, 16 May 2017.

② Gordon Brown, *Chancellor of the Exchequer's Budget Statement*, 9 April 2003, http:// webarchive. nationalarchives. gov. uk/20080303145905/; http:// www. hm-treasury. gov. uk/budget/bud_ bud03/bud_ bud03_ speech. cfm, 16 May 2017.

热；另一方面通过财政政策鼓励投资，防止经济衰退。此时，回归谨慎成为此时最受欢迎的策略。

在2004年预算中，布朗认为应该适当调整财政策略，首先要实现持续的稳定和增长，在合适的时机采取合适的货币政策和财政政策，采取坚决措施实现低水平的长期国民债务。其次，基于低水平的公共债务，财政政策可以而且必须考虑经济周期——在经济增长低于平均水平的时候允许通过增加借款来支持货币政策，在经济增长高于平均水平的时候减少借款。最后，将借款用来投资对英国这种低债务的国家来说有很大的经济意义。

布朗认为，每年都要严格实现预算平衡，意味着财政政策不能在经济周期中支持货币政策，即便是在低债务国家里也是如此。当前的财政政策规则要求平衡当前预算，同时在经济周期里使债务占GDP的比例维持在低水平，这使英国能够在经济周期内将每年的借款进行投资，证明这些规则现在在每个经济周期里都是成功的。

按照布朗的观点，以下的做法是符合国家利益的。首先，遵从90年代晚期削减债务并保持低债务的做法。其次，在世界经济下行的环境中保证财政政策能够支持货币政策。最后，现在和将来，在低公共债务的基础上，都应通过借款进行投资以增强经济基础。

在鼓励投资方面，在未来的2年内，风险投资信托在20万英镑以内的投资所享受的税收减免从20%提高到40%。从2004年4月1日起，营业额在5.8万英镑以下的企业不再需要注册VAT（增值税），这是欧洲最宽松的VAT政策。从2004年4月1日起，超过1.3万家企业开始享受这一简化的VAT政策。最小规模的企业投资减免从40%提高到50%，这意味着一家税前收益为2.5万英镑并且在工厂和机器设备上投资1万英镑的小企业在1997年要缴税5000英镑，现在只需缴税2375英镑。

在国民医疗服务制度方面，健康大臣提出要增加灵活性和让地方政府更加负责，布朗承诺从2004年到2008年，每年增加10%的资金投入，在排除通胀的前提下，每年实际增加投入7.2%。坚决不减少教育、科技投入。增加医药研究的投入，到2008年增加到12亿英镑。

在教育投入方面,提高中小学教育水平,英语教育投资从1997年10亿英镑提高到2003—2004财年的60亿英镑,到2008年提高到81亿英镑。增加校长基金,小学5.5万英镑,中学18万英镑。增加教师工资。在全国建立1700家儿童活动中心,在每个落后的行政区都要建立一家该类型的中心,以后要在每个社区都建立一个这样的中心。1997年,英国在每个小学生身上的花费是2500英镑,到2004年这一数字增加为4500英镑,到2007—2008年,这一数字将增加到5500英镑。1996—1997财年教育开支为290亿英镑,到2004—2005财年增加到490亿英镑,下一财年增加到520亿英镑,到2006—2007财年增加到600亿英镑,到2007—2008财年增加到770亿英镑。1997年教育经费占GDP的比例仅为4.7%,到2007—2008财年,这一比例将提高到5.6%。[①]

为增加就业并促使人们从低技术型的就业转向高技术型的就业,与就业新政同步,就业中心提供的技术新政为所有已经就业或未就业的人提供一站式的技术培训服务。技术新政为每个成年人提供机会,允许他们达到二级技术水平。在第一阶段的雇员培训试点成功后,将这一项目扩展到东北部、兰开夏、德文郡、康沃尔郡、剑桥郡和西约克郡。

与此同时,新工党政府通过削减行政管理开支来保证上述领域的投入。所有政府部门到2008年都要减少行政花费5%以上。政府将福利办公室和工作中心合并为工作和养老金部,这大大减少了部门运行经费。在排除通胀的情况下,工作和养老金部的预算到2008年减少5%。就业大臣宣布,他的部门在4年内减少了4万个工作岗位,重新建立1万个面向优先发展领域的工作岗位,两者相抵共减少3万个工作岗位。将消费者关税和消费税部门与国内税收部门合并。这个新合并的部门到2008年要减少10500个工作岗位。教育大臣宣布,到2008年减少总部员工31%,以保证向学校直接投入更多资金。布朗宣称,行政管理开支占总开支的比例从80年代的5%增加到90年代早期的5.7%,但是从现在到

---

① HM Treasury, *Budget 2004—Prudence for a Purpose: A Britain of Stability and Strength*, http://webarchive.nationalarchives.gov.uk/20080303145905/; http://www.hm-treasury.gov.uk/media/1/B/Budget_ 2004.pdf, 23 May 2017.

2008 年，这一比例将下降到 4%，然后继续下降到 3.7%，这将是从行政管理花费计划引进以来的最低水平。通过削减行政管理开支，通过科技和劳动力水平的提高，到 2008 年底增加一线服务投入 200 亿英镑。①

2004 年，英国经历了石油价格和工业原料价格的急剧增长，但是英国的通胀仍然保持在一个比较低的水平。2005 年 3 月 16 日，布朗向下院作报告时，称英国的 CPI 通胀为 1.6%。制造业投资增加了 5.25%，预计 2005 年将增加 4.5%—4.75%。布朗预计，2005 年国内的总投资将增加 6%—6.25%，出口增长超过 6%。2004 年经济增长 3.1%，这是连续第 50 个季度的经济增长。②

2005 年预算延续了向技术型经济转变的做法。政府拨款 6500 万英镑进行职工培训试点，增强企业竞争力，保持长期的经济繁荣稳定，致力于使英国成为基于研究、科学和知识工业的领导者。依靠 NHS 发展治疗疾病的技术并研究新药。运用英国企业在环境友好型技术，如碳捕获和存储等方面的世界优势，致力于形成这一领域研发的国家网络。改革教育，试点对那些既没有上学也没有工作的青少年进行培训。增加对小学电脑和电子白板等技术设施的投入，允许高年级学生低价租借学校电脑作为家用。在未来的三年里增加对小学的投资，2005—2006 财年对小学投入 16 亿英镑，到 2007—2008 财年增加到 18 亿英镑。并且计划在接下来的几年里投入更多的资金。

2005 年，布里斯托尔、诺丁汉和伯明翰与纽卡斯尔、曼彻斯特和纽约一样都成为"科学城市"。布朗承诺，接下来英国要增加中型研究企业的研发税收减免；通过 1 亿英镑的政府资助研发鼓励进行小型的科技创新；如果大学向企业开放其基础设施，政府将为其提供基金资助；地方发展机构将为企业研究提供更多的方便；为更新换代的地方企业提供

---

① Gordon Brown, *Chancellor of the Exchequer's Budget Statement*, 17 March 2004, http://webarchive.nationalarchives.gov.uk/20080303145905/; http://www.hm-treasury.gov.uk/budget/budget_04/bud_bud04_speech.cfm, 23 May 2017.

② HM Treasury, *Budget 2005: Investing for Our Future: Fairness and Opportunity for Britain's Hard-Working Families*, 16 March 2005, p.3. https://www.gov.uk/government/uploads/system/uploads/attachment_data/file/251094/372.pdf, 16 May 2017.

3亿英镑的资金。

2006年，新工党政府除了继续贯彻减少儿童贫困、鼓励科技创新、鼓励就业和企业投资等政策外，还在房地产市场和环境碳中和方面做出积极努力。针对房地产供求不平衡的状况，布朗吸引更多资本投入房地产建设，借鉴美国经验在英国建立不动产投资信托基金。在购买首套房过程中尝试股权分置，为初次购买房屋的人创造条件，2006年提供9.7亿英镑帮助3.5万户新的房屋所有者得到第一套房产。

在这一年的预算中关于碳中和的预算内容明显增加。一方面，布朗积极扩大碳减排国际合作，另一方面致力于让英国成为新能源技术研发的领导者。但是环境投入并没有直接使用税收收入，而是主张由公私部门筹资，这从一个侧面表明布朗已经开始紧缩财政。政府计划在公共部门和私有部门筹集资金10亿英镑，建立能源和环境研究机构，作为英国科学和工程学的前沿阵地。政府前期投入5000万英镑进行微型发电机技术研究，鼓励更多的企业和家庭生产自己的可再生能源。英国在研发新能源的同时鼓励汽车使用清洁能源。碳排放量最低的小汽车从2006年3月起不用缴纳任何气候税，碳排放较低的小汽车税收从75英镑减少到40英镑。从2006年3月起，小汽车的税收根据小汽车对环境造成污染程度的不同分为免税、40英镑、100英镑、125英镑、150英镑、190英镑，污染最严重的1%的小汽车税收将达到210英镑。[①]

1997年向学校、医院、安保、防务和基础设施的投入仅有180亿英镑，到2006年，这一数字增加到430亿英镑，布朗计划在此后的几年里向这些领域逐步增加投入，到2011年达到600亿英镑。

在2007年预算中布朗主要通过四种方式筹集资金投入优先发展的领域：出售公共资产；减少行政管理开支；有效的储蓄；减少债务利息和失业花费。实际上，这些筹集资金的方式自2004年英国财政政策转向紧缩时就开始实行了。

---

① Gordon Brown, *Chancellor of the Exchequer's Budget Statement*, 22 March 2006, http://webarchive.nationalarchives.gov.uk/20080303145905/; http:// www.hm-treasury.gov.uk/budget/budget_06/bud_bud06_speech.cfm, 23 May 2017.

第六章 由供应方改革到第三条道路改革

2004年,政府接受"里昂报告"提出的建议,对文职工作岗位进行重新规定,在白厅之外再提供2万个工作岗位的新的就业机会。那些帮助建立更多地方企业的地方权力机构将得到额外的商业税收入,在接下来的3年里要给地方议会拨款10亿英镑供给地方服务。在过去的7年间,英国通过出售过剩的资产和土地平均每年得到40亿英镑的收入,从2004年到2006年,布朗计划继续出售过剩的资产,平均每年积攒50亿资金用来进行新的投资。同时,出售已经私有化了的公用事业中的政府股份。

2005年预算确认了"里昂报告"关于出售140亿英镑公共部门资产的建议,并在2005年出售其中40亿英镑的资产。此外,该年度预算还要求通过整合行政部门,继续减少行政管理开支。将1997年新工党上台时继承的消费者和贸易标准的四个检查机构合并为一。环境大臣也宣布1997年22个互不统属的检查机构将整合为食品安全、乡村、农业、动物健康和环境保护五个检查部门。将五个现存的机构整合到健康与安全部门。总共35个部门被整合为9个,减少26个部门。精简对企业的管制,针对企业的公共部门检查团从11个减少到4个,犯罪司法、教育和儿童服务、社会服务和医疗、地方服务这四个领域各保留一个检查团。[①]

2007年美国爆发次级房贷危机,2008年英国资产价格开始下降,房价上涨速度迅速减慢。有明显的迹象表明国内需求急剧减速。新任财政大臣阿里斯泰尔·达林在报告中表示,由于政府保持了严格的财政纪律,英国经济是稳定且有弹性的,并将在接下来的几年里继续保持增长。所以该年度财政预算仍然延续了政府前几年的做法,出台了促进就业和社会公平的常规措施。其中包括减少贫困儿童数量,对于年龄超过80周岁和60周岁的退休者,增加他们的冬季燃料补贴。增加对小企业的资金支持,将原定于2008年4月开始实行的汽油税上调推迟到这一年的10月。提高酒税,为2009年引进五年碳预算做铺垫,采取各项措施应对气候变

---

① Gordon Brown, *Chancellor of the Exchequer's Budget Statement*, 16 March 2005, http://webarchive. nationalarchives. gov. uk/20080303145905/; http:// www. hm-treasury. gov. uk/budget/budget_ 05/bud_ bud05_ speech. cfm, 16 May 2017

化，包括改革交通工具消费税等。

但是形势的发展超出了达林的预期。2007年3月，通货膨胀率上升到2.5%。同年5月，通胀率再次上升，达到3.3%，这迫使默文·金向达林写信说明情况。7月的形势更加复杂，一方面通胀水平上涨抬高了中期通胀预期；另一方面信贷和收入收紧可能导致经济增长放缓。秋季，雷曼兄弟破产，金融危机进入第三阶段，金融系统的危机渗透进实体经济，慢慢榨干经济中的流动性。这时的新工党政府终于意识到问题的严重性，MPC不顾高水平的通胀，试图通过一系列的利率削减以增加经济的流动性。在2008年秋到2009年预算出台前后，连续削减银行利率，幅度达到4.5%。到2009年3月，银行利率降到了0.5%的低水平。与此同时，财政部授权英格兰银行实施资产购买计划，向经济中注入更多的流动性。

受到金融危机的影响，2008年第四季度，英国GDP降低1.4%，工业产出减少4.5%。美国工业产出减少5.4%，GDP降低1.6%。在2008年2月到2009年2月，欧元区GDP降低1.6%，工业产出急剧减少18%。同期，日本工业产出减少45.5%。

在2009年的财政预算中，达林预测，这一年英国GDP会下降3.5%，但会在年底开始复苏，到2011年会重新出现强劲增长。达林宣布，2009年要在继续保持财政政策稳定的同时，拿出相当于GDP 4%的资金相机支持经济发展。①

事实证明，在货币政策无力刺激经济增长时，这一财政政策决定是必要的。2009年3月，银行利率被削减到0.5%，在6个月的时间里被削减了4.5%。面对大危机带来的经济萧条，常规的利率工具已经难以发挥作用。在此情况下，新工党政府实行积极的财政政策，增加财政开支支持经济复苏。英国在这个时期的财政预算中明显增加了公共部门净借款在GDP中所占比重。当时英国政府预计2008—2009年度财政赤字将达到1750亿英镑，而上一财政年度的预算赤字仅为346亿英镑。APF

---

① HM Treasury, *Budget 2009: Building Britain's Future*, March 2009, p. 9. https://www.gov.uk/government/uploads/system/uploads/attachment_data/file/250681/0407.pdf, 17 November 2016.

(资产购买机制)在刚刚出现的时期实质上是一种财政政策工具,虽然由英格兰银行来主导,但是 APF 由债务管理办公室发行的国库券作为交换,财政部为 APF 中的财产损失负责。这一购买机制在常规货币政策转向量化宽松的过程中起到了至关重要的作用。

四 小结

新工党政府财政政策和货币政策实现有效配合,使英国在危机之前长达十年的时间里享受了长期的稳定增长、高水平的就业和低水平通胀。新工党政府实行的财政政策很明显分为三个前后不同的阶段,三个阶段分别表现出不同的特点。新工党政府在第一阶段致力于解决前任保守党政府遗留下来的赤字并削减公共开支,实行审慎的财政政策。第二阶段则增加教育、医疗和打击犯罪等领域的财政开支,致力于提高公共服务水平。第三阶段通过削减行政管理开支和出售政府资产保障公共服务领域的财政支出,财政政策重回谨慎。从财政政策实施过程来看,新工党政府财政政策主要有以下两个特点。一是财政政策并非像有些经济学家所评论的那样表现为时松时紧,而是体现了新工党社会民主党的性质。新工党政府在第一任期里致力于提高经济的稳定性,发展生产力,增加就业,削减开支。在这些措施初见成效后,新工党逐渐增加教育医疗等领域的公共服务开支,这非常明显地体现了其社会民主党的价值取向。二是实现了与货币政策的有效配合。财政政策在经济平稳发展时主要保证经济的稳定性,保证投资和就业,此时的货币政策发挥了关键作用,通过对通货膨胀水平的掌控以防止经济过热。在发生经济危机特别是经济萧条时,在常规的货币政策难以拉动经济增长时,量化宽松的货币政策特别是扩张性的财政政策则在经济恢复中发挥着至关重要的作用。但是,金融危机中的扩张性财政政策导致财政赤字增加,保守党和自由民主党组成的联合政府上台后在财政政策领域确定的首要任务就是在经济走向复苏后紧缩财政,削减结构性赤字。这一系列过程似乎是战后英国经济"走走停停"的再现,但实质上危机前后的繁荣和萧条不同于此前的"走走停停",如果新工党在金融管理方面的框架设定足够合理的话，英国完全有能力在金融危机到来时提前做好防范，尽可能减小经济波动。

第四节　英国新工党政府宏观经济政策评价

英国新工党政府上台后，延续了前任保守党政府在宏观经济政策上的基本立场并进行了一系列改革。由于受到经济危机的影响，新工党政府宏观经济表现经历了前后截然不同的两个阶段。

关于如何评价新工党政府的宏观经济政策，学术界是有分歧的。多数国外学者在危机前对新工党政府宏观经济政策给予积极评价，认为新工党政府建立的宏观政策框架帮助英国成功应对了1997年和2001年的危机，实现了长时期的稳定增长。相比全面肯定的观点，有学者辩证地评价新工党政府的宏观经济政策，2007年《经济展望》杂志刊登的一篇文章在肯定新工党政府在财政政策使英国宏观经济更具可持续性的同时，批评新工党政府财政政策使公共开支时紧时松，没有利用良好的形势更大程度地改善英国财政状况，且在执政10年间居民税负加重。[1] 也有批评者认为，新工党政府执政期间没有缓解英国制造业的困境，劳动生产率和居民收入都增长缓慢，贸易出现大量赤字，新工党政府在危机前的成就仅限于避免英国的衰退。

在危机发生后，学界则从不同角度进行了深刻反思。关于新工党政府宏观经济政策存在的问题，第一种观点认为，新工党政府在货币金融管理方面建立的三方协调体制让新工党政府不可能预见并防范即将来临的危机。[2] 第二种观点认为，新工党政府经济政策的指导思想才是问题的症结所在。批评者认为，新工党政府相信任由私人市场和自由市场发展可以产生大量的财富用于提高家庭收入和资助公共服务。这使得新工党政府忽视

---

[1] Anonymity, "A Decade of Fiscal Policy under New Labour," *Economic Outlook*, Vol. 31, No. 2, 2007, p. 6.

[2] ［英］丹·科纳汉：《英格兰银行（1997—2014）》，王立鹏译，中国友谊出版公司2015年版。

实体产业的发展，国民经济过度依赖银行和金融。所以新工党政府仅在经济表现良好的时候提高了公众的福利水平，而没有切实提高工作者的薪资水平，并且导致英国在受到经济危机的影响时不堪一击。[①]

与国外相比，国内现有成果仅限于对新工党政府经济政策的概括性梳理，缺乏对政策特点的分析和评价，这无疑是非常遗憾的。

一 新工党政府宏观经济表现

新工党政府上台伊始，为货币政策和财政政策设定了新的框架。新的宏观经济框架使得新工党政府货币政策在1997—2007年较好地实现了物价稳定和维持高水平的稳定就业等宏观经济目标，保持了宏观经济的总体稳定，为政府制定和施行其他经济政策提供了稳定和可持续发展的环境。但是2007年全球金融危机爆发后，新工党政府设定的宏观经济框架并没有做出及时调整。不利的国际环境和有缺陷的宏观经济政策共同导致英国经济陷于危机而难以恢复。

新工党政府实现了低水平的稳定通胀。在新框架下，货币政策的直接目标是稳定物价，即保持稳定的低水平通货膨胀。在新工党政府执政的前十年间，MPC得以摆脱政治因素的影响，根据经济形势适时调整利率水平，保持低水平的稳定通胀。1997年至2007年，英国通胀平均水平为1.5%，比之前10年的通胀低一半。在这期间，MPC成功应对1999年亚洲金融危机、2001年开始的美国房价波动、"9·11"事件以后的世界经济衰退以及英镑汇率波动和季节性供求失衡问题，成功使通胀水平保持在预定目标上下。在新工党政府设定的公开信制度中，英格兰银行行长因通货膨胀偏离目标而向财政大臣写的第一封公开信出现在新工党上台执政10年后。在新工党执政前10年的政策经历中，通货膨胀没有一次偏离目标超过1%，且通货膨胀波动幅度小，通胀预期稳定。

在经济增长方面，在1997年到2007年这10年间英国GDP平均增速基

[①] John Denham, "Reappraising New Labour's Political Economy," *Political Quarterly*, 2012, Vol. 81, pp. 46 – 52.

本与保守党执政时期持平,保持在2.5%以上,且GDP增长速度波动小于保守党执政时期。这有赖于新工党追求稳定的宏观经济政策。1997年,英国人均国民收入在G7国家中垫底,但是到2007年预算出台时,英国人均国民收入在G7国家中排名第二,仅次于美国。英国宏观经济经历了多次严峻的考验而保持着强劲的增长。受到"9·11"后世界经济衰退的影响,2001年和2002年德国经济平均增速为0.4%,日本为0.4%,美国为1.4%,英国在2001年为2.1%,2002年为1.8%,这两年的平均经济增长为2%,高于美国、日本和欧元区。在2000年到2004年的4年间,德国经济增长平均每年为0.9%,日本为1.4%,意大利为1.4%,法国为1.8%,欧元区为1.6%,美国为2.4%,而英国则达到2.5%。2006年,英国投资增加6%,从1997年以来,去除掉通胀因素的影响,企业投资增加48%,这是G7国家中最快的增长速度。[①]

在就业方面,新工党政府在其执政前十年成功降低了失业率。1997年新工党上台时失业率为6.8%,此后这一数字不断下降。2004—2005年为4.8%,这是1979年以来英国失业率的最低水平。2006年,英国有75%的成年人在工作,这高于美国和欧元区。在经济危机的影响下,新工党政府治下的失业率最高为7.9%。撒切尔和梅杰政府执政期间,多数年份失业率均高于7%,最高达到11.8%,且失业率波动明显。在新工党执政的13年间,失业率总体波动不大,失业率最高和最低相差3.1%。

新工党政府建立的宏观经济框架虽然实现了超越经济周期的稳定增长,但是未能在危机来临的时候及时准确地做出反应。2007年9月,北岩银行遭遇英国1866年以来的第一次挤兑,内阁大臣们认为,这是一次孤立的事件,幻想这次金融系统波动能够自我平息。同年11月,英格兰银行的通胀报告也认为,亚洲经济的强劲增长抵消了美国房地产市场和信贷市场的收紧,预测英国经济将会经历波动后重回增长的态势。在

---

① HM Treasury, *Budget 2007*: *Building Britain's Long-Term Future*: *Prosperity and Fairness for Families*, March 2007, http://webarchive.nationalarchives.gov.uk/20080303145905/; http://www.hm-treasury.gov.uk/budget/budget_07/report/bud_budget07_repindex.cfm, 20 November 2016.

第六章　由供应方改革到第三条道路改革

2008年前半年，MPC对超出目标的通胀水平和世界经济的下行趋势同样看重，但是仍然仅依靠利率工具对经济进行调节，此时的财政部和金融服务管理局也没有做出有效的预警。直到该年秋天莱曼兄弟破产，金融系统的波动传播到实体经济，资金短缺导致世界经济衰退，MPC才嗅到危机的气息，下定决心不管高企的通货膨胀率，开始急剧削减利率。但是此时经济危机已经开始损害英国经济。英国GDP从2008年第一季度的4337.1亿英镑急剧减少到2009年第二季度的4063.53亿英镑，国内生产总值减少约6%。

受制于宏观经济框架不够灵活的缺陷，财政政策也难以在危机来临前做出反应。2008年秋季，经济危机渗透进实体经济导致雷曼兄弟破产后，财政部才确认了此次危机的严重性，并在该年度11月的预算前报告中提出应对措施。这一报告以公共投资的名义增加了许多相机抉择的财政开支，将报告出台到2010年1月的增值税短期削减2.5%，个人所得税上限（收入超过15万英镑）从45%提高到50%。2008年11月预算前报告预计下一财年的财政赤字占GDP的比例将达到5.3%（这一预测比2008年3月财政预算中的预测高出2.4%），其中用于相机抉择促进经济增长的赤字占到GDP的0.6%，这两项数字在2009年3月的预算中分别增加到5.5%和1.1%。有学者认为，2008年11月预算前报告标志着新工党政府放弃了财政稳定原则，即放弃了黄金法则和持续性投资原则，[1]新工党政府的这一举措在英国学术界受到批评。[2]但是笔者认为，黄金法则和持续性投资原则在危机到来之前为英国宏观经济的稳定做出了贡献，但是这两项原则不能被当作评价财政政策稳定性和可信度的唯一标准。新工党政府在金融危机面前的失误不在于改变这两项财政原则，而在于嗅到金融危机的气息后没有果断采取相机抉择的财政政策措施，没

---

[1] Giuseppe Fontana and Malcolm Sawyer, "Setting the Wrong Guidelines for Fiscal Policy: The Post-2007 UK Experience," *International Journal of Political Economy*, Vol. 41, No. 2, 2012, pp. 27–41.

[2] Anonymity, "A Decade of Fiscal Policy under New Labour," *Economic Outlook*, Vol. 31, No. 2, 2007, pp. 5–9.

能在金融危机影响蔓延之前通过财政和货币政策手段抢先刺激英国经济增长,缓冲经济危机带来的损害。

二 新工党政府宏观经济政策的特点及反思

20世纪90年代初,工党根据变化了的经济社会形势对自身做出调整,修改了党章中关于公有制的表述。但是工党仍然是社会民主主义的政党,这一性质体现在新工党政府执政期间的财政政策中。与此同时,新工党政府宏观经济政策更多地体现出战后两党共识的面貌。战后两党共识在撒切尔政府执政期间被打破后,似乎在梅杰和新工党政府时期实现了回归。

(一) 财政政策体现出社会民主党的价值取向

第一任期审慎的财政政策立场为新工党政府积累了良好的宏观经济纪录。在2001年赢得大选后,新工党政府改变了第一任期内谨慎的财政政策,在财政政策方面开始展现出其社会民主党的本色。从2002年预算开始,新工党政府在第二任期虽然继续保持了"黄金法则"和持续性投资原则这两项财政原则,但是明显增加了教育、医疗和打击犯罪等领域的财政支出。

在2002年预算中,布朗宣布不管实际的通胀如何变化,养老金将每年增长至少100英镑。在2002—2003财年,将有500万户养老金领取者家庭每年平均多领取400英镑养老津贴并且每周额外多领取8英镑。对于那些十分贫困的单身养老金领取者而言,政府会保证他们在2002—2003年度每周至少收入98英镑15便士,下一财年每周至少收入100英镑。在国民医疗制度方面,布朗在2002年财政预算演说中直言,如果我们要将NHS建立在长期可持续的基础上,就必须增加对它的资金投入。他认为,通过削减债务和失业,保持谨慎稳定的经济增长,英国每年得在NHS上多投入60亿英镑。一个鲜明的对比是,1997年到2002年,新工党政府转移到NHS上的资金一共只有70亿英镑。[1] 2002年开支审查文

---

[1] Gordon Brown, *Budget Speech* 2002, March 2002, http://webarchive.nationalarchives.gov.uk/20080303145905/; http://www.hm-treasury.gov.uk/budget/bud_ bud02/bud_ bud02_ speech.cfm, 13 November 2016.

第六章 由供应方改革到第三条道路改革

件决定,到2006年之前,每年增加教育投入150亿英镑;每年在房地产领域增加投入10亿英镑;每年在交通领域增加投入约50亿英镑;到2008年之前每年增加医疗投入400亿英镑;到2006年之前每年增加公共服务投入610亿英镑。2003年预算延续了以上立场,在鼓励投资和增加就业的同时增加福利开支。在2003年的预算演说中,布朗自豪地说,英国现在的通胀处于30年来的最低水平,利率处于40年来的最低水平,就业处于历史最高水平。稳定的宏观经济框架和经济增长预期让新工党可以大胆地实现其社会民主党的价值观。在执政的第二任期,新工党政府都保持了这一财政政策立场。

布朗从2002年开始增加财政预算的做法受到来自国际货币基金组织、世界经合组织和欧盟委员会的多次警告。1999年11月24日,国际货币基金组织的一份报告指出,英国财政政策方面的谨慎不应当仅仅是短期内的,在长期内也应当保持谨慎的立场。2000年3月,国际货币基金组织再次警告说,英国当前的财政政策缺乏合适的限制,财政政策存在相当大的主观性。在2001年2月的报告中,国际货币基金组织指出,布朗政府当前扩张性的财政政策并非没有风险,当前英国的财政政策需要极大的谨慎。国际货币基金组织在2003年3月就指出,英国经济依靠房地产债务和房地产市场高水平通胀维持,在这种形势下冒着国内外双重不确定性的风险进行国内经济恢复无疑是有风险的。

新工党政府扩张财政政策的做法受到一些学者的批评。有学者认为,如果布朗在21世纪初能回归审慎的财政政策而非相反,英国将能够在金融危机来临前做好充足的准备。而布朗则选择忽视这些警告,批评者认为,布朗为了获得保证新工党第三次大选成功选择不谨慎的财政政策立场,增加公共服务开支,直到2005年大选胜利才重回谨慎。[①] 但是,新工党政府在赢得大选后的2002年预算中才开始大规模地扩张财政,指责新工党政府为了赢得连任而扩张财政预算,这种说法显然缺少足够的说

---

① Simon Lee, "The Rock of Stability? The Political Economy of the Brown Government," *Policy Studies*, Vol. 30, No. 1, February 2009, pp. 17-32.

服力。如前文所言，实施社会民主主义的价值观念不能被看作新工党政府财政政策的失误（在第二任期内，新工党政府仍然贯彻了上台时制定的两项财政原则），其财政政策失误在于对即将来临的经济危机没有及时做出反应。

（二）货币政策毁誉参半

新工党政府设定的货币政策框架为英国带来了长达十年的连续经济增长。但是，这一框架在经济危机来临时没有及时做出反应，在危机波及实体经济后才在短时间内大规模削减利率并采取量化宽松政策，对英国经济造成了严重损害。在危机爆发后，布朗政府开始认真反思造成这次经济危机的原因。为此，布朗任命金融服务管理局主席特纳勋爵针对这一问题展开调查，并在2009年3月形成一份《特纳报告》。这项报告反映出的问题直指英国和世界的金融监管体系，建议从国家和世界层面进行金融监管体系的改革。

几乎与此同时，保守党影子财政大臣乔治·奥斯本委托詹诚信勋爵进行调查，最后形成《三大机构评估报告》。这一报告更加尖锐地指出了新工党政府治下负责宏观经济和金融监管的三方协调体制的缺陷。这份报告认为，三大机构都不称职，缺乏应对危机的能力，而且完全没有交流。十年来，三大机构的领导人只在2006年2月的一次会议中见过一次面。英格兰银行没有有效行使金融监管的职能，反而降低了专业水平，缩小工作重点（将工作重点转移到货币政策上来）。这份报告建议撤销金融服务监管局，将其主要职能划归英格兰银行，让英格兰银行继续承担"评估金融稳定系统性威胁的主要责任"。

实际上，《三大机构评估报告》指责三方机构完全没有交流是有失偏颇的，但是三方互不统属和权责不明确这一点确是非常明显的。早在北岩银行挤兑危机发生之前，北岩银行董事长曾和金融服务监管局汇报了相关情况：如果大宗货币市场进一步恶化，北岩银行将会倒闭。当时的金融服务监管局领导意识到北岩银行问题的严重性，很快把消息传递给英格兰银行和财政部。三大机构的二把手随后进行了电话会议。此后，英格兰银行行长默文·金虽然表示"理论上可能"向北岩银行提供紧急救助，但是他认为英格兰银行不应该被牵扯到个别商业银行的事务中，这会使英格兰银行面临道德风险，北岩银行不应该给市场留下需要救助的印象。2007年9月9日，三大机构首脑举行电话会议，默文·金固守道德风险的说法，这让财政大臣达林非常恼怒。让新工党政府引以为傲的英格兰银行独立竟然造成了严重的后果，三大机构无法对危机的处理方式达成一致意见。①

在新工党上台时，为了避免短期政治因素对宏观经济的影响，授予英格兰银行独立地位，成立独立的金融服务监管局，构建了引以为傲的三方协调体制，在执政的前10年间实现了宏观经济稳定。但是在金融危机面前，三方协调体制的弊端暴露无遗。"英格兰银行只关注消费者物价膨胀。财政部眼睁睁看着金融政策部沦为无人问津的冷门部门。金融服务管理局成为狭义的监管机构，基本上只是照章监管。因为没人负责债务问题，所以等危机到来时没人知道该由谁负责。"②

卡梅伦保守党政府上台后，采纳了报告中的建议，改革金融监管体系，废除了金融服务监管局，这意味着新工党政府建立的三方协调体制的崩塌。在此基础上，保守党政府进行了大刀阔斧的改革：成立预算责任办公室作为与MPC类似的机构，进行经济预测，以改善财政决策；金融服务监管局的主要职责划归英格兰银行，成立金融审慎监管局作为英格兰银行的附属机构；模仿MPC，成立金融政策委员会作为金融稳定的"宏观审慎"监管机构。将金融服务监管局的部分职能转入新成立的金融市场行为监管局负责监管金融企业的商业行为。

（三）宏观经济政策回归战后两党共识

撒切尔夫人上台后，打破了战后两党共识政治，当前国内学界普遍认同这一观点。但是由于对新工党政府经济政策研究不足，国内学界鲜有对新工党政府宏观经济政策的价值取向做出评判的成果。笔者认为，

---

① ［英］丹·科纳汉：《英格兰银行（1997—2014）》，王立鹏译，中国友谊出版公司2015年版，第109—112页。

② ［英］丹·科纳汉：《英格兰银行（1997—2014）》，王立鹏译，中国友谊出版公司2015年版，第206页。

从宏观经济政策来看，新工党政府执政期间实现了战后两党共识政治的回归。撒切尔夫人和梅杰政府将宏观经济政策的立足点放在营造良好的经济运行环境，而不是改善短期的就业水平和经济增长上。新工党政府执政期间，虽然进行了微小的调整以贯彻其社会民主主义政党的价值观念，但是在总体的宏观经济政策方面延续了保守党的立场，严格控制政府对经济的干预，致力于改善经济运行的长期环境。

就货币政策而言，反通货膨胀的宏观经济目标贯穿整个撒切尔政府时期，[①] 梅杰政府时期更是如此。在新自由主义经济学看来，往好处说，政府卷入宏观经济是不起作用的；往坏处说，政府干预将干涉私人企业的决策，任何政府宏观经济政策的积极作用都是短暂的。宏观经济的作用仅限于为市场的运转提供一个正常的、长期的稳定环境，而控制通货膨胀是实现这一目标的前提，所以控制通货膨胀的职责被保留下来。[②] 撒切尔和梅杰政府不管是在实行严厉的货币主义阶段还是在引进通货膨胀目标制后，都极力控制通货膨胀水平，力图创造一个良好的经济运行环境。但是，保守党政府仅仅在梅杰政府时期勉强实现了控制通货膨胀的目标，并未成功抽离政府在这一过程中的作用。其后上台的新工党政府向前迈出一大步，完成了保守党政府的未竟之业。新工党上台后，并没有改变保守党政府货币政策的核心内容，而是在保守党政府货币政策的基础上进行修改完善，试图保证货币政策更好地完成改善经济环境的任务。新工党政府继承了通货膨胀目标制，并尽可能减少政府在货币政策制定中的影响力，授予英格兰银行更大的独立地位，努力给予货币政策更高的透明度。这些努力让肇始于保守党政府执政期间的货币政策更加稳定且摆脱政治因素的干扰，这在保守党政府改革的基础上无疑更进了一步。此外，新工党政府一改战后工党政府不重视货币政策的姿态，转而重视货币政策对经济的作用，这延续了撒切尔和梅杰保守党政府的基本态度。

---

① 毛锐：《撒切尔政府经济与社会政策研究》，山东人民出版社2014年版，第65页。
② 毛锐：《英国撒切尔政府宏观经济政策的实践与特点》，《东方论坛》2010年第4期。

第六章 由供应方改革到第三条道路改革

就财政政策而言,新工党政府克服了撒切尔政府对财政政策的矫枉过正。撒切尔政府严重低估了财政政策的短期影响,财政政策对需求的直接影响和财政政策在宏观经济层面固有的不稳定性使其成为货币政策的附庸,这成为导致80年代早期经济大衰退的诱因之一。[①] 新工党政府上台后,要求财政政策透明、稳定、负责、公平、有效,为财政政策设定了两条原则,即黄金法则和持续性投资原则。这两条原则保证新工党政府执政期间的财政政策处于审慎的立场。新工党政府对财政政策的改革实际上一方面改变了撒切尔政府不重视财政政策的弊端,另一方面延续了保守党政府关于控制国家活动疆域的立场。

(四)新工党与危机

2007年世界性危机发生后,虽然学界对新工党政府的宏观经济政策进行了诸多批评,但是英国国内政策并非导致危机的原因,这是得到广泛认可的。此次危机源于美国次级贷款危机,后发展成全面的金融危机,并逐渐渗透进实体经济,向全球蔓延。英国作为全球市场的参与者,自然受到此次危机的波及。

相比其他国家,新工党政府的经济政策并未使危机对英国经济造成更大的损害。在危机发生后的相当长一段时间内,英国经济表现仍然优于其他主要经济体。2007年英国经济增速为3%,高于任何一个世界主要经济体。直到2008年预算出台时,英国的失业率仍然低于法国、意大利和德国。在2008年预算中,财政大臣阿利斯泰尔·达林仍然认为,受益于控制通货膨胀的努力,英国经济比其他经济体处于更有利的地位。在接下来的几年中,英国经济将在世界经济不确定的环境中保持稳定。达林为过去10年持续的经济增长感到自豪,并预测在接下来的一年乃至以后几年里,英国经济将依然保持增长(虽然此时其他国家经济正在遭受衰退)且预测增速在1.75%—2.25%,快于美国、日本和欧洲地区。达林认为,受到国际油价和食品价格上涨的影响,英国国内通货膨胀将

[①] 毛锐等:《论题:从凯恩斯主义到货币主义——撒切尔政府宏观经济政策的调整》,《历史教学问题》2014年第5期。

会在短期内上涨并在2009年回归目标水平。① 事实证明，这些预测显然是过于乐观了，但是这从侧面表明英国经济在受到危机影响的初期仍然表现良好。到2009年预算出台时，世界贸易下降明显，中国出口额减少26%，日本减少45%，德国减少21%，同期英国出口额减少了14%，情况虽不乐观，但英国的经济形势比上述国家要好得多。

在危机影响开始显现后，新工党政府采取了多种有效的应对措施。在货币政策方面，除了在短时间内大规模削减利率外，财政部还授权英格兰银行进行多轮量化宽松，增加经济流动性。在财政政策方面，自2008年11月预算前报告以来增加了为应对危机而进行的相机财政支出，实行大规模的减税计划，为中小企业提供贷款担保。在宏观层面实施的这些措施都有力地鼓励了投资和生产，刺激经济恢复。对于这些措施造成的财政压力，新工党政府在经济恢复、走上正轨后转而提出削减财政赤字。这项政策为其后上台的卡梅伦联合政府所继承。

不可否认，新工党政府的国内政策在危机初露端倪的时候没有做出及时反应，导致英国经济受到严重损失。美国次级贷款危机爆发后，新工党政府仅将其作为局部的金融事件来处理，甚至2007年北岩银行遭挤兑都没有引起内阁大臣的重视，直到2008年秋季雷曼兄弟破产，新工党政府才在该年11月的预算前报告中采取应对措施。英格兰银行也在雷曼兄弟破产到2009年春季的6个月里急剧削减利率4.5%。此前，MPC过分纠结于上涨的通货膨胀，对大规模削减利率犹豫不决，对即将到来的经济衰退准备不足。

从长期来看，新工党政府的经济哲学本身就存在着难以避免的缺陷。正如布朗在2001年工党代表大会上所言，新工党政府希望通过鼓励自由市场发展获得更多资金，资助公共服务并提高家庭收入。但这一策略实际上导致新工党政府任由货币金融系统发展，忽略了供给侧的积极性，从而难以实质性地提高居民收入水平。审慎的财政政策一旦产生良好效

---

① Alastair Darling, *Budget 2008 Speech*, March 12, 2008, https:// www.thetimes.co.uk/article/budget-2008-the-chancellors-speech-in-full-fs2rg6nmnpx, July 8, 2017.

果，用于公众服务的资金就会源源不断，但是一旦遇到大的经济波动，在国民经济不景气的情况下，高水平的公共开支则难以得到保证。这种策略在难以提高居民收入的同时，还增加了居民的税收负担。这一系列连锁反应导致英国经济在面临危机时缺乏预期的消费能力和投资积极性，从而导致英国经济走出困境的难度加大。

第七章

从国有化到私有化

第一节 第二次世界大战后国有化政策（1945—1979）

在英国，国有化是工党所提倡的社会主义的标志，具有很强的意识形态色彩。[①] 早在1918年，工党就将生产资料生产与分配的公有制作为奋斗目标写进了党章，工党推行国有化一直被视为其"社会主义试验"的一部分。1924年1月到11月和1929年6月到1931年8月，工党虽两次执政，但时间短，又有保守党的掣肘，根本无法大规模推行国有化政策。直到1945年艾德礼工党政府单独组阁才为推行国有化政策提供了可能性。第二次世界大战后，工党先后掀起两次国有化浪潮。

一 第一次国有化浪潮

第一次国有化浪潮贯穿艾德礼工党政府执政的全过程。政府先后颁布了八个国有化法令[②]：

（1）1945年10月，颁布《英格兰银行法》，英格兰银行被收归国有，被赋予中央银行的地位，英格兰银行的行长、副行长和理事会成员全部由政府任命，按英国政府的命令行事。

[①] R. Vernon, *Big Business and the State*, Harvard, 1974, p. 27.
[②] 详见陈宝明编著《国有企业之路——英国》，兰州大学出版社1999年版，第56—57页。

(2) 1945 年 10 月，颁布《煤业国有法》，把绝大多数煤矿和煤加工企业收归国有。

(3) 1946 年 8 月，颁布《民用航空法》，把航空站和所有民航飞机收归国有，并成立英国海外航空公司、英国欧洲航空公司和英国南美航空公司三个国有航空公司。

(4) 1947 年 1 月，颁布《电报及无线电通信国有法》，成立了国有的有线电报和无线电报公司。

(5) 1947 年 8 月，颁布《国内运输法》，把码头、机场、港口、运河、铁路附属旅馆和大汽车站等全部收归国有。

(6) 1947 年 8 月，颁布《电力法》，成立下辖 500 多家发电厂和五条输电线路的中央电力局。

(7) 1948 年 7 月，通过《煤气法》，把煤气厂和煤气管道企业收归国有。

(8) 1949 年 11 月，通过《钢铁国有化法》，规定到 1951 年 2 月 15 日，把大部分钢铁企业收归国有。[①]

纵观第一次国有化浪潮，除了钢铁国有化法令之外，其他国有化政策的实施都比较顺利，没有遇到任何实质性的抵制。[②] 此次国有化的部门多集中在基础设施部门，属于自然垄断行业，不存在与私营企业竞争的问题。但是这些企业常年亏损，急需政府投资进行产业改组，因此，第二次世界大战后工党政府对其进行国有化并不是一次重大的变革。唯一例外的是钢铁部门，成为阻力最大、最有争议的国有化部门。[③]《钢铁国有化法》1949 年就通过了，可直到 1951 年 2 月钢铁国有化才实现。钢铁行业与其他国有化部门最大的区别是战后初期的英国钢铁工业并不存在效率低下的问题，且拥有良好的劳资关系，英国钢铁工业处于盈利状态。[④] 这也是保守党强

[①] 王小曼：《对英国工党国有化政策的思考》，《西欧研究》1987 年第 5 期。
[②] K. Harris, *Attlee*, London: Weidenfeld and Nicolson, 1982, p. 258.
[③] Roderick Floud, Donald McCloskey, *The Economic History of Britain since 1700*, Second Edition, Volume 3: 1939–1992, Cambridge University Press, 1994, p. 52.
[④] N. F. R. Crafts, N. W. C. Woodward, *The Britain Economy since 1945*, New York: Oxford University Press, 1991, p. 389.

烈反对钢铁工业国有化的主要原因。① 私人钢铁公司最终之所以同意国有化，是因为两个方面。一是根据1949年颁布的《钢铁国有化法》，只有钢铁年产量超过2万吨，铁矿石产量在5万吨以上的钢铁企业才收归国有，生产规模较小的钢铁生产企业并没有国有化。二是国有化后的钢铁企业都由新成立的英国钢铁公司管理，而英国钢铁公司无论是在内部组织还是人事方面都保持了原有的公司组织模式。② 这种制度安排无疑符合英国钢铁垄断联盟的利益。它们可以利用国有化获得国家资本的注入以实现产业升级，如果政党轮替，需要去除钢铁国有化时也不需要耗费太大精力。③ 钢铁产业最终的国有化也能很好地说明，为何保守党会赞成或者说不反对明显带有社会主义色彩的国有化政策。因为战后英国经济的发展要求国有化。两次世界大战之间，在英国具有自然垄断性质的基础产业部门，特别是电力、煤气领域，企业规模小，数量多，生产成本居高不下，难以形成规模效益。1947年的英格兰和威尔士地区，从事发电、配送电力的企业多达565家，煤气公司超过1000家。④ 显然，要想实现产业集中，纯粹依赖市场自由竞争、优胜劣汰无疑既费时又费力，只有通过国家干预，把这些小企业收归国有，进行重新整合，才是解决这一问题的最直接的办法。英国艾德礼工党政府在国有化的同时还兼顾到私人垄断集团的利益。除去英格兰银行的国有化外，其他被国有化的都属于自然垄断性质的基础行业，这些行业在战争期间受到的破坏最严重，仅靠私人资本难以重建和复兴这些行业，只能由国家承担以启动整个经济。再有，英国国有化过程中采取的主要是有偿赎买的政策，补偿金很高。正如丘吉尔所言："假使给予适当补偿，所有人都会接受国有化的原则。大家争论的问题不是道德上的是非，而在于实行国有化是否确实比依靠私人经营和竞争，更能为整个国家创造

---

① [英]萨姆·阿罗诺维奇等：《英国资本主义政治经济学——马克思主义的分析》，复旦大学世界经济研究所译，上海译文出版社1988年版。

② J. W. Grove, "British Public Corporations: Some Recent Developments," *The Journal of Politics*, Vol. 18, No. 4, p. 654.

③ [苏] A. C. 道布罗夫：《英国经济地理》，王正宪译，商务印书馆1959年版。

④ James Foreman-Peck, Robert Millward, *Public and Private Ownership of British Industry* 1820–1990, Oxford, 1994, p. 280.

一个更为有利的事业。"① 因此，当1951年丘吉尔重新上台执政时，表面上保守党对国有化仍持反对态度，表示"我们将立即完全停止国有化"②，但在具体政策层面，保守党只是把国有化了的钢铁企业重新私有化，其他的国有企业基本维持现状。这是战后达成的"共识政治"的重要表现。

二　第二次国有化浪潮

通过第一次国有化浪潮，国有企业在煤炭、燃料、电力、钢铁和运输等基础部门占据绝对支配地位。③ 国有工业占英国企业总数的20%，国有企业人数增加到200万人；④ 国有企业所占投资比重在1954—1957年达到22.4%，达到战后最高点。⑤ 国有化对英国经济起到的作用，即使是猛烈抨击国有化政策的保守党也是承认的："英格兰银行在所有权形式和管理形式上的转变，为政府运用货币政策调节经济提供了便利；而动力、交通运输、电信及煤炭等部门的国有化则为私营企业提供了廉价的动力、运输等必要的发展条件，有利于私营企业生产力水平的提高。"⑥

第一次国有化浪潮之后，工党先后三次参加大选，但都以失败告终，这引发工党内部的分歧，分歧的焦点集中在如何看待国有化问题之上。以比万为代表的工党左翼攻击艾德礼内阁所实施的改良主义措施并未触动英国社会基础，他们强调进一步实施全面国有化以铲除私人所有制。以莫里森为首的中间派则主张维持现有成果，有限度地进一步实行"国有化"。以盖茨克尔和克罗斯兰为首的右翼则认为，国有化不是实现社

---

① 罗志如、厉以宁：《二十世纪的英国经济——"英国病"研究》，人民出版社1994年版，第259页。
② 崔士鑫：《历史的风向标——英国政党竞选宣言研究（1900—2005）》，北京大学出版社2013年版，第140页。
③ 刘晓平：《战后英国国家干预经济发展战略评析》，《学海》2010年第3期。
④ A. Gamble and C. Wells (eds.), *Thatcher's Law*, Cardiff, 1989, Table 1. Kenneth O. Morgan, *Labor in Power* 1945-1951, Oxford, 1986, p. 95.
⑤ R. H. Floyd, C. Gray and R. P. Short, *Public Enterprise in Mixed Economics: Some Macroeconomic Aspects*, Washington, 1984, pp. 116-117.
⑥ 毛锐：《二战后英国国有化运动述评》，《探索与争鸣》2007年第3期。

主义的目的，而只是手段。能否促进经济发展才是判断是否实行国有化的标准，"我们的目标不是100%的国家所有"①。1959年，当时的工党领袖盖茨克尔认为，工党之所以在大选中失败，是由于工党党章第4条的国有制条款吓跑了中间选民，因而提出修改党章第4条。但遭到党内左派和工会的强烈反对。②于是盖茨克尔退而求其次，要求对第4条作附加说明，即"工党执委会承认在国家经济中应该既有国营企业也有私人企业地位的同时，建议继续扩大公共财产的范围，要考虑客观事实，适应客观状况，考虑有关企业工人和消费者的意见，逐步采取决定"③。这一附加说明实质上否定了第4条，因而这一提议仍然被否决。④ 在次年10月召开的工党年会上，党章第4条再次得到无条件肯定。到了60年代末70年代初，随着英国失业和通货膨胀状况日益严重，经济发展速度逐年放缓，1975—1980年，英国的国民生产总值年平均增长率实际上只有1.1%。这使工党左翼力量逐渐加强，工会力量不断向左转。1973年，工党提出了工党历史上最左的竞选纲领，声称假如工党再次上台执政，将立即着手把北海油田、英国最大的25家制造业公司、飞机制造、造船、码头以及汽车制造等企业全部国有化。1974年3月，威尔逊第二次组阁，开始把国有化作为摆脱经济危机的重要手段，在英国掀起第二次国有化浪潮。⑤

与第一次国有化浪潮相比，这次国有化范围进一步扩大到汽车、船舶、机床、火箭等有利可图的部门，甚至包括电子、宇航等尖端技术产业。如

---

① Robert Fraser, *Privatization: The UK Experience and International Trends*, London, 1988, p. 4.
② 毛锐:《二战后英国国有化运动述评》,《探索与争鸣》2007年第3期。
③ 杨煌:《英国工党战后国内政策的三次调整——围绕工党国有化政策演变的考察》,《欧洲》1998年第4期。
④ 王凤鸣:《英国工党的"新思维"——托尼·布莱尔思想述评》,《当代世界社会主义问题》1997年第2期。
⑤ 1964年10月，威尔逊政府第一次上台，当时工党在议会中只拥有4席的微弱多数，所以在国有化问题上未采取重大步骤，只对已被非国有化的钢铁业和部分汽车运输业重新国有化。1967年颁布《钢铁法令》，将14家主要公司归为国有，成立英国钢铁公司。1968年又成立货运公司，把业务范围超过100英里（160公里）以上的企业收归国有。有学者把这些国有化措施也作为一次国有化高潮，笔者认为这不妥。

1977年7月，建立了由国内较大的19家造船公司组成的英国造船公司，控制全国商船制造业98%的份额。这次国有化还侧重于挽救陷入经营困境的私人企业。新成立的国家企业局先后向罗尔斯—罗伊斯公司、礼兰汽车公司等24家私营企业提供2.4亿英镑的贷款。此次国有化还强调借助国家力量来促进企业的现代化，使造船、航空、机床制造、电子工业等部门中技术含量较高的垄断组织首次成为国有经济的组成部分。[1]

经过两次国有化浪潮后，到1979年，英国大小国有企业共有16283家，在煤炭、电力、造船、铁路、邮政、煤气和电信等部门，国有化比重达100%，钢铁和航空部门达到75%。[2] 国有企业产值占英国国民生产总值达到10.5%，国有企业就业人数占总劳动力比例达到8.1%，[3] 从而对整个国民经济产生举足轻重的影响。[4]

纵观战后工党实行的国有化，虽有很强的意识形态色彩，但其根本目的在于提高经济效益，增强英国产品的出口竞争力。其产权的转变只不过是把私人资本占有形式改变为国家拥有，通过国家财政手段进行收入的再分配，这无疑也是符合保守党利益的。

三　英国国有企业政府管制体制的弊端及初步改革

在第二次世界大战后英国两次大规模国有化过程中，通信、自来水、铁路、煤气和电力基础设施产业在国有化后成为完全的国有垄断部门。为了管理好这些国有企业，[5] 提高国有企业的经济效率，历届英国政府制定了一整套对国有企业的管制体制。[6]

英国对国有企业的管制主要包括议会的法律监督和政府的直接监控

---

[1] 毛锐：《二战后英国国有化运动述评》，《探索与争鸣》2007年第3期。
[2] M. Bishop and J. Kay, *Privatization: An Economic Analysis*, London, 1988, pp. 46–47.
[3] Peter J. Curwen, *Public Enterprise: A Modern Approach*, Wheatsheaf, 1986, p. 21.
[4] 刘晓平：《战后英国国家干预经济发展战略评析》，《学海》2010年第3期。
[5] 英国国有化企业根据企业组织结构的不同，大致可以分成政府部门、混合股份公司和公共公司三种类型，英国大部分国有化企业属于第三种类型，即公共公司（详见 P. J. Curwen, *Public Enterprise: A Modern Approach*, Wheatsheaf Book Ltd., 1986, pp. 37–38）。
[6] 毛锐：《私有化与撒切尔时期的政府管制体制改革》，《山东师范大学学报》（人文社会科学版）2005年第6期。

和业务指导。① 一个企业要国有，只有经过议会审议，出台专门法案才能进入实施阶段。

每部国有化法令都会明确国有企业的组织架构、管理模式、生产价格以及企业的宏观经济目标②等法律责任。从1951年开始，英国下院陆续成立国有化特别委员会、财政和文官事务委员会、公共会计委员会、雇主委员会等40多个专门委员会来负责和处理国有企业相关事务。这些机构定期或不定期地就国有企业经营情况向议会做出书面报告，向政府经济部门和国有企业提出质询，并检查措施的落实情况。③ 政府首相、财政大臣和相关主管大臣则具体对国有企业进行宏观调控。政府直接掌管企业的人事权，国有企业的董事长和董事会成员全部由政府任命。④ 此外，"政府还规定企业的经济和财政指标"⑤，这包括主管大臣有权发布具有普遍意义的企业经营指导原则，确定外部融资限额。⑥ 主管大臣还有权任命董事会成员，企业董事会则直接向主管大臣负责；而主管大臣又必须服从首相和议会的指示，这意味着国有企业的战略决策完全掌握在议会、首相和主管大臣手中，企业董事会只不过是具体政策的实施机构而已。⑦

不难看出，政府的这套管制体制的弊端很严重，主要表现在国家直接干预企业经营导致政企不分，效率低下。在这种管制体制下，主管大臣更多地出于自己党派的利益，往往置公共利益于不顾，肆意对国有企业进行政治干预。一方面，出于执政党连续执政的目的，政府会毫无顾忌地补贴或贷款给国有企业以实现某种经济目标；另一方面，政府还会

---

① 邹根宝：《英国对国有化工业的管理》，《西欧研究》1987年第1期。
② 张敏：《论英国国有企业的经营与管理》，《欧洲》1996年第5期。
③ 林汉川、赵守日：《英法等国对国有企业的监督》，《中国工业经济研究》1991年第12期。
④ 毛锐：《私有化与撒切尔时期的政府管制体制改革》，《山东师范大学学报》（人文社会科学版）2005年第6期。
⑤ P. J. Curwen, *Public Enterprise: A Modern Approach*, Wheatsheaf Book Ltd., 1986, p. 36.
⑥ 国有企业投资的主要来源为国家贷款基金，按英格兰银行最低贷款利率给予贷款；企业向海外的贷款机构直接发行债券，由国家予以担保。在通常情况下，政府会为企业制定外部融资限额，加强对企业的财政管理，避免PSBR的不断增加，防止通货膨胀加剧。
⑦ 王俊豪：《英国政府管制体制改革研究》，上海三联书店1998年版，第66页。

要求国有企业履行社会职责,故意压低国有企业产品的价格,为国家整体利益服务。为此,国有企业一般都是亏损严重,不得不依靠政府的巨额补贴才能继续运转。

为改变政府管制框架的弊端,英国政府分别在1961年、1967年和1978年颁布三个国有企业白皮书,试图从价格和投资政策上加强对企业的宏观调控。1961年政府颁布的《国有企业财政和经济职责》白皮书明确规定,国有企业要获取足够的利润,不再承担非营利的社会义务,并根据国有企业的实际经营状况和社会需要,确定了不同企业的投资回报率,如煤炭业为4.9%,煤气公司为10%,电力公司为12.5%。[①]但这个白皮书并没有规定国有企业的价格政策和投资政策指标。1967年,政府颁布了《国有化产业:经济和财政目标的评价》白皮书,第一次确定了国有企业的价格政策和投资政策指标。该白皮书要求所有国有企业实行试验性贴现率,并规定贴现率为8%,即如果国家提供1000英镑的现金贷款,那么,国有企业只能拿到920英镑,以促进国有企业自觉提高盈利率。[②]该白皮书还对国有企业的产品价格予以严格控制,规定国有企业任何试图调整其产品或服务价格的尝试都必须获得物价部门的批准。1978年,卡拉汉工党政府又颁布《国有化产业》白皮书,宣布废除试验性贴现率,直接要求企业完成5%的投资最低回报率。这表明英国政府把管制重点由强调边际成本定价原则转向投资回报率。[③]

从总体上说,政府对第二次世界大战后国有企业管制体制的改革是失败的。究其原因,战后英国形成的政府管制体制是建立在政府和国有企业的经营者都是公共利益的"监护人"的假设之上,完全排斥了管制者和被管制者合谋或追求私利的可能性。[④]政府的三个白皮书没有认识到这一点,也就不能从根本上弥补这一缺陷。

---

① P. J. Curwen, *Public Enterprise: A Modern Approach*, Wheatsheaf Book Ltd., 1986, p. 57.
② 邹根宝:《英国对国有化工业的管理》,《西欧研究》1987年第1期。
③ 毛锐:《私有化与撒切尔时期的政府管制体制改革》,《山东师范大学学报》(人文社会科学版)2005年第6期。
④ 王俊豪:《英国政府管制体制改革研究》,上海三联书店1998年版,第72页。

第二节 私有化政策（1979—2010）

1979年上台的撒切尔政府放弃了传统的强调国家干预以实现充分就业为目标的凯恩斯主义需求管理，转而采取更加依赖市场、更强调供应方的以消除通货膨胀为目的，进而促进可持续经济增长的新保守主义经济学。实现这一目标的关键是放弃国家干预，强化市场竞争。为此撒切尔夫人明确提出要"把国家的边界推回去"，从根本上建立一个自由企业经济。私有化于是成为减少政府规模和范围的主要手段。[1] 因此，撒切尔政府上台后，掀起了一场大规模的私有化浪潮，从而开启了世人瞩目的英国私有化进程。

一 英国私有化的四个阶段

从撒切尔政府到2010年新工党执政结束，英国私有化历经四个阶段。

（一）第一阶段：尝试性阶段（1979—1983）

这一时期的私有化比较谨慎，只出售了25家企业，主要集中在竞争性行业"国有部门中次要的盈利的公司"[2]。这一时期更多采取的是以取消外汇管制以及对物价、收入和股息的管制为中心的自由化改革以及住房私有化。其中尤以这一时期的住房私有化最为引人注目，这既表明保守党对私有财权的重视，又反映了保守党对英国拥有大量公有住房的不满。为了鼓励公有住房私有化，第一，撒切尔政府提出了"有权来买房"的口号，[3] 对公有住房住户购买自己的公有住房给予折扣优惠。居住公有住房超过3年的住户，可享受30%的折扣，居住超过20年的住

---

[1] N. Lawson: "Great Divide," *The Observer Privatization Survey*, October 25, 1987, p. 65.

[2] J. Wolfe, "State Power and Ideology in Britain: Mrs. Thatcher's Privatization Programme," *Political Studies*, Vol. 34, 1991, p. 243.

[3] Harvey Feigenbaum, Jeffrey Henig, Chris Hammett, *Shrinking the State—The Political Underpinnings of Privatization*, Cambridge University Press, 1998, p. 67.

户，折扣率高达50%。第二，政府逐渐提高公有住房房租使之接近市场水平。第三，政府逐渐减少对地方政府建房资金投入，希望引入私人资本，鼓励社会建房。这些政策所取得的成效显著。在撒切尔政府的第一个任期，政府通过住房私有化所获得的款项比同期所有的私有化收入都要多。[1] 总的来说，这一阶段的私有化还是有限度的，是撒切尔政府推行私有化政策的尝试性阶段，目的也仅仅是筹集资金增加财政收入。[2]

（二）第二阶段：大发展阶段（1984—1987）

鉴于第一任期住房私有化的顺利实施，撒切尔夫人决定进一步扩大私有化的范围。在1983年的竞选宣言中，保守党明确提出要把私有化扩展到汽车制造、电信、造船、航空、钢铁以及交通和机场等领域。[3] 而同期的工党因为提出史上最左的竞选纲领，导致内部分裂，工党右翼另组新党，左翼则深陷权力斗争，其提出的大规模国有化的竞选纲领在私有化的诱惑面前毫无吸引力。最终，保守党以比工党多出188席的优势，第二次赢得大选。[4] 连选连任的撒切尔夫人公开宣称要建立"民众资本主义"[5]。其标志就是1984年政府出售了英国电讯公司（BT）50.2%的股份，政府净收入达36.85亿英镑，200万人购买BT的股份，这是私有化第一次扩展到自然垄断企业，这标志着英国开始了系统的私有化进程。需要注意的是，在私有化之前，BT从邮政系统剥离出来，与政府引入的水星通信公司在移动通信领域展开竞争。这种先自由化后私有化的模式，成为以后公共事业部门私有化的通用模式。

（三）第三阶段：深入发展阶段（1987—1997）

1987年，保守党第三次赢得大选，撒切尔夫人更是宣称"私有化

---

[1] R. Forrest and A. Murie, *Selling the State: The Privatization of Public Housing*, London, Routledge, 1991.

[2] 毛锐、赵万里：《撒切尔政府私有化政策特点分析》，《山东师范大学学报》（人文社会科学版）2008年第6期。

[3] Harvey Feigenbaum, Jeffrey Henig, Chris Hamnett, *Shrinking the State—The Political Underpinnings of Privatization*, Cambridge University Press, 1998, p. 72.

[4] *Sunday Express*, Feb. 2, 1982.

[5] 毛锐：《从货币主义到私有化——论撒切尔政府私有化政策的提出》，《山东师范大学学报》（人文社会科学版）2004年第6期。

无禁区"①，私有化政策进而大规模地扩展到公用事业、自然垄断性行业以及亏损严重的企业，并深入政府机构改革和教育、社会保障制度改革等领域。1988年出售了 BP 剩余股份。1989年和1991年，英国自来水公司（BW）和英国电力公司先后私有化。1988年2月，撒切尔政府提出"下一步行动计划"，把私有化矛头指向政府行政事业和公共机构。原有政府机构中只有不到一半被认定是公共机构，其余的机构将按照以下原则加以处理：如果不能取消，则考虑是否可以进行私有化；如果不能私有化，则考虑是否可以和政府签订承包合同。② 引入市场竞争机制是私有化在社会服务领域的主要表现。1988年，政府颁布"地方政府法"，要求地方政府在街道清洁、学校食堂、垃圾清运等7个领域实行竞争投标。在3个月内，在竞争投标中约77%的服务合同被私营企业获得。③ 这一时期，在教育和国民医疗保健制度中亦开始引进一些私有化形式。④

撒切尔辞职后，梅杰政府继承了上任的私有化政策传统，私有化力度进一步加大，梅杰政府关心的已经由"我们能卖什么"转到"什么企业才能不卖"⑤。私有化范围扩大到公共运输系统和邮政系统。从1991年到1997年，英国的一系列港口被出售，包括麦德威港、克莱德和蒂尔伯里港等，收入215.5亿英镑；1995年5月，拥有和运营英国绝大部分核电厂的苏格兰爱丁堡核电公司、苏格兰核有限公司和英国能源公司私有化，政府获得26亿英镑；英国铁路、英国煤炭和伦敦交通运输业也被私有化。这类企业的私有化采取的主要是特许经营的方式。其中尤以英国铁路的私有化最为著名。⑥

---

① 赵雪梅：《英国国有企业私有化探析》，《经济评论》1999年第4期。
② 毛锐、赵万里：《撒切尔政府私有化政策特点分析》，《山东师范大学学报》（人文社会科学版）2008年第6期。
③ P. Clark, *Policy and Politics in Modern Britain*, London, 1992, p. 80.
④ Kate Ascher, *The Politics of Privatization: Contracting out Public Services*, Macmillan, 1987, p. 249.
⑤ *Guide to UK Privatization Programme*, London: Her Majesty's Treasury, 1993.
⑥ 杨国彪、谢剑林：《80年代以来英国的私有化政策》，《世界经济研究》1997年第4期。

第七章 从国有化到私有化

英国是世界上铁路运输建设的先驱，1825年开通的斯托克顿到达灵顿的铁路，是世界上最先使用蒸汽机车运载旅客的铁路。1948年，艾德礼工党政府对几家主要铁路公司实行国有化，并成立英国铁路局对其进行统一管理。但由于长期处于市场垄断地位，服务质量和经济效益日益下降，加之投资不足，设备老化，导致英国铁路公司处于长期严重亏损状态。1982年，撒切尔政府曾对铁路系统进行重组，按市场类型组建了城际客运、货物运输、伦敦客运、区域客运以及邮包运送五个事业部，但是铁路严重亏损的局面仍没有得到明显改善。[1]

与之相对比，一些私营铁路公司的效益却十分出色，它们甚至不得不租借英国铁路公司的车皮来满足顾客的需求。1992年政府颁布有关铁路系统私有化的白皮书，主要解决如何打破铁路公司的市场垄断问题，提高效率；[2] 1993年颁布"铁路法"，明确规定铁路私有化的具体方案，从1994年4月开始正式实施。这包括：规定先将铁路运输部门和铁道、通信等基础设施分离，在路网部分，成立国营的路网公司，1996年4月，路网公司被私有化；在旅客运输部分，组建了25家列车运营公司经营客运业务，后来这25家公司被出售给11家私人集团公司。在货物和包裹运输部分，则通过直接出售实现私有化；在铁路监管部分，则颁发运营许可证，由其负责与铁路运输服务相关的执法工作，对营运线路、车站实施监管。[3] 英国政府如此煞费苦心地实施铁路网运分离的私有化形式，主要目的是提高铁路运输的服务质量，改善市场运营效果，提高运输能力，同时引进私人投资以减少政府的相应开支。据统计，铁路私有化后，40%的机车车辆购置资金来自私人资本，在2001—2002年度，私人企业向铁路的投资达到37亿英镑，而这一数字在1995年只有18亿英镑。

到1997年，除极少数难啃的骨头如皇家邮政公司等少数国有企业还没有被私有化之外，其他全被私有化，国有企业雇用人数已经不足47万

---

[1] 张戎、张天然：《英国铁路改革评述》，《综合运输》2005年第9期。
[2] 详见刘绯《英国铁路的私有化》，《欧洲》2000年第3期。
[3] 张戎、张天然：《英国铁路改革述评》，《综合运输》2005年第9期。

人，而这一数字在1971年是200万人，1981年是187万人。[①] 1996年，与私有化数量紧密相关的英国的股民数量已经占到成年人口的22%，而在1981年只有7%。总之，私有化浪潮成为英国保守党执政期间的主要特征。

（四）第四个阶段：重回"不情愿私有化时代"（1997—2010）

在私有化问题上，托尼·布莱尔的新工党政府比较矛盾。在传统上，工党对保守党的私有化政策是持反对态度的，批评保守党是在"卖掉自家的银子"。托尼·布莱尔成为工党党魁后，依旧坚决反对伦敦地铁、英国邮政和国家空中管制服务的私有化。但当工党赢得1997年大选后，布莱尔政府不得不履行大选前所做出的延续保守党限制公共开支政策的承诺，面对居高不下的教育和NHS方面不断增长的国家开支，工党对私有化的态度发生转变。

不同于传统的老工党所赞成的以改造资本主义为目的的混合经济，也不同于撒切尔和梅杰为首的保守党新自由主义者所鼓吹的市场经济，布莱尔的新工党主张强调竞争和规则而非所有制的"新混合经济"，布莱尔提出新工党的经济目标：建设一个为公众利益服务的充满生机的经济体，在这一经济体内，市场的进取精神和竞争的残酷与伙伴关系和合作的力量融合在一起，创造国家所需的财富，并为一切人提供工作和致富的机会。[②] "对于私人部门所经营的业务，我们没有任何教条的反对。""我们继承保守党正在进行的私有化进程。"这是以布莱尔为首的新工党政府首次明确对市场、私有制表示肯定。1998年3月25日，在工党政府颁布的关于规范公共事业的绿皮书中，工党尽量避免使用私有化一词，但事实上却希望通过实施新的私有化政策，为就业、社会保障、教育和医疗卫生提供财政帮助，甚至希望通过私营公司介入，恢复一些公立学校。当然，工党的私有化尝试不是出于意识形态的承诺，而是把私有化

---

① M. C. Sawyer, "Privatization and Regulation," in A. Attis (14th eds), *The UK Economy*, Oxford, 1997.

② 王凤鸣：《英国工党的"新思维"——托尼·布莱尔思想述评》，《当代世界社会主义问题》1997年第2期。

看作向公共部门投资而不超过 PSBR 限制的一种筹款渠道。因此，英国又回到了撒切尔夫人执政第一任期时所实行的策略性私有化阶段，有学者称其为"不情愿的私有化"。在此期间，工党颇为引人注目的私有化提案是伦敦地铁和皇家邮政的私有化。真正实施的是伦敦地铁私有化[①]，皇家邮政的私有化则被迫推迟。

伦敦地铁是世界上十分古老的地铁之一，全长近 400 公里，有 275 个车站，年载客量超过 8.3 亿人次，每天约有 300 万名乘客，是伦敦最主要的交通工具。伦敦地铁受英国政府的环境、运输部等以及伦敦市的伦敦运输管理局的领导，由伦敦地铁有限公司负责日常的运营和管理。[②] 由于伦敦地铁绝大多数线路建立于 20 世纪初，线路老化严重，投资不足，导致线路的不安全因素不断上升。1998 年，根据英国政府的测试，伦敦地铁的可靠性指数只有 94%，这意味着每开出 16 列火车，就要有一列因为安全问题而被取消。[③] 投资成为伦敦地铁正常运营的主要瓶颈。为了解决资金问题，2002 年，工党政府的环境、运输部提出了有关伦敦地铁部分私有化的计划。[④] 在 2002 年 12 月和 2003 年 4 月期间，英国政府先后签订三个协定，将伦敦地铁的铁路线、信号系统和隧道主要部分分别承包给三家私人公司，承包期为 30 年，希望通过这种"公私合股"形式为伦敦地铁募集私人投资 70 亿英镑，而英国政府每年向这三家承包商支付 11 亿英镑来购买它们的服务。[⑤]

皇家邮政建立于 1516 年，1969 年改组成国有企业，是英国规模最大的国有企业，雇用员工超过 20 万人，在英国设有 14500 个邮局网络，94% 的人口在离居住地 1 英里内就能找到邮局。可以说，皇家邮政垄断

[①] Harvey Feigenbaum, Jeffrey Henig, Chris Hamnett, *Shrinking the State—The Political Underpinnings of Privatization*, Cambridge University Press, 1998, p.7.
[②] 杨绍波:《英国伦敦轨道交通概览》,《综合运输》2003 年第 2 期。
[③] 周蕾:《走向破产的英国伦敦地铁——中国地铁未来发展之鉴》,《国际工程与劳务》2014 年第 6 期。
[④] Bill Bradshaw, "The Privatization of Railways in Britain," *Japan Railway & Transport Review*, 1996, Vol.9, pp.5-8.
[⑤] 杨绍波:《英国伦敦轨道交通概览》,《综合运输》2003 年第 2 期。

着英国邮政市场，其市场占有率达到99%。但是打着"皇家"旗号吃皇粮的舒服日子让皇家邮政亏损严重，2006年，每日亏损150万英镑。

布莱尔工党政府曾提出皇家邮政私有化，但遭到众多方面的反对，除了通信工人工会的极力反对外，工党内部的声音也不一致，多达120名工党议员准备联合起来反对皇家邮政公司部分私有化的计划。这些持反对意见的议员多来自乡村地区，而那将是邮政服务私有化最有可能影响的区域。尽管皇家邮政私有化的推进困难重重，但皇家邮政糟糕的经营业绩也迫使工党引入竞争机制，打破垄断。

2002年，英国邮政行业管理委员会制定了开放英国邮政市场的三阶段战略。第一阶段从2003年1月起，开放英国邮政约30%的专营业务；第二阶段从2005年3月开始，开放皇家邮政约60%的专营业务；第三阶段，不迟于2007年4月，取消所有准入限制，全部开放皇家邮政市场。① 从2006年开始，随着邮政市场的全面开放，联邦快递、TNT快递、DHL国际快递等数十家世界顶级快递公司进驻英国，皇家邮政不得不开始痛苦的自我转型。② 直到2013年保守党的卡梅伦政府才又重启皇家邮政的私有化。10月11日，英国皇家邮政集团完成了在伦敦证券交易所的首次公开募股，皇家邮政通过此次IPO筹集了17亿英镑，这成为英国进入21世纪以来规模最大的国有资产私有化项目。

总的来说，自1979年撒切尔政府开启私有化浪潮以来，不论是保守党还是工党都接受了私有化作为提高企业效益，增加消费者选择，减少政府开支的有效措施之一。

2008年全球金融危机爆发，工党布朗政府被迫掀起新一轮的国有化浪潮。2—3月，英国政府先后决定为苏格兰皇家银行和劳埃德银行集团的有毒资产提供担保，使政府在前者持有投票权的股份达到75%，在后者的股份达到65%。2008年10月和11月，英国政府已对苏格兰哈里法克斯银行、诺森罗克银行实行国有化。至此，英国的八大银行已有七家

---

① 莫书莹：《英国政府暂停皇家邮政私有化》，《第一财经日报》2005年4月11日。
② 侯珺然、曹洁、李爱先：《英国和日本的国有企业改革》，《中国经贸导刊》2005年第17期。

被国有化或是有国有化的计划。① 同时，英国政府还为英国皇家邮政提供了数次资金支持，总额达到 450 亿英镑，使英国政府在英国皇家邮政集团的股份达到 79%。尽管如此，此次国有化不过是对付危机的无奈之举，到了 2015 年，保守党卡梅伦政府为了消除财政赤字又不得不宣布一系列国有资产的出售计划，其中包括减持 19% 的劳埃德银行集团的股份以及逐渐减持英国皇家邮政集团 30% 的股份，分别套现 90 亿英镑和 15 亿英镑。②

二 私有化的方式和步骤

撒切尔政府的私有化方式多种多样，主要有以下几种。③

（一）出售公共部门的国有资产

（1）公开出售国有企业股票。典型事例是 1986 年英国煤气公司（BG）的私有化。BG 全部资产被换算成约 40 亿份股权，以每股 135 便士公开出售。其中除英国政府持有 0.1245 亿股外，16 亿股出售给英国普通大众和机构投资者，另外 8 亿股面向海外发售。在私有化期间，由于 BG 股票的认购量远远大于发行量，为确保国内所有合法的认购申请人都能购得 BG 股权，迫使政府削减外国投资者和国内金融机构的认购量。④ 这种私有化方式比较彻底，适用于大型国有企业的私有化。这种把混合企业中的国有股份予以出售或对国有全资公司先进行股份制改造，再上市出售的方式，不仅可以使政府获得巨额的财政收入，还能使私有化后的企业迅速融入市场以提高效率和竞争力。

（2）由企业内部人员买断企业股份。如 1982 年出售国家运输公司时，在政府提供贷款优惠的鼓励下，该公司 36% 的职工认购了股票。

---

① 陈东海：《布朗能走通国有化旧路吗》，《第一财经日报》2009 年 3 月 17 日。
② 吴心韬：《英国国有资产私有化进程提速》，《经济参考报》2015 年 6 月 28 日。
③ 毛锐、赵万里：《撒切尔政府私有化政策特点分析》，《山东师范大学学报》（人文社会科学版）2008 年第 6 期；胡建文：《浅析英国的国营企业私有化运动》，《世界经济研究》1987 年第 3 期。
④ ［英］保罗·库克：《私有化进程：所有权和规制的经验》，www.jc.gov.cn/person/ysxs/newpage1.htm。

这种私有化方式仅适用于企业内部人员已直接取得对公司资产控制的小公司。

（3）直接卖给私人企业。如1987年，私有化后的英国宇航公司直接收购了英国皇家军械公司。规模较小的国有企业适用于这种方式。

（4）公共住房私有化方式有很多，但以公开出售股份为最主要方式。

（二）自由化

这主要通过破除垄断，减少国家管制，鼓励竞争，或是先把国有企业变成股份公司，或是降低门槛，在公共部门垄断领域引入私营部门，鼓励其与公共部门展开竞争。这主要适用于亏损严重却又限于条件还不能私有化的企业以及教育等社会福利改革领域。比如在电信方面，政府授权私营的信使公司经营国内和国际长途通信业务，从而形成与英国电信公司的竞争局面。

（三）竞争投标

通过把学校的伙食、公园维护、公路养护、垃圾收集等不能或不宜开展竞争服务的项目由私营公司竞标，以便引入竞争机制。这种方式不涉及产权的转移，还能节约成本，提高服务效率。

（四）由私人协助公共部门提供劳务[①]

这包括两种形式：一种是政府协助工业界和公共部门建立"同业会"，为小企业的发展提供免费咨询服务等；另一种是让私营企业参与提供补充性的劳务，如大力发展私办管教所和监狱、精神病院、残疾之家和养老院。

在英国，任何私有化方案都要经过下院的批准，以法律的形式予以授权方可实行。英国的私有化实施程序大致分以下几个步骤：首先对即将私有化的国有企业进行可行性研究，这一般由民间中立的研究机构执行；然后向政府主管部门提出报告，说明私有化的可能性、方式以及出售的前提条件，最后由政府部门做出决策；政府以投标方式选择一家或

---

① 详见陈宝明编著《国有化之路——英国》，兰州大学出版社1999年版，第265页。

几家商业银行做顾问，成立专门机构，向公众解释和宣传私有化方案；雇用第三方公司对私有化目标企业进行财务审计；进入立法程序；[1] 在私有化方案获得议会通过后，银行与企业签订股票出售合同，股票正式在债券市场上市；[2] 英国国家审计署会对私有化之前和之后全过程进行审计，以确保国有企业私有化过程的公平、公开、合理，防止国有企业资产的流失。[3]

三　私有化后的政府管制体制改革

其实，伴随着私有化的产生和扩展，企业产权的变更迫切要求政府管制体制随之进行改革，这一改革伴随着私有化的每个阶段。[4]

（一）撒切尔时期的政府管制体制改革

1. 自由化改革

撒切尔夫人在执政之初，对英国基础设施产业的政府管制实施了一系列的自由化措施：（1）竞争打破国有企业垄断。1981年，政府颁布"英国电信法"，允许英国电信公司从英国邮政局中独立出来，并授权私营的"信使"电信公司经营长途电话服务业务，从而与英国电信公司展开竞争。1982年的"石油和煤气法"明确规定，私营企业可以租用英国煤气公司的管道系统。1983年颁布的"能源法"直接宣布取消中央电力生产局的垄断权，鼓励私营企业与其展开竞争。但是，这些自由化措施的效果并不明显。比如，英国电信公司可以采取内部价格交叉补贴的方法，抬高国内固定电话费用，故意降低长途通信费用的办法，来排挤在长途通信服务方面的竞争对手。

---

[1] ［英］保罗·库克：《私有化进程：所有权和规制的经验》，www.jc.gov.cn/person/ysxs/newpage1.htm。

[2] 毛锐、赵万里：《撒切尔政府私有化政策特点分析》，《山东师范大学学报》（人文社会科学版）2008年第6期。

[3] 详见叶檀《国企私有化如何减少来自民间的阻力》，《上海证券报》2006年2月15日；胡胜校《英国审计署的私有化审计》，《中国审计信息与方法》1999年第11期。

[4] 毛锐：《私有化与撒切尔时期的政府管制体制改革》，《山东师范大学学报》（人文社会科学版）2005年第6期。

2. 初步确立企业改制后政府管制体制的总体框架

对国有企业自由化的效果不理想，促使撒切尔政府采取出售国有资产（私有化）的方法从根本上改变政府和企业的关系，减少国家干预，培育市场竞争，以提高经济效益。在私有化的第一阶段，私有化集中在竞争性领域，市场竞争问题并不是人们的主要关注点。1984—1989 年，随着私有化进入自然垄断行业，英国电信、英国煤气、英国自来水以及英国电力等基础设施产业先后被私有化，企业改制后的政府管制体制的总体框架也逐步确立。由于英国电信公司在基础设施部门中是最早私有化的，在英国政府管制改革中也比较典型，因此以下阐述主要以英国电信公司为主，在必要的时候兼顾煤气、电力和自来水产业。

（1）分别建立法定的政府管制机构，对私有化后的企业加以监管。如"电信管制办公室""自来水服务管制办公室""国家江河管理局"。为防止被管制企业滥用市场垄断行为，政府成立了"公平交易办公室"，加强相应的监督和调查。各产业的政府管制总监与负责该产业的主管大臣发挥着关键性作用。①

（2）确定了基础设施产业私有化后的市场结构和进入壁垒。比如，英国电力行业原来的市场结构是电力市场和输送由中央电力生产局负责，英格兰与威尔士各地区的电力出售由 12 个地区电力局负责。1986 年颁布的《电力法》对原有的市场结构进行改革：中央电力生产局从电力输送网络中剥离出来，改由新组建的"国家电网公司"管辖，电力输送网络的剩余部分组建"国家电力公司"；原有的 12 个地区电力局改组为"地区电力局"，与"国家电力公司"共同组成"国家电网公司"。这样就实现了电力生产与电力输送的分离，同时又和电力销售实现一体化。由于自来水行业的特殊性，实行的主要是地区间比较竞争的管制方式。②

（3）价格管制模式。前面提到英国电信公司可以采取内部价格交叉补贴的方法，来排挤在长途通信服务方面的竞争对手。如何有效地对英

---

① 王俊豪：《英国政府管制体制改革研究》，上海三联书店 1998 年版，第 94 页。
② 王俊豪、鲁桐、王永利：《发达国家基础设施产业价格管制政策及其借鉴意义》，《世界经济与政治》1997 年第 10 期。

国电信公司进行价格和利润管制，就成为政府管制成败的关键。英国政府最终采纳了伯明翰大学斯蒂芬·李特查尔德教授提出的 RPI－X 价格管制模型。RPI 即零售价格指数，也可以理解为通货膨胀率；X 则是管制者确定的一定时期内生产效率增长的比值。也就是说，假如 RPI 通货膨胀率是 8%，X 值为 5% 的话，那么本年度企业提价的上限是 3%。RPI－X 价格管制模型巧妙地把生产效率和价格管制联系在一起，引导企业通过提高自身的生产效率，来达到提高价格的目的。[1] 这一价格管制模式不仅在英国广泛实施，还对美国、法国等许多国家的价格管制改革产生了深远影响。

（二）梅杰政府和新工党政府的管制体制改革

梅杰政府继续进行管制体制改革。以英国电信为例，1991 年"双寡头垄断政策"被废除，大量企业得以进入电信产业。90 年代中期，英国电信产业已成为世界上最为开放的电信产业，由 150 多家持有政府颁发的经营许可证的经营企业向顾客提供各种电信服务。政府还打破英国电信对通信设备的垄断地位，允许所有厂家都可以生产以前只有英国电信公司才能生产的无线电设备；在市场进入管制方面，随着进入电信领域企业的增多，1997 年 4 月，电信管制办公室要求所有电信企业向顾客提供自由转换电话公司而不必更换其电话号码的服务，这有力地促进了各电信企业间的公平竞争。[2] 此外，新建电话网的限制被取消，新电话公司既可以租用英国电信公司或信使电信公司的通信线路，也可以自行铺设新线路。[3] 在政府的干预下，煤气管道部分从英国煤气公司独立出来，供所有煤气公司租赁使用，英国煤气公司还被迫承诺在 1995 年之前放弃一半以上的市场份额。[4]

针对保守党执政期间私有化后的垄断企业利润过高，政府价格管制

---

[1] Stephen Littlechild, *Regulation of British Telecommunications Profitability*, 1983, London: HMSO.
[2] 王俊豪：《英国政府体制改革研究》，上海三联书店 1998 年版，第 140 页。
[3] *Economist*, Jan. 18, 1992, p. 28.
[4] 杨豫、王皖强：《论英国国有工业的改造》，《史学月刊》1997 年第 3 期。

效果不佳等问题，为切实保护消费者利益，新工党政府进一步加大对私有化后公共事业部门的监管力度。1997年6月，一篇题为"OFGAS的胜利将减少28亿英镑：当BG输掉战争时，英国煤气公司的股票价格暴跌"的《独立报》文章这样写道："英国煤气公司在一场反对计划削减运输管道收费的战斗中，在垄断与合并委员会做出支持管制人员的决定后，英国煤气公司在这场战斗中失败了。这一决定将使该公司的运输收费大幅度削减21%，从而使国内1900万名消费者每人少付29英镑。"[1]不久之后，自来水管制机构OFWAT宣布，自来水公司的股息对于一个低风险企业来说太高了，早就应该降低价格了。7月上旬，电力管制机构OFFER宣布对发电企业采取更加严厉的价格政策。不仅如此，1997年7月初，工党宣布一次性征收52亿英镑的"暴利税"，征收对象是那些在私有化最初4年里，利用政府管制体制还未完善而获得超额利润的企业。这笔巨款将用来改革福利制度。尽管英美院外游说集团多方活动，这一决议还是通过了。这一系列新的管制措施的出台标志着私有化后公共部门享受超额利润的时代已经结束。[2]

为了有效管理私有化后的铁路系统，为了确保铁路运营的公益性，布莱尔政府加强了对路网公司和客货运公司的监督和协调，建立两套管理机制。一是铁路监管办公室和铁路特许经营办公室。前者负责路网公司和客运货运公司与其他服务公司之间的交易，其负责人是铁路监督的总管，由运输大臣任命，但具有相当的独立性。后者则负责客运公司、路网公司和车辆出租公司之间的交易，这一机构直接由交通部监督和领导。二是铁路安全监管则由健康和安全执行委员会负责。这种监管存在一定的缺陷，比如，为了方便私人客运公司快速进入角色，铁路特许经营办公室规定特许经营权的年限一般为7—15年，这就使客运公司不愿做长期投资。再比如，健康和安全执行委员会采取层层上报式的监管方式。路网公司和客货运公司都要制定自己的安全标准和执行办法，在实

---

[1] *The Independent*, June 19, 1997.
[2] Harvey Feigenbaum, Jeffrey Henig, Chris Hammett, *Shrinking the State—The Political Underpinnings of Privatization*, Cambridge University Press, 1998, p. 81.

第七章 从国有化到私有化

际执行过程中,整个铁路安全标准的制定更容易受到路网公司的影响,这就为铁路安全运行埋下了隐患。① 为此,英国政府进一步完善其管制体制。一是在1999年成立了铁路战略管理局负责制定和组织实施铁路发展规划。2001年,铁路战略管理局正式接管原来的客运特许经营办公室的全部工作和铁路监管办公室负责的货运监管职能。二是建立了商务管理机制管制部门,协调各家私营公司间的经济事务和盈利关系。② 这种"网运分离"的管制模式有利于各负其责,有利于竞争,也在一定时期内促进了客运和货运数量。但是随着时间的推移,私有化后的铁路系统出现的问题越来越多,与政府原先预计的效果差距甚大。尤其是私营的路网公司出于盈利的考虑,不愿在轨道维修上加大投入,导致轨道老化,事故频发,最后资不抵债,负债总额达到33亿英镑,只能靠政府补贴。③ 2001年10月,公司最终破产。2002年新成立的由国家担保、实行商业化运作的新路网公司取代路网公司。新一轮管制机制的改革效果明显。首先是客货周转量大幅增加。2011年,英国铁路客运量达到54亿人次,比10年前增加了41.6%。客运收入到2011年为66.2亿英镑,比2009年多出近4亿英镑,年均收入增长率为4%。其次是非运输业务占总收入的比重提高。在铁路私有化之前,收入来源几乎全部来自客货运收入。而随着多元化经营的发展,到2010年,车站开发、广告、餐饮、周边房产开发等收入已经达到5440万英镑,占总收入的8.4%。④

---

① 阿其图:《英国如何进行铁路私有化改革》,《环球市场信息导报》2014年第37期。
② 侯珺然、曹洁、李爱先:《英国和日本的国有企业改革》,《中国经贸导刊》2005年第17期。
③ Ian Smith, "Britain's Railways—5 Years after the Complement of Their Privatization," *Japan Railway & Transport Review*, 2003, Vol. 3, pp. 21-23.
④ 孟光宇、谭克虎:《英国铁路转换经营机制及多元化经营问题研究》,《经济问题探索》2014年第5期。

第八章

战后英国非工业化问题分析

第一节 英国学术界对非工业化问题的研究

从 20 世纪 60 年代开始,所有发达国家先后都经历了相对的制造业衰落的非工业化进程。不过,这一过程往往是与服务业快速发展联系在一起的,不论是个人还是社会,从整体上说都变得更加富裕和繁荣。[①] 与其他国家相比,作为世界上第一个进入工业社会的国家,英国对非工业化现象特别关注。[②] 在 20 世纪 70 年代到 90 年代,尤其是 1979 年撒切尔保守党政府上台,放弃凯恩斯主义的国家干预,转而实行更加依靠市场作用的货币主义之后,非工业化问题成为英国学术界研究的一个焦点,甚至还围绕"非工业化"是否重要引发了激烈的论战。那么什么是非工业化?为什么会出现非工业化?制造业是否重要以及如何解决非工业化问题?

一 什么是"非工业化"

(一)贝肯和埃尔迪斯的定义

英国学术界最早对"非工业化"进行界定的是牛津大学的两位经济学家贝肯和埃尔迪斯。他们在 1975 年 11 月的《星期天泰晤士报》上发

---

① Peter Hardy, *A Right Approach to Economics: Margaret Thatcher's United Kingdom*, London: Hodder & Stoughton, 1991, p. 4.
② 在英国甚至有一种国家分类,世界被分成"难以工业化的国家""部分工业化的国家""新兴工业化国家""成熟工业化国家"和"衰落的工业化国家",英国被视为"衰落的工业化国家"的典型代表(详见 Stephen Bazen and Tony Thirlwall, *Deindustrialization*, Heinemann Educational, 1992, p. 1)。

第八章 战后英国非工业化问题分析

表了一系列文章,分析了 60 年代初以来英国就业模式所发生的重大变化,正式提出非工业化问题,在学术界引起争议。随后,这些文章经过理论化和系统化,在 1976 年出版。在这些文章中,贝肯和埃尔迪斯提出,所谓"非工业化"就是由于英国经济非市场部门的资源(主要包括政府的一些活动,这些活动在市场上不能交易)过度增长导致市场部门(特别是制造业)所需资源减少,进而导致市场部门缩小的过程。其原因在于,日益庞大的非市场部门使市场部门赖以发展所需的劳动力和投资处于短缺状态。[1]

贝肯和埃尔迪斯的观点是基于自 60 年代初以来英国相对糟糕的经济表现以及历届政府实现价格稳定、完全就业和国际收支平衡三大目标的失败,进而导致工业生产基础规模的不断缩减之上的。他们认为,工业部门就业会随着繁荣和衰退表现出明显的波动性,而非市场部门的就业则会超越这种周期持续性地增长,这在很大程度上是由于政府扩展了公共部门,特别是健康和教育部门,以便在衰退时期吸收多余劳动力。但是当经济恢复时,这些新雇员却不能从"非市场部门"中"释放"出来。[2] 更为严重的是,公共部门的增加所带来的不断上涨的税收负担开始强加在英国工业和这些工业所雇用的工人身上。这产生了两个后果:一是私人部门(尤其是工业部门)获得的投资减少。工业投资的下降必然导致工业增长率放慢,这意味着当政府再试图运用需求管理方法,使经济再增长以便取得完全就业时,由于国内缺少工业生产能力,从而出现大规模国际贸易赤字。二是不断增长的税收不断地刺激制造业工人和非市场部门的雇员要求大幅度增加工资以便保持生活水平,这同样也挤压了工业利润,对英国的劳资关系产生严重后果,特别是在 60 年代中期英镑危机后所采取的严厉的价格和收入政策的大背景之下。正如贝肯和埃尔迪斯所总结的:非工业就业的大幅度增长使资源从国际收支和工业

---

[1] R. Bacon and W. Eltis, *Britain's Economic Problem: Too Few Producers*, London: Macmillan, 1976, pp. 11 - 15.

[2] Maurice Kirby, "De-industrialization in Britain—an Appraisal," in P. G. Hare and M. W. Kirby (eds.), *An Introduction to British Economic Policy*, Wheatsheaf Books, 1984, p. 140.

投资中转移走,导致英国就业结构的不平衡,进而使英国经济产生严重的结构不平衡。[1]

(二) 辛格的界定

剑桥大学经济系教授辛格从制造业对国际收支平衡的贡献这一角度认为,当"制造业在没有失去价格和成本竞争力的时候,不能出口足够的商品来补偿完全就业条件下的进口"时,就会出现非工业化。换句话说,非工业化是由于制造业领域不能用出口赚取足够多的外汇,因而不能在完全就业的前提下确保整个经济的运转。[2]

辛格的观点在当时被认为是对"非工业化"现象的最适合的界定。原因在于辛格把"非工业化"现象置于英国经济发展的历史大背景之下,使人们把"非工业化"与产生"英国病"的历史原因联系起来。一方面,"非工业化"只不过是一个世纪之前就开始的英国衰落进程的新名称;另一方面也促使人们对现实的英国经济由于供应方的限制而出现的对国内外市场竞争力下降的关注。换句话说,"英国经济问题不在于生产者过少,而在于生产者不能生产出足够的商品,不能出口足够多的商品以及投资不够多。实际上,这一问题在很多年之前就已经像现在这样出现了"[3]。

(三) 拜曾和瑟尔沃尔的定义[4]

他们认为,对"非工业化"界定要有两个标准,即"非预断性"和"普遍性"。"非预断性"是指不要预先判断原因;"普遍性"是指不能有特定时间或地点,易于国家间的比较。他们认为,辛格的定义违背了"非预断性"原则,明显是从制造业贸易表现这一角度来界定的。同时,辛格的定义也没有普遍性。绝大多数发展中国家(非石油输出国)很难

---

[1] R. Bacon and W. Eltis, *Britain's Economic Problem: Too Few Producers*, London: Macmillan, 1976, p. 18.

[2] A. Singh, "UK Industry and the World Economy: A Case of De-Industrialization", *Cambridge Journal of Economics*, Vol. 1, No. 2, 1977, pp. 113 – 136.

[3] M. Stewart, *The Jekyll and Hyde Years: Politics and Economic Policy since 1964*, London: Dent, 1977, p. 277.

[4] Stephen Bazen and Tony Thirlwall, *Deindustrialization*, Heinemann Educational, 1992, pp. 4 – 5.

出口足够多的商品以支付所需的进口商品费用，然而，这些国家的制造业总体上是在不断扩张的。贝肯和埃尔迪斯的界定是从非市场部门的发展这一角度出发的，同样是预先设定了原因。在完全就业经济中有可能存在资源竞争，一个部门的发展会挤占另一个部门的资源。但是，在非完全就业或者是资源不断增加的情况下，在非市场部门不断成长的同时，制造业在就业和产量方面也在增长。

拜曾和瑟尔沃尔提出了自己的观点，即"非工业化"是指制造业就业长期性地绝对衰落。这一定义既不是"非预断性"的，也适合从历史和国际上进行比较，同时还强调了失业是非工业化的意义所在。如果劳动力总规模保持不变，制造业就业的减少将导致失业，除非其他经济部门如服务业能创造足够多的就业机会来抵消这些失业。

这就出现了另外一个需要关注的问题，"非工业化"是有积极和消极之分的。[①] 一方面，由于生产率快速增长导致制造业就业份额的下降，但是被替代的劳动力都被非制造业部门所吸收，此时经济处于完全就业状态，人均GDP也在增加，这是积极的非工业化。另一方面，由于制造业产量的缓慢增长甚至是下降所引发的制造业就业人数占总就业人数的比重下降，被替代的劳动力不能被其他非制造业部门所吸收。此时，制造业就业下降就与生产停滞和失业联系在一起，这就是消极非工业化。学界普遍认为，英国是消极非工业化的典型代表。

总的来说，英国学者在谈到非工业化时，大多是从英国制造业的衰落入手的，分析角度主要集中在制造业就业（包括就业数量和相对比重）、制造业产出和对国际贸易平衡的影响三个层面。

二 为什么会出现"非工业化"

是什么原因导致英国工业就业数占总就业的比例或者是工业就业绝对数量的衰落？为什么这种衰落在英国出现得要比其他绝大多数发达国

[①] J. R. E. Rowthorn and J. R. Wells, *De-industrialization and Foreign Trade*, New York: Cambridge University Press, 1987. p. 5.

家都要早？为什么衰落会那么严重？对此，英国学术界主要有三种解释。

(一)"成熟说"①

这种观点来源于英国自身历史发展经历，来源于经济发展和结构变化的一般规律。从经济发展对就业结构的影响来看，在经济发展的初期和中期阶段，服务业是以农业为代价发展起来的，在服务业就业比重增加时，农业就业比重在下降。同时，工业就业比重总体上也在增加。然而，到了经济发展的晚期，一旦经济走向"成熟"，农业所雇用的劳动力只占很小一部分，任何服务业就业比重的增长必然是以工业为代价的，这意味着工业就业比重必然下降，这就是"成熟说"②。

持"成熟说"的经济学家首要关注的是就业比重而不是绝对数量。一方面，工业部门就业的绝对数量取决于总就业的表现。总就业增长速度加快，工业就业比重可能会下降，但这并不意味着工业部门就业绝对数量的减少。另一方面，在总就业量增长缓慢时，任何工业就业比重的减少必然伴随着工业就业数量的绝对减少。其次，"成熟说"关注的是经济表现。在经济发展的某一阶段，工业就业比重将会下降。在成功的成熟经济条件下，工业就业比重的下降会伴随着工业产量和劳动力生产率快速的增长，服务业就业的增长将会为所有想要工作的人提供工作，这就是所谓的"积极非工业化"。这是成功的成熟经济过程中就业结构变化的必然结果。而在一个不成功的成熟经济中，工业处于危机状态，工业产量增长缓慢甚至是下降，因此工业就业比重可能是绝对性地不断下降。尽管服务业就业可能会增长，但这种增长不足以抵消制造业所产生的失业，这就是"消极非工业化"。因此，在成熟经济中，不论工业部门表现如何，工业就业比重一般来说是会下降的。由于英国工业是成熟最早的经济体，英国工业就业比重下降得这么早、下降得这么严重也就不奇怪了。

---

① J. R. E. Rowthorn and J. R. Wells, *De-industrialization and Foreign Trade*, New York: Cambridge University Press, 1987, p.214.
② 当时西方学术界一般认为，当人均收入在4000美元左右时（以1975年的价格），典型的资本主义经济达到成熟期。在这一时期，农业就业比重一般占总就业比重的5%—10%。

(二)"专业化说"①

这种观点认为,英国制造业就业衰落是与英国对外贸易结构的变化联系在一起的。在第二次世界大战后的经济恢复时期,英国再次成为高度专业化的"工厂"经济,进口大量食品和原材料,出口工业制成品。其原因主要有:在第二次世界大战后初期,战争使原材料价格飙升,而英国的服务业(例如船运和金融业)收入大大下降,英国海外投资的利润也由于在战时被迫出售海外资产而大大减少。这些都导致英国在非制造业方面出现庞大赤字。为了弥补赤字,当时的工党政府采取了工业保护和促进出口的一系列政策,力求在制造业贸易方面获得几乎相同规模的盈余。然而,20世纪50年代早期之后,随着世界原材料实际价格的下降,英国服务业的快速恢复,英国的贸易结构也发生转变,制造业贸易的盈余渐渐成为赤字。传统上认为,这种转变是英国工业衰落和制造业部门在国际市场上竞争失败的表现。但是持"专业化"观点的学者并不认同这种分析。他们认为,英国制造业衰落的真正原因在于50年代早期兴起的经济自主发展浪潮,导致在世界范围内出现生产专业化的新模式,这促使英国在贸易结构和制造业生产方面不得不适应自己的新角色。随着非制造业贸易的发展,英国不再是大规模工业制成品的出口者,英国也不需要那么多的制造业贸易盈余,制造业也就不再需要雇用那么多的劳动力。可以说,英国制造业糟糕的表现其实就是对世界生产专业化模式的转换,进而促使英国制造业出现边缘化的必然反应。

(三)"失败说"

这种观点主要是从以下几个方面来分析的。

第一,英国制造业的低劣表现。

此观点认为,英国在收入和就业领域的糟糕纪录在很大程度上归因于英国制造业的低劣表现。一是英国制造业发展速度被其他发达资本主义国家超过,处于绝对衰落的境地。从1973年到1982年,英国制造业

---

① J. R. E. Rowthorn and J. R. Wells, *De-industrialization and Foreign Trade*, New York: Cambridge University Press, 1987, p. 219.

产出下降18%，而在OECD主要的6个国家里，制造业平均增加15%；二是英国制造业的劳动力生产率增长缓慢，英国制造业生产率在1973—1983年仅增长22%，而OECD主要的6个发达国家的平均增长率是34%。如果英国制造业的表现更好些，那么英国制造业的产出会更多些，并应该刺激非制造业的发展并促使非制造业就业的增加。果真那样的话，英国制造业就业的绝对数量和占总就业的比重也不会像现在这样下降得那么快。

第二，贝肯和埃尔迪斯的观点。

他们主要是从国民收入基本账户的不同途径分析公共部门对私人部门资源的挤占，从而导致非工业化的。第一，国民收入从支出方面来看等于消费、投资和国际收支盈余的总和。国际收支盈余是由可交易的产出组成的，但消费和投资既是可交易产出部门，又是不可交易产出部门。这意味着如果不可交易部门支出花费增加，而可交易产出的消费没有下降，那么在可交易产出部门或者在国际收支平衡方面会遭到损害。第二，从国民收入份额来看，以产出计算的国民收入等于不可交易产出品、可交易的消费品、可交易的投资物品以及贸易平衡的增值部分。如果不可交易品的产出提高，而可交易消费品的产出不下降，那么或者是投资或者是国际收支平衡必然遭到损害。第三，以收入类型计算，国民收入等于工资和可交易品生产的收益（包括股息和利息等）加上工资和不可交易品生产的收益，再加上国际收支盈余。如果不可交易产出部门的工资提高，那么，尽管就业增加或者是工资率增加了，然而，除了可交易产出部门的工资下降外，工业收益或国际收支平衡也必然遭到损害。如果收益下降，那么对工业的投资也会下降。同时，由于公共部门领域的工资水平增加幅度超过平均值，其从整体上对经济的影响是下降的，因此从净利润和收益来看，它损害了可交易生产部门的投资。[①] 贝肯和埃尔迪斯认为，假如工业基地能够

[①] R. Bacon and W. Eltis, *Britain's Economic Problem: Too Few Producers*, London: Macmillan, 1976, p. 62.

因可交易生产部门得到更多的投资而得到加强的话,英国的非工业化程度本应该减轻,总体宏观经济表现也会更加健康。

贝肯和埃尔迪斯的观点受到部分学者的质疑。有学者指出,1966—1976年,制造业涉及的劳动力主要是男性而在公共部门就业的主要是女性。公共部门就业的增加并没有挤占制造业的就业。[1] 更何况,在80年代,英国始终存在大量的失业人员。[2] 就投资来说,不断增长的公共部门是否会挤占私人部门的投资？战后英国私人部门投资在总投资中的比例变化以及制造业实际投资水平的发展趋势是,1961年私人投资占总投资的62%,到1967年,已经降到53%,到1972年,逐渐增长到62%,在1972—1974年稍微下降,此后不断增长,到1989年增加到85%。[3] 如果贝肯和埃尔迪斯的观点是正确的,那么,我们应该看到私人投资的比例应该是持续下降的。可见,除了1961—1967年之外,其他时间都不符合这一特点。关于施加在工业上的税收压力,有学者指出,在1950年之后,公司税实际上是下降了,"需求的增长缓慢,流动性的缺乏以及资本实际回报率的不断下降对投资的威胁要远远大于公司税的增加"[4]。

第三,辛格的观点。

辛格把非工业化与不断增加的进口商品联系在一起,认为不断增加的进口商品蚕食了英国市场,并认为传统的解决方法比如货币贬值是不起作用的,只有控制进口才能面对这种挑战。瑟尔沃尔也认为:"就长期而言,工业就业减少的比率与进出口之间平衡的恶化率是具有强烈等级关系的。"长期非工业化的解决办法是建立一个旨在促进出口的外贸战略。[5] 然而,辛格的观点也不能解释英国的某些现实,即当制造业处于

---

[1] B. Moore and J. Rhodes, "The Relative Decline of UK Manufacturing Sector," *Economic Policy Review*, No. 2, 1976, p. 38.

[2] A. Clark and R. Layard, *UK Unemployment*, Heinemann Educational, 1993, p. 124.

[3] C. Smith, *UK Trade and Sterling*, Heinemann Educational, 1992, p. 34.

[4] B. Moore and J. Rhodes, "The Relative Decline of UK Manufacturing Sector," *Economic Policy Review*, No. 2, 1976, p. 40.

[5] A. P. Thirlwall, "Loss of Jobs in Manufacturing," *The Times*, 11/12/1981.

低谷的时候,进口量也在下降。① 正如凯恩克罗斯爵士所指出的,如果不接受剑桥学派对非工业化提出的救治措施的话,他们对非工业化含义的界定还是值得称赞的。②

第四,"技术进步说"。

对"非工业化"起因的另一种普遍解释是,由于技术进步具有节约劳动力的性质,当劳动力价格相对于资本价格上升时,一般会出现替代过程,即资本替代劳动力,从而导致制造业就业下降。③ 但有学者认为,这种解释并不适合英国经济发展的实际。1966—1990年所显示的资本存量、就业和制造业产出的发展走势是资本存量增长相对平缓,而就业呈下降趋势,尽管从周期性变动来看,制造业产出同样也表现出周期性模式:1973年之前呈增长态势,1979—1982年出现急剧下降,此后一直上升,到1989年达到顶点,这意味着在短期内资本存量是固定的,而在制造业就业长期处于下降状态时,如果仅是技术进步在替代劳动力的话,资本存量应该是呈现不断增长趋势的。

还有学者强调,要明确区分技术进步的微观结果和宏观结果。从总体水平上看,没有理由认为技术进步会导致制造业就业的减少。技术进步包括过程创新和产品创新。生产过程创新涉及新技术的应用,这将会替代劳动力。但是,同时也会刺激总需求增长而吸引更多的投资,因而产生新就业。新产品创新也并不必然导致替代劳动力,比如汽车、飞机和芯片等更有竞争力和实用性的产品也会增加需求,因而可以创造更多的就业。④ 因此,从总体上看,技术进步创造的就业机会比其减少的就业机会要多。不过,也有学者认为,正是因为技术进步在英国是停滞的,所以导致人们的需求从英国商品转移到外国商品,后者在价格竞争力、可靠性和质量方面由于创新而更有竞争力。

---

① David Blake, "Industrialization—Testing Theories," *The Times*, 1/12/1981.
② Sir Alec Cairncross, "What is De-industrialization?" in F. Blackaby (ed.), *De-Industrialization*, Heinemann Educational, 1979, p. 56.
③ Stephen Bazen and Tony Thirlwall, *Deindustrialization*, Heinemann Educational, 1992, p. 33.
④ R. Layard and S. Nickell, *The Performance of the British Labour Market*, London School of Economics and Political Science, Centre for Labour Economics, 1986, p. 135.

第八章 战后英国非工业化问题分析

第五，北海石油的影响。

还有学者强调北海石油出口对制造业产出的影响。他们根据统计模型计算出，要保持英国国际收支的平衡，英国石油出口的介入必然会减少制造业产品的生产。① 1979—1981 年的大规模制造业衰落似乎也印证了这一观点。当时英国财政部甚至认为："随着石油的枯竭，制造业会自行恢复。"②

1985 年，英国上院在关于海外贸易的报告中对此进行了反思。它认为，随着石油贸易收支盈余的减少，英国制造业会自行恢复，进口会减少的观点是不现实的，也是极其短视和危险的。原因在于，北海石油的出现与制造业衰落和制造业的贸易逆差不存在必然联系，因为北海石油对汇率走势的影响并不确定；新产业和新产品的发展需要长期的培养过程；而市场一旦失去，就很难再恢复；失去的制造业能力需要很长时间才能恢复。③

从表面上看，"北海石油说"似乎与 70 年代中后期的国内经济走势比较吻合。那时石油产量伴随着汽油的出口都急剧增加，但实际汇率直到 1978 年才开始升值，此时汽油出口额一年增加 43%，这表明石油对制造业的冲击直到 70 年代末才显现出来。而引发 1979—1981 年英国制造业大衰退的直接原因是政府的货币政策，而不是国际收支平衡的结构转变。再有，非工业化开始于 60 年代，从长期来看，这与最近的北海石油开采毫无关系。④

第六，政府的错误政策。

由于"非工业化"是一个长期现象，英国学术界对"非工业化"政策层面的反思几乎涉及宏观和微观经济政策的方方面面，从政府过分干预到紧张的工业关系，从效率低下的工业管理到人力资源培训不足，等

---

① P. J. Forsyth and J. A. Kay, "Oil Revenues and Manufacturing Output," *Fiscal Studies*, Vol. 2, No. 2, 1982, pp. 9–17.

② Peter Hardy, *A Right Approach to Economics: Margaret Thatcher's United Kingdom*, London: Hodder & Stoughton, 1991, p. 10.

③ The House of Lords, *The Report from the Select Committee on Overseas Trade*, HMSO, 1985.

④ Stephen Bazen and Tony Thirlwall, *Deindustrialization*, Heinemann Educational, 1992, p. 39.

等。但学者们普遍认为，撒切尔政府第一任期采取的严厉的货币主义政策确实在一定程度上加速了英国非工业化的进程。① 当时撒切尔政府为了控制货币供应量，一方面，采取高利率政策，进而推高汇率，导致英镑急剧升值；另一方面，政府削减政府借款导致国内经济通货紧缩，这些措施在1979—1981年引发了自20世纪30年代以来经济的最大衰退，英国制造业遭到毁灭性打击。② 英国上院关于海外贸易的特别委员会在1985年的报告中是这样总结的：作为政府反通货膨胀政策的一部分，在MTFS框架下采取的一系列紧缩货币政策使英国损失了相当一部分制造业基础。③

三 制造业是否重要以及如何解决非工业化问题

（一）制造业重要

在20世纪70—80年代，大多数信奉凯恩斯主义需求管理的经济学家都持这种观点，认为有三点可以说明强大的制造业对健康的英国经济是必不可少的。

1. 非工业化将导致失业

英国制造业就业率在1966年达到顶峰。在1966年到1979年，农业和除去制造业之外的工商业减少了近80万个工作岗位，而制造业本身损失了超过200万个工作岗位。服务业创造的就业不足以吸收制造业工作岗位的损失。加上劳动力的增长规模，失业人数超过100万人。到1979—1983年，上述所有三个部门的就业率都是下降的，制造业本身损失了170万个工作岗位，而失业人数也接近这个数字。可见，制造业的萎缩要为居高不下的失业率负责。④

---

① 详见毛锐《撒切尔政府非工业化问题分析》，《山东师范大学学报》（人文社会科学版）2010年第5期。
② Peter Hardy, *A Right Approach to Economics: Margaret Thatcher's United Kingdom*, London: Hodder & Stoughton, 1991, p. 6.
③ The House of Lords, *The Report from the Select Committee on Overseas Trade*, HMSO, 1985.
④ Stephen Bazen and Tony Thirlwall, *Deindustrialization*, Heinemann Educational, 1992, p. 24.

2. 普遍认为制造业是"增长的发动机"

根据卡尔多增长定律[1],认为制造业的增长与总体经济增长具有强烈的正相关关系;制造业产量的增长与制造业生产率的增长存在强烈的正相关关系;制造业产出率和就业增长率与非制造业生产率的增长具有强烈的正相关关系。

3. 制造业对维持国际收支平衡具有重要意义

从历史上看,直到1982年,英国在制造业商品方面一直拥有贸易盈余,它支付了进口粮食、初级原材料以及能源所需,但现在的情况发生了变化。如果要想经济发展得更快,失业率稳定下降,英国制造业的表现至关重要。如果制造业萎缩,整个经济会因为缺乏技术推动力以及严重的贸易逆差而停滞。原因在于:第一,正如上院关于海外贸易委员会所提到的,服务业贸易的作用是有限的,而且只有部分的服务产出是可以交易的。第二,制造业出口额要远远高于服务业出口额。1989年,制造业制成品和半制成品出口额大约为750亿英镑,而服务业出口额只有300亿英镑。第三,英国服务业和制造业的出口份额占世界出口总量的份额也在下降。在1968年到1989年,制造业出口所占份额由9.6%下降到6.4%,同时服务业出口份额由11.9%下降到7.2%。可见,制造业产品的出口增长直接影响着英国出口总价值的增长。[2] 相比较而言,服务业不能提供制造业所能提供的增长动力,同样,服务业也不能弥补制造业衰落所导致的就业损失和贸易出口的损失。[3] 辛格认为,从历史上看,服务业一直是相对低层次和低生产率的,而制造业是"效率高的规模经济"。在发达工业化国家里,国民生产总值增长率和制造业部门的扩张之间是存在紧密相关性的。[4] 1991

---

[1] 卡尔多增长定律是英国剑桥学派经济学家尼古拉斯·卡尔多于1966年在剑桥大学和康奈尔大学皮尔斯纪念讲座中所表述的三个经济增长规律。

[2] A. P. Thirlwall, "De-Industrialization in the United Kingdom," *Lloyds Bank Review*, No. 134, 1982, pp. 27 – 29.

[3] S. Bazen and A. P. Thirlwall, "Why Manufacturing Industry Matters," *Economic Affairs*, Vol. 9, No. 4, 1989, pp. 8 – 10.

[4] A. Singh, "UK Industry and the World Economy: A Case of De-Industrialization," *Cambridge Journal of Economics*, Vol. 1, No. 2, 1977, pp. 122 – 23.

年，英国上院关于科学和技术特别委员会在题为"制造业创新"的报告中再次强调"只有制造业产出有实质性的提高才会纠正英国国际贸易的巨大赤字""现在是要采取行动来阻止制造业衰落的时候了"[①]。

(二) 制造业和服务业同等重要

针对1991年3月6日上院科学与技术委员会发布的《制造业创新》报告，3月7日，英国《泰晤士报》发表一篇题为"关于制造业"的社论，对此提出质疑。[②] 第一，该社论指出，上院的这一报告是与上周工党工业政策发言人起草的"现代制造业力量"法案相呼应的。第二，上院贵族是制造业的既得利益者。在"委员会的12名成员中，有10名，包括委员会主席卡尔德科特勋爵一直在制造业和相关企业担任高级职务。查普尔勋爵是电气工人工会的前领导人，该工会一直是制造业坚强的支持者。工党在制造业领域和工会都有很深的根基"。第三，该社论指出，"没有人会怀疑'制造业'的重要性"，但"制造业和服务业的区分只是统计学家的人为产物，根本无法反映真实的世界。以计算机公司为例，它既提供软件服务也销售硬件，那你说这种公司是制造业还是服务业？如果你不卖软件，你又怎么能在国外卖计算机呢？反之亦然"。"的确，制造业中的就业率下降了，但是，这是生产率提高的一种表现。的确，自1979年以来，制造业在国民总产出中的份额下降了，但这是80年代初经济衰退的产物……在1981年至1989年，根据官方数据，制造业和服务业产出几乎是以相同的速度发展的。"该社论认为："有利于制造业的一系列因素，比如以发展为导向的宏观经济政策，鼓励私人企业的文化，劳动力自由流动等，同样也是有利于整个经济的。"

(三) 如何解决非工业化

关于"非工业化重要吗"的争论所呈现出的观点分歧，实际上反映了当时学者对政府经济政策的不同认识。特别是保守党撒切尔政府上台后，断然放弃第二次世界大战后实行几十年的凯恩斯主义需求管理政策，

---

① The House of Lords, *The Report from the Select Committee on Overseas Trade*, HMSO, 1991.
② Editorial in *The Times*, "Manufactured Concern," *The Times*, 7/3/1991.

第八章 战后英国非工业化问题分析

转而实行货币主义的供应管理政策，减弱了国家对经济的干预，更加依靠市场调节经济，对此，学者们的争论更加激化。在如何解决非工业化问题方面，两派学者争论的焦点集中在政府是否需要干预上。

主张国家干预的学者认为，现今的英国社会对制造业的重要性缺乏认识，英国文化中对工业和贸易缺乏足够的社会尊重；[1] 他们指责英国银行不能给工业以足够的贷款，即使贷款也多是短期贷款，这与西欧其他国家的银行更强调长期投资形成鲜明对照。因此他们要求撒切尔政府运用国家力量控制进口和货币；[2] 应该采取必要的税收和投资措施以促进技术进步并带动工业的复兴和扩张；[3] 撒切尔政府应该制定必要的工业政策，由国家对一些核心工业的科研和发展予以补贴，以促进英国制造业的复兴，所需资金可以从北海石油出口的税收中支付。[4]

反对国家干预的学者则代表了撒切尔政府的观点，他们宣称，工业没有什么特殊的，市场会解决一个领域是扩张还是收缩的问题，工业领域也不例外。财政大臣劳森对上院海外贸易特别委员会是这样说的："政府总的哲学是，工业要做的就是使自己具有竞争力；政府要做的就是提供合适的环境。"政府拒绝使用北海石油的税款来刺激工业发展，在政府看来，北海石油的税收和其他税收没有差别。政府的财政政策目标就是减少公共部门借款需求，减少国家税收负担以增加发展的推动力，使英国的制造业重新繁荣并重新夺回失去的海外市场。制定工业政策的做法意味着国家对工业的干涉，而这与保守党的观点和意识形态是相对立的。

进入 21 世纪之后，随着布莱尔工党政府上台，英国经济持续发展，尤其是在解决了困扰撒切尔政府的失业问题之后，英国对非工业化的争

---

[1] The House of Lords, *The Report from the Select Committee on Overseas Trade*, HMSO, 1991.

[2] A. Singh, "UK Industry and the World Economy: A Case of De-Industrialization," *Cambridge Journal of Economics*, Vol. 1, No. 2, 1977, pp. 122 – 23.

[3] A. P. Thirlwall, "De-Industrialization in the United Kingdom," *Lloyds Bank Review*, No. 134, 1982, pp. 27 – 29.

[4] Maurice Kirby, "De-Industrialization in Britain— An Appraisal," in P. G. Hare and M. W. Kirby (eds.), *An Introduction to British Economic Policy*, Wheatsheaf, 1984, p. 148.

论渐趋平静。人们对非工业化的认识也渐趋一致。正如罗威瑟恩和拉姆阿斯万姆伊受国际货币基金组织委托所撰写的《非工业化——其原因和含义》报告所得出的结论那样[1]：非工业化不是一个负面现象，而是发达国家进一步发展的自然结果，其产生的最主要原因是制造业的生产率增长比服务业生产率的增长要快。南北贸易（工业化国家与发展中国家间的贸易）在非工业化中所起的作用很小。在未来，发达国家的生活水平主要依赖于服务业生产率的不断增长，而不是制造业部门的发展。

第二节　撒切尔政府时期非工业化加剧的表现和原因

撒切尔夫人执政11年，在此期间，撒切尔夫人放弃传统的凯恩斯主义需求管理，转而实行以货币主义和供应学派为代表的新保守主义经济学，实施供应方改革，使英国经济增长速度加快，效率提高，通货膨胀率下降，"滞胀危机"得以解决，这被称为"撒切尔革命"。但这一时期失业问题始终没有得到很好解决，特别是制造业领域的就业机会大量减少，服务业领域就业的增长又不足以抵消制造业领域就业机会的减少，使撒切尔政府时期成为消极非工业化的典型。

一　非工业化加剧的表现

（一）制造业的就业人数持续减少

有数据显示，英国制造业就业人数在1966年达到最高值，接近910万人。此后就业数开始不断下降，到1990年，制造业就业人数减少了400万人。而在1966—1990年，除去自我就业外，服务业领域的就业人数只增加了340万人。

在撒切尔夫人上台的前三年里，在世界性经济危机的影响下，英国

---

[1] Robert Rowthorn and Ramana Ramaswamy, *Deindustrialization—Its Cause and Implications*, International Monetary Fund, Publication Services, 1997, p.11.

经济出现了一次自1929—1933年大危机以来最严重的危机。这次危机沉重地打击了英国的制造业,加速了英国制造业的绝对衰落进程和就业的结构性转型。在危机的影响下,这一时期的总就业、制造业和服务业就业都下降严重。在危机期间,英国经济总产量下降到自1931年之后的最低点,英国工业产量剧降12.8%,工业总产值降到1921年之后的最低点。英国失业人口从1979年5月的120万人增加到1980年底的200万人。到1982年秋,史无前例地增加到300万人。[①] 其中,对制造业投资减少超过30%,制造业生产总量更是骤降17.5%。1982年,英国经济逐渐复苏,总就业和服务业就业人数开始增加,然而,制造业和制造业就业水平却始终没有恢复的迹象。1980年,英国在制造业产品出口方面尚有54亿英镑的盈余,可到了1983年,英国制造业产品出口出现赤字,这是自工业革命以来的首次。1986年赤字为61亿英镑,1989年则猛增到161亿英镑。[②]

(二)制造业失业在行业和区域分布上存在差异

制造业领域中不同行业的失业情况存在差异。根据1980年英国工业行业标准来划分,从1972年到1990年,汽车、零部件制造、金属冶炼、纺织、皮革以及制鞋、制衣行业所受打击十分沉重,失业率增加超过50%;在食品、饮料和烟草、非汽车类交通工具行业失业率增加超过30%;在化学和人造纤维、机械工程、办公机器、电子工程和仪器行业失业率增加超过20%。[③]

英国制造业和就业主要聚集地区分布在英格兰西北部、中英格兰西部到东南一带。[④] 这三个地区集中了超过50%的制造业就业人数。在撒切尔时期,制造业就业机会损失超过30%,失去了超过200万个工作岗位,其中尤以苏格兰、北爱尔兰、英格兰北部、西北部所受影响颇为严

---

① David Smith, *The Rise and Fall of Monetarism*, Harmondsworth: Penguin Book, 1987, p. 90.
② [英]雨果·扬格:《铁女人撒切尔夫人传》,汤玉明等译,西北大学出版社1992年版,第220页。
③ Stephen Bazen and Tony Thirlwall, *Deindustrialization*, Heinemann Educational, 1992, p. 12.
④ Stephen Bazen and Tony Thirlwall, *Deindustrialization*, Heinemann Educational, 1992, p. 14.

重，其次是英格兰中部、西部地区和东南部，这些地区制造业就业下降都超过1/3。① 英国南部虽然从总体上看制造业就业人数也有减少，但其服务业和建筑业就业增长率远远超过制造业的就业下降率，这导致南方的失业情况没有北方那么严重。这也成为英国南北贫富差距加剧的主要原因之一。

（三）与OECD国家相比，英国制造业人数减少得最严重

在OECD的23个国家中，1960—1989年，除了比利时、丹麦、联邦德国、卢森堡和瑞典外，其他的OECD国家都经历了制造业就业的增长。没有国家像英国制造业那样就业人数衰减得如此严重。根据OECD的数据，1960年英国制造业就业人数约为900万人，1979年降为730万人，1989年进一步降为约550万人。从1960年到1989年，英国制造业就业率累计降低了近39%，其中从1979年到1989年就降低了24%。与此相适应，与其他OECD国家相比，英国制造业产品在世界贸易中的份额也从1970年的9%下降到1986年的6%（1900年的份额是30%），进口替代由1976年的24%上升到1986年的34%。②

二 撒切尔政府时期非工业化加剧的原因

英国学术界对非工业化产生原因的争论很多。"非工业化"问题是英国历史发展到一定阶段的必然产物，其产生原因是多方面的，自然不能简单地归因于哪个人或哪一届政府身上，但不可否认的是，撒切尔政府信奉的经济理念和具体政策在一定程度上的确加速了英国非工业化的进程。③

（一）撒切尔执政初期严厉的"货币主义实验"导致制造业崩溃

有数据显示，从1966年到1979年，制造业就业人数的减少速度是

---

① Nigel M. Healey, *Britain's Economic Miracle: Myth or Reality?* London: Routledge, 1993, pp. 224–227.
② Nick Crafts, "Reversing Relative Economic Decline? The 1980s in Historical Perspective," *Oxford Review of Economic Policy*, Vol 7, No. 3, 1992, p. 85.
③ 毛锐：《撒切尔政府非工业化问题分析》，《山东师范大学学报》（人文社会科学版）2010年第5期。

每年损失约 15 万个工作岗位。如果保持这一速度，到 1983 年，英国制造业就业人数应该维持在 650 万人左右，但实际就业人数只有 550 万人。究其原因，在于新上台的撒切尔政府放弃了传统的凯恩斯主义需求管理，转而采取以货币主义为代表的新保守主义经济学，治理通货膨胀代替充分就业成为撒切尔政府宏观经济政策的主要目标。为此，从 1979 年到 1982 年，撒切尔政府进行了严厉的"货币主义实验"。

根据货币主义理论，政府的货币供应量与通货膨胀之间存在正相关关系，货币供应量的增加会导致通货膨胀率的提高。因此，降低通货膨胀率最好的办法就是控制货币供应量，以降低通货膨胀预期和增加工资所带来的压力，进而降低通货膨胀率本身。

为此，1980 年 3 月 20 日，撒切尔政府上台之初就制定和开始实施中期金融战略。这一战略为货币供应增长率和削减公共支出制定了严格的货币纪律。根据中期金融战略的要求，在未来 4 年内，公共支出预计每年减少 4%，公共部门借款需求占国内生产总值的比值从 3.5% 下降到 1.5%，年均下降 1%，货币标的英镑 M3 的增长不高于 10%。[1] 为了配合中期金融战略的实施，英国财政部把短期利率由 12% 提高到前所未有的 16%，目的在于紧缩银根；同时，采取严厉的财政紧缩政策，财政预算中的公共部门借款需求持续减少，仅 1980 年就削减 5 亿英镑。由此，中期金融战略成为撒切尔政府反通货膨胀的主要纲领。

然而，中期金融战略实施的效果非常不理想。由于采取严厉的控制货币供应量的措施，利率上升成为必然，这使大量外国资本涌入英国国内，导致英镑汇率坚挺。同时，由于北海石油的出口量不断增加，进一步提高了汇率。1979 年，英镑兑美元的汇率只有 1.92 美元，第二年上升到 2.33 美元，一年的涨幅就超过 20%。居高不下的英镑汇率提高了英国劳动力成本和英国制造业商品的价格，使英国商品在国际市场上的竞争力大打折扣，因此加深了进口替代。早在 1977 年，英国工业制成品的国际收支平衡就已

---

[1] Joel D. Wolfe, *Power and Privatization Choice and Competition in the Remaking of British Democracy*, ST. Martin's Press, 1996, p. 54.

严重恶化，当时英国制造业产量年增长率只有不到0.5%，英国制造业产品的出口更是步履维艰，而工业制成品的进口却提高了1/4。面对困境，英国制造业企业没有选择降低产量，提高生产效率，反而进一步加大投资。截止到1980年，累计投资增加将近20%。这些制造业企业期盼国内需求的恢复或是政府像以前一样采取救助政策，但很可惜，它们等到的是自1929年大危机以来最大的经济衰退和市场需求的紧缩。英国上院海外贸易特别委员会在1985年报告中是这样总结的："作为政府反通货膨胀政策的一部分，在MTFS框架下采取的一系列紧缩货币政策使英国损失了相当一部分制造业基础。"[①] 面对经济的严重衰退和企业界的强烈不满，保守党政府不得不于1981年初又制定了"中期金融战略II号"，在英镑M3之外，增加了M1和PLS2作为货币标的，这标志着撒切尔执政初期所采取的严厉的"货币主义实验"被抛弃了。[②]

（二）撒切尔政府始终没有解决失业问题

其实，从1981年起，英国的通货膨胀率就开始下降了。1980年5月，英国的通货膨胀率还高达21.9%，到1986年夏季已经下降到2.4%，在80年代中期，基本维持在5%的平均水平。[③] 随着通货膨胀率的不断降低，英国经济开始稳步增长。从1981年到1989年，英国国内生产总值年平均增长率为3.6%，为第二次世界大战后的最高水平，比欧洲经济共同体经济增长的平均数还要高。在整个80年代，英国制造业人均产值平均提高4.6%，高于西方主要发达国家。[④] 从1980年到1984年，英国劳动生产率年均增长5.6%，从1987年到1989年，更是高达6%—7%，[⑤] 在发达资本主义国家中位居第三，仅次于日本和意大利。[⑥]

[①] Peter Hardy, *A Right Approach to Economics: Margaret Thatcher's United Kingdom*, London: Hodder & Stoughton, 1991, p.6.
[②] 胡坤：《70年代以来西方国家货币政策实践研究》，《世界经济与政治》1997年第8期。
[③] Colin Campbell, "Does Reinvention Need Reinvention," *Governance*, Vol.4, 1995, p.8.
[④] *Britain, An Official Handbook*, Central Office of Information, London, HMSO, 1995, p.147.
[⑤] N. F. C. Crafts and N. Woodward, *British Economy since 1954*, London, 1991, p.248.
[⑥] John MacInnes, *Thatcherism at Work: Industrial Relations and Economic Change*, London, 1987, p.72.

第八章 战后英国非工业化问题分析

在出现经济快速增长、效率提高的同时,英国在80年代中后期还出现了财政盈余。1988—1989年度英国的财政盈余高达140亿英镑,1989—1990年度,虽然受世界性经济危机的拖累,财政盈余有所下降,但仍达到70亿英镑,这与同期美国里根政府的高赤字现象形成鲜明对比,成为西方发达国家中实现财政赤字扭亏为盈的楷模。① 这些经济成就被后人称为"撒切尔奇迹"。

然而,撒切尔时期主要为人诟病的是其始终没有解决好失业问题。1970年,英国的失业数为60万人,到1980年增加到130万人,1982年上升到260万人,1986年,失业人数突破300万人,达到329万人,失业率高达11.8%。② 由此说明,撒切尔奇迹在某种程度上是以大规模失业为代价的,经济的增长并没有创造足够的就业(尤其是在服务业领域)来吸纳制造业的失业人口,可以说,正是制造业的衰落造成了80年代英国居高不下的失业率。在撒切尔时期,英国朝野纷纷呼吁政府实施传统的工业战略,采取包括政府加大对制造业研发经费的支持力度以及利用北海石油税款建立特别基金以巩固英国工业基础等种种措施大力扶植制造业。这些凯恩斯主义需求管理的传统建议被保守党政府拒绝。因为这些建议实质上是要求政府干预制造业的发展,而这是与撒切尔政府所信奉的"把国家干预的边界推回去"的执政理念相对立的。在撒切尔政府看来,市场会解决一个工业领域是扩张还是收缩问题的,制造业也不例外。当时的财政大臣劳森是这样对上院海外贸易特别委员会做出解释的:"政府总的哲学是,工业要做的就是使自己具有竞争力;政府要做的就是提供合适的发展环境。"③ 与其把北海石油税收用于补贴制造业,还不如用于减税,为企业发展创造一个低通货膨胀率、低税收、经济发展稳定的经济环境更为重要。英国制造业的重新繁荣只能依靠市场竞争,依靠制造业自身的升级换代重新夺回失

---

① 刘赛力:《保守党连续执政十七年来的英国经济》,《世界经济与政治》1997年第1期。
② J. Temple, "The New Growth Evidence," *Journal of Economic Literature*, Vol. 37, No. 1, 1999, p. 112.
③ Peter Hardy, *A Right Approach to Economics: Margaret Thatcher's United Kingdom*, London: Hodder & Stoughton, 1991, p. 10.

去的海外市场，而不是依靠政府的支持。

为企业创造一个合适的发展环境，撒切尔夫人采取的措施包括：第一，持续降低税率。到1986年，英国的平均关税税率已经降到1.2%，而1972年则高达8.7%。① 同一时期德国平均税率是8.3%。② 第二，加大了进口替代力度。1987年，英国进口工业制成品占英国国内制造业商品需求的比重上升到35.2%，1970年的数值只有16.6%。③ 第三，减少对工业生产的政府补贴。1979—1987年，英国贸工部给予各地区的补贴总量下降69%。④ 从1985年到1988年，政府各种补贴占GDP的比重降为1.7%，比1975年到1979年期间下降了一个百分点。⑤

撒切尔政府对制造业这种听之任之的态度，最终使这一时期的制造业衰落进程加速。直到20世纪末新工党的布莱尔政府上台，在继承撒切尔保守党政府强调市场竞争经济原则的同时，加强了国家对教育、企业研发和培训的支持力度。尽管这一时期制造业仍然在衰落，但是其他行业尤其是服务业领域创造的就业机会超过制造业流失的就业机会，失业率终于下降了⑥，英国也由消极的非工业化演变成积极的非工业化。⑦

第三节 新工党提升制造业水平的举措

自撒切尔执政以来，保守党政府过度注重金融业和服务业，忽视

---

① C. Ennew, D. Greenaway and G. Reed, "Further Evidence on Effective Tariffs and Effective Protection in the UK," *Oxford Bulletin of Economics and Statistics*, Vol. 52, 1990, pp. 69 – 78.

② H. Klodt, *Industrial Policy and Repressed Structural Change in West Germany*, Kiel Institute of World, Economics Working Paper, 1988, p. 322.

③ A. Hewer, "Manufacturing Industry in the 1970s," *Economic Trends*, 1980.

④ J. Shepherd, "Industrial Support Policies," *National Institute Economic Review*, Vol. 12, 1987, pp. 59 – 71.

⑤ R. Ford and W. Snyder, "Industrial Subsidies in the OECD Economies," OECD Department of Economics and Statistics Working Paper, 1990, p. 47.

⑥ M. Sawyer, "Fiscal Policy under New Labour," *Cambridge Journal of Economics*, Vol. 31, 2007, pp. 885 – 889.

⑦ 毛锐：《撒切尔政府非工业化问题分析》，《山东师范大学学报》（人文社会科学版）2010年第5期。

英国的制造业。布莱尔新工党上台后,围绕"制造业高端化"和"制造业服务化",采取了一系列政策和战略来提升英国制造业的竞争力。

一 实行国家科技创新战略

在传统上,英国科学技术发展的特征之一表现为更多地关注基础研究,而相对忽视应用研究。为改变应用研究水平相对较低的局面,积极应对全球化带来的国际科技和经济竞争力加剧的挑战,1993年,梅杰政府颁布《发掘我们的潜力:科学、工程和技术》白皮书,分析了英国国家创新能力存在的问题,并阐述了英国在世纪之交的科技发展新战略,[①] 这标志着英国已经将推动技术创新、科技产业化作为一项基本国策,从而开启了英国科技政策发展的一个里程碑。1994年和1995年,英国政府又先后发布《竞争力:帮助企业取胜》《竞争力:稳步向前》两个白皮书,旨在促进企业加大研究与开发投入,鼓励以市场为导向的产业创新活动,把提高竞争力作为产业创新的核心。

新工党政府上台后,更加重视国家科技创新战略的实施,实行国家创新战略是布莱尔政府振兴制造业的最重大举措。从1998年到2002年,先后出台了七个白皮书,实施了英国以基础科研为主导和技术预见为引导的科技发展战略,以抢占国际科技竞争的制高点。2004年7月,英国政府首次颁布《2004—2014科学与创新投入十年框架》中长期科技发展规划。该框架明确指出,要确保将科学和创新纳入政府引导的轨道,在强化基础科研能力的基础上,促进科研成果产业化,通过创新将国家潜力转化为商业机会,促进英国经济发展。2006年,英国政府在第一个十年框架基础上,又发布了《十年框架:下一步工作》,力求从完善组织建制管理、加强国际合作、鼓励资源集成等方面全面落实国家科技创新战略。[②] 2008年3月,英国政府在《创新国家》白皮书中首次提出建设

---

① Paul Cunningham, *Science and Technology in the United Kingdom*, 2nd edition, London, 1998, p. 33.
② 吴波:《英国国家科技创新政策的战略规划》,《世界科技研究与发展》2009年第2期。

"创新国家"的口号,通过实现创新国家的目标使英国成为世界上最优秀的国家。①

为了实施国家技术创新计划,英国采取了一系列措施:

第一,重点资助基础科学研究。

英国的基础研究水平很高,在世界上一直处于领先地位。布莱尔上台后,将资助基础科学研究作为实现国家创新计划的核心,以建设世界一流科学、工程和技术基础。2002年7月,财政大臣戈登·布朗宣布将政府的科学预算增加到2亿英镑。2003—2006年,基础科学领域的拨款年均增长率由以前的7%提高到10%。2008年,政府对基础科学的投资突破5亿英镑。② 政府还与英国卫康信托基金会分别出资1亿英镑和0.4亿英镑重点资助大学和研究所对医药学、生物技术、天体物理等项目的研究,充分发挥大学和科研院所作为知识经济驱动器的潜力。布莱尔政府还在1995年保守党政府启动的第一轮技术前瞻计划的基础上,③ 在1999年和2002年先后启动了第二轮和第三轮技术前瞻计划,并把人口老龄化、基因科学、网络信任机制与预防犯罪等八大研究领域作为重点攻关领域。④

第二,鼓励企业加大研发投入,提高企业竞争力。

英国政府认识到,企业是新技术的直接受益者,而企业对研发投入的多少直接关系到技术创新的速度,因此政府给予政策引导和资金技术支持。在《2004—2014年科学与创新投入十年框架》中政府就明确提出,英国的研发投入要从2004年占GDP的1.9%提升到2014年的2.5%。为实现这一目标,首先是对企业用于研发的投资,建设

---

① 罗勇、张旭:《英国国家创新战略的测度体系研究及其启示》,《中国科技论坛》2010年第1期。

② Office of Science and Technology, *Science Budget*, 2005 – 2006 to 2007 – 2008, http://www.dti.gov.uk/files/files14995.pdf.

③ 技术前瞻计划是指:在政府组织下,由大学、私营企业、研究机构、专业组织等代表组成的专门小组预测今后10—20年能够产生重大经济和社会效益的关键技术领域,引导政府、企业和学术界进行重点开发,以提高英国经济的国际竞争力。

④ Office of Science and Technology, *Facts on Foresight* 1994 – 2002, http://www.foresight.gov.uk/About Foresight/Facts_on_Foresight_1994 – 2002.htm.

实验室的投资，购买科研仪器和知识产权的投资予以税收减免。[1] 其次，贸工部企业局组织其管辖的10个地区企业办公室提供咨询服务，引导企业合理地进行研发投资。对落后地区的企业在咨询收费上有近三分之二的减免。贸工部和就业部还联合建立14个地区技术服务中心，为企业提供技术转让、专家服务咨询和培训等服务，为企业在国外开展业务提供咨询业务，以使更多的企业和商品进入国际市场。尤其是2002年建立了制造业咨询机构（MAS）以帮助现代制造业领域的中小企业提高效益，扩展附加业务。到2009年，MAS已经完成2.8万份咨询和1万多个具体项目，给相关企业带来近7亿英镑的效益，政府每投资0.3万英镑，企业的净收益就能够达到3.5万英镑。最后，截止到2006年，政府通过1000亿英镑的政府采购，遵照"从供货商那里获得创新"的原则，加强对创新企业的扶植，这对于培育英国高新技术产业、发展自主知识产权发挥了不可替代的作用。

第三，积极扶植高科技小企业发展。

一方面，1999年，政府开始推行《小企业研究与技术开发奖励计划》，对50人以下的小企业所开展的革新技术研究提供最高4.5万英镑的资助；同年贸工部还实施了《小企业产品开发奖励计划》，对250人以下的中小型企业在开发新产品、新工艺方面做出突出贡献的奖励最高可达20万欧洲货币单位。另一方面，政府加大了对高技术小企业的财政资助，1999年政府规定对年利润不超过10万英镑的小公司减免10%的公司税；为解决小公司的资金短缺问题，新成立的高科技小公司还可以得到政府提供的最高2000万英镑的风险投资；政府还对在高科技小公司连续工作3年的高层管理者的薪酬给予免税，以吸引高水平管理者留在小公司。[2]

---

[1] *Guidelines on the Meaning of Research and Development for Tax Purposes* (2000), http://www.dti.gov.uk/files/file14824.pdf.

[2] *Treasury HM Knowledge Budget* 1999, http://www.hm-treasury.gov.uk/budget/budget_99/budget report.

2008年12月，英国创新、大学和技能部①公布的首份国家年度创新报告显示，英国创新活跃企业的比例从2001年的49%提高到2007年的68%；2006年，英国企业和政府在研发方面的实际投入达到232亿英镑，占英国GDP的1.75%；英国企业在研发方面的投入在G7国家中排名第五；英国大型企业的实际研发投入在2005—2006年度增长了5%。② 2000—2008年，英国生产率增长的1/3来自技术创新。英国制造业中的生命科学、能源、信息通信技术等几大领域已经成为英国经济新的增长点，这说明国家创新战略已经推动英国制造业走上复兴之路。2006年，英国生命科学产业的市场规模达到870亿美元，其中具有传统优势的制药业直接从业人员达6.8万名，并创造了26万个相关就业机会；在基因、干细胞、生物信息工程等新兴研发领域，涌现出480多家私人公司，雇用了2.4万名雇员。在信息通信技术产业领域已有7500个公司，直接从业人员达43万人，在全球市场上估值高达1500亿美元。10年前，英国的制造业生产力仅是美国的54%，2006年这一指标达到68%。③

二 实施创意产业政策

面对英国传统工业增长疲软，制造业萎缩、失业人口剧增的现实以及知识经济时代带来的世界范围内的产业结构、就业结构和对外贸易结构的调整，英国要想解决这些问题，适应世界形势的新变化，唯一的出路就是通过产业升级优化第三产业的内部结构。在此背景下，创意产业的构想应运而生。1997年，新上台的布莱尔政府为了改变英国老工业帝国陈旧落后的形象，接受了世界创意产业之父约翰·霍金斯的理论，大

---

① 2007年，英国首相戈登·布朗改组教育与技术部，成立创新、大学与技术部。这一部门的任务是最大限度地利用研究基础来支持所有部门的创新，整合原有贸易与工业部和大学的科学研究资源，建立一个开放活跃的知识经济体系。2009年，创新、大学与技能部与工商企业管理改革部合并，成立了商业、创新与技能部（详见李文靖《英国科学与创新：从自由探索到国家战略》，《文化报》2015年4月17日）。

② 详见罗勇、张旭《英国国家创新战略的测度体系研究及其启示》，《中国科技论坛》2010年第1期。

③ 张锐：《布莱尔的丰厚"经济遗产"》，《观察与思考》2007年第13期。

力扶植创意产业，提倡和鼓励原创力在经济中的贡献。同年，还成立了由文化、媒体和体育部①牵头，由外交部、贸工部、地方政府等组成的创意产业工作小组，首相布莱尔亲自担任主席。② 1998 年，创意产业工作小组颁布了《创意产业规划文件》，分析英国创意产业的现状和发展战略，并首次提出了"创意产业"的概念。③ 所谓的创意产业是指源自个体创造力、技能及天分，通过对知识产权的开发和利用，利用潜力创造财富和就业机会的活动。范围涵盖 13 个行业领域，即广告、建筑、艺术和古玩市场、工艺品、设计、时尚设计、电影与视频、互动休闲软件、音乐、表演艺术、出版、软件及计算机服务、电视与广播等。④ 这一概念的提出被视为布莱尔政府在应对世界经济从发展传统工业经济向知识经济转变的内外压力之下，调整经济结构，重振英国经济的一项标志性措施。此后，英国政府出台了一系列政策大力推动英国创意产业的发展。

1. 政府对创意产业实行系统的政策引导

除了建立创意产业工作小组对英国创业产业的可持续发展进行跨部门协调之外，1998 年，政府还成立创意产业输出顾问团，在对创意产业发展提供广泛咨询建议的同时，通过加强产业与政府的合作，促进创意产业开拓国际市场。2006 年，英国政府正式提出创意经济的说法。2008 年，英国国家科技艺术基金会在其颁布的《超越创意产业：英国创意经济发展报告》中指出，英国创意产业的未来发展要更好地把握创意产业对更广泛的经济社会生活的影响，更加重视创意产业对整体经济的拉动作用，超越创意产业，发展创意经济。2009 年，鉴于新媒体、数字技术的迅猛发展，英国政府发布《数字英国》报告，明确指出，在数字化时代将英国打造成全球创意产业重心，在清晰公平的法律框架的保护下，

---

① 1992 年梅杰政府将原来分散在艺术和图书馆部、环境部、贸工部、就业部、内政部、科教部六个部门的文化职责集于一个新成立的国家文化遗产部。1997 年布莱尔政府将此部更名为文化、媒体和体育部。这一部门也成为英国创意产业最重要的政府管理部门。
② 王涛：《英国加强各方协调拓展融资渠道》，《经济日报》2007 年 12 月 19 日。
③ 王丹黎：《英国创意产业发展评述及启示》，《中国外资》2013 年第 6 期。
④ P. Hall, "Creative Cities and Economic Development," Urban Studies, Vol. 37, No. 4, 2000, p. 641.

扩大数字内容的传播范围,从而奠定了英国创意产业的数字化发展基调。①

2. 解决创意产业的资金问题

英国文化、媒体和体育部编制了名为"Banking on a hit"(一炮而红的银行业务)手册,帮助有关企业或个人更方便地获得金融机构或政府部门的投资和补贴。英国政府还联合各种行业协会共同成立了众多基金,比如政府设立的高科技基金;贸工部建立的西北地区发展基金,创意产业特殊基金;小企业服务局建立的早期成长基金。英国的创意产业甚至还可以向欧盟的发展基金申请贷款。在英国政府的努力下,形成了一套由政府、银行金融机构和行业基金与创意产业构成的紧密联系的融资网络,为英国创意产业发展奠定了资金基础。

3. 加强知识产权保护

为了便于给中小型创意企业提供有关版权、商标、专利及设计的信息,英国专利局通过制定完善的法律体系建立独立的知识产权网站,对知识产权实施保护。

由布莱尔亲自督阵并构建的国际上最完整的创意产业成为推动英国经济增长和拯救英国制造业、降低失业率的有力保障。在1997—2007年的10年间,英国创意产业以平均每年6%的速度增长,其中艺术类产业平均增长9%,软件业增长11%,电视及广播产业增长8%。英国的音乐产业占全球音乐产业的比例达到15%;英国视频游戏的销售额占全球的16%,占英国和欧盟1/3和美国10%的市场份额。截止到2011年12月的统计数据显示,英国从事创意产业的企业共有10万多家,占全国企业总数的5.13%。② 1997—2006年从事创意产业的就业人数由157万人增加到191万人,2010年更是增加到230万人,其发展速度是国家经济增长速度的两倍,已经超过金融业成为英国第一大产业。③ 即使是在受到国际金融危机影响的2009年,其创造的外贸总额仍达到89亿英镑,占

---

① 熊澄宇:《英国创意产业发展的启示》,《求是》2012年第7期。
② 王涛:《英国加强各方协调拓展融资渠道》,《经济日报》2007年12月19日。
③ 王丹黎:《英国创意产业发展评述及启示》,《中国外资》2013年第6期。

出口产品与服务总额的 10.6%。从企业规模来看，英国创意产业中绝大多数是中小企业，2009 年，创意产业中人数在 1—10 人的企业占比高达 94%，在 11—49 人的占 4%，可见中小型企业是创意产业发展的主力军。①

创意产业的兴起与繁荣更加深刻的意义在于英国制造业朝着技术性、服务性方向的升级。其中最为典型的是英国创意产业的发展是与衰败的旧城区改造结合起来的，促进了老工业城市的转型。② 通过将民族文化与数字技术相结合，创意产业将伦敦、曼彻斯特、格拉斯哥、伯明翰等老工业城市成功转型为充满活力、富于创造、污染少、环境优美的新兴城市。其中英国的伦敦和曼彻斯特成为欧洲较大的两个创意中心。伦敦的创意产业成为继金融服务业之后的第二大产业，打造出伦敦电影节、伦敦时装周和伦敦设计节等国际著名品牌，伦敦成为英国东南部经济增长的主要发动机。作为英国和欧洲第二大创意产业中心的曼彻斯特则在数字媒体产业方面具有强大的国际竞争力，拥有 3.1 万个创意企业，就业人数达 32 万人。③

三　发布振兴国家制造业的战略计划

在英国政府主导的创新战略和创意产业政策的推动下，英国的经济实现了从制造型向知识型的转变。在此期间，英国制造业状况虽有所改善，但是并没有改变自 20 世纪 80 年代以来经济日益"重金融、轻制造"的发展惯性，虚拟经济被放大，经济结构被扭曲，以至于在由美国的次级贷款危机所引发的全球金融危机中，英国的金融服务业脆弱不堪，遭受巨大打击。2008 年，皇家苏格兰银行亏损高达 240 亿英镑，创英国银行史上最大的亏损纪录；房地产价格暴跌 20%。④ 面对危机，英国政府开始反思以前的产业政策并重新认识到制造业作为

---

① 熊澄宇：《英国创意产业发展的启示》，《求是》2012 年第 7 期。
② 张锐：《布莱尔的经济大手笔》，《中关村》2006 年第 10 期。
③ 王涛：《英国加强各方协调拓展融资渠道》，《经济日报》2007 年 12 月 19 日。
④ 王涛：《英国制定战略提振制造业》，《经济日报》2009 年 7 月 30 日。

基础产业的重要性。早在2005年,英国设计委员会前主席乔治·考克斯向英国政府提交的《考克斯评估》研究报告就对一味追求创意产业的发展提出质疑：将英国传统的制造业弃之不顾,转而扶植高风险的创意产业,并期望以源源不断的"创意"来支撑一个规模产业的繁荣,这样的想法是不切实际的。因为创意产业事实上与制造业具有不可分割的联系："创意由于企业的需求而兴旺……在许多领域,与消费者的紧密联系是产品设计和开发的一个因素……如果制造业消失了,那么随着时间的推移,那些与之相联系的设计能力也会消失。"[①] 2007年,英国财政部发布的《塞恩斯伯里评估》也指出,面对后发国家低成本制造业商品对英国经济带来的一波又一波的冲击,英国应该采取一种"向上的竞争"策略,而不是鼓励低成本企业竞争策略的"向下的竞争"[②]。英国政府充分肯定了《塞恩斯伯里评估》的观点。英国首相布朗也表示,无论过去、现在还是将来,制造业都是英国经济获得成功的关键。为尽快摆脱国际金融危机,英国政府决心重新定位制造业,通过振兴制造业,平衡经济结构,使服务业和制造业相互补充和促进,再造经济奇迹。[③] 为此,英国政府从三个方面采取措施。

(一) 重新定位制造业的发展走向

从传统制造向高价值制造转变。随着20世纪七八十年代英国社会从工业社会向后工业社会转变,英国普遍对制造业存在误解,认为制造业已经日落西山,处于全球产业链的末端,而忽视了制造业作为实体经济的基础性作用。事实上,十年来,随着创新战略推行得不断深入,新工党成功地使英国经济实现了从制造型向知识服务型的转变。同时,英国制造业也取得了显著发展。2006年,在英国出口商品中,高技术产品占比达到25%,高于美国的22%,法国的15%以及德国的11%。到2009年,英国已是世界排名第六的制造业大国,年产值高达1500亿英镑；占

---

① 许平、刘爽：《"考克斯评估"：一个反思创意产业战略的国际信号》,《装饰》2008年第10期。
② 谭小平：《英国创意产业的现状、批评与反思》,《经济导刊》2011年第4期。
③ 王涛：《英国制定战略提振制造业》,《经济日报》2009年7月30日。

英国 GDP 的 13%。同年，英国在吸收外国制造业直接投资方面优于欧洲其他国家，达到 260 亿英镑，在全球范围内仅次于美国。

鉴于英国制造业的这些特点，2008 年 5 月，英国技术战略委员会①提出了高价值制造（HVM）关键技术领域的 2008—2011 年发展战略。与传统制造业仅从销售产品中获得收入不同，高价值制造是围绕制造产品生命周期提供服务，从制造和服务等多渠道获得收入。在高价值制造的定义下，制造业企业被划分为服务型主导企业、产品制造商、服务商和系统集成商。根据这一战略，英国在高价值制造领域的发展方向集中在可持续增加利润、赢得市场份额以及产品、品牌多样化等方面。倡导企业通过高价值制造活动强化竞争优势，并将创新贯穿于工艺、产品、服务系统和价值系统等高价值制造的各个阶段。② HVM 战略的提出反映了未来英国制造业发展的主题是以创新驱动制造，倡导的是价值竞争而不是成本竞争。③

（二）制定制造业全球竞争策略

2009 年，面对全球性金融危机的挑战，英国首相戈登·布朗出台了名为"建设英国的未来"的新经济发展战略，希望通过引领英国进入一个电子化、低碳、高科技的时代，以复苏经济。为此，英国政府决定实施积极的产业政策，打造世界一流的现代化基础设施及相关产业，重点发展先进制造业、生命科学和生物技术以及金融服务。在制造业方面充分发挥政府的主导作用，加大对制造业的投入，推动企业科技创新和应用，为企业制定长远发展规划，推广优秀制造企业的工艺和经验，加强制造业从业人员技能教育，提升交通、通信等现代化设施水平，建设良好的市场环境七个方面推动英国制造业的转型升级。

---

① 英国技术战略委员会原隶属于英国贸工部，2007 年，从英国贸工部拆分出来，成为由政府拨款的非行政机构。其职责是代表英国政府促进技术创新，作为大学、科研机构和企业的桥梁，促成新技术开发与应用。

② 马蕾：《以创新撬动制造业转型——金融危机下英国高价值制造关键技术领域发展战略对我们的启示》，《技术经济与管理研究》2009 年第 6 期。

③ 常俊红：《以创新提振制造业》，《大众标准化》2011 年第 S1 期。

(三) 出台一揽子支持英国制造业发展的措施

2009年，英国商务、创新和技能部大臣曼德尔森勋爵发布了一揽子支持英国制造业发展的措施。其核心是充分利用先进技术并抓住市场机遇，打造英国工业的未来。① 英国希望加快技术转化成生产力的速度，在全球竞争激烈的制造业领域占据产业价值链的高端位置，巩固英国在高技术制造业领域的领先地位，特别是要帮助英国制造业进军低碳经济前沿，在制药、可再生能源发电、航空、家庭节能产品、新能源及清洁汽车、碳捕获以及储存产业等领域加大投入。②

综上所述，新工党所采取的提升英国制造业竞争力的措施效果显著，其所奉行的"制造业高端化"和"制造业服务化"原则成功地使英国经济实现了从制造型向知识型的转变，并确定了未来英国制造业发展的主题，即以创新驱动制造，倡导价值竞争而非成本竞争。这一原则为后来继任的卡梅伦和特蕾莎·梅的保守党政府所继承。2013年，卡梅伦政府颁布的"制造业的未来：新时代下英国的机遇与挑战"的政府报告，对英国制造业的转型提出了系统性建议，其中一条就是加强制造业的服务化，建议制造业企业创造多元的收入来源，以应对行业下滑的风险和外部冲击。2017年1月23日，英国首相特蕾莎·梅公布了英国现代工业战略绿皮书以振兴工业生产，刺激科技和研发投资，以降低"脱欧"后经济对服务业的依赖。当然，如何处理好服务业与制造业之间的平衡，如何真正实现制造业的服务化，这是新工党政府没有解决的一个问题，也是对后任政府的一大挑战。

---

① 冯瑞华、马廷灿、黄健编译：《英国先进制造业一揽子新政策》，《新材料产业》2009年第11期。
② 王涛：《英国制定战略提振制造业》，《经济日报》2009年7月30日。

第九章

战后英国区域政策改革分析

第一节 1945—1979年英国区域政策的演变及存在的问题

一 1945—1979年英国区域政策的演变

英国最早实施的区域政策是针对经济衰退地区的。作为世界上最早进入工业社会的国家，英国也最早面临着工业化进入成熟期后所带来的一系列问题。[①] 在空间结构上突出地表现为区域发展的逐渐失衡：20世纪初，英国的钢铁、煤炭、采矿、造船、棉纺织等传统产业是更加依赖世界市场的产业，世界产业格局的变化给这些产业的主要分布地苏格兰、威尔士及英格兰北部、西北部等地区带来许多社会问题。其中尤以失业问题最为严重。1933年，英国的平均失业率为23.4%，但在苏格兰地区为30.2%，威尔士则甚至达到37.8%的高位。[②] 贫困问题日趋严重，迫切需要政府采取措施加以解决。[③] 1928年，英国政府成立"工业转移局"并出台了一系列产业转移计划和青年迁移计划，这标志着英国政府开始实施明确的区域经济政策。[④] 英国的区域政策的特点是采取了微观领域

---

① 详见毛锐《二战后撒切尔政府区域政策改革分析》，《武汉大学学报》（人文科学版）2013年第5期。
② 沈建法：《英国区域政策与区域研究的动向》，《科学对社会的影响》1996年第3期。
③ 毛锐、张晓青：《二战后撒切尔政府区域政策改革分析》，《武汉大学学报》（人文科学版）2013年第5期。
④ 所谓区域政策，是区域经济政策的简称，通常是对一国政府为改善本国经济活动的空间分布，促进国内各地经济均衡和有效发展，而实施的各种措施或行为的总称（详见魏后凯主编《现代区域经济学》，经济管理出版社2006年版，第521页）。

· 295 ·

的劳动力和资本调整与宏观领域的企业区位控制、产业选择相结合的区域政策手段。①

1934年颁布实施《特别地区法》，选择了四个特别萧条的地区为"特别地区"，通过税收优惠和向私人企业提供贷款等政策，刺激"特别地区"经济的发展。1940年，英国皇家委员会起草的《巴罗报告》，建议政府限制东南经济密集地区新企业的增加，促进区域间产业的均衡发展。在1944年出台的《就业白皮书》中，政府试图以给失业者以经济补助的形式，鼓励他们离开衰落地区，迁移到繁荣地区寻找工作，即所谓的"以工人就工作"，但这种政策的效果非常不理想。能够接受这种"以工人就工作"政策的失业者大都是技术比较熟练，受教育程度较高的劳动力，他们的离开反而加剧了萧条地区的衰落。

第二次世界大战后，随着凯恩斯主义宏观经济学理论的盛行，英国政府在区域政策方面继承了原先的国家干预原则。政府认为，国家干预不仅可以减少区域之间就业机会的不平衡问题，又可以充分发挥萧条地区失业劳动力的低成本优势以提高产出和效率，在不产生通货膨胀的前提下，实现宏观经济的更快增长。区域政策亦成为政府实现"完全就业"的一种政策工具。为此，原先鼓励将萧条地区失业者往外迁移的"以工人就工作"原则被抛弃，转而实施"以工作就工人"原则，即通过资本和劳动力补贴与建立区域投资控制体制等财政、金融政策甚至是直接的行政干预手段，督促工商企业在萧条地区兴建新工厂、新企业，创造新的就业机会，力争区域间经济的均衡发展。这种"以工作就工人"政策模式一直持续到70年代末。

1945年，英国政府出台《工业配置法》，这为1945—1960年英国区域政策奠定了基本框架。② 根据该法案，政府在英格兰北部和西北部的大部分地区、威尔士及苏格兰部分地区设立"开发地区"，取代了十余

---

① 王丁宏：《区域失衡与校正——英国区域经济政策实践效果与启示》，《南方经济》2001年第11期。

② 李青：《英国、德国对区域经济的管理及其新近变化》，《数量经济技术经济研究》2001年第6期。

年前划定的"特别地区"。凡是在"开发地区"建设的新企业,政府都会为企业提供各种信贷、动力、土地及其他基础设施等种种政策性补贴。①1947年,政府颁布《城乡规划法》,实施工业开发许可证制度(IDCs)。引导工业选址,控制发达地区经济扩张,鼓励企业在发展地区设厂,以提高就业率。效果比较明显。1945—1947年,有50%的新企业建立在发展地区,为8.6万人解决了就业。但在整个50年代,执政的保守党对区域政策缺乏兴趣,英国的区域发展不平衡问题日益严重。

60年代,区域政策重新受到重视,一系列法案的通过使得英国区域政策日益完善。1960年通过的《地方雇佣法》,以"增长地区"代替"发展地区",将失业率4.5%作为"增长地带"的标准并予以资助。西北威尔士、康沃尔北部和西部以及坎布里亚海岸等失业率特别高的地区得到政府资助。②1963年,政府颁布苏格兰中心区和东北部地区白皮书,决定为增长地区提供10%的机器费用和25%的建筑费用减免,同时还规定在经济繁荣地区严格使用工业发展证书(IDCs)。此时,失业不再是政府施以援助的唯一标准,政府还会考虑生活水平和住房条件差等不平衡因素。1966年政府根据《工业发展法》,采用一次性付款的方式,鼓励个人从正在衰落的部门转向正在发展的部门,寻求新的就业机会。1967年政府又在开发地区内划出一批特别开发区予以重点援助。1970年颁布《地区就业法》,在开发地区和繁荣地带之间又划出中间地带,这些地区问题不太严重,但也给予一定的补助。1972年,英国政府又颁布《工业法》,根据地区间经济发展的差异程度,规定了不同的补贴标准,实施所谓的赠予金制度。

这一时期,英国实施区域政策刺激欠发达区域经济发展、制约经济过密地区企业进一步集中,同时还在机构设置和行政区划上进行调整。③

---

① 王维平、王彦涛、张番红:《部分国家区域经济政策研究概述》,《宏观经济管理》2011年第10期。
② [英] C. W. 哈曼德:《英国的区域政策》,谭成林译,《人文地理》1989年第1期。
③ 李青:《英国、德国对区域经济的管理及其新近变化》,《数量经济技术经济研究》2001年第6期。

1963年颁布《办公区位法》，1965年，颁布《办公及工厂建设限制法》，用以调整服务业布局，鼓励企业迁出伦敦。1963—1975年，约有5.5万个工作岗位迁出伦敦。1964年，英国政府开始完善地方的区域政策管理机构，主要措施是设立两个机构：一是经济规划委员会，其主要职责是帮助制定区域规划，提出国家经济政策的区域实施建议；二是经济规划理事会，其职责是帮助前者制定规划，协助政府各部门的工作。① 为了控制和解决伦敦经济发展过于密集的问题，1965年英国政府又设立大伦敦区。

二 1945—1979年英国区域政策存在的问题

从第二次世界大战结束到1979年之前的区域政策实践表明，英国的区域经济差距不仅没有得到有效调整，还引起了很多问题和争议。②

（一）受援区范围和补助种类不断扩大和增多，增加了政府的财政负担

战后初期，区域政策援助集中于1934年所划定的十分萧条的四个"特别地区"。1960年又以4.5%的失业率作为标准，划分"发展地区"，到60年代中期，约有17%的英国劳动人口处于受援区之内。1966年，新划定的"发展地区"把整个苏格兰、英格兰北部、默西塞德郡和威尔士大部分地区以及西南地区都包括在内。1963年，在新发展地区内，失业率特别高的一些地方又被划为"特别发展区"。在70年代早期，区域援助的范围再次扩大，被称为"中间地区"。70年代末，受援区几乎包括50%的英国劳动力人口。③ 政府的财政补贴主要包括对工业投资的鼓励，如无条件的资本补助金（ACG）和地区发展津贴（RDG）。在60年代中期到70年代中期的10年间，在受援区存在着覆盖所有人的劳动力就业补助和区域就业保险金（REP）。此外，战后各个时期还有许多选择

---

① [英] C. W. 哈曼德：《英国的区域政策》，谭成林译，《人文地理》1989年第1期。
② 毛锐、张晓青：《二战后撒切尔政府区域政策改革分析》，《武汉大学学报》（人文科学版）2013年第5期。
③ Ron Martin and Peter Tyler, "The Regional Legacy," in Jonathan Michie (ed.), *The Economic Legacy* 1979 – 1992, Waltham: Academic Press, 1992, p. 144.

性财政援助，到1970年早期，这些援助合并为区域选择性援助（RSA）。英国政府用于区域政策的主要开支由1962—1963年度的0.2亿英镑增加到1969—1970年度的3.24亿英镑，70年代末达到每年约10亿英镑。[1]

这种依靠国家直接干预的区域政策遭到越来越多的批评，指责这种政策不仅会增加政府的财政负担，而且会鼓励形成资本密集型的生产方式，增加创造单位就业机会的成本。[2] 有数据显示，这一时期每创造一个就业机会平均要花费3.5万英镑。[3] 更有学者认为，这种政策意味着政府是在拿巨额资金"贿赂"企业去做它们无论如何都会做的事情，而企业往往把这些补贴用于技术革新以节省劳动力，所以很难产生或者只会产生很少的额外就业机会。[4] 再有，历届政府都把补贴用于制造业，这在全球经济重点从制造业转向服务业的大背景下，显得不合时宜。政府花费巨资吸引那些注定难逃一死的制造业企业从南部转移到北部，而不是设法解决其根本原因，即所谓的非工业化。[5]

（二）企业选址控制不仅没有实现受援区的经济发展，反而造成南部繁荣地区的产业空心化

1945年和1947年，当时的工党政府先后颁布《工业布局法》和《城乡规划法》，确立了工业开发许可证制度。凡是想在非受援区投资设厂的企业必须获得工业发展执照（IDC），60年代，这种企业选址政策延伸到商业办公领域。1965年的《办公与产业发展法》要求在某些特定的地区进行商业办公开发建设之前，必须申请"办公许可证"[6]。政府希望控制发达地

---

[1] 沈建法：《英国区域政策与区域研究的动向》，《科学与社会》1996年第3期。
[2] Peter Hardy, *A Right Approach to Economics: Margaret Thatcher's United Kingdom*, London: Hodder & Stoughton, 1991, p.129.
[3] Howard Davies：《英国的区域问题与区域政策》，王小刚译，《国土经济》1995年第4期。
[4] Nigel M. Healey, *Britain's Economic Miracle——Myth or Reality*? London: Routledge, 1993, p.251.
[5] F. Livesey, "Regional Economic Policy," *Economics*, Vol. XX, No. 86, Summer, 1984, p.23. 关于英国学术界对非工业化的争论，详见毛锐、张晓青《英国学术界对非工业化问题的研究》，《历史教学》（下半月刊）2013年第1期。
[6] 于立、周长林：《走向可持续发展的英格兰东南部地区》，《国际城市规划》2007年第5期。

区的扩张，引导没有获得 IDC 的企业转向发展地区投资。IDC 政策引起的争议更大。支持者认为，1945—1947 年，全英国 50% 的新工业企业落户在发展地区，增加了 8.6 万个新就业机会；1946—1949 年，全英国工人迁移量中的 64% 迁往了边缘区。经 IDC 核准，投资到发展地区的资本比例在 1963—1965 年达到 19.6%，比 1960—1962 年增加了近 4.1%；同期，新产生的就业岗位增加到 49.1%，比 1956—1959 年增加了近 26.5%。[①] 但反对者则强调，一方面要想评估区域政策在受援区所创造的确切就业数量是很难的，因为要排除掉刺激因素，统计受援区自己本来能够创造的就业数，几乎是不可能的。另一方面，尽管许多公司确实根据 IDC 政策转换了建厂地址，但也很难说有多少投资转向国外或者干脆就取消了投资意向。当一家公司不能在自己满意的地方建厂，而不得不转往其他地区，可能会远离主要市场或原材料供应地，造成企业效率下降。这种严格的区域发展限制政策不仅未能对北部的产业复兴起到有效的推动作用，反而导致伦敦、利物浦、曼彻斯特等大城市出现空心化、城市郊区化（见表 9-1），城市中心区环境恶化问题以及因此而引发的投资减少、治安恶化等主要表现为"内城危机"。到了 20 世纪 70 年代后期，英国制造业因成本原因而开始向发展中国家转移，制造业衰落和随之带来的失业问题不再是北部地区独有的现象，而是成为全英国的普遍问题。如此一来，进入 80 年代后，复兴大城市和城市社区建设成为英国区域政策的核心课题。[②]

表 9-1　　　　　1960—1981 年英国区域间制造业的转移　　　　　（万人）

区域	迁入数量	迁出数量	净迁入数量
南部			
东南部	195	1842	-1647
西南部	423	107	+316
东安格利亚	426	72	+354

---

① 陈鸿宇：《后工业化时期产业和人口的双重再集聚——英国区域政策变化趋势及其对广东的启示》，《岭南学刊》2009 年第 1 期。

② 王郁：《英国区域开发政策的变化及其影响》，《国外城市规划》2004 年第 3 期。

第九章 战后英国区域政策改革分析

续表

区域	迁入数量	迁出数量	净迁入数量
北部			
东米德兰	335	274	+61
西米德兰	96	430	-334
约克和亨伯	35.2	-35.0	+1.1
西北部	36.3	-34.7	-4.5
威尔士	30.5	-35.9	-8.6
苏格兰	28.7	-31.8	-1.5

资料来源：H. Armstrong and J. Taylor, *Regional Policy*: *The Way Forward*, London：Employment Institute，2000，p. 12.

由此可见，英国战后传统的区域政策①是失败的。早在1973年，英国公共开支委员会就这样评价这一时期的区域政策："区域政策的制定是单凭经验，其结果时而有效时而无效，其实大多是一时激情而非发展经济。"② 公众的不满和批评使政府不得不重新反思其区域政策。

第二节 撒切尔政府对传统区域政策的改革

一 撒切尔政府对英国传统区域政策的反思

1979年，新上台的撒切尔政府放弃了传统凯恩斯主义所强调的国家干预的需求管理理论。按照撒切尔夫人所注重的货币限制，以及供应方经济和自由市场的自由主义对传统区域政策进行了反思。③

第一，保守党政府不再认同以前的观点，即区域政策对国家生产和就业增长有利的观点，转而强调，从长期来看，区域政策主要的

---

① 英国学术界习惯于把第二次世界大战后到1979年的区域政策称为传统区域政策。
② Howard Davies：《英国的区域问题与区域政策》，王小刚译，《国土经济》1995年第4期。
③ R. L. Martin, "Monetarism Masquerading as Regional Policy：The Government's New System of Regional Aid," *Regional Studies*, Vol. 19, 1985, pp. 379–388.

·301·

"社会政策目标在于减少就业机会在区域上的不平衡"[1]。保守党认为,衰落地区之所以缺少就业机会不是工业结构不协调,也不是需求或者公共消费缺少的结果,而是因为供应方的刚性和市场失败所引发的微观不平衡的结果。按照撒切尔夫人的观点,过多的政府干预,不充分的工资弹性,过多的工会权力,低下的生产效率以及缺少企业家精神等因素才是英国工业衰落的主要原因。这些供应方的弱点损害了市场竞争效率和传统工业区的适应性。其中,撒切尔政府强调导致区域性地区衰落的根本原因是缺少企业家精神,特别是缺少新企业形式和技术创新。到80年代后期,英国总体上的工业问题已经被这些概念重新进行界定,不论是工业政策还是区域政策都开始被纳入政府的新企业创新概念之中。区域政策实际上变成总体企业战略在区域上的差异化形式,以便提升当地经济的发展。

第二,在内城区政策方面,撒切尔政府强调要重视旧城区的经济复兴工作,这和工党政府的态度是一脉相承的,但是在具体的政策手段上表现出两个鲜明的特点[2]:一是特别强调私人部门的重要性,试图在私人财富和公共财富之间发展出一种伙伴关系。在保守党看来,内城区所面临的失业和社会上一系列不利因素等困难都可以通过在内城区实现经济复兴而得到最终克服。内城区经济衰落的主要原因之一是由于供应方失效所造成的,即私人企业发展有限。保守党政府认为,应该由政府动用公共资金作为杠杆,带动和鼓励私人部门的资源进入内城区,以促进内城区经济的复兴。二是内城区政策更多的是由中央政府而不是由地方政府指导的,因为地方政府多是由工党控制的。保守党政府认为,地方当局在实现内城区复兴方面做得很不成功,中央政府应该在一些关键领域例如住房、教育和交通等与内城区复兴至关重要的领域增加中央政策的控制力,减少地方政府的影响力。1988年保守党政府通过的"城市

---

[1] R. L. Martin, "The Political Economy of Britain's North-South Divide," *Transactions of the Institute of British Geographers*, Vol. 13, 1988, pp. 389 – 418.

[2] 详见毛锐《撒切尔政府的内城区政策分析》,《山东师范大学学报》(人文社会科学版) 2011年第6期。

行动"计划，概括了保守党旧城区政策的主要目标：第一，鼓励企业和新兴工商业，并帮助现有的企业变得更强大；第二，提高人们的就业预期、动力和技能；第三，复兴废弃地区，改善住房质量，增加旧城区对居民和工商业的吸引力；第四，减少犯罪，增加旧城区对居民和创造工作机会的吸引力。①

第三，随着政治意识形态的变化，撒切尔政府同样也放弃了以前所一再坚持的强调国家干预的区域政策手段，即解决衰落地区问题的最好办法是采取投资补贴和控制，以便在低—高就业地区重新进行工业布局，代之以鼓励和挖掘受援区本地经济潜力，以实现受援区自我持续发展的长期目标。要实现这一目标需要更加注重成本效率的援助体制，在衰落地区促进新型公司和商业的发展，增强劳动力市场的网络信息透明度，提供职工就业再培训场所，引入地方一级工资谈判制度、搞活私人租房市场等一系列措施，使市场运转更加流畅。依靠市场力量原则取代国家干预成为解决区域问题的一种选择。② 这意味着传统区域政策框架被废弃，开始尝试新的政策框架。

二 撒切尔政府对区域政策的调整

在撒切尔夫人执政的11年里，保守党政府对区域政策采取了一系列改革。

（一）缩小受援区范围，减少政府干预和财政援助总量，以提高援助成本效率

1979年，当时的贸易和工业大臣基斯·约瑟夫着手推行为期三年的缩减援助范围计划。IDCs在1981年被废止。1979年受援区人口占总劳动人口的比例由47%减少到1982年的28%。撒切尔政府的第二个任期延续了这一趋势。1984年11月，政府废除"特别地区"，改称其为"发展地区"，扩大了"中间地区"的范围，把受援区管理的三层体制变为

---

① Jonathan Michie (ed.), *The Economic Legacy* 1979 – 1992, Academic Press, 1992, p.124.
② Howard Davies：《英国的区域问题与区域政策》，王小刚译，《国土经济》1995年第4期。

两层，即发展地区和中间地区。与此同时，削减区域政策的预算。发展地区可获得的区域援助人口减少到英国劳动人口的15%，而中间地区人口占英国劳动人口的大约20%，第一次包括了原来属于繁荣地区的西米德兰。这些调整从空间上看使区域政策变得简单化和更加有选择性。随着受援区范围的缩小，财政补贴集中于那些严重需要援助的地区。1979—1982年，RDGs所占比例从20%减少到15%，但是在SDAs中仍占22%。到撒切尔政府第二任期，政府大幅度减少"区域发展补贴"，增加"地区选择性津贴"，补贴范围扩大到部分服务业，补贴还与企业创新能力、生产能力以及就业能力相挂钩，例如，雇员不足25人的小公司可以享受特别补贴，每创造一个就业机会，给予0.3万英镑的投资补贴，① 后又增加到至少1.5万英镑；如果企业有创新，就可以获得2.5万英镑的补贴。② 1988年，区域发展补贴被废除，政府资助的总预算也从1983—1984年度的7亿英镑减少到1987—1988年度的约3.5亿英镑，这样一来，每个就业机会的创造成本被控制在1万英镑左右。③

（二）化解内城区危机成为新区域政策的重点④

在撒切尔夫人看来，私人企业发展不充分是内城区经济衰退的主要原因之一。为此，撒切尔政府强调在私人部门和公共部门之间建立一种伙伴关系，以政府公共资金为杠杆，鼓励和带动私人资本注入内城区，以复兴内城区经济。在80年代，为确保实现这些目标，撒切尔政府的六大中央部门共出台32个涉及旧城区改造的计划和方案，⑤ 统称为城市再生政策，其中重要的有以下三项：

---

① 赵伟：《统一大市场形成以来的英国区域政策》，《世界经济文汇》1995年第4期。
② Jonathan Michie（ed.），*The Economic Legacy* 1979 - 1992，Waltham：Academic Press，1992，p. 127.
③ Peter Hardy，*A Right Approach to Economics：Margaret Thatcher's United Kingdom*，London：Hodder & Stoughton，1991，p. 131.
④ 详见毛锐《撒切尔政府的内城区政策分析》，《山东师范大学学报》（人文社会科学版）2011年第6期。
⑤ 英国环境部12项，贸易和工业部4项，就业部10项，教育部2项，交通部1项，家庭委员会3项（详见Jonathan Michie（ed.），*The Economic Legacy* 1979 - 1992，Waltham：Academic Press，1992，p. 124）。

第九章　战后英国区域政策改革分析

1. 保守党复兴英国内城区的主要措施是成立"城市发展公司"（UDCs）

这一计划是针对重新开发废弃码头区提出来的，其主要目的是"振兴城市，使土地和建筑发挥使用效益，创造一个吸引人的环境，确保住宅及社会服务设施齐全以吸引人们到该地区居住和工作"。由于码头区占地大，开发任务十分艰巨，地方政府难以胜任。根据1980年的《地方政府规划与土地法》，英国环境部在1981年建立了伦敦港区发展公司和墨西塞德发展公司，以伦敦和利物浦这两个港口城市建立以码头区为主体的城市开发区，并以城市开发公司的形式统筹这两个地区的国土整治和公共基础设施建设，利用公共资金作为催化剂鼓励私人部门的发展。城市开发公司享有不经公众质询，强制获得各个部门土地的权力，并替代行为不力的地方当局的职能。到1989年为止，总共建立了11个UDCs，覆盖英国大部分衰落的内城区。

2. 在内城中建立企业开发区[①]

企业开发区概念是1977年由著名英国城市规划学者彼得·豪尔教授（后成为环境大臣迈克尔·赫塞尔廷的城市政策顾问）提出的。豪尔教授认为，内城衰退的关键在于空间上的不匹配，即新经济活动所要求的高技能和教育水平是内城居民所不具备的，要解决这一问题就需要在这些地区培育低技能低工资水平但高创新性的企业，先减少失业，再逐步提高该地区的技术水平。[②] 因此，他提出："如果真的想帮助衰退中的城市走出困境最有可能奏效的就是自由港方案，通过在内城中选择小规模的地区，实施开放政策，实行最少的限制。"信奉市场作用的撒切尔政府一上台就立即采纳了豪尔教授的建议。1980年通过的地方政府规划和土地法以及财政法明确允许地方政府和城市发展公司在本地区建立企业开发区。1981年，第一批11个企业开发区建立，1982年又建立第二批14个。1983—1984年

[①] P. Hall, "The British Enterprise Zone," In R. E. Green (ed.), *Enterprise Zone: New Directions in Economic Development*, London: Sage Publications, 1991, pp. 179–189.

[②] 详见张艳《英国企业区建设实践及对我国的借鉴意义》，《现代城市研究》2006年第4期。

· 305 ·

设立并延长了第一批中两个企业开发区的时限，80年代末到90年代初又陆续新批了几个企业开发区，使企业区总数达到36个。① 在开发区内的企业可以享受各种优惠，包括免除地方政府营业税和土地发展税，对商业和工业建筑建设、修缮和扩建的基本建设费用实行100%的税收减免以及放宽地方当局规划监管，主要目标是鼓励衰败区内的工业和商业活动，并利用对建筑的资本减免和地方政府税率的减少来刺激房地产开发。由于带有较大的试验性质，政府规定所建立的企业开发区的期限只有10年，所以企业开发区的规模都不大。

3. 1981年作为对托科斯泰斯暴乱②的回应，迈克尔·赫尔斯廷又建立了默西塞德特别工作组，提出一系列计划来吸引私人部门对墨西塞德的投资，通过培训计划促进就业能力的提高，支持环境和社区改造计划，以解决这些地区的贫困问题

1988年，英国政府出台"城市行动"纲领，指出"内城再造的希望在于它们自己"，鼓励私有部门、城市居民积极参与到城市再生的进程之中，而不是仅依靠政府的干预。③ 因为在撒切尔政府看来，私有部门和城市居民在城市再生中起着中坚作用，调动他们的积极性，可以释放第二次世界大战以后官僚体制所带来的无效率。④ 1988年，在利兹和诺丁汉又建立了两个城市行动队，其主要目标是吸引私人部门的投资，促进中央政府在主要集合都市区内的行动和政府各机构计划之间的协调。

（三）更加依赖欧共体的援助来解决国内区域问题⑤

英国加入欧共体后，就积极倡导欧共体的区域政策，以改变其财政

---

① 这些企业区的有效实现一般为10年。到2006年全部企业区都已到达有效期限。
② 1981年，利物浦郊区托科斯泰斯爆发了一场由黑人、移民和贫困者参加的暴乱，这是由前20年经济萧条、失业严重、贫富悬殊、阶层对立的累积而引起的，也是促使利物浦痛下决心启动城市再生计划的历史转折点。
③ *Residential Care: The Research Reviewed*, London: HMSO, 1988, p. 5.
④ Rob Atkinson, Graham Moon, *Urban Policy in Britain*, London: The Macmillan Press Ltd., 1994, p. 56.
⑤ 毛锐：《撒切尔政府的内城区政策分析》，《山东师范大学学报》（人文社会科学版）2011年第6期。

第九章　战后英国区域政策改革分析

净支出的窘境。① 在英国政府的不懈努力下，1975 年欧共体设立"欧洲区域发展基金"以解决欧共体范围内的区域经济发展不平衡问题。作为最早实现工业化的国家，英国区域发展失衡问题也最为严重，英国于是成为这一基金较大的受益国之一。1983 年，英国从欧洲区域基金中得到的返还金额达到 59.34 亿埃居，② 比 1979 年增加 30.54 亿埃居。③ 1988 年欧共体调整区域政策，重新确定的五个具体目标之中有四个是与英国区域衰落问题直接相关的。在 1989 年到 1993 年的 5 年间，目标 2 基金资助总额的 38.3% 由英国获得。④ 可以说，英国充分利用了欧共体（欧盟）区域政策，是获得相关财政支持最多的国家。这也是撒切尔政府敢于不断减少区域政策投资的原因所在。

（四）制定和实施区域政策的主体更加多元化

一般来说，英国传统区域政策主要是由中央政府各部门负责，如贸易和工业部负责受援助区域划分、企业补助的计算以及发放投资许可证等；劳工部主要负责对受援区失业人口进行就业技能培训。进入 20 世纪 80 年代，英国的地区治理结构出现明显的多元化，地方政府和民间社会组织的作用不断加大。在中央政府的支持下，地方政府开始越来越多地干预地方经济，主要表现形式是 80 年代开始实施的强制性竞争招标制，要求地方政府的资本项目进行竞争性招标。80 年代初，地方政府的投标范围包括公共工程建设、房屋保护和修缮、各类道路的维护和修建等。1988 年，地方政府的投标范围扩大到学校及饮食供应、垃圾收集和处理、车辆维护以及建筑和道路的保洁等方面。1989

---

① 按照欧共体经费负担办法，英国所缴纳的经费要远远多于所收回的资金。原因在于当时欧共体开支的最大项是共同农业政策项目下的农业补贴，英国农业主要以畜牧业和园艺业为主，纯农业规模极小，所以获得的补贴也少。

② 埃居（ECU）：是欧洲货币单位（European Currency Unit）的简称，是由欧洲经济共同体会员国货币共同组成的一篮子货币，是欧共体各国之间的清算工具和记账单位。在 1999 年 1 月 1 日欧元诞生之后，埃居自动以 1∶1 的汇价折成欧元（EUR）。

③ 杨雪：《英国北部及西北部传统工业区改造中的就业政策及启示》，《人口学刊》2006 年第 2 期。

④ 详见赵伟《统一大市场形成以来的英国区域政策》，《世界经济文汇》1995 年第 4 期。

年又扩展到娱乐和体育设施的管理等领域。① 最有代表性的民间社会组织是地区发展机构。在 80 年代,这一半自治的机构逐渐承担起部分原来中央政府和地方政府的职能,以促进地区经济竞争力的提高,② 其主要任务是对企业经营及相关活动提供保障;推进社区进步;对企业经营提供资助和相关建议等。③

三 撒切尔政府区域政策评价

英国学术界对 80 年代撒切尔政府区域政策多持批评态度,有的甚至认为,这一时期的区域政策加重了英国的区域问题。

1. 在创造新就业机会方面

1979—1990 年,英国南部发达地区的就业基础大大扩大,在服务业上总共增加了约 144 万个就业岗位,抵消了在制造业和建筑业中约 90 万个就业岗位的损失。同一时期,英国南部增加了约 89 万个自我就业岗位。相反,发展地区的就业岗位减少了 31.1 万个,这是由于制造业损失了 63.6 万个就业岗位,而服务业只创造了 32.5 万个就业岗位。虽然同期自我就业岗位也增长约 21.1 万个,但是这不足以抵消缺失的岗位,以至于在发展地区其就业岗位的净损失超过 10 万个,而南部地区则净增长 134.9 万个就业岗位。④

2. 在自我就业和新型创新公司方面

有数据显示,1979—1990 年,自我就业数量增加了 75%,达到 145 万个。同一时期,就业者人数实际上下降了 32.6 万人。⑤ 部分原因在于,大规模的自主创业集中在建筑、住房和服务业,特别是在分销、饮食和

---

① Kevin Laverty, "The English Contracting Revolution," *Public Management*, Vol. 77, No. 8, 1991, p. 52.

② 李青:《英国、德国对区域经济的管理及其新近变化》,《数量经济技术经济研究》2001 年第 6 期。

③ James T. Hughes, "The Role of Development Agencies in Regional Policy: An Academic and Practitioner Approach," *Urban Studies*, Vol. 35, No. 4 (April), 1998, p. 21.

④ Jonathan Michie (ed.), *The Economic Legacy* 1979 – 1992, Waltham: Academic Press, 1992, p. 162.

⑤ *Employment Gazette*, London: H. M. Stationery Office, 1991, pp. 101 – 102.

个人服务业，其中很多属于兼职。在自主创业方面，英国东南地区、东安格利亚、西南地区以及东米德兰四个地区，自主创业岗位在1979—1990年增加88.8万个，其他地区只增加56.3万个。南部地区占全国自主创业总数的比例由52%上升到56%，而威尔士、苏格兰、英格兰北部和北爱尔兰受援区的增加数所占比例都下降了。1979—1990年，在四个南部地区就业中的受雇用者增加46.1万人，而在英国的其他地区实际上减少了78.7万人。[①] 在整个80年代，英国新型小企业的注册量急剧上升，从每年15万家增加到25万家，然而，其区域分布是很不均衡的（见表9-2）。1981—1989年，英国东南部、东安格利亚和西南部的新型创新公司的注册数量分别达到698.3万家、70.9万家和153.5万家，其

表9-2　　　　1982—1989年英国企业注册和注销数量　　　　　（家）

区域	注册数	注销数	净变化
南部			
东南部	640.4	488.3	152.1
西南部	143.8	110.9	33.0
东安格利亚	59.4	45.5	13.9
北部			
东米德兰	104.9	83.1	21.8
西米德兰	134.2	110.1	24.1
约克和亨伯	117.6	99.1	18.5
西北部	154.5	136.8	17.7
威尔士	68.7	56.6	12.2
苏格兰	100.5	83.4	17.1

资料来源：Peter Hardy, *A Right Approach to Economics: Margaret Thatcher's United Kingdom*, London: Hodder & Stoughton, 1991, p.246.

[①] Jonathan Michie (ed.), *The Economic Legacy 1979 - 1992*, Waltham: Academic Press, 1992, p.159.

增长率分别达到96.1%，104.1%和99.6%；① 而北方、威尔士、苏格兰和北爱尔兰等传统受援地区的增长量只有62.9万家、75.9万家、109.9万家和31.9万家，增加比例分别只有56.1%、80.8%、54.9%和63%。② 当然，在小企业的存活率方面（注册量减去注销量），更加繁荣的南部和东部地区明显要比北部高。

  笔者认为，凭此两方面理由并不能完全否定撒切尔政府的区域政策。一方面，上述理由所强调的就业率和投资量都是衡量传统区域政策的标志，而撒切尔政府的政策立场关注的核心是通过市场竞争促进英国传统衰败地区的基础竞争力的提升，更加关注鼓励内部增长。只有通过这种途径才能吸引新投资，并形成有利于经济发展和促进衰败地区贸易发展的新工业结构。就业机会的大量损失被视为促进基础竞争力提高的不可避免的结果，这说明撒切尔政府已经改变了战后历届政府把区域政策的直接目标确定为创造新就业机会的做法。不能用旧标准衡量新政策。

  另一方面，对撒切尔政府区域政策持否定态度的学者往往以70年代为实例加以说明，就业机会从南部地区转移到发展地区，而东南部地区的就业机会的相对占有率就有所下降。然而，这些学者没有考虑到在70年代整个英国的经济都萎靡不振，在发展地区失业率居高不下的大背景之下，更多的就业机会从南部地区转移到发展地区在某种程度上是以南部经济衰退为代价的。而在80年代，创造新就业数量、自我就业和小型创新型企业的注册数量三个指标在北方和南方都有很大的增长，这说明在新型企业创新的地理分布模式方面已经发生了非常明显的转变，北方地区在很大程度上已改进其表现。同时，英国经济开始重新充满活力和创造力。至于南部增长的速度要比受援区快的事实既可以解释为撒切尔政府区域政策的失败，导致南北差异加大，也可以解释为由

---

① D. E. Keeble, "New Firms and Regional Economic Development: Experience and Impact in the 1980s," in G. C. Cameron, B. Moore, D. Nichols, J. Rhodes and P. Tyler (eds.), *Cambridge Regional Economic Review*, Cambridge: Department of Land Economy, 1990, pp. 62–71.

② C. Mason, "New Firm Formation and Growth," in R. L. Martin and P. Townroe (eds.), *Regional Development in the 1990s: The British Isles in Transition*, London: Jessica Kingsley, 1991, p. 78.

于其他经济因素的干扰，英国南北区域差异改变缓慢。[①] 当然，对于根深蒂固的英国区域问题，要求在 10 年里有全新的改变对撒切尔政府也不公平。

如果我们从战后英国经济政治发展的大背景来分析，在撒切尔时期，英国外部正处于欧共体一体化全速发展时期；英国内部，在历经战后 50—60 年代的工业化全盛期，70 年代的转型期，到 80 年代已经过渡到以服务业为主导的后工业化时期，英国开始出现城市中心区严重空洞化问题以及产业扩散和人口扩散并不完全同步的问题。这一形势要求英国区域政策的关注焦点由以前的扩大就业为中心的经济发展问题转变为以自然和环境保护为中心的环境问题。相应地，解决这些问题的政策手段也必须做出改变，即由以前的发放补助金，提供基础建设等国家直接干预型政策转变成以强调市场竞争，运用市场机制优化资源配置的市场主导型手段。这表现为对内促使人口和新兴产业再次向后核心区和衰落城市集聚，形成具有竞争优势的新产业链和新产业集群；对外顺应区域一体化趋势，加强与欧共体在区域政策方面的合作。与此相适应，在决策过程中要求公众参政议政程序的法制化；在公共投资项目运作过程中，要求政府与企业及社会之间合作的广泛化，以最终实现政府投资的效率化，保证社会公众利益。撒切尔政府的区域政策改革无疑正是为了适应后工业化到来和区域一体化发展而进行的初步尝试，其改革思路和政策框架是符合历史发展方向的，至于具体的成败得失还需时间的检验。

第三节　新工党的社区新政

新工党的区域政策依然是将以化解内城区危机为核心工作的城市政策作为重点的。20 世纪 80 年代以来，保守党依靠市场的区域政策虽然

[①] Jonathan Michie (ed.), *The Economic Legacy* 1979 – 1992, Waltham: Academic Press, 1992, p. 165.

取得部分成效，但是区域发展不平衡问题没有得到根本解决。同时，全球社会经济形势发生了根本性的转变，经济衰退及全球化带来的全球分工的加剧给英国企业带来巨大的竞争和挑战。英国的社会分化和阶层隔离日益加剧，失业与贫困问题再次恶化，尤其是破败社区问题越来越引起人们的关注。据统计，1998年，英国仍存在4000多个贫困社区。[①] 在这些贫困社区中，平均就业率只有55%，犯罪率达到3.8%，44%的居民不得不依靠最低生活津贴度日。而同期英国上述指标的平均水平分别是：就业率为74%，犯罪率为1.1%，依靠救济金的比例为22%。[②] 这说明，到20世纪90年代中后期，城市发展的问题已不是经济基础阻滞，而渐渐转化为社会基础阻滞。社会矛盾和不安定因素的增加，使人们逐渐认识到社会不均衡发展可能成为经济增长的阻滞。因此，当1997年拥有丰富社会发展经验的以托尼·布莱尔为首的新工党重新上台执政，开始推行"第三条道路"执政理论来迎接全球化挑战的时候，培育"公民社会"理念成为新工党所倡导的一种国家政策思想。正如其在经济政策上执行介于货币主义和凯恩斯主义之间的路线一样，新工党认为，战后英国在城市政策中先后经历的强调国家干预的民主社会主义和推崇市场和个人努力的新自由主义模式都过于偏颇，无法给现实世界提供一个全面解决问题的途径，必须超越这两种模式，为解决英国的城市问题寻求新思路。新工党政府给出的解决方案是延续并强化社区参与和多部门合作的核心理念，社区发展成为新工党城市复兴政策制定的战略支柱，并对城市政策做出一定的调整，采取了一系列社区新政。

一　新工党的社区思想

在传统上，工党一直是积极从事社区运动，注重社区和社会的政党。

[①] A. Brennan, J. Rhodes, P. Tyler, "The Distribution of SRB Challenge Fund Expenditure in Relation to Local-Area Need in England," *Urban Studies*, Vol. 36, No. 12, 1999, pp. 2069 – 2084.

[②] Using Data from the DETR Indices of Deprivation, http://www.regeneration.detr.gov.uk; http://www.housing.detr.gov.uk respectively, 2000.

1993年托尼·布莱尔进一步强调了这一传统：对社区和社会的信念是工党的基本原则，同时也是其指导方针。这就意味着对每个人来说，一个有力而公平的社区可以给予你支持。现在这一基本原则——社区在帮助个人进步、破除束缚人的既得利益和将机会给予人民——与过去一样重要。20世纪的政治一直在纯粹的个人主义和集体主义的意识形态之间摇摆；今天所需要的是对现代社会中公民与社区之间新型关系加以定义。工党和中左力量的任务是将这种关系可信地表现出来。[1] 这意味着与旧工党在单一的福利国家中寻求人格的实现不同，新工党认为，公民是在社区内实现道义的人格力量，国家扮演市民和其他组织的合作伙伴，通过建立在信任基础上的社会网络输出公共服务。[2] 这意味着新工党政府注意到不同社区居民有不同的需求，这就要求社区与国家合作，以满足不同地区居民的差异化的需求。[3] 因此，新工党提出，要将整个英国建设成为一个富有传统魅力的共同体，其所要建立的社会主义就是这样一个理想社区的最大化。[4]

新工党所推行的社区发展的目的在于解决地方性的贫困、失业及相关的社会问题。主管社区发展项目的内政部明确指出社区政策的目标："扶持健康牢固与充满活力的社区，使不同种族、不同家庭与教育背景、不同阅历的民众都得到尊重并在平等的基础上共同参与。"正如安东尼·吉登斯所做的概括：

> 政治上的第三条道路就是一项将中左价值观应用于社会的事业：社会团结、社会包容（Inclusion）受到保护以及缩小不平等；它主

---

[1] 张宝锋：《布莱尔政府之社区发展及对我国社区建设的启示》，《学术论坛》2005年第12期。

[2] Mark Bevir, "New Labour and the Public Sector in Britain," *Public Administration Review*, 2001, Vol. 61, No. 5, p. 540.

[3] 王燕锋：《去机构化的多元服务：英国城市社区治理现状与经验》，《浙江学刊》2008年第5期。

[4] 张宝锋：《布莱尔政府之社区发展及对我国社区建设的启示》，《学术论坛》2005年第12期。

张公共制度的重建，公共空间的重新保护，以及我们生活中公共领域角色的再次捍卫。但它拒绝将公共领域与政府等同起来。旧式的中左政治以国家的所有或控制为特征。第三条道路的政治希望带来公共利益的新描述以及公共制度再造。①

新工党的社区理论主要有三个来源②：一是伊特兹尼的责任理论。这一理论强调将社区与责任概念连接起来，个体对于社区来说，既拥有权利，也要承担责任。社区不但是一种特别的社会互动模式，而且这种互动还有助于社会控制，因而，社区的发展会深刻地影响国家经济、政治、社会和文化的发展。二是普特南强调社会网络重要价值的社会资本理论。该理论认为，规则、互信和互惠都来自社会网络。新工党的意识形态吸收了这一理论，主要用以指导与"社会排斥"项目相关的设计和实施。三是来自安东尼·吉登斯。作为第三条道路理论的创始人，吉登斯认为，第三条道路是工党左翼在一种全新形势下适应新环境、新现实的一种自我更新。"第三条道路"有四个主要原则，即建立合作包容的新社会关系；确立团结各种政治力量的新政治中心；由政府管理型向治理型转变；改革福利制度、重新定位国家。在此基础上，吉登斯指出，社区是新政治的基础而不仅仅是抽象的口号，社区不仅仅是重塑社会团结的形式，还是促进邻里、城镇以及更大范围地区的社会性和物质性重建的实用方式。③

由此，当新工党重新执政，社区理论成为"新工党"意识形态的基础性概念，与参与、社会资本、责任几个核心概念一同构成"新工党"意识形态的基石，强调社区参与和多部门合作的社区理论也成为新工党

---

① 张宝锋：《英国新工党的社区发展政策》，《郑州轻工业学院学报》（社会科学版）2005年第5期。
② 详见王红艳《社区治理的英国经验及其启示》，《福建论坛》（人文社会科学版）2014年第11期。
③ 杨雪冬：《理论创新推动政治突围——英国工党是如何成功转型的》，2007-06-20. http://www.infzm.com/content/8370。

城市政策的战略支柱。①

二 社区新政计划

上台之初，布莱尔的新工党政府就在新出台的"社区发展计划"中提出了1997—2000年的工作重点，即制订整体计划，综合解决社会弱势群体问题。为此，政府委托著名建筑师罗杰斯组建城市工作小组，为21世纪英国社会与城市的发展出谋划策。1999年，城市工作小组提交了一份名为"迈向城市的文艺复兴"的研究报告。在报告中，罗杰斯第一次把城市复兴的意义提升到文艺复兴的历史高度，希望以社会平等的"公民社会"思想和可持续发展思想支持英国城市在新世纪走向复兴。

2000年，布莱尔政府发布《我们的城镇：未来——实现城市复兴》的城市白皮书，提出进行彻底物质空间变革的必要性和城市复兴的主要任务，鼓励人们留在或回到城市，解决生活质量差和某些城市缺乏发展机会的问题，使人们过上负担得起的可持续的城市生活。② 2001年，英国政府颁布《社区新政计划》③。这一计划的目的就是减少衰落社区与全国贫富差距。根据这一计划，政府在未来十年内（至2010年）将向全国39个（其中10个在伦敦）贫困社区投资2000万—5000万英镑，解决贫困社区的更新发展，并在全国范围内建立社区合作伙伴组织以加强社区合作，提高衰败社区的就业、教育水平，减少犯罪率和犯罪恐惧，提高健康水平。为了更好地确保社区参与，政府还出台了《城市更新的社区参与：给实践者的指南》、"邻里管理先驱""邻里联防"等项目为复杂的社区参与提供包括社区参与机制的建立、社区能力的建设和弱势

---

① 曲凌雁：《更新、再生与复兴——英国1960年代以来城市政策方向变迁》，《国际城市规划》2011年第1期。
② 李建华、张杏林：《英国城市更新》，《江苏城市规划》2011年第12期。
③ Paul Lawless, Michael Foden, Lan Wilson, Christina Beatty, "Understanding Area-Based Regeneration: The New Deal for Communities Programme in England," *Urban Studies*, 2010, Vol. 47, pp. 257–275.

群体的参与等综合性的指引。[①] 一方面给予社区以参与的信心、技巧和能力；另一方面促进政府与公民社会之间复杂的互动。自此，《社区新政计划》代替了以往竞争式发展，城市社会发展的重心转移至社区合作。

其实，自梅杰政府以来，保守党政府已经认识到，撒切尔时期单纯以市场为导向，依赖公私合作的城市政策虽在一定程度上提升了衰落地区的经济活力，但只是改善了物质环境，贫困社区的社会问题依然不断加剧，因此，自20世纪90年代以来，保守党政府开始强化社区参与，加强地方社区在城市更新决策和管理等过程中的发言权和影响力。为此，政府出台一系列措施促进政府、私人企业和社区三方的合作。1991年政府出台"城市挑战"计划，规定由政府、私人企业和社区三方组成的合作伙伴组织通过竞标的方式分配城市更新资金，并使城市更新由以前单纯的经济、物质更新逐渐向经济、社会和环境的综合更新转变，并对衰落地区给予越来越多的重视。[②] 1993年，英国政府又将20个分散的更新基金整合为"单一更新预算"（SRB）。从1994年开始，政府先后实施了六轮SRB投标，共资助1000多个城市的更新计划。[③]

与梅杰政府城市挑战计划的实施主要以地方政府为主不同，社区新政的实施主要以中央政府为主。社区新政中每个更新地区都是依据地方贫困指数由中央政府挑选出来的，被选中的地区要根据中央政府所发出的邀请参与社区新政竞标，竞标者则从政府选取的更新地区内划出更小范围作为更新对象，平均每个更新区域的家庭总户数不超过4000户，总人数约为9800人，规模相比"城市挑战"、SRB等要小得多，但是政府资助更多，在地域上更集中且资助时间更长（10年）。在社区新政的实施过程中更加强调社区参与和社会公平的价值导向。竞标者需要在标书

---

① L. Dargan, "Participation and Local Urban Regeneration: The Case of the New Deal for Communities (NDC) in the UK," *Regional Studies*, Vol 43, No. 2, 2009, pp. 305 – 317.

② Barry Cullingworth, Vincent Nadin, *Town and Country Planning in the UK*, 14th ed., London: Routledge, 2006, p. 367.

③ 城市挑战计划的实施期为5年，每年中标项目都可获得共750万英镑的资助，同时计划实施的成效和经费使用的情况会定期受到严格的审查（详见 Nick Oatley ed., *Cities, Economic Competition and Urban Policy*, London: Paul Chapman Publish Ltd., 1998）。

中表明当地居民将参与更新区域的划定、更新计划的设计和更新项目的管理等各个环节,同时政府承诺要拒绝缺乏高质量社区参与的投标计划,若已中标计划在实施阶段未能维持良好的社区参与,政府也会责令停止对该计划的资助。这一做法不仅较好地保障了社区参与的权利,同时也锻炼了社区参与的能力,使得更新地区在10年的资助期结束后仍能保持可持续发展的活力。①

为了配合社区新政的实施,新工党认识到建立合作包容的新社会关系的重要性,尤其强调要协调国内居民和外来移民之间的关系,要培养包容意识,反对排斥行动,塑造"一个国家"的理念。正是由于这一理论认识,在新工党政府的社区新政系列政策中极为重要的一项政策就是反对社会排斥,因此,布莱尔在上台之初就在1997年成立"社会排斥小组"。2006年6月英国政府又成立"社会排斥特别小组",为遭受各种排斥的弱势者提供各种综合解决方法。9月,英国政府推出"社会排斥行动规划"。2008年5月,社会排斥小组又推出以"有关研究思考——以研究实证引导为易受伤害群体服务"为题的行动导则等。这一系列政策为综合解决社会排斥问题起到了十分重要的作用。②

三 建立宽泛的地方战略伙伴关系

为鼓励和扶植基层社区的参与,1997年新工党上台后便针对面向"社区发展"、反对"社会排斥"的社会发展目标,积极主张建立"多层面合作伙伴关系"。1998年,新工党政府通过了"英格兰与威尔士地区政府与志愿组织及社区部门关系协定"。该协定确认了志愿组织与社区部门的职责是使各种利益相关者都能充分参与,并与政府合作,

---

① 严雅琦、田莉:《1990年代以来英国的城市更新实施政策演进及其对我国的启示》,《上海城市规划》2016年第5期。

② 详见曲凌雁《更新、再生与复兴——英国1960年代以来城市政策方向变迁》,《国际城市规划》2011年第1期。

提高社区治理效果。① 2001年，英国政府在全国推行"地方战略伙伴"（LSPs）计划。根据这一计划，在政府主导下，中央政府、地方政府、私营企业、志愿者组织、公共部门、准公共部门和地方社区建立社区合作伙伴关系，共同商定社区发展思路和政策，以便选择经济有效的复兴社区行动方案。在LSP政策框架下，中央政府和地方政府共同领导整个社区复兴运动，中央政府通过设立社区复兴基金，资助地方当局及其合作伙伴，管理和监控项目基金，推动社区建设。政府还设立了社区赋权基金，支持社区和志愿部门参与LSPs和社区重建计划。在2001年英国政府开始实施的"邻里复兴的国家政策"中，其中88个地方当局建立了LSPs，投入16亿英镑用于住房改造，9600万英镑建立贫困地区商业及代理机构，以提高这些社区的就业率。

为了确保LSP计划的顺利实施，政府还通过社区赋权的方式，鼓励当地社区参与和领导社区的复兴。2004年，新工党政府提出"携手共建"政策，这一政策由内务部具体负责落实，通过各政府部门之间更严密的协调，与公民一同携手社区共建。为促进政府与公民社会之间复杂的互动，在新工党执政期间，政府一直致力于在公共服务供给决策中赋予本地社区以更大的参与权和影响力。② 2005年工党在其竞选纲领中提出了"赋权公民"的基本原则。从2006年开始，布莱尔政府提出了从中央政府到地方政府再到公民与社区的"两级放权"步骤。

四 提高就业率、医疗卫生水平和犯罪预防等具体政策

（一）提高就业率③

在宏观层面，在弱势社区，通过引进私人企业、税收减免、贷款优惠，吸引更多的私人投资，并建立地方贷款联盟，资助开发社区资源，

---

① 王燕锋：《去机构化的多元服务：英国城市社区治理现状与经验》，《浙江学刊》2008年第5期。

② Isabelle Fremeaux, "New Labour's Appropriation of the Concept of Community: A Critique," Community Development Journal, Vol. 40, No. 3, July 2005, pp. 265–274.

③ 详见徐延辉、黄云凌《社区能力建设与反贫困实践——以英国"社区复兴运动"为例》，《社会科学战线》2013年第4期。

改善社区金融服务,以实现社区的可持续发展;政府牵头与私营部门合作,开发出城市企业指数,帮助企业分析和了解贫困地区的经济发展机会,以促进就业增加。在微观层面,在英国失业率很高的地区,设立32个职业行动小组和12个就业区,提高就业弱势人群的就业水平;政府还通过社区金融倡议和企业孵化等创新方法为小企业融资打开方便之门,以支持弱势群体创业。同时,在贫困社区中实施"门户开放服务",建立各种就业促进组织,建立技能岗位匹配数据库,通过创业支持、就业服务以及职业技能培训,促进社区青年就业。

(二) 在医疗卫生方面

1997年5月,英国卫生部宣布建立26个"卫生行动区",以促进医疗卫生资源合理公平的分配,尽量缩小各族裔群体和地区在医疗服务上的差距。[①] 提高公共卫生质量的新方法是,将卫生与更新、就业、住宅和反贫困行动相联系,而不仅限于提供卫生服务。[②] 其中有关健康的部分,政府的主要措施是加大对国民保健服务计划的投入。在进入21世纪的前四年里,英国政府对NHS的投入年增长率约为6.1%。所增加经费的大部分被投入建立社区医疗中心、招揽和挽留贫困社区的基层医疗工作者等基层医疗服务体系的建设。NHS还引进包括人均医疗开支等指标在内的全新的绩效评价体系以解决医疗服务的不平等问题。最后,政府还制订了各种一般医疗服务和私人医疗服务计划,向贫困社区提供灵活多样的初级保健服务。[③] 此外,在社区中心建立"家庭协助中心",在社区内组织志愿者对儿童提供护理工作。

(三) 在教育改革方面

政府于1998年正式启动"教育行动区"项目,在全国选取48个贫

---

① Linda Bauld, Ken Judge, Marian Barnes, Michaela Benzeval, Mhairi Mackenzie, Helen Sullivan, *Promoting Social Change*: *The Experience of Health Action Zones in England*, The United Kingdom: Cambridge University Press, 2005.

② 袁媛、伍彬:《英国反贫困的地域政策及对中国的规划启示》,《国际城市规划》2012年第5期。

③ The NHS Plan, *A Plan for Investment*, *A Plan for Reform*, http://www.nlg.nhs.uk/files/nationalplan.pdf, 2000.

困区域作为"教育行动区",每个"教育行动区"包括不超过20所中小学和特殊学校,政府每年给每个"教育行动区"投资75万英镑。在行动区内,政府与地方教育当局(LEA)、家长、企业界、英国培训和企业协会以及其他相关机构组成合作伙伴关系,将学校、LEA、家长、企业和社区结合在一起,以提升学校教育的品质,改善社区所有不利于学校教育的因素。[1] 利用社区的"家庭协助中心"向低收入者或失业者提供读写能力、计算能力和信息技术的培训工作。

(四)在犯罪预防方面

政府各部门出台一系列政策减少种族主义犯罪问题。青少年司法委员会通过了264项政策计划以防止青少年再次犯罪。在社区层面,政府与社区组织合作,建立社区警务室和联防组织,发动当地居民共同预防犯罪。

五 社区新政的评价

社区新政是新工党时期所实行的积极的社会变革,其组织实施具有自下而上的特点。[2] 传统的城市更新政策主要针对个体或诸如失业人群、老年人、教育、犯罪或健康等单个议题,政府资金主要通过主管部门实施纵向分配,不同的纵向分配资金进行分散资助,难以真正解决贫困和弱势社区的整体问题。而社区新政通过社区引导的伙伴关系自下而上地运行,是对自上而下的主流计划的补充,可以灵活处理凸显的地方问题。以社区为基础的方法更是有利于授权地方居民,体现个人性和集体性,减少个体依赖性。在广泛的经济和社会问题上,通过有影响的个人参与,促进地方稀缺资源的有效分配。[3] 因此说,社区新政的实施从总体上促进了落后社区的经济发展,消除了贫穷现象,提高了居民生活满意度,

---

[1] *Education Action Zones*//London: Department for Education and Employment (DfEE) 1997. [1998-11-12], http://www.dfee.gov.uk/edaction/index.htm.

[2] Daniel Hulls, "What Role for Area-Based Policies?" *New Economy*, Vol. 4, 1999, pp. 183-187.

[3] 袁媛、伍彬:《英国反贫困的地域政策及对中国的规划启示》,《国际城市规划》2012年第5期。

第九章 战后英国区域政策改革分析

在城市复兴中发挥了不可替代的重要作用。

政府在实施社区新政过程中向贫困社区投入了巨额资金。到 2008 年，英国政府在地方和社区层面直接投资近 43 亿英镑，资助了超过 5500 个公私合作项目。仅国家社区更新基金一项在 2001—2006 年便投入了 18.75 亿英镑，用于资助全国 86 个衰败社区。2006—2008 年，这些项目在经过投资评估后又每年追加 5.25 亿英镑投资。政府资金所撬动的私人资金更是远远大于这一数字。有机构对新工党"社区新政"10 年间的资金使用情况做了分析[①]：其中 32% 的资金用于物质环境和住房条件的改善，18% 的资金用于公共服务和社区管理的提升，17% 的资金用于居民受教育机会和教育设施的优化，而剩余的 12%、11% 和 10% 的资金分别被用于就业培训、居民健康保障和打击犯罪。从实施效果来看，"社区新政"给受资助社区带来了实质性变化，当地居民对于地区和社区的满意度大幅提升。受资助社区的住房条件、犯罪情况、受教育程度、失业率等方面均得到一定程度的改善和提升。

当然，在"社区新政"实施过程中也存在着诸多困境与挑战，主要表现在两方面：一是有学者认为，在鼓励社区参与的社区赋权过程中，由于糟糕的政策设计导致没有真正赋权于社区，甚至产生了进一步的排斥和隔离，甚至是剥夺。[②] 英国学者保罗·劳利斯指出了"社区新政"实施过程中存在的四个问题。[③]（1）虽然鼓励社区居民参与，但社区参与并没有给社区居民带来多少利益，反而出现了包括腐败在内的一系列问题；（2）与社区合作的地方代理机构常常无法提供中央政府所期待的实际支持，反而出现了少数人操纵项目的现象；（3）中央政府在财政援助上，并没有认真区分不同社区的实际需求，忽略了政策的实施效果，有的社区还出现只强调公民的责任而不是权力，导致社区名义上是"积

---

① 根据谢菲尔德哈勒姆大学的区域经济和社会研究中心的资料整理。
② 详见周晨虹《英国城市复兴中社区赋权的"政策悖论"及其借鉴》，《城市发展研究》2014 年第 10 期。
③ Paul Lawless, "Can Area-Based Regeneration Programme Ever Work? Evidence from England's New Deal for Communities Programme," *Policy Studies*, 2012, Vol. 33, No. 4, pp. 313 – 328.

极的合作者",实际上却是"被动接受者";(4)虽然政府对社区新政计划投入了大量资金,但没有带来应有的社区变化。①

当然,这些负面评价多是以社区新政的具体项目为背景的,是否具有普遍性还有待观察。不管怎么说,"社区新政"表明英国城市社会发展已经放弃了以往的竞争式发展模式转而强调社区合作,这是城市治理发展的新阶段。如果说以前的城市复兴关注城市商业或工业的发展空间,而社区复兴则更关注生活于其中的人。②

---

① Paul Lawless, Sarah Pearson, "Outcomes from Community Engagement in Urban Regeneration: Evidence from England's New Deal for Communities Programme," *Planning Theory & Practice*, 2012, Vol. 13, No. 4, pp. 509 – 527.
② 周晨虹:《英国城市复兴中社区赋权的"政策悖论"及其借鉴》,《城市发展研究》2014年第10期。

结　　语

其一，第二次世界大战后英国经济政策的调整实质上是对经济全球化浪潮的一种积极反应。

第二次世界大战后，经济全球化已经处于酝酿之中，到 80 年代中期，经济全球化已经渐成潮流。20 世纪 90 年代以来，随着东欧剧变、苏联解体，国际经济政治形势出现历史性的变革，经济全球化浪潮开始全面展现在世界各国面前。经济全球化的发展除了表明世界各国的经济相互依赖程度日益提高之外，也意味着世界各国的竞争从国内逐渐扩展到国际范围。作为经济全球化最主要原动力的第三次科技革命在第二次世界大战后进入新一轮高潮，以信息技术为代表的新一轮科技革命对发达国家的资本主义经济带来广泛而深远的影响。一方面，现代社会生产力的飞速发展促使资本主义从一般垄断资本主义发展到国家垄断资本主义，从工业社会向信息社会转变。与这些转变相伴随的新兴产业的崛起和产业结构在世界范围内的转型，从根本上瓦解了世界各国原有的产业结构。另一方面，生产力的急剧提高所带来的生产社会化的大幅度提高促使生产力开始越出一国的范围，经济全球化的趋势越来越明显。作为经济全球化的直接产物，欧洲一体化从无到有，从欧共体到欧盟，区域一体化程度越来越高。这一切都对第二次世界大战后英国形成的经济政治体制产生了直接的冲击和挑战。作为世界上最先步入工业化的国家和曾经的日不落帝国，第二次世界大战后的英国最先察觉到经济全球化的冲击和挑战。英国要生存，图发展，就必须改革，要不断调整经济政策，以适应生产力的发展和经济全球化的要求。不论是第二次世界大战后初期的艾德礼政府的民主社会主义改革、70年代末开始的撒切尔政府的供应方改革还是1997年开始的新工党实施的第三条道路经济学,莫不是对冲击和挑战的积极应对之举。

其二,第二次世界大战后英国经济政策的调整从内容上说是对市场与国家关系的新调整。①

第二次世界大战前的英国对经济的直接干预往往只在战争和经济困难时期偶尔为之,比如两次世界大战和30年代大危机时期。在这种时候,经济规律作用的环境和条件或者受到很大破坏,或者已不复存在,因而必须借助政府的力量将经济组织在一个特定的结构中运行,以维持国家的正常运转。第二次世界大战后,包括英国在内的西欧发达国家先后进入国家垄断资本主义阶段,国家直接干预经济被作为经济宏观调控的主要手段。这更多的是受凯恩斯主义经济思想的影响,相信政府万能,相信政府这只"看得见的手",而对市场这只"看不见的手"的作用表示怀疑,相信政府有足够的力量通过各种直接控制措施减除经济周期对经济的震荡,以实现经济的稳定增长。此外,由于战后初期,英国工党实行了一系列深刻的社会改革,这些改革无一不是强调国家的直接干预,工党甚至把公有制作为自己的奋斗目标,这使英国战后的国家干预具有浓厚的民主社会主义色彩。在微观经济政策上,国家直接占有生产资料,建立国有企业;在宏观经济政策方面,国家还运用"需求管理"干预资本主义经济发展周期:在经济萧条时,国家扩大财政支出,刺激消费;在经济过热时,减少财政支出,削减生产能力。这种人为破坏资本主义生产过程的做法,虽可以暂时缓解或放慢经济危机所带来的破坏,却使资本主义基本矛盾的破坏力无法得到充分释放,当这种破坏力积累到一定程度时则导致总爆发,1974—1975年的世界性危机以及英国的"滞胀"危机即是典型的表现。

在撒切尔夫人上台后,面对滞胀危机的挑战,力求"把国家干预的疆界推回去",抛弃凯恩斯主义需求管理,代之以新保守主义经济学,实

---

① 详见毛锐《撒切尔政府私有化政策定位分析》,《探索与争鸣》2005年第6期。

施"供应方改革"。用货币主义治理通货膨胀,用供应学派理论解决经济停滞问题。在具体实施时,撒切尔政府采取的是"宏观调控微观化"的方法,即从微观着手,微观和宏观相结合,最终实现控制通货膨胀的宏观调控目标。撒切尔政府改善微观环境的措施主要有私有化(包括减少政府管制)、减税、改革工会立法、减少福利范围等。在 80 年代,大量的国有资产通过私有化卖给了私人;政府管理经济的各种规章制度大幅减少;政府支出呈下降趋势;大规模减税减少了政府的收入,缩小了政府对收入进行再分配的范围和能力。在这种"供给主义"指导下,各种强加在微观经济领域的束缚被解除,恢复了市场机制的效率,从而促使经济的迅速发展。供应的增加自然有助于撒切尔夫人控制货币供应量的反通货膨胀目标的实现,并最终扭转英国经济的颓势,既成功地降低了通货膨胀率,又实现了经济快速稳定的增长,使英国摆脱了"滞胀危机"。不论撒切尔政府在自由和平等中选择自由,还是在平等和效率中选择效率,归根到底是重新调整了国家与市场的关系,即强调市场而忽视国家干预。

1997 年新工党上台后,为了解决保守党政府因为过分强调市场而导致的失业增加、贫富差距加大的弊端,除了重视市场对实现经济效率最大化外,还认识到市场失灵的问题普遍存在,而解决这一问题的关键是加强国家干预,以确保社会公平。当然,新工党已经用"机会平等"代替了老工党的"结果平等",即为所有人人生中的每一个阶段提供"发挥个人最大潜能的机会"。

其三,第二次世界大战后英国经济政策调整的顺利实施得益于各执政党的"与时俱进"。

第二次世界大战后,英国两党制中的保守党和工党为了取得执政地位,不得不时刻反思自身,一方面逐步更新自己的主流意识形态,另一方面吸收经济学理论的最新成果,并形成自己执政后的主流的经济指导思想。不论是保守党还是工党都有这方面的经验和教训。在第二次世界大战后期,丘吉尔的保守党因领导英国取得第二次世界大战的胜利而沾沾自喜,坚持传统的马歇尔经济学,罔顾民众的要求,拒绝变革,结果给工党以机会。工党吸收了凯恩斯主义经济学和《贝弗里奇报告》的精华，并结合自身民主社会主义的意识形态，为英国民众构筑了一幅充分就业和福利制度的美好蓝图，并最终在大选中击败第二次世界大战时的英雄丘吉尔上台执政。20世纪70年代末，在工党和保守党左翼面对滞胀危机都束手无策时，以撒切尔夫人为首的保守党右翼果断放弃凯恩斯主义，吸收新保守主义经济学的精华，实施"供应方改革"，不仅解除了滞胀危机，还大大提高了英国经济的生产效率和增长速度，保守党也得以连续执政18年。同时，工党内部左翼拒绝与时俱进，顽固坚守传统的以公有制为标志的工党党章第四条也是导致工党长达18年在野的原因，直到以布莱尔为首的新工党修改党章第四条，提出第三条道路，新工党才得以重新执政，从1997年到2010年连续执政13年。

由此可见，英国经济政策的调整正是适应了全球化的发展趋势，妥善处理了国家与市场的关系以及执政党的"与时俱进"，才最终保证了在第二次世界大战后英国国家实力已经相对衰落的大背景下，在世界形势发展的转折关头，英国政府的经济政策调整每次总能领世界变革之先，从而使英国经济的发展始终处于资本主义国家的前列，其中的经验教训无疑值得我们认真研究和借鉴。

参 考 文 献

一 中文译著

[苏] A. C. 道布罗夫：《英国经济地理》，王正宪译，商务印书馆 1959 年版。

[美] 阿兰·G. 格鲁奇等：《比较经济制度》，徐节文等译，中国社会科学出版社 1985 年版。

[英] 阿伦·斯克德、克里斯·库克：《战后英国政治史》，王子珍、秦新民译，世界知识出版社 1985 年版。

[英] 安德鲁·甘布尔：《自由的铁笼：哈耶克传》，王晓冬、朱之江译，江苏人民出版社 2005 年版。

[英] 安东尼·阿巴拉斯特：《西方自由主义的兴衰》，曹海军等译，吉林人民出版社 2004 年版。

[英] 安东尼·吉登斯：《第三条道路：社会民主主义的复兴》，郑戈译，北京大学出版社 2000 年版。

[英] 安东尼·吉登斯：《失控的世界：全球化如何重塑我们的生活》，周红云译，江西人民出版社 2001 年版。

[英] 安东尼·塞尔登：《梅杰传》，葛雪蕾译，新华出版社 2001 年版。

[英] 比尔·考克瑟、林顿·罗宾斯、罗伯特·里奇：《当代英国政治》，孔新峰等译，北京大学出版社 2009 年版。

[美] 彼得·霍尔：《驾驭经济——英国与法国国家干预的政治学》，刘骥等译，凤凰出版集团、江苏人民出版社 2008 年版。

[英] 彼得·詹金斯：《撒切尔夫人的革命》，李云飞等译，新华出版社

· 327 ·

1990年版。

[美] 布赖恩·斯诺登、霍华登·文、彼得·温纳齐克：《现代宏观经济学指南——各思想流派比较研究引论》，苏剑等译，商务印书馆1998年版。

[美] 哈里·兰德雷斯、大卫·C. 柯南德尔：《经济思想史》，周文译，人民邮电出版社2011年版。

[奥] 哈耶克：《知识的虚伪》，《现代国外经济学论文选》（第2辑），商务印书馆1981年版。

[奥] 哈耶克：《通向奴役的道路》，滕维藻等译，商务印书馆1962年版。

[英] 亨利·佩林：《英国工党简史》，江南造船厂业余学校英语翻译小组译，上海人民出版社1977年版。

[意] 卡洛·奇波拉主编：《欧洲经济史》（第6卷·上册），贝昱等译，商务印书馆1991年版。

[英] 约翰·梅纳德·凯恩斯：《就业、利息和货币通论》，高鸿业译，商务印书馆1999年版。

[美] 克莱顿·罗伯茨、戴维·罗伯茨、道格拉斯·R. 比松：《英国史（1688年—现在）》，潘兴明译，商务印书馆2013年版。

[美] 肯尼斯·R. 胡佛：《凯恩斯、拉斯基、哈耶克——改变世界的三个经济学家》，启蒙编译所译，上海社会科学院出版社2013年版。

[英] 拉斯基：《论当代革命》，朱曾汶译，商务印书馆1965年版。

[英] 琼·罗宾逊·约翰·伊特韦尔：《现代经济学导论》，陈彪如译，商务印书馆1997年版。

[德] 马克思·比尔：《英国社会主义史》（下卷），何新舜译，商务印书馆1959年版。

[英] 马歇尔：《经济学原理》（上卷），朱志泰译，商务印书馆1964年版。

[英] 玛格丽特·柯尔：《费边社史》，杜安夏、杜小敬译，商务印书馆1984年版。

[英] 玛格丽特·撒切尔：《通往成功之路——撒切尔夫人自传》，当代世界出版社1998年版。

[英] 玛格丽特·撒切尔：《唐宁街岁月》，李宏强译，国际文化出版公司

2009 年版。

［美］米尔顿·弗里德曼等：《自由选择：个人声明》，张琦译，商务印书馆 1982 年版。

［美］乔治·吉尔德：《财富与贫困》，储玉坤等译，上海译文出版社 1985 年版。

［英］琼·罗宾逊、约翰·伊特韦尔：《现代经济学导论》，陈彪如译，商务印书馆 1982 年版。

［美］R. L. 海尔布鲁洛：《改变历史的经济学家》，台湾志文出版社 1983 年版。

［英］萨姆·阿罗诺维奇等：《英国资本主义政治经济学——马克思主义的分析》，复旦大学世界经济研究所译，上海译文出版社 1988 年版。

［英］托尼·布莱尔：《第三条道路：新世纪的新政治》，林德山译，载陈林等《第三条道路：世纪之交的西方政治变革》，当代世界出版社 2000 年版。

［英］托尼·布莱尔：《新英国：我对一个年轻国家的展望》，曹振寰等译，世界知识出版社 1998 年版。

［英］T. F. 林赛、迈克尔·哈林顿：《英国保守党》，复旦大学世界经济研究所译，上海译文出版社 1979 年版。

［英］W. N. 梅德利科特：《英国现代史：1914—1964》，张毓文等译，商务印书馆 1990 年版。

［美］熊彼特：《从马克思到凯恩斯十大经济学家》，宁嘉风译，商务印书馆 1965 年版。

［英］雨果·扬格：《铁女人撒切尔夫人传》，汤玉明等译，西北大学出版社 1992 年版。

［美］詹姆斯·布坎南：《自由、市场与国家——80 年代的政治经济学》，平新乔等译，上海三联书店 1989 年版。

二　中文著作

陈炳才、许江萍：《英国：从凯恩斯主义到货币主义》，武汉出版社 1994

年版。

陈乐民：《撒切尔夫人传》，浙江人民出版社1997年版。

陈晓律、于文杰、陈日华：《英国发展的历史轨迹》，南京大学出版社2009年版。

陈晓律：《英国福利制度的由来与发展》，南京大学出版社1996年版。

崔士鑫：《历史的风向标——英国政党竞选宣言研究（1900—2005）》，北京大学出版社2013年版。

复旦大学世界经济研究所英国经济研究室编：《英国经济》，人民出版社1986年版。

傅殷才主编：《新保守主义经济学》，中国经济出版社1995年版。

高鸿业、吴易风：《现代西方经济学》（上册），经济科学出版社1998年版。

顾金宏、李东编著：《中外中央银行制度理论与实践》，中国大地出版社2005年版。

顾俊礼：《福利国家论析——以欧洲为背景的比较研究》，经济管理出版社2002年版。

胡昌宇：《英国新工党政府经济与社会政策研究》，中国科学技术大学出版社2008年版。

李华峰、李媛媛：《英国工党执政史论纲》，中国社会科学出版社2014年版。

李强：《自由主义》，中国社会科学出版社1998年版。

林建华、李华锋：《冷战后新"第三条道路"的兴衰研究》，人民出版社2011年版。

刘成：《理想与现实——英国工党与公有制》，江苏人民出版社2003年版。

刘建飞、刘启云、朱艳圣：《英国议会》，华夏出版社2002年版。

刘骏民：《宏观经济政策转型与演变：发达国家与新兴市场国家和地区的实践》，陕西人民出版社2001年版。

罗志如、厉以宁：《二十世纪的英国经济——"英国病"研究》，人民出版社1982年版。

毛锐：《撒切尔政府私有化政策研究》，中国社会科学出版社 2005 年版。

毛锐：《撒切尔政府经济与社会政策研究》，山东人民出版社 2014 年版。

倪学德：《和平的社会革命——战后初期英国工党艾德礼政府的"民主社会主义"改革研究》，中国社会科学出版社 2005 年版。

钱乘旦等：《日落斜阳：20 世纪英国》，华东师范大学出版社 1999 年版。

全国人大常委会办公厅研究室国际组编：《外国政府物价管理研究》，展望出版社 1988 年版。

阮宗泽：《第三条道路与新英国》，东方出版社 2001 年版。

王健：《新凯恩斯主义经济学》，经济日报出版社 2005 年版。

王皖强：《国家与市场——撒切尔主义研究》，湖南教育出版社 1999 年版。

王章辉：《英国经济史》，中国社会科学出版社 2013 年版。

王振华等主编：《重塑英国：布莱尔主义与第三条道路》，中国社会科学出版社 2000 年版。

王振华、刘绯、陈志瑞编：《解析英国》，中国社会科学出版社 2003 年版。

徐觉哉：《社会主义流派史》（修订本），上海人民出版社 2007 年版。

阎照祥：《英国政治制度史》，人民出版社 2012 年版。

颜鹏飞、张彬主编：《凯恩斯主义经济政策述评》，武汉大学出版社 1997 年版。

姚开建等主编：《经济学说史学习与教学手册》，中国人民大学出版社 2011 年版。

尹伯成主编：《西方经济学说史——从市场经济视角的考察》，复旦大学出版社 2012 年版。

张志洲：《英国工党社会主义意识形态变迁研究》，社会科学文献出版社 2011 年版。

三 中文论文

阿其图：《英国如何进行铁路私有化改革》，《环球市场信息导报》2014 年第 10 期。

曾瑞明：《世纪之交西欧社会党的改良重心、方法和依据》，《理论与改革》

2005年第2期。

曾瑞明：《当代西欧社会党的"第三条道路"理论透析》，《南京政治学院学报》2008年第4期。

常俊红：《以创新提振制造业》，《大众标准化》2011年第S1期。

陈东海：《布朗能走通国有化旧路吗》，《第一财经日报》2009年3月17日。

陈鸿宇：《后工业化时期产业和人口的双重再集聚——英国区域政策变化趋势及其对广东的启示》，《岭南学刊》2009年第1期。

陈良璧：《马歇尔的经济思想》，《内蒙古社会科学》1981年第2期。

陈泽华、张智勇：《第三条道路：当代资本主义发展的新模式》，《教学与研究》1999年第11期。

程瑶：《浅谈"两个剑桥之争"》，《中国市场》2012年2月5日。

崔士鑫：《历史的风向标——英国政党竞选宣言研究（1900—2005）》，博士学位论文，中国社会科学院研究生院，2010年。

邓清文：《英国整合式质优教育模式研究》，硕士学位论文，华东师范大学，2013年。

邓永芳、刘国和、胡文娟：《现代性经济文化的五种面相》，《理论月刊》2012年第9期。

丁谦：《新剑桥学派》，《未来与发展》1985年第5期。

段炜：《西方主流宏观经济学派的演变及其哲学基础比较》，《江汉论坛》2005年第9期。

冯瑞华、马廷灿、黄健编译：《英国先进制造业一揽子新政策》，《新材料产业》2009年第11期。

郭金兴：《剑桥资本争论的终结："悖论"以及一个方法论的解释》，《江淮论坛》2007年第5期。

侯珺然、曹洁、李爱先：《英国和日本的国有企业改革》，《中国经贸导刊》2005年第17期。

胡昌宇、陈晓律：《试析布莱尔工党政府的成功之道》，《南京大学学报》（哲学·人文科学·社会科学版）2006年第2期。

胡代光：《新剑桥学派述评》，《经济研究》1983 年第 1 期。

胡建文：《浅析英国的国营企业私有化运动》，《世界经济研究》1987 年第 3 期。

胡坤：《70 年代以来西方国家货币政策实践研究》，《世界经济与政治》1997 年第 8 期。

回建东：《英国新工党就业政策改革的背景》，《经济与社会发展》2008 年第 7 期。

姜跃：《英国工党何以能赢得三连胜》，《中共石家庄市委党校学报》2005 年第 7 期。

靳晓霞：《20 世纪 90 年代社会民主主义复兴的原因及启示——以英国工党政策调整为例》，《南京师大学报》（社会科学版）2003 年第 3 期。

李华锋：《金诺克时期英国工党的工会政策评析》，《社会主义研究》2010 年第 3 期。

李建华、张杏林：《英国城市更新》，《江苏城市规划》2011 年第 12 期。

李鹏霞：《浅析从凯恩斯经济学到新凯恩斯主义的理论流派演化》，《东方企业文化》2011 年 10 月 23 日。

李平：《新剑桥学派的非均衡理论》，《辽宁大学学报》（哲学社会科学版）1987 年第 4 期。

李平、董曦明、刘作明：《英国的财政政策及其经济发展》，《南开经济研究》1998 年第 S1 期。

李青：《英国、德国对区域经济的管理及其新近变化》，《数量经济技术经济研究》2001 年第 6 期。

李颖：《英国市场经济下的计划经济》，《商品与质量》2012 年第 2 期。

连建辉：《浅析当代西方新自由主义与政府行为》，《福建师范大学学报》（哲学社会科学版）1995 年第 1 期。

梁建新：《多维视野中的新自由主义》，《探索》2005 年第 1 期。

梁小民：《新古典综合派与战后美国经济》，《学习与研究》1987 年第 2 期。

林汉川、赵守日：《英法等国对国有企业的监督》，《中国工业经济研究》1991 年第 12 期。

刘成：《论英国艾德礼政府国有化实践的动力和制约》，《世界历史》2002年第2期。

刘成：《试析威尔逊政府的经济思想和实践（1964—1970）》，《史学月刊》2002年第3期。

刘成：《试述英国工党"第三条道路"的历史背景》，《学海》2003年第4期。

刘涤源、彭明朗：《试论阿·马歇尔庸俗政治经济学说的主要特点》，《湘潭大学社会科学学报》1981年第2期。

刘涤源、彭明朗：《阿·马歇尔的政治经济学研究对象述评》，《求索》1983年第2期。

刘涤源、王诚：《"两个剑桥之争"述评》（中），《财经科学》1995年第1期。

刘绯：《英国铁路的私有化》，《欧洲》2000年第3期。

刘杰：《保守党"左转"和战后英国"共识政治"的形成》，《北京化工大学学报》（社会科学版）2000年第1期。

刘杰：《战后英国共识政治研究综述》，《世界历史》2000年第1期。

刘明贤：《格林的新自由主义理论评析》，《广东社会科学》2001年第5期。

刘赛力：《保守党连续执政十七年来的英国经济》，《世界经济与政治》1997年第1期。

刘晓平：《战后英国国家干预经济发展战略评析》，《学海》2010年第3期。

刘玉安、武彬：《第三条道路：社会民主主义还是社会自由主义？》，《当代世界社会主义问题》2010年第3期。

罗勇、张旭：《英国国家创新战略的测度体系研究及其启示》，《中国科技论坛》2010年第1期。

罗志如、厉以宁：《二十世纪英国经济政策主导思想的演变》，《北京大学学报》（哲学社会科学版）1980年第4期。

马蕾：《以创新撬动制造业转型——金融危机下英国高价值制造关键技术领域发展战略对我们的启示》，《技术经济与管理研究》2009年第6期。

毛锐：《撒切尔政府私有化政策的目标评析》，《世界历史》2004年第6期。

毛锐：《从货币主义到私有化——论撒切尔政府私有化政策的提出》，《山东师范大学学报》（人文社会科学版）2004年第6期。

毛锐：《私有化与撒切尔时期的政府管制体制改革》，《山东师范大学学报》（人文社会科学版）2005年第6期。

毛锐：《二战后英国国有化运动述评》，《探索与争鸣》2007年第3期。

毛锐：《英国新右派思潮述评》，《探索与争鸣》2008年第5期。

毛锐、赵万里：《撒切尔政府私有化政策特点分析》，《山东师范大学学报》（人文社会科学版）2008年第6期。

毛锐：《英国撒切尔政府宏观经济政策的实践与特点》，《东方论坛》2010年第4期。

毛锐：《撒切尔政府非工业化问题分析》，《山东师范大学学报》（人文社会科学版）2010年第5期。

毛锐：《撒切尔政府的内城区政策分析》，《山东师范大学学报》（人文社会科学版）2011年第6期。

毛锐：《二战后撒切尔政府区域政策改革分析》，《武汉大学学报》（人文科学版）2013年第5期。

毛锐、张晓青：《英国学术界对非工业化问题的研究》，《历史教学》2013年第2期。

毛锐、赵北平、郑凤华等：《论题：从凯恩斯主义到货币主义——撒切尔政府宏观经济政策的调整》，《历史教学问题》2014年第5期。

毛锐、赵北平：《Robot计划——20世纪50年代初丘吉尔政府挑战固定汇率的尝试》，《新史学》2017年第20辑。

孟光宇、谭克虎：《英国铁路转换经营机制及多元化经营问题研究》，《经济问题探索》2014年第5期。

莫书莹：《英国政府暂停皇家邮政私有化》，《第一财经日报》2005年4月11日。

缪开金：《战后英国国有化中的政府行为》，《历史教学问题》1999年第3期。

倪学德：《和平的社会革命——英国工党艾德礼政府的民主社会主义改革

研究》，博士学位论文，华东师范大学，2003年。

倪学德：《战后初期英国工党政府经济计划的制定和实施》，《辽宁大学学报》（哲学社会科学版）2006年第5期。

钱箭星：《资本、劳动力和国家的重新定位——第三条道路在西欧的改革实践》，《社会主义研究》2004年第2期。

钱荣堃：《论"后凯恩斯经济学"两大流派的分歧》，《世界经济》1980年第2期。

曲凌雁：《更新、再生与复兴——英国1960年代以来城市政策方向变迁》，《国际城市规划》2011年第1期。

申义怀、杨义萍：《英国新任首相约翰·梅杰》，《现代国际关系》1991年第1期。

沈建法：《英国区域政策与区域研究的动向》，《科学对社会的影响》1996年第3期。

史林凡：《"希思大转弯"的思想根源》，《历史教学》（高校版）2008年第7期。

史志钦：《布莱尔第三条道路理论探析》，《北京行政学院学报》2000年第3期。

孙健夫：《公共选择理论及其对我国财政发展的借鉴意义》，《经济社会体制比较》1996年第5期。

孙金霞、王仲尧：《中外供给侧改革的比较及借鉴》，《银行家》2016年第4期。

谭小平：《英国创意产业的现状、批评与反思》，《经济导刊》2011年第4期。

唐锐杰：《英国工党主流意识形态影响下的经济政策》，硕士学位论文，南京大学，2011年。

唐志军、谌莹：《粘性理论：来自新凯恩斯主义的一个述评》，《社会科学》2008年第6期。

汪海滨：《经济大萧条成因之争刍议——兼议凯恩斯主义与货币主义的争论》，《重庆科技学院学报》（社会科学版）2012年第2期。

王丹黎：《英国创意产业发展评述及启示》（下），《中国外资》2013年

3月。

王丁宏:《区域失衡与校正——英国区域经济政策实践效果与启示》,《南方经济》2001年11月25日。

王凤鸣:《英国工党的"新思维"——托尼·布莱尔思想述评》,《当代世界社会主义问题》1997年第2期。

王国定、高永征:《当代西方新自由主义的兴起及启示》,《山西财经学院学报》1997年第4期。

王红艳:《社区治理的英国经验及其启示》,《福建论坛》(人文社科版) 2014年第11期。

王健、吴振球、尹德洪:《新凯恩斯主义理论的新进展》,《经济学动态》2005年第3期。

王健、尹德洪:《新凯恩斯主义新拓展与"第三条道路"经济学》,《福建论坛》(人文社科版) 2005年第1期。

王俊豪、鲁桐、王永利:《发达国家基础设施产业价格管制政策及其借鉴意义》,《世界经济与政治》1997年第5期。

王璐:《"剑桥资本争论"与新古典分配理论的质疑》,《当代财经》2004年第8期。

王明恕、马向海:《从混合经济到社会主义市场经济的理论研究概述》,《理论学习月刊》1995年第7期。

王涛:《英国加强各方协调拓展融资渠道》,《经济日报》2007年12月19日。

王涛:《英国制定战略提振制造业》,《经济日报》2009年7月30日。

王皖强:《撒切尔主义研究的几个问题》,《世界历史》1997年第1期。

王皖强:《现代英国保守主义的嬗变》,《史学集刊》2001年第1期。

王皖强:《斯克拉顿的新保守主义政治哲学》,《学海》2001年第2期。

王皖强:《新右派思潮及其在英国的传播和影响》,《求索》2001年第2期。

王维平、王彦涛、张番红:《部分国家区域经济政策研究概述》,《宏观经济管理》2011年第10期。

王小曼:《对英国工党国有化政策的思考》,《西欧研究》1987年第5期。

王艳萍:《货币主义与现代宏观经济学》,《金融教学与研究》2004 年第 3 期。

王燕锋:《去机构化的多元服务:英国城市社区治理现状与经验》,《浙江学刊》2008 年第 5 期。

王郁:《英国区域开发政策的变化及其影响》,《国外城市规划》2004 年第 3 期。

王振华:《英国的失业问题与布莱尔政府的就业政策》,《世界经济与政治》1998 年第 4 期。

吴波:《英国国家科技创新政策的战略规划》,《世界科技研究与发展》2009 年第 2 期。

吴心韬:《英国国有资产私有化进程提速》,《经济参考报》2015 年 6 月 28 日。

萧高励:《布坎南的公共选择理论述评》,《世界经济研究》1987 年第 4 期。

肖继军:《西方经济思想对我国主流意识形态的影响及其启示》,博士学位论文,中南大学,2014 年。

熊澄宇:《英国创意产业发展的启示》,《求是》2012 年第 7 期。

徐延辉:《社区能力建设与反贫困实践——以英国"社区复兴运动"为例》,《社会科学战线》2013 年第 4 期。

许谨良:《凯恩斯主义的 IS – LM 模型简介》,《外国经济参考资料》1981 年第 6 期。

许平、刘爽:《"考克斯评估":一个反思创意产业战略的国际信号》,《装饰》2008 年第 10 期。

薛刚:《拉斯基的社会改良思想述评》,《南京师大学报》(社会科学版)1989 年第 2 期。

严雅琦、田莉:《1990 年代以来英国的城市更新实施政策演进及其对我国的启示》,《上海城市规划》2016 年第 5 期。

阎照祥:《二十世纪英国保守党政治优势析要》,《史学月刊》1996 年第 6 期。

杨攻研、娄春杰:《英国量化宽松政策不是美国的翻版》,《中国财经报》

2011年11月3日。

杨国彪、谢剑林:《80年代以来英国的私有化政策》,《世界经济研究》1997年第4期。

杨煌:《英国工党战后国内政策的三次调整——围绕工党国有化政策演变的考察》,《欧洲》1998年第4期。

杨玲:《"第三条道路"与福利国家改革》,《长白学刊》2004年第5期。

杨绍波:《英国伦敦轨道交通概览》,《综合运输》2003年第2期。

杨雪:《英国北部及西北部传统工业区改造中的就业政策及启示》,《人口学刊》2006年第2期。

杨雪冬:《理论创新推动政治突围——英国工党是如何成功转型的》,2007-06-20. http://www.infzm.com/content/8370。

杨义萍:《梅杰政府再受打击》,《世界知识》1992年第13期。

杨豫、王皖强:《论撒切尔政府的反通货膨胀政策》,《南京大学学报》(哲学社会科学版)1996年第4期。

易定红、郭树华:《西方货币理论主要流派的比较》,《中国人民大学学报》1999年第1期。

尹建龙、周真真:《试析英国工党政府的社会政策改革和"社会投资国家"建设》,《理论界》2008年第7期。

于立、周长林:《走向可持续发展的英格兰东南部地区》,《国际城市规划》2007年第5期。

禹露、李堃:《R. H. 托尼对英国工党政治的影响》,《绵阳师范学院学报》2013年第9期。

袁媛、伍彬:《英国反贫困的地域政策及对中国的规划启示》,《国际城市规划》2012年第5期。

张宝锋:《布莱尔政府之社区发展及对我国社区建设的启示》,《学术论坛》2005年第12期。

张凤林:《新古典综合的分配与增长理论》,《社会科学辑刊》1991年第2期。

张荭:《政府干预观的形成述评——新古典宏观经济学与新凯恩斯主义经

济学的比较》,《江西社会科学》2010年第11期。

张建刚:《凯恩斯主义的理论缺陷及其新的发展》,《经济问题》2010年第3期。

张乐和:《马歇尔及其供求均衡论述评》,《武汉交通管理干部学院学报》1994年第Z1期。

张敏:《论英国国有企业的经营与管理》,《欧洲》1996年第5期。

张戎、张天然:《英国铁路改革评述》,《综合运输》2005年第9期。

张锐:《布莱尔的丰厚"经济遗产"》,《观察与思考》2007年第13期。

张锐:《布莱尔的经济大手笔》,《中国商报》2006年10月24日。

张锐:《算算布莱尔的经济遗产》,《中国经济导报》2007年第5期。

张世晴、王辉、甄学民:《新老凯恩斯主义宏观经济政策的比较》,《南开经济研究》1999年第2期。

张艳:《英国企业区建设实践及对我国的借鉴意义》,《现代城市研究》2006年第4期。

赵建民:《英国希思政府经济政策U形转弯研究》,硕士学位论文,山东师范大学,2008年。

赵金子:《英国工党的民主社会主义理论与实践探索研究》,博士学位论文,吉林大学,2014年。

赵伟:《统一大市场形成以来的英国区域政策》,《世界经济文汇》1995年第4期。

赵雪梅:《英国国有企业私有化探析》,《经济评论》1999年第4期。

赵永振:《公民权利与最低限度自由的实现》,《理论导刊》2010年第7期。

周晨虹:《英国城市复兴中社区赋权的"政策悖论"及其借鉴》,《城市发展研究》2014年第10期。

周蕾:《走向破产的英国伦敦地铁——中国地铁未来发展之鉴》,《国际工程与劳务》2014年第6期。

周炎、陈昆亭:《货币主义、实际派还是凯恩斯主义?——近现代危机与周期文献综述与思考》,《山东大学学报》(哲学社会科学版)2010年第3期。

朱建明：《战后初期英国国有化政策探析》，《新学术》2007年第5期。

邹根宝：《英国对国有化工业的管理》，《西欧研究》1987年第1期。

四 英文著作

Aldcroft, D. H., *The European Economy*, 1914 – 1990, London：Routledge, 1993.

Backhouse, Roger, *Macroeconomics and the British Economy*, Martin Robertson Oxford, 1983.

Ball, Sir James, *The British Economy：The Way Forward*, London, 2002.

Balls, E., *Reforming Britain's Economic and Financial Policy*, London, Palgrave, 2002.

Balls, E. and Grice, J., *Microeconomic Reform in Britain：Delivering Opportunities for All*, Palgrave, 2004.

Beer, S., *Modern British Politics：Parties and Pressure Group in the Collective Age*, London：Faber and Faber, 1983.

Blackaby, F. T., *British Economic Policy* 1960 – 74, Cambridge University Press, 1978.

Blaug, Mark, *The Cambridge Revolution：Success and Failure*, Great Britain：Eastbourne Printers Limited Eastbourne, 1975.

Boyd, Francis, *Britain Policies in Transition*, 1945 – 63, Praeger, 1964.

Brittan, Samuel, *The Treasury under the Tories*, 1951 – 1964, London：Penguin, 1964.

Brivati, Brian and Heffernan, Richard, *The Labour Party：A Century History*, New York：ST. Martin's Press, 2000.

Butler, David and Sloman, Anne, *British Political Facts* 1900 – 1979, New York, 1980.

Butler, Lord, K. G., C. H., *The Art of Possible, the Memoirs of Lord Butler*, London：Hamish Hamilton Ltd., 1971.

Cairncross, Alec, *Years of Recovery：British Economic Policy* 1945 – 51,

London: Methuen & Co. Ltd. , 1985.

Cairncross, Alec, *The Economic History of Britain since* 1700, Volume Ⅲ, 2nd ed. , Cambridge University Press, 1994.

Cairncross, Alec, *The British Economy since* 1945, *Economic Policy and Performance*, 1945 – 1995, Blackwell, 1995.

Cairncross, Alec, *Managing the British Economy in the* 1960s, Macmillan, 1996.

Callaghan, J. , *Time and Chance*, Politico's Publishing Ltd. , 2006.

Card, David, *Seeking a Premier Economy: The Economic Effects of British Economic Reforms* 1980 – 2000, Chicago, University of Chicago Press, 2000.

Clark, R. W. B. , *Anglo-American Collaboration in War and Peace* 1942 – 49, Oxford University Press, 1982.

Clarke, Peter, *The Keynesian Revolution in the Making*, 1924 – 1936, New York: Oxford University Press, 1988.

Clutterbuck, R. , *Britain in Agony*, London Boston: Faber and Faber, 1978.

Coates, David, *Labour in Power? A Study of the Labour Government* 1974 – 1979, London: Longman, 1980.

Coates, Ken, ed. , *Clause Ⅳ: Common Ownership and the Labour Party*, Nottingham: Spokesman, 1995.

Cockett, Richard, *Thinking the Unthinkable*, London: Fontanna, 1995.

Cooke, Colin, *The Life of Richard Stafford Cripps*, London, London: Hodder & Stoughton, 1957.

Coopey, Richard and Woodward, Nicholas, *Britain in the 1970s: The Troubled Economy*, London: UCL Press, 1996.

Coutts, K. , Glyn, A. and Rowthorn, Bob, *Structural Change under New Labor Manor Road Building*, Oxford, 2007.

Cox, C. B. and Dyson, A. E. , eds. , *The Twentieth Mind*, Oxford: Oxford University, 1972.

Crafts, N. F. R. and Woodward, N. W. C. , *The Britain Economy since* 1945,

Oxford University Press, 1991.

Craig, F. W. S. , *British Election Manifestos* 1918 – 1966, Chichester: Political Reference Publications, 1970.

Cross, Robin, *The Silver Lining*, London, 1985.

Dale, Iain, ed. , *Labour Party General Election Manifestos*, 1990 – 1997, London and New York: Routledge, 2000.

Dell, Edmund, *The Chancellors: A History of the Chancellors of the Exchequer* 1945 – 90, London: Harper Collins, 1996.

Dow, J. C. R. , *The Management of the British Economy* 1945 – 60, Cambridge University Press for NIESR, 1964.

Elbaum, Bernard and Lagoniek, William, *The Decline of the British Economy*, Oxford: Oxford University Press, 1986.

Feigenbaum, H. , Henig, J. and Hamnett, C. , *Shrinking the State—The Political Underpinnings of Privatization*, Cambridge University Press, 1998.

Feinstein, C. H. , *National Income, Expenditure and Output of the United Kingdom* 1885 – 1965, Cambridge University Press, 1972.

Fforde, J. , *The Bank of England and Public Policy* 1941 – 1958, New York: Cambridge University Press, 1992.

Flord, R. H. , Gray, C. and Short, R. P. , *Public Enterprise in Mixed Economics: Some Macroeconomic Aspects*, Washington, 1984.

Francis, Martin, *Ideas and Policies under Labor*, 1945 – 1951: *Building a New Britain*, Manchester University Press, 1997.

Friedman, M. , *Capitalism and Freedom*, Chicago: Chicago University Press, 1962.

Fyrth, Jim, *Labor's High Noon: The Government and the Economy* 1945 – 51, London: Lawrence & Wishart, 1993.

Gamble, A. and Wells, C. , eds. , *Thatcher's Law*, Cardiff, 1989.

Gamble, A. , *The Free Economy and the Strong State*, London: Macmillan, 1988.

Gardner, Nick, *Decade of Discontent: The Changing British Economy since 1973*, Oxford: Basil Blackwell, 1987.

Gardner, R. N. , *Sterling-Dollar Diplomacy*, Oxford University Press, 1956.

Giddens, Anthony, *The Third Way and its Critics*, Cambridge: Polity Press, 2000.

Gilmour, Ian, *Dancing with Dogma*, London: Simon and Schuster, 1992.

Gordon, Paul and Klug, Francesca, *New Right, New Racism*, Searchlight Publications, 1986.

Gordon, R. , *Macroeconomics*, 6th edition, New York: Harper Collins, 1993.

Grant, Wyn, *Economic Policy in Britain*, New York: Palgrave, 2002.

Greenleaf, W. H. , *The British Political Tradition*, Vol. I: *The Ideological Inheritance*, London: Methuen, 1983.

Hailsham, Viscount, *The Conservative Case*, Harmondsworth, Middlesex: Penguin Books, 1959.

Hancock, W. K. and Gowing, M. M. , *British War Economy*, *History of the Second World War*, *United Kingdom Civil Series*, London: His Majesty's Stationery office, 1949.

Hardy, Peter, *A Right Approach to Economics: Margaret Thatcher's United Kingdom*, London: Hodder & Stoughton, 1991.

Hayek, F. A. , *The Constitution of Liberty*, London: Routledge & Keegan Paul, 1960.

Hayek, F. A. , Law, *Legislation and Liberty*, Vol. 1, London: Routledge & Keegan Paul, 1973.

Hayes, Mark, *The New Right: An Introduction to Theory and Practice*, Pluto Press, 1994.

Healey, Nigel M. , *Britain's Economic Miracle—Myth or Realty?* Routledge, 1993.

Heath, Edward, *The Course of My Life*, London: Hodder & Stoughton, 1998.

Holmans, A. E. , *Demand Management in Britain* 1953 – 58, London: MCP Litho

Ltd. 1999.

Horne, A. , *Macmillan* 1957 – 1986, Viking Adult, 1989.

Howe, G. , *Conflict of Loyalty*, London: Macmillan, 1994.

Howson, S. K. , *British Monetary Policy*, 1945 – 51, Oxford, 1993.

Jones, Todor, *Remaking the Labour Party: From Gaitskell to Blair*, London: Routledge, 1996.

Keegan, William, *Mr. Lawson's Gamble*, London: Hodder and Stoughton, 1989.

Kelly, Scott, *The Myth of Butskell—The Politics of British Economic Policy*, 1950 – 1955, NYU in London, Ashgate, 2002.

King, Anthony, *New Labour Triumphs: Britain at the Polls*, New Jersey: Chatham House Publishers, 1993.

King, Desmond S. , *The New Right: Politics, Markets and Citizenship*, London: Macmillan, 1987.

Kinnock, Neil Gordon, *Making Our Way: Investing in Britain's Future*, Oxford, UK; New York, B. Blackwell, 1986.

Kiston, M. , *Failure Followed by Success or Success Followed by Failure? A Re-Examination of British Economic Growth since 1949*, Cambridge University Press 2004.

Lawrence, Dennis, *The Third Way: The Promise of Industrial Democracy*, London, Rutledge Press, 1998.

Lawson, N. , *The View from No 11*, London: Bantam Press, 1992.

Layard, R. , S. J. Nickell and Jackman, R. , *The Unemployment Crisis*, Oxford: Oxford University Press, 1994.

Laybourn, Keith, *A Century of Labor Party (1900 – 2000)*, Sutton Publishing, 2000.

Leigh-Pemberton, R. , *Minutes of Evidence*, in Treasury and Civil Service Committee, the 1988 Budget, 4th Report, HC 400, London: HMSO, 1988.

Levitas, R. , ed. , *The Ideology of the New Right*, Cambridge, 1986.

Macmillan, H. , *The Middle Way: A Study of the Problem of Economic and*

Social Progress in a Free and Democratic Society, London, 1938.

Marshall, Alfred, *Principles of Economics*, London, 1920.

Matthews, R. C. O. , Feinstein, C. H. and Odling, S. , *British Economic Growth 1865 – 1973*, Oxford University Press, 1982.

Matthijs, Matthias M. , *The Political Economy of Crisis Making the United Kingdom from Attlee to Blair* (1945 – 2005), The Jones Hopkins University, 2008.

McInners, J. , *Thatcherism at Work*, London, 1988.

Middleton, R. , *Government versus the Market*, Cheltenham, 1996.

Middleton, R. , *The British Economy since 1945*, Macmillan Press Ltd. , 2000.

Middleton, R. , *Economic Policy under the Conservatives*, 1951 – 64, Cambridge University Press, 2004.

Milward, Alan Steele, *The Economic Effects of the Two World Wars on Britain*, Oxford, 1985.

Moggridge, Donald E. , *Maynard Keynes: An Economist's Biography*, London: Routledge, 1992,

Monk, Leonard Ashley, *Britain*, 1945 – 1970, Bell, 1976.

Morgan, K. O. , *Labour in Power* 1945 – 1951, Oxford University Press, 1984.

Morgan, K. O. , *The People's Peace: British History* 1945 – 1990, Oxford: Oxford University Press, 1992.

Oliver, Michael J. , *Whatever Happened to Monetarism? Economic Policy-Making and Social Learning in the United Kingdom since* 1979, Ashgate Publishing Limited, 1997.

Pasinetti, L. , *Growth and Income Distribution*, Cambridge University Press, Cambridge, 1974.

Peden, G. C. , *The Treasury and Public Policy*, 1906 – 1959, Oxford, 2000.

Pelling, Henry and Reid, Alaslair J. , *A Short History of the Labour Party*, London: Macmillan, 1996.

Powell, David, *What's Left—Labour Britain and the Socialist Tradition*, Peter

Owen, 1998.

Ridley, Nicholas, *My Style of Government*, London:Fontana, 1992.

Sayers, R. S., *Financial Policy 1939 – 1945, History of the Second World War, UK Civil Series*, London, HMSO and Longmans, 1956.

Scruton, Roger, *The Meaning of Conservatism*, London:Macmillan, 1984.

Shackleton, J. R., *The Labor Market under New Labor: The First Two Terms, Institute of Economic Affairs* 2005, Blackwell Publishing, Oxford, 2005.

Shaw, Eric, *The Labor Party since 1979: Crisis and Transformation*, Routledge, 1994.

Simpson, Bill, *Labour: The Unions and the Party*, George Allen & Unwin, 1973.

Sked, A. and Cook, C., *Post-war Britain: A Political History*, London: Penguin, 1990.

Smith, D., *The Rise and Fall of Monetarism*, London:Penguin, 1992.

Smith, D., *The Rise and Fall of Monetarism*, Harmondsworth: Penguin Book, 1987.

Stewart, M., *Keynes and After*, Harmondsworth: Penguin Books, 1967.

Tebbit, N., *Upwardly Mobile*, London:Weidenfeld and Nicolson, 1987.

Thatcher, M. H., *The Downing Street Years*, London:Harper Collins, 1993.

Thatcher, M. H., *The Path to Power*, London:Harper Collins, 1995.

Thompson, G., *The Political Economy of the New Right*, London: Pinter Publishers, 1990.

Thompson, H., *The British Conservative Government and the European Exchange Rate Mechanism, 1979 – 1994*, London:Pinter, 1996.

Thompson, Noel Thompson, *Political Economy and the Labor Party: The Economics of Democratic Socialism, 1884 – 2005*, Routledge, 2006.

Tiratsoo, Nick and Tomlinson, Jim, *Industrial Efficiency and State Intervention: Labor 1939 – 51*, Routledge, 1993.

Tobin, J., *Policies for Prosperity: Essays in a Keynesian Mode*, P. M. Jackson (ed.), Brighton: Wheatsheaf, 1987.

Tomlinson, Jim, *Britain Macroeconomic Policy since 1940*, London: Croom Helm, 1985.

Tomlinson, Jim, *Public Policy and the Economy since 1900*, Oxford: Clarendon Press, 1990.

Tomlinson, Jim, *Employment Policy: The Crucial Years 1939 – 1955*, New York, 1991.

Tomlinson, Jim, *Democratic Socialism and Economic Policy: The Attlee Years 1945 – 51*, Cambridge University Press, 1997.

Walker, P., *Staying Power*, London: Bloomsbury, 1987.

Walters, A. A., *Britain's Economic Renaissance*, Oxford: Oxford University Press, 1986.

Walters, A. A., *Steeling in Danger*, London: Fontana, 1990.

Wolfe, Joel D., *Power and Privatization Choice and Competition in the Remaking of British Democracy*, ST. Martin's Press, 1996.

Woodward, Nicholas, *The Management of the British Economy, 1945 – 2001*, New York: Manchester University Press, 2004.

五　英文期刊

Anonymity, "A Decade of Fiscal Policy under New Labour," *Economic Outlook*, Vol. 31, No. 2, May 2007.

Bazen, S. and Thirlwall, A. P., "Why Manufacturing Industry Matters," *Economic Affairs*, Vol. 9, No. 4, 1989.

Benford, J., Nikolov, S. B., Young, K. C., and Robson M., "Quantitative Easing," *Bank of England Quarterly Bulletin*, Q2, 2009.

Besley, Timothy and Sheedy, Kevin, "Monetary Policy under Labour," *National Institute Economy Review*, Vol. 212, No. 1, April 2010.

Bevir, Mark, "New Labour: A Study in Ideology," *British Journal of Politics and International Relations*, October, 2000.

参考文献

Blake, David, "Industrialization—Testing Theories," *The Times*, 1/12/1981.

Booth, Alan, "Britain in the 1950s: A 'Keynesian' Managed Economy?", *History of Political Economy*, Vol. 33, No. 2, 2001.

Borneman, Alfred, "Fifty Years of Ideology: A Selective Survey of Academic Economics in the U. S. 1930 to 1980," *Journal of Economic Studies*, No. 1, 1981.

Bradshaw, Bill, "The Privatization of Railways in Britain," *Japan Railway & Transport Review*, Vol. 9, 1996.

Brown, Gordon, "Letter from the Chancellor to the Governor: 6 May 1997," *Bank of England Quarterly Bulletin* 1997 Q3, Vol. 37, No. 3, August 1997.

Bulpit, Jim and Burnham, Peter, "Operation Robot and the British Political Economy in the Early – 1950s: The Politics of Market Strategies," *Contemporary British History*, Vol. 13, No. 1. 1999,

Burnham, Peter, "Britain's External Economic Policy in the Early 1950s: The History Significance of Operation Robot," *Twentieth Century British History*, Vol. 11, No. 4, 2000.

Campbell, Colin, "Does Reinvention Need Reinvention," *Governance*, No. 4, 1995.

Chobham, D. , "The Lawson Boom: Excessive Depreciation Versus Financial Liberalization," *Financial History Review*, Vol. 4, No. 1, 1997.

Chrystal, K. A. , "Dutch Disease or Monetarist Medicine? The British Economy under Mrs. Thatcher," *Federal Reserve Bank of St Louis Review*, Vol. 66, No. 5, 1984.

Crafts, Nick, "Reversing Relative Economic Decline? The 1980s in Historical Perspective," *Oxford Review of Economic Policy*, Vol. 7, No. 3, 1992.

Dargan, L. , "Participation and Local Urban Regeneration: The Case of the New Deal for Communities (NDC) in the UK," *Regional Studies*, Vol. 43, No. 2, 2009.

Denham, John, "Reappraising New Labour's Political Economy," *Political*

Quarterly, Vol. 81, No. 1, 2010.

Fontana, Giuseppe and Sawyer, Malcolm, "Setting the Wrong Guidelines for Fiscal Policy: The Post – 2007 UK Experience," *International Journal of Political Economy*, Vol. 41, No. 2, Summer 2012,

Forsyth, J., "Public Borrowing and the Exchange Rate," *Morgan Grenfell Economic Review*, Vol. 3, No. 3, 1980.

Forsyth, P. J. and Kay, J. A., "Oil Revenues and Manufacturing Output," *Fiscal Studies*, Vol. 2, No. 2, 1982.

Fremeaux, Isabelle, "New Labour's Appropriation of the Concept of Community: A Critique," *Community Development Journal*, Vol. 40, No. 3, July 2005.

Glyn, Andrew and Wood, Steward, "New Labor's Economic Policy: How Social-Democratic is the Blair Government," *The Political Quarterly*, 2001.

Goodhart, C., "The Conduct of Monetary Policy," *Economic Journal*, Vol. 99, No. 396, 1989.

Greenwald, B. and Stiglitz, J., "Keynesian, New Keynesian and New Classical Economics," *Oxford Economic Papers*, Vol. 39, 1987.

Greenwald, Bruce and Stiglitz, Joseph, "New and Old Keynesian," *Journal of Economics Perspective*, Volume 7.1 – Winter 1993.

Grove, J. W., "British Public Corporations: Some Recent Developments," *The Journal of Politics*, Vol. 18, No. 4, 2000.

Hall, P., "Creative Cities and Economic Development," *Urban Studies*, Vol 37, No. 4, 2000.

Hewer, A., "Manufacturing Industry in the 1970s," *Economic Trends*, 1980.

Hodson, Dermot and Mabbett, Deborah, "UK Economic Policy and the Global Financial Crisis: Paradigm Lost?", *Journal of Common Market Studies*, Vol. 47, No. 11, November 2009.

Howson, S., "Socialist Monetary Policy: Monetary Thought in the Labour Party in the 1940s," *HOPE*, Vol. 20, 1988.

Hughes, James T., "The Role of Development Agencies in Regional Policy: An

Academic and Practitioner Approach," *Urban Studies*, Vol. 35, No. 4, 1998.

Hulls, Daniel, "What Role for Area-based Policies?" *New Economy*, 1999, Vol. 4, 1999.

Tomlinson, Jim, "Why Was there never a 'Keynesian Revolution' in Economic Policy?", *Economic Social*, No. 10, 1981.

Joyce, M., M. Tong and Woods, R., "The United Kingdom's Quantitative Easing Policy: Design, Operation and Impact," *Bank of England Quarterly Bulletin*, Q3, 2011.

Kord, Catherine, "Review of Harold Laski: A Left on the Left," *The Antioch Review*, Vol. 68, No. 1, 1994.

Laverty, Kevin, "The English Contracting Revolution," *Public Management*, Vol. 77, No. 8, 1991.

Lawless, P., Foden, M., Wilson, L. and Beatty, C., "Understanding Area-based Regeneration: The New Deal for Communities Programme in England," *Urban Studies*, Vol. 47, 2010.

Lawless, Paul, "Can Area-Based Regeneration Programmes ever Work? Evidence from England's New Deal for Communities Programme," *Policy Studies*, Vol. 33, No. 4, 2012.

Lawless, Paul and Pearson, Sarah, "Outcomes from Community Engagement in Urban Regeneration: Evidence from England's New Deal for Communities Programme," *Planning Theory & Practice*, Vol. 13, No. 4, 2012.

Lawson, N., "Great Divide," *The Observer Privatization Survey*, October 25, 1987.

Layard, R. and Nickell, S. J., "The Causes of Britain Unemployment," *National Institute Economic Review*, Vol. 111, February 1985.

Lee, Simon, "The Rock of Stability? The Political Economy of the Brown Government," *Policy Studies*, Vol. 30, No. 1, February 2009.

Lindbeck, A. and Snower, D., "Explanations of Unemployment," *Oxford Review of Economic Policy*, Vol. 1, 1985.

Livesey, F., "Regional Economic Policy," *Economics*, 1984, Vol. XX, No. 86, 1984.

Lucas, R. E., "On the Welfare Cost of Inflation," *Working Paper in Applied Economic Theory*, No. 7, 1994.

Martin, R. L., "Monetarism Masquerading as Regional Policy: The Government's New System of Regional Aid," *Regional Studies*, No. 19, 1985.

Miller, M., "Measuring the Stance of Fiscal Policy," *Oxford Review of Economic Policy*, Vol. 1, No. 1, 1985.

Moore, B. and Rhodes, J., "The Relative Decline of UK Manufacturing Sector," *Economic Policy Review*, No. 2, 1976.

Muehlhauser, J., "How House Prices Fuel Wage Rise," *Financial Times*, 23 October 1986.

Muehlhauser, J. and Murphy, A., "Is the UK Balance of Payments Sustainable?", *Economic Policy*, Vol. 5, No. 2, 1990.

Oliver, Michael J. and Pemberton, Hugh, "Learning and Change in 20th-Century British Economic Policy," *Administration and Institutions*, Vol. 17, No. 3, 2004.

Paterson, Lea, "Bank is Given New Target," *Times (The United Kingdom)*, No. 11, December 2003.

Peden, George Cameron, "New Revisionists and the Keynesian Era in British Economic Policy: A Comment", *Economic History Review*, No. 1, 2003.

Potter, David C., "Manpower Shortage and the End of Colonialism," *Modern Asian Studies*. Vol. 7, 1973.

Rollings, N., "British Budgetary Policy, 1945 – 54: A 'Keynesian Revolution'?" *Economic History Review*, Vol. 40, 1988.

Sawyer, M., "Fiscal Policy under New Labour," *Cambridge Journal of Economics*, Vol. 31, 2007.

Shapiro, C. and Stiglitz, J., "Equilibrium Unemployment as a Worker Discipline Device," *American Economic Review*, Vol. 74, 1984.

Sharpe, Timothy and Watts, Martin, "Unconventional Monetary Policy in the UK: A Modern Money Critique," *Economic Issues*, Vol. 18, No. 2, September 2013.

Shepherd, J., "Industrial Support Policies," *National Institute Economic Review*, No. 122, 1987.

Singh, A., "UK Industry and the World Economy: A Case of De-Industrialization," *Cambridge Journal of Economics*, Vol. 1, No. 2, 1977.

Smith, David, "Brown Changes Inflation Target," *Sunday Times*, No. 6, August 2003.

Smith, Ian, "Britain's Railways—5 Years after the Complement of Their Privatization," *Japan Railway & Transport Review*, Vol. 3, 2003.

Temple, J., "The New Growth Evidence," *Journal of Economic Literature*, Vol. 37, No. 1. 1999.

Thirlwall, A. P., "Loss of Jobs in Manufacturing," *The Times*, 11/12/1981.

Thirlwall, A. P., "De-Industrialization in the United Kingdom," *Lloyds Bank Review*, No. 134, 1982,

Tomlinson, J., "Review: History as Political Rhetoric," *Political Studies Review*, No. 3, 2008.

Rinder, C., "Special Employment Measures and Registered Unemployment," *National Institute Economic Review*, No. 123, 1988.

Weitzman, M. L., "Profit Sharing as Macroeconomic Policy," *American Economic Review*, Vol. 75, 1985.

Wolfe, J., "State Power and Ideology in Britain: Mrs. Thatcher's Privatization Programme," *Political Studies*, No. 34, 1991.

六 档案史料

909 HC Debates 1525 ff. (15 December 1976).

909 HC Debates 280, 6 April 1976.

Bank of England Quarterly Bulletin, June 1976.

Draft "Economic Survey for 1947: covering memorandum" (by the Steering Committee), MEP (46) 16, para. 1, 21 December 1946, in PRO CAB 134 / 503.

Financial Statement and Budget Report 1976 – 77, HC, London: HMSO, 1976.

HM Treasury, Financial Statement and Budget Report 1985 – 86, HC 265, London: HMSO, 1985.

H. C(House of Commons). Deb., 5th ser., Vol, 413, Col. 956.

H. C. Deb., 5th ser., Vol. 474, Col. 39, 18 April 1950.

H. C. Deb., 5th ser., Vol. 486, Col. 842, 10 April 1951; and Vol. 491, Col. 2343, 26 July 1951.

Hansard, 26 November 1970, Vol. 807, Col. 603 – 4. cited from Martin Holmes, *The Failure of the Heath Government* (second edition), Macmillan, 1997. HMSO, 1984.

Monetarism Attacked by Top Economists, Times, 30 March, 1981.

N. Lawson, Mansion House speech, 17 October, HM Treasury press release.

N. Lawson, Mansion House speech, 18 October, HM Treasury press release.

N. Lawson, Minutes of Evidence, in Treasury and Civil Service Committee, The Government's Economic Policy: Autumn Statement, 1st Report, HC 170, London.

N. Lawson, The British Experiment, Fifth Mais Lecture, 18 June, HM Treasury press release, 1984.

PRO CAB 134/437, Investment Programmers Committee, Minutes (16 December 1947).

PRO T161/1251/S5355504, Investment Working Party, 1stJoint Meeting, 4 Match, 1946.

PRO T161/1296/S53555/2, Report on Preparation of Investment Projects by Public Authority (January 1946).

PRO T229/237, Report of the Committee on Control of Investment, para. 31.

PRO T229/237, Report of the Committee on Control of Investment, para. 41.

The British Parliament Debate, 5th ser., Vol. 413, Col. 956.

The British Parliamentary Debate, 11 March 1981, Vol. 1000, Col. 919.

The British Parliamentary Debate, 15 March 1988, Vol. 129, Col. 993.

The Economist, 26 December, 1970. cited from Richard Coopey and Nicholas Woodward, *Britain in the 1970s*: *The Troubled Economy*, UCL, 1996.

Treasury, Public Expenditure 1969 – 70 to 1974 – 75.

七 相关网站

BBC 官网：https://www.bbc.co.uk/.

Manifesto 2001, www.labour-party.Org.uk/manifestos/2001/2001-labour-manifesto.shtm.

国际货币基金组织网站：http://www.imf.org/external/index.htm.

经济合作与发展组织网站：http://www.oecd.org/about/whodoeswhat/.

威利网上图书馆：http://onlinelibrary.wiley.com/.

新华网关于"英国前首相撒切尔夫人逝世"专题：http://www.xinhuanet.com/world/Thatcher/index.htm.

英格兰银行网站：http://www.bankofengland.co.uk/Pages/home.aspx.

英国财政部网站：https://www.gov.uk/government/organisations/hm-treasury.

英国工党 2001 年竞选宣言：Labour Party, Ambitions for Britain：Labour's.

英国国家档案馆网站：http://www.nationalarchives.gov.uk/.

英国国家统计局网站：https://www.ons.gov.uk/.

英国金融服务监管局网站：http://www.fsa.gov.uk/.

英国历史与政策组织网站：http://www.historyandpolicy.org/index.php/who-we-are.

英国泰晤士报网站：https://www.thetimes.co.uk/?sunday.

英国债务管理局网站：http://www.dmo.gov.uk/.